Mit freundlicher Empfehlung

Bewertung unternehmerischer Nachhaltigkeit

Modelle und Methoden zur Selbstbewertung

Herausgegeben von
Prof. Dr. Anja Grothe

Mit Beiträgen von

Kathrin Ankele, Verena Diekmann,
Prof. Dr. Stefan Eckstein, Tobias Engelmann,
Dr. Christian Geßner, Prof. Dr. Rainer Grießhammer,
Prof. Dr. Anja Grothe, Matthew P. Johnson,
Dr. Susanne Kaldschmidt, Dr. Axel Kölle,
Dr. Anna Katharina Liebscher, Kesta Ludemann,
Thomas Merten, Prof. Dr. Georg Müller-Christ,
Andreas Ochs, Dr. Arndt Pechstein, Rasmus Prieß,
Holger Rohn, Mirjam Rübbelke-Alo, Dr. Florian Schäfer,
Prof. Dr. Stefan Schaltegger, Dr. Christoph Schank,
Nils Seipel, Dr. Matthias Teller, Nils D. Wittke

ERICH SCHMIDT VERLAG

Bibliografische Information der Deutschen Nationalbibliothek
Die Deutsche Nationalbibliothek verzeichnet diese Publikation in der
Deutschen Nationalbibliografie; detaillierte bibliografische Daten
sind im Internet über http://dnb.d-nb.de abrufbar.

Weitere Informationen zu diesem Titel finden Sie im Internet unter
ESV.info/978 3 503 16734 0

Gedrucktes Werk: ISBN 978 3 503 16734 0
eBook: 978 3 503 16735 7

Alle Rechte vorbehalten
© Erich Schmidt Verlag GmbH & Co. KG, Berlin 2016
www.ESV.info

Dieses Papier erfüllt die Frankfurter Forderungen der
Deutschen Nationalbibliothek und der Gesellschaft für das Buch
bezüglich der Alterungsbeständigkeit und entspricht sowohl
den strengen Bestimmungen der US Norm Ansi/Niso Z 39.48-1992
als auch der ISO-Norm 9706

Satz: L 101 Agentur für Mediengestaltung und -produktion, Fürstenwalde
Druck und Bindung: Druckerei Strauss, Mörlenbach

Inhaltsverzeichnis

Abbildungsverzeichnis VII

Tabellenverzeichnis IX

Anja Grothe
Bewertung unternehmerischer Nachhaltigkeit 1

Kathrin Ankele und Christoph Schank
Zur Legitimität standardisierter Bewertungsverfahren 15

Stefan Eckstein und Andreas Ochs
Bewertung von Nachhaltigkeit mit Hilfe eines CSPM-Modells 27

Stefan Schaltegger
Nachhaltigkeit managen mit der Balanced Scorecard 41

Susanne Kaldschmidt und Thomas Merten
Nachhaltiges Wirtschaften mit dem Sustainable Excellence Ansatz 57

Tobias Engelmann, Holger Rohn und Nils Seipel
Selbstbewertung von Nachhaltigkeit in KMU 79

Anja Grothe und Matthias Teller
Das Kriterien- und Indikatorenmodell (KIM) zur Bewertung von Nachhaltigkeit 103

*Christian Geßner, Axel Kölle, Kesta Ludemann, Florian Schäfer,
Mirjam Rübbelke-Alo und Verena Diekmann*
Nachhaltiger Wirtschaften: Vom Selbst-Check zum zertifizierbaren ZNU-Standard 121

Matthew P. Johnson
Nutzung von Nachhaltigkeitsmanagement-Software in kleinen und mittleren Unternehmen 139

Rainer Grießhammer und Rasmus Prieß
Nachhaltigkeitsbewertung von Produkten und Produktportfolios 157

Anna Katharina Liebscher und Georg Müller-Christ
Vom Nachhaltigkeitskodex für Unternehmen zum Nachhaltigkeitskodex für Hochschulen – Unterschiede, Gemeinsamkeiten, Herausforderungen .. 171

Erweiterte Perspektiven

Arndt Pechstein
Der Biomimicry Ansatz 195

Nils D. Wittke
Die Gemeinwohl-Bilanz – Bericht und Bewertung nicht-finanzieller Informationen 217

Anja Grothe und Georg Müller-Christ
Systemaufstellungen als innovatives Instrument unternehmerischer Nachhaltigkeitsbewertung 233

Autorenverzeichnis 249

Stichwortverzeichnis 257

Abbildungsverzeichnis

Stefan Schaltegger:
Nachhaltigkeitsbalanced Scorecard
Abbildung 1: Grundstruktur der Sustainability Balanced Scorecard 42
Abbildung 2: Aufbau einer SBSC für ein erfolgsorientiertes Management von Umwelt- und Sozialaspekten 45
Abbildung 3: Umwelt-Scorecard des Druckhauses Spandau als Strategy Map 47
Abbildung 4: Sustainability Balanced Scorecard und Nachhaltigkeitscontrolling 48

Susanne Kaldschmidt und Thomas Merten:
Nachhaltiges Wirtschaften mit dem Sustainable Excellence Ansatz
Abbildung 1: Die Grundkonzepte der Excellence (c) EFQM 2013 61
Abbildung 2: Das Kriterienmodell (c) EFQM 2013 64
Abbildung 3: Die RADAR-Logik (c) EFQM 2013 68
Abbildung 4: Das Kriterien-Modell in „Nachhaltigkeit als Prozess" 73

Tobias Engelmann, Holger Rohn und Nils Seipel:
Selbstbewertung von Nachhaltigkeit in KMU
Abbildung 1: SAFE COMPASSradar, Analysebereiche und Indikatoren 88
Abbildung 2: Ausschnitt aus der ADMIRe-Selbstbewertung 91
Abbildung 3: Spinnennetzdiagramm Selbst-Check Handwerk 92
Abbildung 4: Ausschnitt aus dem zweiten Teil der ADMIRe-Selbstbewertung 93
Abbildung 5: Stärken- und Schwächenprofil Selbst-Check Handwerk 94

Anja Grothe und Matthias Teller:
Das Kriterien- und Indikatorenmodell (KIM) zur Bewertung von Nachhaltigkeit
Abbildung 1: Bereiche der KIM Bewertung 104
Abbildung 2: Beispielhafte Gesamtbewertung der Nachhaltigkeit eines Unternehmens mit einer Nachhaltigkeits-Performance von 53 % 106
Abbildung 3: Detailauswertung der Fragebögen zum Bereich Ökologie 107
Abbildung 4: Detailauswertung Kennzahlen zum Bereich Ökologie 107
Abbildung 5: Beispiel 1 zu unterschiedlichen Wissensständen im Unternehmen 109
Abbildung 6: Unterschiedliche Wissensstände im Unternehmen – 2 – 109
Abbildung 7: Antwortverhalten im Fragebogen 110

Abbildungsverzeichnis

Christian Geßner, Axel Kölle, Kesta Ludemann, Florian Schäfer, Mirjam Rübbelke-Alo und Verena Diekmann:
Nachhaltiger Wirtschaften: Vom Selbst-Check zum zertifizierbaren ZNU-Standard
Abbildung 1: Phasenmodell Nachhaltiger Wirtschaften 124
Abbildung 2: Systematik des ZNU-NachhaltigkeitsChecks 125
Abbildung 3: Ausschnitt Klima/Energie aus dem ZNU-NachhaltigkeitsCheck 127
Abbildung 4: Darstellung von Produktstandards im Vergleich mit dem ZNU-Standard Nachhaltiger WirtschaftenFood 131
Abbildung 5: Systematik des ZNU-Standards Nachhaltiger WirtschaftenFood 133

Matthew P. Johnson:
Nutzung von Nachhaltigkeitsmanagement-Software in kleinen und mittleren Unternehmen
Abbildung 1: Das Individual-Technology-Organization-Environment (ITOE) Modell 143
Abbildung 2: Software-Unterstützung für die Aufgaben des Nachhaltigkeitsmanagements ... 149

Rainer Grießhammer und Rasmus Prieß:
Nachhaltigkeitsbewertung von Produkten und Produktportfolios
Abbildung 1: Grundstruktur der Methode PROSA 160
Abbildung 2: Checkliste Lebenszykluskostenrechnung 161
Abbildung 3: Schematische Gliederung der Notebook-Fertigungskette 162
Abbildung 4: Struktur der Nachhaltigkeitsmatrix im Bereich Telekommunikation ... 166

Anna Katharina Liebscher und Georg Müller-Christ:
Vom Nachhaltigkeitskodex für Unternehmen zum Nachhaltigkeitskodex für Hochschulen – Unterschiede, Gemeinsamkeiten, Herausforderungen
Abbildung 1: Die Unterschiede in den Berichtslogiken von Unternehmen und Hochschulen ... 173
Abbildung 2: Hochschulen und Nachhaltigkeit aus verschiedenen Perspektiven 177
Abbildung 3: Die Struktur des Nachhaltigkeitskodex 184

Arndt Pechstein:
Der Biomimicry Ansatz
Abbildung 1: Die Biomimicry Basisprinzipien 199

Nils D. Wittke:
Die Gemeinwohl-Bilanz – Bericht und Bewertung nicht-finanzieller Informationen
Abbildung 1: Gemeinwohl-Matrix Version 4.1, gültig seit 15. März 2013 223
Abbildung 2: BERICHT 224
Abbildung 3: TESTAT 224
Abbildung 4: VERÖFFENTLICHUNG 224

Anja Grothe und Georg Müller-Christ:
Systemaufstellungen als innovatives Instrument unternehmerischer Nachhaltigkeitsbewertung
Abbildung 1: Systembild I: Positionierung der Stellvertreter 239
Abbildung 2: Systembild II: Befragung der Stellvertreter 240
Abbildung 3: Systembild III: Positionierung der Stellvertreter im letzten Bild 241
Abbildung 4: Der Nachhaltigkeitsvergleich zweier Textilunternehmen in einer Systemaufstellung 244
Abbildung 5: Die Nachhaltigkeitspositionierung zweier Großmolkereien 245
Abbildung 6: Der Nachhaltigkeitsvergleich zweier Lebensmittelkonzerne 246

Tabellenverzeichnis

Anja Grothe:
Bewertung unternehmerischer Nachhaltigkeit
Tabelle 1: Übersicht über die Bewertungsinstrumente und Ansätze unternehmerischer Nachhaltigkeit im Buch 5

Kathrin Ankele und Christoph Schank:
Zur Legitimität standardisierter Bewertungsverfahren
Tabelle 1: Anforderungen an ein legitimes standardisiertes Bewertungsverfahren unternehmerischer Nachhaltigkeit 23

Susanne Kaldschmidt und Thomas Merten:
Nachhaltiges Wirtschaften mit dem Sustainable Excellence Ansatz
Tabelle 1: Die Grundkonzepte des EFQM-Modells und der Sustainable Excellence 62
Tabelle 2: Die RADAR-Logik im Vergleich – EFQM und Sustainable Excellence Ansatz 69

Tobias Engelmann, Holger Rohn und Nils Seipel:
Selbstbewertung von Nachhaltigkeit in KMU
Tabelle 1: Die Grundkonzepte des EFQM-Modells und der Sustainable Excellence 63
Tabelle 2: Die RADAR-Logik im Vergleich – EFQM und Sustainable Excellence Ansatz 70

Anja Grothe und Matthias Teller:
Das Kriterien- und Indikatorenmodell (KIM) zur Bewertung von Nachhaltigkeit
Tabelle 1: Haupt- und Unterbereiche basierend auf den Kriterien und Indikatoren von KIM 105
Tabelle 2: Vergleich KIM und GRI Kriterien 113

Matthew P. Johnson:
Nutzung von Nachhaltigkeitsmanagement-Software in kleinen und mittleren Unternehmen
Tabelle 1: Mittelwerte (m), Standardabweichungen (s) und Unterschiede zwischen Nutzern und Nicht-Nutzern von Nachhaltigkeitsmanagement-Software 145

Rainer Grießhammer und Rasmus Prieß:
Nachhaltigkeitsbewertung von Produkten und Produktportfolios
Tabelle 1: Nutzenkriterien für Telekommunikationsprodukte und -dienstleistungen 165

Tabellenverzeichnis

Anna Katharina Liebscher und Georg Müller-Christ:
Vom Nachhaltigkeitskodex für Unternehmen zum Nachhaltigkeitskodex für Hochschulen – Unterschiede, Gemeinsamkeiten, Herausforderungen
Tabelle 1: Zuordnung der Kriterien des Nachhaltigkeitskodex für Hochschulen zu den Handlungsfeldern der nachhaltigkeitsorientierten Hochschule 186
Tabelle 2: Der abgeleitete Nachhaltigkeitskodex für Hochschulen – ein erster Vorschlag 190

Nils D. Wittke:
Die Gemeinwohl-Bilanz – Bericht und Bewertung nicht-finanzieller Informationen
Tabelle 1: Gegenüberstellung Gemeinwohl-Bilanz und Finanzbilanz 218
Tabelle 2: Bewertungstabelle A1 Ethisches Beschaffungsmanagement 225
Tabelle 3: Die Gewichtung der drei Subindikatoren Ethisches Beschaffungsmanagements 226
Tabelle 4: Vergleich Gemeinwohl-Bericht/Nachhaltigkeits-Bericht nach GRI 228

Bewertung unternehmerischer Nachhaltigkeit

Anja Grothe

Nachhaltigkeit bezeichnet etwas, was standhält, was auf Dauer angelegt ist, was resilient ist und damit gegen den ökologischen, ökonomischen und sozialen Zusammenbruch schützen soll. Nachhaltiges Wirtschaften von Unternehmen kann als das tägliche Ringen um zukünftige Opportunitäten beschrieben werden, die immer stärker in strategische Überlegungen einfließen sollten, damit ein Umdenken bezüglich der Ressourcenverfügbarkeit auch zu veränderten Produkten und Prozessen führen kann. Unternehmerische Nachhaltigkeit bedeutet ein dauerhaftes, intelligentes Wirtschaftshandeln, bei dem die Ressourcenbasis, mit der die Bedürfnisse sowohl der heutigen als auch späterer Generationen befriedigt werden könnten, nicht abgebaut wird.[1]

Der Begriff „Nachhaltigkeit" wird fast nie eindeutig und klar definiert in seiner praktischen Umsetzbarkeit. Ethisch-normativ verankert ist er immer mit Fragen für den jeweiligen Kontext verbunden. Auf der einen Seite ist er positiv besetzt und suggeriert so etwas wie verantwortungsvolles und ethisch gerechtes, langfristiges Handeln. Auf der anderen Seite stellt sich immer die Frage nach dem „Wie". Damit verbunden ist oft die Angst vor Einschränkung und „zu viel Veränderung" oder gar Verzicht. Die mehr auf Kurzfristigkeit ausgerichteten Kosteneffizienzziele dominieren vielfach die strategischen Entscheidungen. Wenn dem so ist, geht es dem Unternehmen eher darum, „nachhaltig" zu scheinen als zu sein. Im Sinne des „business as usual" wird ein „weiter so wie bisher" anders betitelt, es wird als nachhaltig deklariert. Aber auch wenn das für manch ein Unternehmen kurzfristig ökonomischer erscheint, so wird das weitere Herauszögern einer nachhaltigen Wirtschaftsweise längerfristig die kostenaufwändigere Strategie sein. Hier werden die Dilemmata deutlicher, die im erwerbswirtschaftlichen Prinzip angelegt sind, indem legale Externalitäten den Gewinn fördern und noch nicht schmälern.

Es zeigt sich nun aber zunehmend, dass Unternehmen mehr oder weniger dazu gezwungen sind, bewusst in die Erhaltung von Ressourcenaustauschbeziehungen zu investieren und sich aktiv für die Reproduktion von Ressourcen einzusetzen.[2] Diese Entwicklung führt dazu, dass die Unternehmen in wechselseitige Beziehungen mit

---

[1] Vgl. Müller-Christ (2010), S. 5.
[2] Vgl. Müller-Christ (2010), 116f.

ihren Umwelten eingebettet sind und unabhängig von der normativen Wertorientierung zu einer nachhaltig ausgerichteten Wirtschaftsweise kommen müssen, um die materielle wie immaterielle Ressourcenbasis zu erhalten. Auch wenn diese Sichtweise zunächst nichts an dem Zweck der Gewinnerzielung ändert, den das Unternehmen primär im Auge haben wird, so kann sich dennoch die Betrachtung auf die Art und Weise ändern, wie in den Bestandserhalt im Umgang mit Ressourcen investiert wird. Letzteres bedeutet, dass nicht nur der Gewinn zählt, sondern dieser gleichrangig sowohl mit dem rücksichtsvollen Umgang der betrieblichen Ressourcen und ihren Entstehungsbedingungen betrachtet werden muss, als auch im Kontext von sozialer Gerechtigkeit eingeordnet werden sollte.[3]

Entscheidet man sich als Unternehmen nicht nur normativ, sondern auch strategisch und operativ für eine nachhaltigere Wirtschaftsweise, sollte man genau sein in der Verwendung des Begriffes, indem man klare Maßstäbe formuliert für das, was die Bezeichnung „nachhaltig" verdient hat. Demzufolge ist es ein Schritt in die richtige Richtung, wenn Unternehmen wissen wollen, wie nachhaltig sie sind und einen ungeschönten Blick auf sich, ihr Handeln und dessen Wirkungen werfen. Unternehmerische Nachhaltigkeitsselbstbewertung kann unterstützen, mehr Klarheit zu bekommen und je nach Betrachtungsebene und -grenze eine Einschätzung ermöglichen, wo das Unternehmen auch unter der Beachtung der drei Dimensionen von Ökonomie, Ökologie und Sozialem steht.

Um Nachhaltiges Wirtschaften im Unternehmen prozessual zu verbessern, ist deshalb die Analyse der unternehmerischen Nachhaltigkeit der erste notwendige Schritt. Diese Selbstbewertung mit geeigneten Instrumenten hat das Ziel, dass das Unternehmen eigene Defizite in seiner Nachhaltigkeit aufdecken kann. Dabei geht es bei der Selbstbewertung um eine Analyse, die später auch darüber Auskunft gibt, inwieweit das Unternehmen auf entsprechende Trends und künftige Entwicklungen vorbereitet ist.

Im Gegensatz zu der externen Bewertung basieren Selbstbewertungsinstrumente auf der subjektiven Kenntnis der internen Daten und Fakten.[4] Ihre Aussage ist allerdings nur dann von Relevanz, wenn diejenigen, die die Daten für die Bewertung zusammentragen, entsprechende Multiplikatoren sind und einem repräsentativen Querschnitt des Unternehmens entsprechen. Die Ergebnisse dieser Diagnosen sagen für sich genommen noch nicht viel aus, da die Aussagequalität qualitativer Daten subjektiv und die der quantitativen Daten von der Qualität der objektiven Zielmargen abhängig ist. Wer ist gut und wer nicht? Woran wird das gemessen? Was wird gemessen: Wertschöpfungskette, Standort, Managementsystem, Produkt, Prozess, System? Bei der Bewertung der Nachhaltigkeit stehen Unternehmen deshalb oftmals vor der Herausforderung, Datenverfügbarkeit und -qualität zu gewährleisten und den Betrachtungsrahmen genau zu definieren. Hinsichtlich der Messung mit Kennzahlen sind nicht alle ökologischen und sozialen Aspekte mess- und quantifizierbar. All dies

---

[3] Vgl. Müller-Christ (2010), S. 390; Remer (1997), S. 410; Hummel (2008); Grothe (2012).
[4] Vgl. Grothe (2006), S. 12ff.

spielt eine Rolle, wenn man die Aussagekraft der gewonnenen Daten interpretieren möchte.

Bestehende Instrumente versuchen, dieses komplexe System entsprechend einzugrenzen und mit Hilfe von Indikatoren operationalisierbar darzustellen. Dabei ist es notwendig, eine gute Mitte zu finden zwischen der Eingrenzung der Komplexität und der Aussagekraft der Nachhaltigkeitsindikatoren, denn der Nutzen eines Schnelltests kann unter dem Gesichtspunkt der Aussagequalität erheblich angezweifelt werden.[5] Auch Geßner kommt zu dem Schluss: „Das methodische Hauptproblem ist die Operationalisierung von Nachhaltigkeit in Form möglichst konsensualer Evaluationskriterien."[6]

Die Bewertung stellt deshalb häufig nur eine Teilphase innerhalb der Nachhaltigkeitsanalyse dar. Schließlich gilt es, nicht nur eigenen unternehmerischen Handlungsbedarf mit der Zielrichtung Nachhaltiges Wirtschaften aufzudecken, sondern resultierende Maßnahmen im Unternehmen zu planen, Mitarbeiter für das Thema zu motivieren und an der Umsetzung der Projekte zu beteiligen und letztendlich vielleicht einen transparenten Nachhaltigkeitsbericht oder eine Entsprechungserklärung für den deutschen Nachhaltigkeitsrat zu erstellen.

Deshalb wird Selbstbewertung mittlerweile als Teil eines umfassenden Prozesses verstanden, in dem auch Workshops, Teamarbeit und Beratung durch Dritte eine Rolle spielen können. Hier kann der Bewertungsprozess auch die relevanten Stakeholder mit einbeziehen und insbesondere die Mitarbeiter und Führungskräfte durch Befragung und Teilnahme an Workshops beteiligen. Darüber hinaus kann Selbstbewertung in diesem Kontext auch die Rehabilitierung des Begriffes „Nachhaltigkeit" maßgeblich unterstützen. Sie kann den Weg ebnen zurück zu einer klaren Definition, zu klar formulierten Ansprüchen und Kriterien und damit der steigenden Beliebigkeit als auch Inhaltsleere des Begriffes entgegenstehen.

Ziel und Inhalt des Buches
Das hier vorliegende Buch hat nun zum einen das Ziel, in der Praxis anerkannte Selbstbewertungsinstrumente und Ansätze unternehmerischer Nachhaltigkeit vorzustellen, die sich zum Teil ergänzen, zum Teil aber auch unterschiedliche Kontexte aus unterschiedlichen Perspektiven betrachten. Diese sind für unterschiedliche Zielgruppen von Unternehmensgrößen geeignet (vgl. Tabelle 1).

Den Instrumenten ist gemein, dass sie die Anwender frei von externem Eingriff und ohne zwingende Notwendigkeit eines externen Prüfers oder Beraters dabei unterstützen, durch vorgegebene Analysepunkte anhand festgelegter Kriterien einen Blick auf die Nachhaltigkeit des Unternehmens zu werfen. Das Ergebnis wird oft in Form von Grafiken oder Gesamtbewertungszahlen abgebildet. Es dient als Basis für

---

[5] Vgl. Grothe (2012).
[6] Vgl. Geßner (2008), S. 165.

die Einbeziehung von Mitarbeitern in Workshops und für die Erarbeitung und Umsetzung von Maßnahmen. Die Ergebnisse dienen weiter sowohl zur Steigerung des individuellen Nachhaltigkeitsgrades des Unternehmens als auch zur Überprüfung der Wirksamkeit der Nachhaltigkeitsstrategie und je nach Ansatz der Selbstbewertung auch zur Beurteilung der Exzellenz des Managements und der Nachhaltigkeit der Produkte.

Das Buch hat zum anderen das Ziel, die Selbstbewertung unternehmerischer Nachhaltigkeit aus unterschiedlichen Perspektiven zu betrachten, auf die später noch genauer eingegangen wird.

Bevor aber die einzelnen Selbstbewertungsinstrumente unternehmerischer Nachhaltigkeit einzeln vorgestellt werden, soll im ersten Beitrag des Buches über die „**Legitimität standardisierter Bewertungsverfahren**" an sich diskutiert werden. **Kathrin Ankele und Christoph Schank** gehen der Frage nach, welchen Kriterien ein standardisiertes Bewertungsverfahren an sich genügen muss, um gleichermaßen in der Sache geeignet und legitim zu sein. Sie stellen zwei maßgebliche Richtlinien exemplarisch vor und untersuchen die Legitimität von Bewertungsverfahren auf drei Ebenen: jener der Akteure, der (Bewertungs-)Prozesse und der Inhalte, d.h. der Kriterien. Im Kontext ihres Beitrags untersuchen sie die Frage, welchen Anforderungen standardisierte Bewertungsverfahren genügen sollten, um legitimiert zu sein.

Darauf aufbauend ist allen im Folgenden vorgestellten Instrumenten gemein, dass Nachhaltigkeit mindestens als Gesamtheit der drei Dimensionen Ökologie, Ökonomie und Sozialem verstanden wird. Bei einigen wird den genannten Dimensionen eine weitere hinzugefügt, wie beispielsweise Unternehmenskultur, Führung, gesellschaftliche Verantwortung oder Governance. In der folgenden Tabelle 1 sind die unterschiedlichen Instrumente nach deren Reihenfolge im Buch überblicksartig dargestellt. Die Tabelle dient dazu, dass der Leser[7] sich einen schnelleren Überblick sowohl über die Zielgruppe des Instruments als auch über dessen Systemgrenze und den Kontext verschaffen kann.

---

[7] Selbstverständlich beziehen sich alle Ausführungen auf unsere Leserinnen und Leser. Aus Gründen der besseren Lesbarkeit wird jedoch auf die gleichzeitige Verwendung männlicher und weiblicher Sprachformen verzichtet. Sämtliche Personenbezeichnungen gelten gleichermaßen für beiderlei Geschlecht.

Tool	Entwickler	Zielgruppe	Dimension				Thematik	Systemgrenze
			Ökon.	Ökolo.	Sozial	Andere		
Corporate Sustainability Performance Management (CSPM)		Alle UN	x	x	x		Neben der zeitlichen, horizontalen, vertikalen und der Daten-Integration erweitern folgende Aspekte das CPM: – Stakeholder-Integration: Die verschiedenen ökonomischen, ökologischen und sozialen Aspekte der Stakeholder werden erfasst und konsistent zueinander in Beziehung gesetzt – Kapitalarten-Integration: Neben dem Sachkapital werden auch Natur-, Sozial- und Humankapital gleichberechtigt im Modell erfasst – Einheiten-Integration: Unterschiedliche Maßeinheiten (z. B. CO_2-Ausstoß) werden umfänglich berücksichtigt und Mechanismen zur Vergleichbarkeit und Aggregierbarkeit werden bereitgestellt. Entstehende Mess-, Aggregations- und Vergleichsproblematiken machen komplexe Modelle erforderlich, die UN- spezifisch anzupassen sind.	Zielsystem auf mehreren UN-Ebenen Praxis: Konzeptionelle sowie technische Grenzen
Nachhaltigkeitsbalanced Scorecard (SBSC)	Centre for Sustainability Management (CSM), Leuphana Universität Lüneburg Leitung: Prof. Dr. S. Schaltegger, Prof. F. Figge, Prof. T. Hahn und M. Wagner	Alle UN, NGOs (z. B. Universitäten)	x	x	x		Weiterentwicklung der Balanced Scorecard (BSC) zur Sustainability Balanced Scorecard (SBSC). Bisher etablierte Steuerungssysteme bieten oftmals nur einen unzureichenden Blick auf die gesamte Leistung des UNs. Diese wird meist nur anhand vergangenheits-orientierter finanzieller und somit eindimensionaler Ergebnisse beurteilt und gesteuert. Die UN sind auf Grund dieser Basis nur unzureichend in der Lage, langfristig den Erfolg sicherzustellen, daher unterstützt die SBSC bei einer Umsetzung von „Strategischem Nachhaltigkeitsmanagement mit einem Mess- und Managementkonzept".	Gesamtes UN
Sustainable Excellence (SusEx)	aktuelle und zukünftige Version(en): Dr. Susanne Kaldschmidt und Thomas Merten (Sustainable Excellence Team) erste Version: Umweltamt Stadt Nürnberg, Wuppertal Institut, future e.V., diverse UN und Unternehmer (damals: Sustainable Excellence Group)	Organisationen jeglicher Art	x	x	x		Mit Sustainable Excellence finden qualitätsbewusste Organisationen ein anspruchsvolles und umfassendes Managementsystem zur langfristigen Ausrichtung ihrer Befähiger (Strukturen, Vorgehensweisen) und ihrer Ziele auf nachhaltiges und exzellentes Wirtschaften im Sinne der ganzheitlichen Berücksichtigung von Ökonomie, Ökologie und Soziales und den damit verbundenen Herausforderungen und Stakeholder-Interessen. Das Instrument verbindet also Excellence (hervorragende und nachweisbare Organisations-Qualität) mit Nachhaltigkeit.	Betriebliche Strukturen, deren Auswirkungen über das UN hinaus.

Tool	Entwickler	Ziel-gruppe	Dimension			Thematik	Systemgrenze
			Ökon.	Ökolo.	Sozial	Andere		

Tool	Entwickler	Ziel-gruppe	Ökon.	Ökolo.	Sozial	Andere	Thematik	Systemgrenze
Sustain-ability Assessment for Enterprises (SAFE)	Wuppertal Institut für Klima, Umwelt, Energie GmbH in Zusammenarbeit mit der Trifolium – Beratungsgesellschaft mbH	KMU	x	x	x	x	Selbstbewertungsinstrument für Nachhaltiges Wirtschaften in KMU, mit besonderem Akzent auf der Aktivierung der Partizipationsmöglichkeiten und -fähigkeiten der Beschäftigten auf allen Hierarchieebenen. SAFE behandelt auf verständliche Weise ganzheitlich das Thema Nachhaltiges Wirtschaften und eröffnet dabei auch marginalisierten Beschäftigtengruppen die Beteiligung an der Ausarbeitung und Durchführung des Verbesserungsprozesses.	Alle Unternehmensprozesse.
Bochumer Nachhaltig-keitscheck (BNC)	Projektbüro MR-ten unter Beteiligung der Trifolium-Beratungsgesellschaft mbH, Heike Leitschuh, des Arbeitskreises Nachhaltiges Wirtschaften im Rahmen der Bochumer Agenda 21 und den beteiligten Bochumer Unternehmen	Alle UN, insb. KMU	x	x	x		Der BNC ist ein Selbstbewertungsinstrument für Nachhaltiges Wirtschaften, welches in Bochum mit Bochumer UN und Organisationen entwickelt wurde und die Basis für den Selbst-Check Handwerk bildete.	Interne Bereiche (Personal; Kunden, Produkte und Dienstleistungen; Leitbild und Strategie; Organisation und Führung; Produktion) und externe Gebiete (Kooperation und Innovation; Finanzen und Rechtssicherheit; Umfeld UN am Standort; Regionale und Int. Märkte/Globalisierung)
Selbst-Check Handwerk	Modellversuch „Berufsbildung für Nachhaltiges Wirtschaften im Handwerk" (BfNW-Handwerk) des Westdeutschen Handwerkskammertags & Wuppertal Instituts für Klima, Umwelt, Energie GmbH und des Klaus Novy Instituts. Übertragung auf mehrere europäische Länder im Rahmen des EU-Projekts EuroCrafts 21.	KMU, insb. Handwerksbetriebe	x	x	x		Praktikables betriebliches Instrument zur Bestandsaufnahme für Nachhaltiges Wirtschaften für KMU einschließlich der Zielgruppe von kleinen Handwerksbetrieben. Den Betrieben sollen konkrete Handlungs-, Informations- und Weiterbildungsbedarfe aufgezeigt werden. Grundlage: Selbst erkannte Probleme und Erfahrungen (bzw. Stärken und Potenziale). Beschäftigte sollen zudem beteiligt, die Fähigkeit der Beteiligten zur Selbsteinschätzung soll erhöht und zielgerichtete Diskussionsprozesse sollen zur Steigerung der Motivation beitragen.	Gesamtes UN → Bereiche: Kunden/innen, Produkte & Dienstleistungen; Personal, Aus- und Weiterbildung; Leitbild und Strategie, Organisation und Führung; Produktion; Kooperation und Innovation; Finanzen und Rechtssicherheit; regionales Umfeld; internationale Märkte/Globalisierung

Bewertung unternehmerischer Nachhaltigkeit

Tool	Entwickler	Zielgruppe	Ökon.	Ökolo.	Sozial	Andere	Thematik	Systemgrenze
ADMIRe-Selbstbewertung	Faktor 10 – Institut für Nachhaltiges Wirtschaften gemeinnützige GmbH im Rahmen des BMBF-Verbundprojekts „Strategische Allianz Demografiemanagement, Innovationsfähigkeit und Ressourceneffizienz am Beispiel der Region Augsburg (ADMIRe A³)"	Strategische Allianzen, andere Netzwerke	x	x	x		Dreiteiliges Instrument zur Beschreibung, Analyse und Bewertung von Netzwerken. Dabei werden Strukturmerkmale der Allianz erfasst, Aspekte der Allianz mit einschlägigen Erfolgsfaktoren abgeglichen und die Leistungen der Allianz bezüglich bestimmter nachhaltigkeitsrelevanter Themenbereiche beurteilt. Ziel ist die Stärkung strategischer Allianzen als Handlungssubjekte bei der Etablierung des nachhaltigen Wirtschaftens bei den beteiligten Akteuren aus Politik, Verwaltung, Wissenschaft, Wirtschaft und Zivilgesellschaft und im regionalen Innovationssystem, in das die jeweilige Allianz eingebettet ist.	Strukturen, Handlungen und Prozesse im/des Netzwerk/s. Nicht bewertet werden die einzelnen Mitglieder der Allianz
KIM	2007 im Rahmen eines Modellversuchs zum Nachhaltigen Wirtschaften in der Chemieausbildung (NICA) von Prof. Dr. Anja Grothe gemeinsam mit der Rhein Erft Akademie entwickelt. KIM wurde seitdem in mehreren Forschungsprojekten an der Hochschule für Wirtschaft und Recht sowie mit SUSTAINUM Consulting in Beratungsprojekten z. B. für den VDMA weiterentwickelt.	Alle UN, insb. KMU	x	x	x	Governance	KIM bietet eine Reflexion der eigenen Nachhaltigkeitsleistung in Bezug auf 4 Dimensionen. Mit Hilfe einer qualitativen und quantitativen exzelabsierten Analyse lassen sich ohne viel Aufwand sowohl die Nachhaltigkeit des Unternehmens bewerten, als auch hervorragend die Mitarbeiter und Führungskräfte bei der Bewertung und der Verbesserung der Nachhaltigkeit mit einbeziehen. KIM ist am GRI angelehnt, bietet aber darüber hinaus einiges mehr an Erkenntnissen zum internen – auch unternehmenskulturellen – Verbesserungsprozess. Die KIM-Analyse dient außerdem als Basis für die Entsprechungserklärung des Deutschen Nachhaltigkeitskodex.	Gesamtes UN
ZNU-Nachhaltigkeits-Check	Zentrum für nachhaltige Unternehmensführung (ZNU) der Universität Witten/Herdecke	Alle UN, insb. Food, FMCG, Logistik, Handel	x	x	x	UN – Führung	Neben ersten Erkenntnissen für das UN zur Status Quo-Abfrage in Sachen Nachhaltigkeit („Unsichtbares sichtbar machen") soll der ZNU-Selbst-Test verdeutlichen, was genau Nachhaltige Unternehmensführung ausmacht und wo ein UN aktuell steht. Diese erste Bewertung ist eine Selbstevaluation, die von den Mitarbeitern durchgeführt wird und als Basis für die regelmäßige Überprüfung der Nachhaltigkeitsorientierung der Unternehmensführung dienen kann. Zunächst wird in Teil I das „Wie" (Nachhaltige Unternehmensführung) abgefragt und im Teil II das „Was" (Nachhaltigkeitsthemenfelder aus den Bereichen Ökologie, Ökonomie und Soziales) vom UN bearbeitet.	Alle UN-Bereiche bzw. -Prozesse

Tool	Entwickler	Ziel-gruppe	Dimension				Thematik	Systemgrenze
			Ökon.	Ökolo.	Sozial	Andere		
ZNU-Standard Nachhaltiger Wirtschaften^Food	Zentrum für nachhaltige Unternehmensführung (ZNU) der Universität Witten/Herdecke	Alle UN, insb. Food, FMCG, Naturkosmetik	X	X	X	UN – Führung	Ziel des ZNU-Standards ist es, innovative Produkte und Prozesse zu fordern und zu fördern, die einen Beitrag für mehr Nachhaltigkeit leisten. Dabei zielt es auf den extern zertifizierbare Managementsystemstandard vor allem auf die Lerndynamik am jeweiligen Standort, die Kooperationskultur entlang der supply chain und generell auf mehr Offenheit und Transparenz. Der ZNU-Standard strukturiert und erleichtert Unternehmen Nachhaltiges Wirtschaften und fordert eine ganzheitliche Früherkennung. Durch seinen integrativen Charakter (u. a. mit ISO 50001, ISO 26000, DNK) und seine Themenorientierung (Menschenrechte, Gesundheit, Klimaschutz, Tierschutz etc. ...) ist er auch für mittelständische UN sehr gut anwendbar.	UN- und Produktebene (standortbezogen)
Der Biomimicry-Ansatz	ursprüngliche Version: 1997 Janine Benyus (USA) & Biomimicry 3.8. Weiterentwicklung, Einführung in Deutschland und Anpassung des Prozesses durch Dr. Arndt Pechstein und „phi360" Think-Tank. Seit 2013 auch Kombination mit dem Design Thinking-Prozess in Zusammenarbeit mit dem Hasso-Plattner-Institut (D-School)	KMUs und große UN; gesellschaftliche Herausforderungen; Innovationsnetzwerke	X	X	X	Leadership, Organisationsstrukturen	Der Biomimicry-Ansatz verbindet die Analyse des Ist-Zustandes und das Identifizieren von Ansatzpunkten zur Verbesserung von Nachhaltigkeit, Effizienz & Resilienz mit der strategischen und zielgerichteten Entwicklung von Neuerungen durch partizipative Kreativmethoden (Design Thinking). Natürliche Systeme dienen als Quelle & Maßstab für nachhaltige und erfolgserprobte Innovationen. Mit Hilfe verschiedener Werkzeuge und Frameworks (u. a. algorithmische Abstraktion) werden Erfolgsmechanismen natürlicher Systeme auf Unternehmen übertragen. Biomimicry dient damit der Identifizierung UND Lösung komplexer Probleme (z. B. Wertschöpfung, Materialeinsatz, Energieeffizienz, Organisation, Strategie, Produkt/Service-Systeme) und ist sektorenübergreifend (z. B. Mobilität, Energie, Material, Urbanisierung, Logistik, Information etc.).	Gesamtes UN Unterteilung: „Produkt, Prozess, System"

Bewertung unternehmerischer Nachhaltigkeit

Tool	Entwickler	Ziel-gruppe	Dimension				Thematik	Systemgrenze
			Ökon.	Ökolo.	Sozial	Andere		
Gemeinwohl-Bilanz	Gemeinwohlökonomie	Alle UN	X	X	X	Erfüllung von Grundbedürfnissen, Beitrag zu sinnstiftender Arbeit	Grundgedanke: Auf UN sollen die gleichen demokratischen Verfassungswerte angewendet werden wie auf die Gesellschaft. Die Gemeinwohl-Bilanz misst die erbrachten unternehmerischen Leistungen zum Gemeinwohl anhand der Verfassungswerte: Menschenwürde, Solidarität, ökologische Nachhaltigkeit, soziale Gerechtigkeit, Transparenz & demokratische Mitbestimmung. Der Finanzgewinn eines UN sagt nichts über die Mehrung des Gemeinwohls aus. Die Gemeinwohlmatrix verbindet die demokratischen Verfassungswerte mit den Berührungsgruppen (Stakeholdern) von UN: Beschäftigte & Eigentümer, Zulieferer, Kundinnen, Geldgeberinnen, Gesellschaft, Souverän, zukünftige Generationen, Natur.	Unternehmerisches Verhalten bzw. dessen Beitrag zum Gemeinwohl

Tab. 1: Übersicht über die Bewertungsinstrumente und Ansätze unternehmerischer Nachhaltigkeit im Buch[8]

---

[8] Die Tabelle ist in Zusammenarbeit mit allen Autoren entstanden, deren Instrumente in der Tabelle beschrieben werden.

Stefan Eckstein und Andreas Ochs verfolgen in ihrem Beitrag über die „Bewertung von Nachhaltigkeit mit Hilfe eines „Corporate Sustainability Performance Managements" den grundlegenden Ansatz, dass die Messbarkeit von Nachhaltigkeit damit verbunden werden muss, Controlling von Nachhaltigkeit zu betreiben. Für diese erweiterten Anforderungen an das Controlling bedarf es nach Ansicht der beiden Autoren einer neuen methodologischen Basis, in der sich aufgrund ihrer generischen Art auch das Nachhaltigkeitscontrolling integrieren lässt. Eine solche Basis soll das **Corporate Performance Management (CPM)** übernehmen. Der Beitrag geht darauf vertiefend ein, wie ein CPM eine transparente, strategie-, ziel- und leistungsorientierte Unternehmenssteuerung dadurch unterstützen kann, indem sie die notwendigen Prozesse, Methoden, Metriken und Technologien miteinander integriert. Die Aufgabe eines CPM-Modells besteht dann darin, die Realität bestmöglich zu (re-)konstruieren, so dass messbar wird, inwiefern Ziele erreicht wurden oder ob Maßnahmen zu ergreifen sind, um diese Ziele in Zukunft zu erreichen.

Daran knüpft der Beitrag von **Stefan Schaltegger** an, der ebenso betont, dass Nachhaltigkeitsthemen im Controlling explizit berücksichtigt werden sollten. Er stellt dafür die „**Sustainability Balanced Scorecard** (SBSC)" vor, die ein Konzept zur strategischen Steuerung von Nachhaltigkeitsaspekten darstellt. Auf der Grundlage der Darlegung der SBSC als strategisches Management- und Messsystem sowie des Prozesses zur Formulierung einer SBSC stellt der Autor in seinem Beitrag die Funktionsweise der SBSC vor, diskutiert deren Vor- und Nachteile und zeigt Erweiterungen des Instrumentes auf.

Susanne Kaldschmidt und Thomas Merten stellen ein anschlussfähiges Werkzeug zum Aufbau und zum Management der Nachhaltigkeit vor, das von jeder Art von Organisation angewendet werden kann. Durch die nahe Verwandtschaft zum EFQM Excellence Modell ist der „**Sustainable Excellence**" Ansatz mit einem anerkannten Managementmodell verbunden und verknüpft. Der Sustainable Excellence Ansatz unterstützt Organisationen beim Aufbau eines Nachhaltigkeitsmanagements. Gleichzeitig bietet der Ansatz Möglichkeiten, die Nachhaltigkeitsleistung zu bewerten. Für die Selbstbewertung nach dem Sustainable Excellence Ansatz wurden von den Autoren mehrere Methoden entwickelt, erprobt und verbessert. Ihr Beitrag geht darauf ein und zeigt unterschiedliche Möglichkeiten in Form von Praxisberichten für die Bewertung und Verbesserung der Nachhaltigkeit einer Organisation.

Während die drei eben vorgestellten Beiträge sich alle an Organisationen jeder Größe und Branche richten, fokussieren sich die nun folgenden Beiträge eher auf die Unternehmensgrößen der KMU. **Tobias Engelmann, Holger Rohn und Nils Seipel** stellen in ihrem Beitrag über „**Selbstbewertung von Nachhaltigkeit in KMU**" gleich mehrere Instrumente vor. Bei der Auswahl orientierten sich die Autoren an der möglichst einfachen Durchführbarkeit in KMU und der Qualität der Ergebnisse. Die getroffene Auswahl vertieft die Instrumente **SAFE** (Sustainable Assessment for Enterprises) und den **Selbst-Check Handwerk**. Am Ende der Durchführung beider Instrumente hält das Unternehmen einen Maßnahmenplan mit konkreten Verbesserungsvorschlägen in den Händen. Als innovatives Konzept für den Einsatz in (Unternehmens-)Netzwerken und strategischen Allianzen wird zusätzlich von den Autoren die **ADMIRe-Selbstbewertung** betrachtet. Die Netzwerk-Selbstbewertung wurde deshalb mit aufgenommen, weil insbesondere KMU von der Kooperation in Netzwerken profitieren können, indem Kooperationen wie beispielsweise eine gemeinsam genutzte Vertriebsstruktur die Position von KMU stärken können.

Das von **Anja Grothe und Matthias Teller** im darauf folgenden Beitrag vorgestellte **„Kriterien und Indikatorenmodell (KIM) zur Bewertung von Nachhaltigkeit"** ist ein Selbstbewertungsinstrument mit didaktisch partizipativem Anspruch und beruht insbesondere auf zwei Erkenntnissen: Nachhaltigkeit ist ein Prozess, der sich aus der komplexen Betrachtung von wenigstens drei Bereichen darstellt, und gelebte Nachhaltigkeit kann es nur geben, wenn die Mitarbeiter in diesen Prozess mit eingebunden werden. KIM misst deshalb die Nachhaltigkeit eines Unternehmens anhand von Kennzahlen und einer qualitativen Mitarbeiter- und Führungskräftebefragung entlang der Dimensionen Ökonomie, Ökologie, Soziales und Governance. Das erfordert zwangsläufig eine breite Beteiligung der Mitarbeitenden und eine Innovationskultur, die systematisch und kontinuierlich wichtige Chancen und Herausforderungen aufgreift. Der KIM-Prozess führt nicht nur zu einer Status-quo-Analyse und den daraus resultierend eingeleiteten Verbesserungsprozess, er kann auch integraler Bestandteil für die Erstellung der Entsprechungserklärung für den Deutschen Nachhaltigkeitskodex sein. Der Beitrag vertieft diesbezüglich praktische Anwendungsbeispiele.

Im nachfolgenden Beitrag über **„Nachhaltiges Wirtschaften; vom Selbst-Check zum zertifizierbaren ZNU-Standard"** von **Christian Geßner, Axel Kölle, Kesta Ludemann, Florian Schäfer, Mirjam Rübbelke-Alo und Verena Diekmann** wird das Selbstbewertungsinstrument des Zentrums für Nachhaltige Unternehmensführung (ZNU), der ZNU-NachhaltigkeitsCheck vorgestellt. Ziel ist es unter anderem, den Lernpfad von einer ersten Sensibilisierung eines Unternehmens über eine Status-quo-Erfassung bis hin zu einer integrativen Managementlösung für die feste Verankerung von Nachhaltigkeit in den Unternehmensprozessen mit Hilfe der ZNU-Bewertungsansätze darzustellen. Die Autoren zeigen zusätzlich auf, wie Unternehmen den ZNU-Standard nutzen können, um systematisch die positiven Auswirkungen ihrer Geschäftstätigkeit zu steigern und negative Auswirkungen zu minimieren. Unabhängig davon, wie aktiv Unternehmen im Bereich Nachhaltigkeit schon sind, hilft der ZNU-Standard Nachhaltigkeitsaktivitäten zu strukturieren, einen dynamischen Lern- und Wandlungsprozess anzustoßen, sich fremd evaluieren zu lassen und so Jahr für Jahr nachweisbar nachhaltiger zu wirtschaften.

Die vorgestellten Selbstbewertungsinstrumente benötigen für die Erfassung der Kennzahlen und zur Auswertung weiterer Daten meist nur Excel oder andere einfach zugängliche Desktopprogramme. **Matthew Johnson** untersucht in seinem Beitrag über **„Nachhaltigkeitsmanagement – Software in KMU"** den Nutzen von Nachhaltigkeitsmanagement-Software für kleine und mittlere Unternehmen (KMU) und geht darüber hinaus den Fragen nach, welche betriebsinternen und -externen Faktoren die Entscheidung für die Nutzung solcher Software in KMUs beeinflussen und welche Aufgaben des Nachhaltigkeitsmanagements (z. B. Datenaufbereitung, Strategieentwicklung, Controlling, Berichterstattung usw.) die angebotenen Software-Produkte wie gut unterstützen können. Johnson stellt im Beitrag seine Studie vor, die im Ergebnis einen Überblick der wesentlichen Einflussfaktoren für die Nutzung solcher Software gibt sowie deren Eignung für die Nachhaltigkeitsmanagementaufgaben in KMU überprüft.

Insgesamt stand bisher die Bewertung unternehmerischer Aktivitäten im Fokus der Nachhaltigkeitsbewertung. Die Nachhaltigkeit von einzelnen Produkten oder gar des gesamten Produktportfolios wurde dagegen noch nicht behandelt, denn diese hat sich trotz eines frühen Starts nur zögerlich weiterentwickelt. **Rainer Grießhammer und Rasmus Prieß** zeigen in ihrem Beitrag über die „**Nachhaltigkeitsbewertung von Produkten und Produktportfolios**" zunächst die ca. 30jährige Entwicklung der Bewertung von Produkten auf, die sich in den letzten Jahren vermehrt auf einfache CO_2-Analysen reduzierten. Diese führen aber mitunter zu falschen Entscheidungen und eignen sich anders als die Produkt-Nachhaltigkeitsanalysen nicht für die unternehmerische Produktentwicklung. Denn diese muss eben alle ökologischen und ökonomischen Aspekte und vor allem auch die sozialen und nutzenbezogenen Anforderungen von Konsumenten berücksichtigen. Die Autoren vertiefen die Methode PROSA (Product Sustainability Analysis), bei der all diese Aspekte analysiert und bewertet werden.

Unternehmerische Nachhaltigkeitsbewertung dient oft zunächst der internen, transparenten und ehrlichen Selbstanalyse mit dem Ziel der Standortbestimmung und der Erörterung von Verbesserungspotenzialen in normativer, strategischer und operativer Hinsicht. Sie kann aber auch der erste oder ein weiterer Schritt sein, um extern z. B. in einer Entsprechungserklärung nach dem DNK (Deutschen Nachhaltigkeitskodex) über die Nachhaltigkeitsleistung zu berichten, wie das Beispiel von KIM gezeigt hat. In dem Beitrag: „**Vom Nachhaltigkeitskodex für Unternehmen zum Nachhaltigkeitskodex für Hochschulen – Unterschiede, Gemeinsamkeiten, Herausforderungen**" von **Anna Katharina Liebscher und Georg Müller-Christ** geht es um die Gemeinsamkeiten und Unterschiede der Anforderungen an die Berichterstattung über Nachhaltigkeit in Unternehmen und an Hochschulen. Das übergeordnete Nachhaltigkeitsziel ist für Unternehmen und Hochschulen gleich, nämlich nicht mehr Ressourcen zu verbrauchen als reproduziert werden können. In Nachhaltigkeitsberichten wird u. a. hierzu offengelegt, woher die bezogenen Ressourcen stammen. Auf der Outputseite sind dann allerdings Unterschiede für die Institutionen zu erwarten. Stakeholder von Unternehmen interessieren sich wohl vor allem für Transparenz über die Maßnahmen zur Vermeidung von Nebenwirkungen. Stakeholder von Hochschulen wollen vor allem wissen, ob die Hochschulen in ihrer großen Autonomie ihrem gesellschaftlichen Auftrag gerecht geworden sind. Hochschulen werden folglich kaum die Reportingstandards verwenden können, die konkret für Unternehmen entwickelt wurden, ohne sie an ihre Erfordernisse und Besonderheiten anzupassen. Für die Bereiche, in denen für die Institutionen Unterschiede identifiziert werden können, werden von den Autoren Vorschläge entwickelt, wie diese in einen Nachhaltigkeitskodex für Hochschulen mit aufgenommen werden könnten.

Die letzten drei Beiträge des Buches stehen unter der Überschrift „**Erweiterte Perspektiven**". Alle drei „Perspektivwechsel-Beiträge" laden zu einem anderen Blick auf die Bewertung von Nachhaltigkeit im weiteren Sinne ein. **Arndt Pechsteins „Biomimicry Ansatz"** begegnet der grundlegenden Frage nach den Maßnahmen, die Unternehmen ergreifen könnten, um verantwortungsvoll und innovativ die Zukunft zu gestalten mit den Antworten, die die Natur bietet. Was und vor allem wie können wir von der Natur lernen? Biomimicry ist eine neue Methode, die natürliche Systeme als Inspiration und Wertemaßstab nutzt und Nachhaltigkeit mit Innovation verbindet. Im Unterschied zur Bionik beschäftigt sich der Biomimicry Ansatz mit ganzen Systemen (Unternehmen, Wertschöpfungsketten, Prozessen, Produkten) und sucht die direkte wirtschaftliche Implementierung stets mit dem Fokus auf den Menschen (Nutzer) und die Umwelt (System). Somit zeichnet sich Biomimicry vor allem dadurch aus, dass er Nachhaltigkeit nicht nur bewertet und implementiert, sondern diese konsequent und systemisch an disruptive Innovation koppelt.

Nils Wittke kritisiert, dass der Vielzahl an Nachhaltigkeits- bzw. CSR- Instrumenten gemein ist, dass sie nur einen geringen Berührungspunkt zu den Prozessen des Kerngeschäfts haben. Ein Prozessnutzen für das gesamte Unternehmen bzw. die Geschäftsführung ist für ihn damit schwer herzustellen. Sein Beitrag über: „**Die Gemeinwohl-Bilanz – Bericht und Bewertung nicht-finanzieller Informationen**" stellt die Gemeinwohl-Bilanz vor, die sich zu einer neuen Generation von CSR-Instrumenten zählt und direkt im Kerngeschäft ansetzt. Die Gemeinwohl-Ökonomie versteht sich als ein Wirtschaftsmodell mit Zukunft mit der Gemeinwohl-Bilanz als notwendige Ergänzung zur etablierten Finanzbilanz. Um die Zielerreichung messen zu können, gibt es die Gemeinwohl-Bilanz, die wirtschaftliche Tätigkeiten daran misst, welchen Beitrag sie zum Gemeinwohl leisten. Der Autor stellt detailliert das Vorgehen zum Erstellen einer Gemeinwohlbilanz vor.

Der letzte Beitrag des Buches bietet noch einen weiteren und ganz anderen Perspektivwechsel für die Bewertung unternehmerischer Nachhaltigkeit an. **Anja Grothe und Georg Müller-Christ** gehen der Frage nach, wie man jenseits der rational-analytisch gemessenen Daten die innere Haltung eines Unternehmens zur Nachhaltigkeit feststellen kann. Während messbare Daten die Außenseite des Unternehmens analysieren und abbilden, kann die Innenseite der Haltung zur Nachhaltigkeit bislang nur interpretiert werden. Diese Art qualitativer Motivforschung ist bislang ein schwieriges Thema in Wissenschaft und Praxis. Der Beitrag: „**Systemaufstellungen als innovatives Instrument unternehmerischer Nachhaltigkeitsbewertung**" beschreibt eine im Kontext des nachhaltigen Managements völlig neue Methode, die von den beiden Autoren in unterschiedlichen Kontexten auf der Mikro- und auf der Mesoebene praxisnah angewendet wird. Systemaufstellungen könnten ein begleitendes Element sein, um Grundannahmen über Nachhaltigkeit sichtbar zu machen und ein umfassenderes Abbild der Realität. auf die Bedeutung von Nachhaltigkeit.

Literatur

Geßner, C. (2008): *Unternehmerische Nachhaltigkeitsstrategien*, Frankfurt am Main.
Grothe, A. (2006): *Perspektiven zukunftsfähiger Unternehmensführung – Unternehmen auf dem Weg zur Nachhaltigkeit?* Saarbrücken.
Grothe, A. (Hrsg.) (2012): *Nachhaltiges Wirtschaften für KMU*, München.
Humel, H. P. (2008): *Vom erfolgsfaktoren- zum ressourcensichernden Nachhaltigkeitsmanagement. Ein Bezugsrahmen zur Sicherung dauerhaften Unternehmenserfolgs*, Berlin.
Müller-Christ, G. (2010): *Nachhaltiges Management*, Baden-Baden.
Remer A. (1997): *Personal und Management im Wandel der Strategien*, in: Klimecki, G.; Remer, A. (Hrsg): Personal als Strategie, Neuwied, S. 399–417.

Zur Legitimität standardisierter Bewertungsverfahren

Kathrin Ankele und Christoph Schank

1. Einleitung

Organisationen und gerade Unternehmen kommt in den heutigen funktional ausdifferenzierten, globalisierten Gesellschaften eine entscheidende Rolle zur Gestaltung der gesellschaftlichen Entwicklung zu. Der relative Bedeutungsverlust des Nationalstaates als ordnendes und regulierendes Element rückt vermehrt gerade multinationale Unternehmen in den Fokus, die in diese Regulierungslücken vorstoßen und dadurch häufig in moralischen Grauzonen handeln.[1] Unternehmen verfügen damit über ein in der Geschichte beispielloses Machtpotenzial und Freiheitsgrade, aus denen beträchtliche soziale und ökologische Konsequenzen für die Gesellschaft erwachsen können. Gleichzeitig fordert in Reaktion darauf eine global vernetzte und zunehmend über Nichtregierungsorganisationen (NGOs) schlagkräftig organisierte Zivilgesellschaft von Unternehmen immer nachdrücklicher die Übernahme von Verantwortung für die Konsequenzen ihres Handelns ein. Unternehmen wiederum reagieren darauf mit der Bestrebung, sich am Markt aus gewinnorientiert-instrumentellen oder ethischen Motiven als verantwortungsbewusste Akteure zu positionieren und von ihren Mitbewerbern abzuheben. Den Nachweis dieser moralischen Überlegenheit erbringen Unternehmen oftmals über Zertifikate, Siegel und den Verweis auf umgesetzte Richtlinien. Standardisierte Verfahren der Bestimmung unternehmerischer Nachhaltigkeit und Verantwortung erhalten als Differenzierungsmerkmal im Wettbewerb eine steigende Bedeutung. Die Gefahr der Instrumentalisierung und des Green- beziehungsweise Bluewashings[2] ist dabei jedoch hoch und die Legitimität der Verfahren fraglich.

Soziale, ökologische und gesellschaftspolitische Dimensionen werden zusammenfassend oftmals und eingängig unter dem Begriff der Nachhaltigkeit verhandelt. Das Konzept der Nachhaltigkeit basiert zwar auf naturwissenschaftlichen Erkenntnissen über Grenzen der natürlichen Lebensgrundlagen, es ist in Bezug auf die abgeleiteten Ziele, Maßnahmen und Erfolgsindikatoren jedoch auch stark von Werten

---

[1] Vgl. Scherer/Palazzo (2011).
[2] Vgl. Heidbrink/Seele (2007).

und Normen geprägt. Nachhaltigkeit als Leitprinzip zukunftsfähigen und verantwortungsvollen Wirtschaftens hat sich inzwischen durchgesetzt und hat damit in den Wertekanon vieler Gesellschaften als Institution Eingang gefunden. Zur Operationalisierung und Konkretisierung des Leitprinzips wurden in den vergangenen Jahren (vor allem seit dem Weltgipfel in Rio de Janeiro 1992) vielfältige Ansätze entwickelt. Hierzu zählen sowohl ergebnis- als auch prozessbezogene Ansätze, außerdem volks- sowie betriebswirtschaftliche und nicht zuletzt Ansätze zur Selbstbewertung der Nachhaltigkeitsleistung von Organisationen oder der Berichterstattung darüber. Die Vielfalt dieser Angebote geht nun mit der Frage einher, welchen Kriterien ein standardisiertes Bewertungsverfahren genügen muss, um gleichermaßen in der Sache geeignet und legitim zu sein. An dieser Stelle sollen lediglich zwei maßgebliche Richtlinien exemplarisch angeführt werden.

Die im Jahr 2010 aus einem globalen Normungsprozess, der Akteure aus Staat, Wirtschaft, Gewerkschaftsverbänden und Verbraucherverbänden umfasste, hervorgegangene ISO 26000 ist die jüngste und gleichzeitig beeindruckendste Standardisierungsbestrebung organisationaler Verantwortung.[3] Mit ihren sieben Kernthemen: Menschenrechte, Umwelt, Arbeitspraktiken, faire Betriebs- und Geschäftspraktiken, Konsumentenanliegen, Einbindung und Entwicklung der Gemeinschaft sowie der Organisationsführung umfasst sie die Bandbreite organisationaler Verantwortung und dient als Anleitung zum Aufbau und zur Sicherstellung guter Unternehmenstätigkeit. Unter dem Gesichtspunkt der Legitimität ist sie aufgrund ihres aufwändigen Entstehungsprozesses, der Akteure aus rund hundert Staaten zusammenführte, von bemerkenswerter Qualität und angesichts dieser globalen Ausrichtung nicht weniger als ein „Beitrag gegen das Institutions- und Organisationsdefizit der Globalisierung"[4]. Die ISO 26000 birgt damit das Potenzial für ein hoch legitimiertes und universell einsatzfähiges Standardisierungsverfahren, um unternehmerisches Handeln aus einer normativen Perspektive zu bewerten. Gleichzeitig wird dieses Ansinnen jedoch dadurch eingeschränkt, dass die ISO 26000 ausdrücklich nicht als zertifizierbare Norm konzipiert wurde, sondern lediglich als Leitfaden verstanden werden soll. Sie dient daher ihrem Selbstverständnis nach nicht dazu, konkrete Praktiken zu bewerten und vergleichbar zu machen.

Ebenso wenig wie bei der ISO 26000 handelt es sich bei der Global Reporting Initiative (GRI) um ein Bewertungsverfahren guter Unternehmenspraxis, wenngleich auch hier wichtige Parallelen und Anleihen zu finden sind. Die 1997 gegründete Initiative setzt ebenfalls auf internationale Aushandlungsprozesse verschiedener Anspruchsgruppen und stellt dadurch eine hohe Akzeptanz her. Die Richtlinien der Initiative dienen der Bewertung von Nachhaltigkeitsberichten, nicht jedoch der eigentlichen Unternehmenstätigkeit. Wie auch beim IÖW/future-Ranking, das aktuell für 2015 erneut die Nachhaltigkeitsberichte von Unternehmen vergleicht und be-

---

[3] Vgl. Schank et al. (2014).
[4] Vgl. Schmiedeknecht/Wieland (2012): S. 268.

wertet, wird lediglich analysiert, ob und wie über bestimmte Kennzahlen unternehmerischer Nachhaltigkeit berichtet wird, die Leistung an sich wird nicht bewertet.

Mit der GRI und der ISO 26000 stehen zwei etablierte, umfassende und in der organisationalen Praxis akzeptierte Richtlinien bereit, die uns bei unserer Betrachtung der Legitimität von standardisierten Bewertungsverfahren begleiten. Die ausgeprägte Inklusion verschiedenster Anspruchsgruppen im Rahmen der Entstehungsprozesse ist ein starkes Signal dafür, dass Partizipation und Legitimität entscheidende Zielgrößen darstellen. Die Frage nach der Legitimität solcher Verfahren setzt voraus, dass wir in einem Schritt ein theoriereiches Verständnis vom Begriff der Legitimität gewinnen. Ähnlich wie Schmiedeknecht und Wieland möchten wir daran anknüpfend die Legitimität von Bewertungsverfahren auf drei Ebenen untersuchen: jener der Akteure, der (Bewertungs-)Prozesse und der Inhalte, d.h. der Kriterien.[5] An diese drei Ebenen wollen wir die allgemeinen Gütekriterien empirischer Vorgehensweise Validität, Reliabilität und Objektivität anlegen, um somit zu einer begründeten Feststellung zu gelangen, welche Anforderungen an legitime standardisierte Bewertungsverfahren zu stellen sind.

2. Zur theoretischen Verortung des Legitimitätsbegriffs

Im Kontext dieses Beitrags stellt sich nun also die Frage, welchen Anforderungen standardisierte Bewertungsverfahren genügen sollten, um legitimiert zu sein. Zunächst gehen wir der Frage nach, was Legitimität ausmacht und welche Ansätze es hierzu gibt.

Zur theoretischen Verortung der Legitimität standardisierter Bewertungsverfahren ziehen wir den Neoinstitutionalismus heran, wobei insbesondere die Konzepte der organisationalen Felder, der Institution und der Legitimität bedeutsam sind. Di Maggio und Powell definieren ein organisationales Feld wie folgt:

„By organizational field, we mean those organizations that, in the aggregate, constitute a recognized area of institutional life: key suppliers, resource and product consumers, regulatory agencies and other organizations that produce similar services or products. The virtue of this unit of analysis is that it directs our attention (...) to the totality of actors."[6]

Das hier betrachtete **organisationale Feld**, in dem die Bewertung unternehmerischer Nachhaltigkeit stattfindet, besteht aus den bewerteten Unternehmen, den bewertenden Organisationen und weiteren Akteuren wie NGOs, Medien oder staatlichen Institutionen, die die Bewertung für ihre Zwecke verwenden, z.B. für Kampagnen, Presseberichterstattung, Auszeichnungen oder die (weitere) Institutionalisierung der Bewertung durch materielle oder immaterielle Förderung.

---

[5] Vgl. Schmiedeknecht/Wieland (2012), S. 259.
[6] Vgl. DiMaggio/Powell (1983), S. 148.

Eine **Institution** kann mit Barley und Tolbert beschrieben werden als

„shared rules and typifications that identify categories of social actors and their appropriate activities or relationships".[7]

Institutionen sind relativ stabile soziale Erwartungsstrukturen, die im gesellschaftlichen Wissensvorrat gespeichert sind. Allerdings unterscheiden sich Institutionen in Bezug auf ihre normative Kraft und ihre Handlungsrelevanz, je nachdem, wie lange sie bereits existieren und wie breit sie im organisationalen Feld akzeptiert werden.[8]

Für die Akzeptanz einer Institution ist deren *Legitimität* eine wichtige Voraussetzung. In der Soziologie, Politik- und Rechtswissenschaft bezeichnet Legitimität den Glauben an bzw. das Vertrauen in die Rechtmäßigkeit politischer Herrschaft, von Personen, Institutionen oder Vorschriften.[9] Legitimität kann mit „Rechtmäßigkeit" übersetzt werden, Legitimation verweist dagegen auf einen Prozess oder ein Ergebnis. Legitimität umfasst zwei Ebenen: Den *Legitimitätsanspruch,* also die Rechtmäßigkeit der Herrschaftsordnung durch allgemein verbindliche Prinzipien, und die *Legitimitätsüberzeugung,* die die Anerkennung der Herrschaftsordnung als rechtmäßig und verbindlich beschreibt.[10]

Legitimität ist eine Geltungserfahrung, die nicht nur auf ein Herrschaftssystem angewendet werden kann, sondern auch auf soziale Systeme und Institutionen wie die hier betrachteten Bewertungsverfahren. Legitimität ist dann die Überzeugung von der Rechtmäßigkeit sozialer Systeme und Institutionen, genauer gesagt bezeichnet sie die Qualität, die den Systemen und Institutionen aus dieser Überzeugung zuwächst.[11]

Das Attribut der Legitimität spielt auch in Organisationstheorien eine wichtige Rolle, ohne dass sich eine einheitliche Definition herausgebildet hätte. Vielen Definitionen ist jedoch gemeinsam, dass die Übereinstimmung mit gesellschaftlichen Werten und Normen große Bedeutung besitzt.[12]

Legitimität wird dabei nicht als absolut gegeben betrachtet, sondern sie ist abhängig von der Wahrnehmung durch Anspruchsgruppen. Dies bringt Suchman wie folgt zum Ausdruck:

„Legitimacy is a generalized perception or assumption that the actions of an entity are desirable, proper, or appropriate within some socially constructed system of norms, values, beliefs, and definitions".[13]

---

[7] Vgl. Barley/Tolbert (1997), S. 96.
[8] Vgl. Ebenda.
[9] Vgl. Schubert/Klein (2011).
[10] Vgl. Braun/Schmidt (2009), S. 53.
[11] Vgl. Kielmannsegg (1997), S. 63.
[12] Vgl. Fallgatter/Brink (2006), S. 4.
[13] Vgl. Suchman (1995), S. 574.

Generalisiert bedeutet gemäß Suchman, dass Legitimität eine übergreifende Bewertung darstellt, die auch dann noch Bestand hat, wenn einzelne Abweichungen vorkommen, da sie von einer Historie von Aktivitäten abhängt. Sie ist eine **Wahrnehmung** oder Annahme, da sie zwar objektiv vorhanden ist, aber subjektiv gebildet wird (indem sie eine Reaktion derjenigen darstellt, die eine Organisation betrachten). Ferner ist sie **sozial konstruiert** und spiegelt die Kongruenz des Verhaltens des legitimierten Objekts mit den geteilten (oder vermeintlich geteilten) Grundsätzen einer sozialen Gruppe wider. Somit ist Legitimität von einem kollektiven Publikum abhängig, nicht aber von jedem einzelnen Beobachter.[14]

In Bezug auf die Legitimität standardisierter Bewertungsverfahren bedeutet dies Folgendes: Die Akteure des organisationalen Feldes „Bewertung von Nachhaltigkeit" als kollektives Publikum müssen die Bewertung unternehmerischer Nachhaltigkeit durch spezialisierte Organisationen als sozial wünschenswert erachten. Dabei können durchaus einzelne Unternehmen Kritik üben, ohne dass die Legitimität leidet. Ferner müssen sie diesen Organisationen die Kompetenz dafür zusprechen, und schließlich muss die Bewertung (in Bezug auf Prozess, Kriterien etc.) mit vorhandenen Normen und Überzeugungen übereinstimmen.

Gemäß Suchman können folgende drei Formen von Legitimität unterschieden werden.

2.1 Pragmatische Legitimität

Die pragmatische Legitimität basiert auf dem Eigeninteresse der direkten Umgebung einer Organisation. Auf der einfachsten Ebene geht es darum, einer Organisation Legitimität zuzuschreiben im Austausch gegen einen direkten Nutzen. Auf der nächsten Ebene ist die Einflusslegitimität angesiedelt. Diese wird hergestellt, wenn eine Organisation Einfluss auf ihren Policymaking-Prozess gewährt oder Standards übernimmt und im Gegenzug als legitim erachtet wird. Auf der dritten Ebene befindet sich die Gesinnungslegitimität (*dispositional legitimacy*), die auf einer Personifizierung von Organisationen und einer Zuschreibung von guten Eigenschaften basiert.[15]

Pragmatisch legitimiert ist eine Nachhaltigkeitsbewertung, wenn das Unternehmen seine Akzeptanz und Unterstützung von einem direkten Nutzen abhängig macht wie z. B. einer guten Platzierung, die in der Außenkommunikation intensiv eingesetzt wird.

2.2 Moralische Legitimität

Diese Form der Legitimität setzt eine positive moralische Bewertung einer Organisation und ihrer Aktivitäten voraus. Dabei geht es nicht wie bei der Austauschlegitimität um einen unmittelbaren Nutzen für den Beobachter, sondern um die Einschätzung, dass eine Organisation „das Richtige" tut und mit dem sozial konstruierten

---

[14] Vgl. Ebenda.
[15] Vgl. Suchman (1995), S. 578–579.

Wertesystem der Beobachter in Einklang steht. Moralische Legitimität kann weiter unterteilt werden in Ergebnis-, Prozess-, Struktur- und persönliche Legitimität. Strukturelle Legitimität gewinnt dort an Bedeutung, wo Ziele, Strategie und Ergebnisse weniger klar ersichtlich sind. Eine strukturell legitimierte Organisation wird von Beobachtern als die „richtige für die Aufgabe" angesehen. Persönliche Legitimität basiert auf dem Charisma und dem Ruf einer Person, bspw. einem „moralentrepreneur".[16]

Moralische Legitimität kann folglich einer Organisation zu- oder abgesprochen werden, je nachdem, ob sie vom organisationalen Feld als kompetent für die Bewertung von Nachhaltigkeit erachtet wird. Dies ist z. B. zu beobachten, wenn neue Akteure auf den Plan treten und Nachhaltigkeitsbewertungen oder Preise initiieren. Sie stoßen häufig zunächst auf Ablehnung, sofern sie (noch) keine spezifische Kompetenz nachweisen können oder durch das Charisma eines „Aushängeschildes" punkten.

2.3 Kognitive Legitimität

Diese Art der Legitimität baut weder auf Werten noch auf Interessen, sondern auf kognitiven Prozessen auf, die bspw. stattfinden, wenn man eine Organisation für notwendig oder unvermeidbar hält. Legitimität kann in dieser Lesart entweder daraus resultieren, dass plausible Erklärungen für die Existenz und die Aktivitäten einer Organisation gefunden werden und diese mit Alltagserfahrungen der Beobachter übereinstimmen. Eine andere und sehr wirkmächtige Form kognitiver Legitimität liegt vor, wenn eine Organisation als selbstverständlich erachtet wird und Alternativen undenkbar erscheinen.[17]

Zur Illustration kann erneut auf das Beispiel neu initiierter Nachhaltigkeitspreise zurückgegriffen werden: sofern mehrere Durchläufe durchgeführt werden konnten, nimmt die anfängliche Skepsis oder Ablehnung immer weiter ab und verschwindet schließlich, ein neues Bewertungsverfahren hat sich etabliert und wird nicht mehr hinterfragt, selbst wenn die sachliche Kritik am Verfahren und/oder der bewertenden Organisation nach wie vor Bestand hat.

Neben den Formen der Legitimität können zudem verschiedene Phasen der Legitimität unterschieden werden.

---

[16] Vgl. Ebenda, S. 581–582.
[17] Vgl. Ebenda, S. 583.

2.4 Phasen der Legitimität

Legitimität ist kein stabiler Zustand, vielmehr muss sie zunächst aufgebaut, in der Folge aufrechterhalten und im Falle eines Verlusts wiedererlangt werden (oder zumindest der Versuch unternommen werden). Auf die ersten beiden Phasen gehen wir nachfolgend kurz ein.

Der **Aufbau von Legitimität** ist mit zwei Aspekten verbunden: Zum einen müssen Anstrengungen zur „Sektorenbildung" unternommen werden, wenn neue Verfahren eingeführt werden sollen. Auch wenn neue Akteure in bestehende Sektoren eintreten, müssen Aufbauanstrengungen geleistet werden, um sich zu etablieren und die Unterstützung vorhandener, bereits legitimierter Akteure zu erlangen. Die Strategien, die eine Organisation anwenden kann, um Legitimität zu gewinnen, können in drei Klassen unterteilt werden. Erstens kann eine Organisation sich an ein neues Umfeld **anpassen**, zweitens kann sie sich ein **neues Umfeld suchen**, das die neue Aktivität unterstützt, und drittens kann sie versuchen, **Umfeldfaktoren** so zu **verändern**, dass sich ein neues Umfeld und neue Annahmen herausbilden. In dieser ersten Phase spielt die Kompetenz der Organisation eine große Rolle, die Legitimität erlangen möchte. Sie muss anerkannte (sozial konstruierte) Qualitätsstandards erfüllen und professionell auftreten.[18]

Die **Aufrechthaltung von Legitimität** wird in der Literatur meist als einfacheres Unterfangen dargestellt.[19] Allerdings müssen folgende Aspekte beachtet werden, die die Aufrechterhaltung gefährden können: Zum einen basiert Legitimität auf Beziehungen innerhalb eines organisationalen Feldes und ist keine Eigenschaft, die man besitzen kann. Legitimität ist dynamisch, da sich gesellschaftliche Erwartungen von Zeit zu Zeit ändern.[20] In einem heterogenen und sich verändernden Umfeld können niemals alle Anforderungen erfüllt werden, so dass es passieren kann, dass bislang untergeordnete Ansprüche größere Relevanz erlangen und andere Akteure in den Vordergrund rücken, die diese Ansprüche besser oder schneller erfüllen.[21] Diese Gefahr für die Aufrechterhaltung von Legitimität wird durch einen weiteren Aspekt verstärkt, nämlich die Tatsache, dass Institutionalisierung häufig auch Widerstand und Opposition erzeugt: entweder aus Prinzip, um unliebsame Wettbewerber zu schwächen, oder weil die Aktivität der Organisation als unerwünscht erachtet wird (hier die Bewertung unternehmerischer Nachhaltigkeit an sich).[22]

Um diesen Gefahren zu begegnen, muss eine Organisation in der Lage sein, Veränderungen der Anforderungen des organisationalen Feldes vorauszusehen und angemessen in Strategien, Verfahren und ihre Kommunikation einzubeziehen. Außerdem kann sie Unterstützer und Befürworter gewinnen und diese bei Bedarf mobilisieren.[23] Hierzu ist es wichtig, dass die legitimitätsbegründenden Aspekte wie

---

[18] Vgl. Wood (1991).
[19] z. B. Ashforth/Gibbs (1990), S. 183.
[20] Vgl. Deegan et al. (2002), S. 319–320.
[21] Vgl. Suchman (1995); Powell (1991).
[22] Vgl. Suchman (1995), S. 594.
[23] Vgl. Ebenda, S. 595–596.

Kompetenz, Orientierung an gesellschaftlichen Normen und Werten sowie die Einhaltung von Qualitätsstandards kontinuierlich aufrechterhalten und kommunikativ vermittelt werden (z.B. in Veröffentlichungen über das Bewertungsverfahren, Tagungen zur Diskussion der Ergebnisse).

3. Anforderungen an ein legitimes standardisiertes Bewertungsverfahren unternehmerischer Nachhaltigkeit

In diesem Kapitel führen wir nun die theoretischen Ausführungen zu organisationalen Feldern, Institutionen und Legitimität sowie den institutionalisierten gesellschaftlichen Normen und Werten in Bezug auf unternehmerische Nachhaltigkeit zusammen und entwickeln Anforderungen an legitime standardisierte Bewertungsverfahren. Die Bewertung unternehmerischer Nachhaltigkeit stellt in dieser Lesart eine **Institution** dar, die sich in Bezug auf die Bewertenden und die Bewertung an Regeln orientiert, die von den Akteuren des organisationalen Feldes akzeptiert und als sinnvoll erachtet werden (müssen).

Die Anforderungen an legitime Bewertungsverfahren siedeln wir auf den Ebenen der **Akteure**, das heißt der bewertenden Organisationen, der **Prozesse** der Bewertung und der **Inhalte,** das heißt der Bewertungskriterien an, und legen jeweils die generellen Gütekriterien der Validität, Reliabilität und Objektivität an.[24]

Validität ist das wichtigste Gütekriterium und zeigt an, mit welcher Genauigkeit eine Untersuchung das erfasst, was sie erfassen soll. Man kann zwischen Konstruktvalidität, Kriteriumsvalidität und Inhaltsvalidität unterscheiden. Konstruktvalidität liegt vor, wenn bspw. Hypothesen aus dem gebildeten Konstrukt abgeleitet wurden, die empirisch überprüfbar sind. Hierzu ist ein fundiertes Wissen über den Untersuchungsgegenstand vorausgesetzt. Bei Kriteriumsvalidität müssen die Ergebnisse mit einem Außenkriterium korrelieren, z.B. wenn Angaben über Mitarbeiterfluktuation und Mitarbeiterzufriedenheit korrelieren. Inhaltsvalidität liegt vor, wenn die untersuchten Fragestellungen die untersuchte Eigenschaft gut repräsentieren, wenn also die Bewertungskriterien die Nachhaltigkeitsperformance des Unternehmens umfassend abbilden.

Reliabilität bzw. Zuverlässigkeit bedeutet, dass die Bewertung bei einer Wiederholung unter denselben Bedingungen zum selben Ergebnis gelangt.

Objektivität liegt vor, wenn die Bewertung durch verschiedene Personen durchgeführt zum selben Ergebnis führt. Diese kann weiter unterteilt werden in Durchführungs-, Auswertungs- und Interpretationsobjektivität.

---

[24] Vgl. Lienert/Raatz (1998).

	Akteure	Prozess/e	Bewertungskriterien/ Inhalte
Validität	Die bewertende Organisation verfügt über anerkannte Nachhaltigkeitskompetenzen, Branchenkenntnisse und über Methoden-Know-how.	Die Prozesse der Informationsgewinnung und Bewertung basieren auf einem Konzept, das wissenschaftlichen Ansprüchen genügt und sie sind transparent gestaltet.	Die Kriterien entsprechen anerkannten Standards und Normen (GRI, ISO 26000) und sind wissenschaftlich fundiert. Sie reflektieren darüber hinaus die Werte und Überzeugungen des organisationalen Feldes.
Reliabilität	Die bewertende Organisation stellt eine zuverlässige und gleichartige Bewertung sicher.	Die Prozesse sind vergleichbar, wiederholbar und übertragbar.	Die Kriterien ermitteln umfassend die Nachhaltigkeitsleistung der bewerteten Organisation. Die Kriterien besitzen universelle Gültigkeit.
Objektivität	Die bewertende Organisation ist finanziell, personell und organisational von den bewerteten Organisationen unabhängig.	Die Prozesse sind frei von Beeinflussung. Sie sind eindeutig, so dass sie bei Wiederholung konstante Ergebnisse zeigen.	Die Bewertungsergebnisse sind rational aus den gewonnenen Informationen abgeleitete intersubjektiv nachvollziehbar.
Legitimität	Die Organisation genießt Ansehen und Anerkennung im organisationalen Feld. Sie tut „das Richtige" und steht im Einklang mit den Werten des organisationalen Feldes. Sie verfügt über angemessene Beziehungen zu den Akteuren des organisationalen Feldes.	Die Prozesse sind transparent und für das organisationale Feld diskursiv geöffnet. Inklusion und Partizipation aller Akteure des organisationalen Feldes bei Erarbeitung und Überarbeitung der Kriterien ist gegeben. Es gibt Feedbackmöglichkeiten zur Fehlerkorrektur der Bewertung.	Die Bewertungskriterien werden offengelegt, sie orientieren sich an anerkannten Normen und die Ergebnisse können von den bewerteten Organisationen genutzt werden (z. B. in der Kommunikation). Die Bewertung wird als sozial wünschenswert, angemessen und richtig oder als notwendig und unvermeidbar erachtet. Die Kriterien werden unter Einbeziehung der Akteure regelmäßig aktualisiert, um die Legitimität aufrechtzuerhalten.

Tab. 1: Anforderungen an ein legitimes standardisiertes Bewertungsverfahren unternehmerischer Nachhaltigkeit[25]

4. Fazit

Unternehmen wirtschaften heute mehr denn je in dynamischen und komplexen Umwelten, in denen sie sich mit einer Vielzahl an gesellschaftlichen Erwartungshaltungen konfrontiert sehen, die untereinander auch konfligieren können. Die Bewertung

---

[25] Eigene Darstellung.

unternehmerischer Nachhaltigkeit ist unter diesen Umständen eine Institution, die von verschiedenen Akteuren beständig ausgehandelt und bestätigt werden muss. Die Legitimität solcher Verfahren ist daher gerade in einem organisationalen Feld, das von einem hohen Akteurspluralismus und einer Abwesenheit einer dominierenden, regel- und normsetzenden Instanz geprägt wird, eine überaus kritische und bedeutsame Größe.

Orientierung bieten in aufwändigen Aushandlungsprozessen erarbeitete Nachhaltigkeitsnormen, von denen wir mit der GRI und der ISO 26000 nur zwei besonders zentrale Beispiele angesprochen haben. Beide Standards offerieren einen aufgrund ihres Entstehungsprozesses legitimen Katalog an Kriterien und Anhaltspunkten, die Auskunft über die Nachhaltigkeit von Unternehmen zu geben vermögen. Sie sind damit für legitime Bewertungsverfahren eine notwendige inhaltliche Grundlage, jedoch keineswegs hinreichend. Für ein im ganzheitlichen Sinne legitimes standardisiertes Bewertungsverfahren bedarf es weiterhin transparenter und auch für kritische Diskurse geöffnete Prozesse und integrer, im organisationalen Feld akzeptierter Akteure, die als bewertende Organisationen über den nötigen Rückhalt der Anspruchsgruppen und die unabdingbaren Kompetenzen und Kenntnisse verfügen.

Die Etablierung legitimer Bewertungsverfahren ist unter diesen Vorzeichen eine gemeinsame Kraftanstrengung aller relevanten Akteure eines organisationalen Feldes, die darin übereinkommen, rationale, transparente und partizipative Verfahren auf allgemein anerkannten Kriterien fußen zu lassen und jenen Organisationen das Mandat auszusprechen, die über die erforderliche Durchsetzungskompetenz verfügen und aufgrund ihrer Integrität das notwendige Vertrauen genießen. Aus einem solchen Bewertungsverfahren hervorgegangene Resultate stellen ebenso eine belastbare Richtschnur für kritische Konsumentinnen und Konsumenten wie einen richtungsweisenden Benchmark für Unternehmen dar.

Literatur

Ashforth, B. E./Gibbs, B. W. (1990): *The Double-Edge of Organizational Legitimation*, in: Organization Science, 1 (2), S. 177–194.
Barley, S. R./Tolbert, P. S. (1997): *Institutionalization and Structuration: Studying the Links between Action and Institution*, in: Organization Studies, 18 (1), S. 93–117.
Braun, D./Schmidt, H. (2009): *Politische Legitimität*, in: Kaina, V./Römmele, A. (Hrsg.): Politische Soziologie. Ein Studienbuch. VS Verlag für Sozialwissenschaften, Wiesbaden, S. 53–81.
Deegan, C./Rankin, M./Tobin, J. (2002): *An Examination of the Corporate Social and Environmental Disclosures of BHP from 1983–1997: A Test of Legitimacy Theory*, in: Accounting, Auditing and Accountability Journal, 15 (3), S. 312–343.
DiMaggio, P. J./Powell, W. W. (1983): *The Iron Cage Revisited: Institutional Isomorphism and Collective Rationality in Organizational Fields*, in: American Sociological Review, 48 (2), S. 147–160.
Fallgatter, M. J./Brink, S. (2006): *Zum Einfluss der Legitimation auf die Entwicklung junger Unternehmen*. Arbeitspapiere des Fachbereichs Wirtschafts- und Sozialwissenschaften, Bergische Universität Wuppertal.
Hearit, K. M.: Mistakes Were Made (1995): *Organizations, Apologia, and Crisis of Social Legitimacy*, in: Communication Studies, 46 (1–2), S. 1–17.
Heidbring, L./Seele, P. (2007): *Greenwash, Bluewash und die Frage nach der weißen Weste. Begriffsklärung zum Verhältnis von CSR, PR und inneren Werten*. Working Papers des CRR, Nr. 4/2007.
Graf Kielmannsegg, P. (1997): *Legitimität als Analytische Kategorie*, in: Seibel, W./Medick-Krakau, M./Münkler, H./Greven, M. Th. (Hrsg.): Demokratische Politik – Analyse und Theorie, VS Verlag für Sozialwissenschaften.
Lienert, G. A./Raatz, U. (1998): *Testaufbau und Testanalyse*, 6. Auflage, Psychologie Verlags Union, Weinheim.
Powell, W. W. (1991): *Expanding the Scope of Institutional Analysis*, in: Powell, W. W./ DiMaggio, P. J. (Hrsg.): The New Institutionalism in Organizational Analysis. Chicago, University of Chicago Press.
Schank, C./Hajduk, T./Beschorner, T. (2014): *Die institutionelle Verankerung organisationaler Verantwortung: Überlegungen zur ISO 26000*. In: Kleinfeld, A./Martens, A. (Hrsg.): DIN ISO 26000 – Gesellschaftliche Verantwortung erfolgreich umsetzen – Beispiele, Strategien, Lösungen, S. 129–148.
Scherer, A. G./Palazzo, G. (2011): *The New Political Role of Business in a Globalized World: A Review of a New Perspective on CSR and its Implications for the Firm, Governance, and Democracy*, in: Journal of Management Studies, 48 (4): S. 899–931.
Schmiedeknecht, M. H./Wieland, J. (2012): *ISO 26000, 7 Grundsätze, 6 Kernthemen*, in: Schneider, A./Schmidtpeter, R. (Hrsg.): Corporate Social Responsibility. Verantwortungsvolle Unternehmensführung in Theorie und Praxis. Berlin/Heidelberg, S. 259–270.
Schubert, K./Klein, M. (2011): *Das Politiklexikon*, Dietz Verlag, Bonn.
Suchman, M. C. (1995): *Managing Legitimacy: Strategic and Institutional Approaches*, in: Academy of Management Journal, 20 (3), S. 571–610.
Wood, D. J. (1991): *Corporate Social Performance Revisited*, in: Academy of Management Review, 16, S. 691–718.

Bewertung von Nachhaltigkeit mit Hilfe eines CSPM-Modells

Stefan Eckstein und Andreas Ochs

1. Controlling von Nachhaltigkeit

Controlling von Nachhaltigkeit zu betreiben, heißt zunächst einmal Nachhaltigkeit zu messen bzw. Nachhaltigkeit messbar zu machen. Dabei ist die Messmethodik nicht unabhängig von der Controlling-Konzeption zu definieren. Kennzahlen der Nachhaltigkeit müssen die Anforderungen, die die Controlling-Konzeption stellt, erfüllen und sich mit anderen traditionellen Kennzahlen verbinden lassen. Damit wird aber auch deutlich, dass das Controlling der Nachhaltigkeit nicht nur auf diese fokussiert sein darf. Controlling muss immer auch eine ganzheitliche Unternehmenssteuerung unterstützen. Letztlich wird ein auf Nachhaltigkeit basierender Business Case auch ein entsprechendes Controlling aller Effekte, auch der Nachhaltigkeitseffekte, nach sich ziehen.[1]

2. CPM als methodisches Fundament zum Nachhaltigkeitscontrolling

Nachhaltigkeit muss also in das Controlling integriert werden. Damit erweitert es die Anforderungen an das Controlling. Um dieser Herausforderung begegnen zu können, bedarf es einer methodologischen Basis für das Controlling, in der sich aufgrund ihrer generischen Art auch das Nachhaltigkeitscontrolling integrieren lässt. Die Rolle einer solchen Basis soll das Corporate Performance Management (CPM) hier übernehmen. CPM ist eine Methodologie, die eine transparente, strategie-, ziel- und leistungsorientierte Unternehmenssteuerung dadurch unterstützt, dass sie die notwendigen Prozesse, Methoden, Metriken und Technologien miteinander integriert. Performance Management ermöglicht einen Zyklus von Planung, Aktion (Steuerung) und Kontrolle auf jeder Unternehmensebene und in jeder zeitlichen Hinsicht und stützt sich auf finanzielle wie nicht-finanzielle Kennzahlen und qualitative Informationen.

---

[1] Vgl. Weber et al. (2010), S. 400.

3. Das CPM-Framework

CPM ist in der unternehmerischen Praxis als etabliert anzusehen. Zwar setzen viele Unternehmen noch auf isolierte Excel-Lösungen und investieren wertvolle Ressourcen in deren Abstimmung, aber integrierte CPM-Software-Systeme sind immer häufiger anzutreffen und tragen in erheblichem Maße dazu bei, dass an den Stellen der betrieblichen Entscheidungsfindung alle relevanten Informationen zur Verfügung stehen. Die Aufgabe von CPM besteht jedoch nicht nur in der Bereitstellung und Messung von Daten, sondern in der aktiven Erzeugung von Leistung bzw. Performance.[2] Die Bezeichnung „System" kennzeichnet dabei die Verbindungen und Interdependenzen zwischen den einzelnen Bestandteilen des CPM-Systems, die einen Kreislauf bilden. Die Herausforderung besteht in der Identifizierung der Verbindungen und Wechselwirkungen der Bestandteile des CPM-Systems untereinander. Könnten alle Unternehmensbestandteile mit ihren spezifischen Kennzahlen und deren Verbindungen und Wechselwirkungen untereinander in ein CPM-System vollständig übertragen werden, würde die Festlegung einer Spitzenkennzahl ein komplettes Durchkalkulieren des gesamten Modells nach sich ziehen und die erforderliche Performance für alle Abteilungen und Einheiten eines Unternehmens definieren. Die Realität weicht jedoch von diesem idealtypischen Systemansatz ab, da zum einen diese Verbindungen und deren Wirkungsgrade nicht vollständig bekannt sind und zum anderen das dynamische Umfeld ständige Anpassungen des Systems erfordern würde. So ist es Aufgabe eines CPM-Modells, die Realität bestmöglich zu (re-)konstruieren, angefangen bei der Integration des Zielsystems des Unternehmens und der Strategie, so dass messbar wird, inwiefern Ziele erreicht wurden oder ob Maßnahmen zu ergreifen sind, um diese Ziele in Zukunft zu erreichen.

Neben dem Einbezug der Strategie in ein CPM-System ist gleichermaßen auch die mögliche zukünftige Entwicklung in Form einer eher operativ ausgerichteten integrierten Unternehmensplanung einzubinden und in Folge die Planerfüllung mit Hilfe eines integrierten Berichtswesens und Analysefunktionen zu kontrollieren. Dies setzt den Einsatz spezieller CPM-Software-Systeme voraus, die auf den unternehmenseigenen Datenbanken bzw. Datawarehouses der operativen Anwendungssysteme, wie Warenwirtschafts- oder Buchhaltungssysteme, aufsetzen und die Daten adressatengerecht aufbereiten und zu Kennzahlen zusammenfassen. Etabliert haben sich Kennzahlensysteme, die auf dem Konzept des Shareholder Values basieren, wie dem Economic Value Added, dem Discounted Cashflow, aber auch Qualitätsmanagementsysteme, die zusätzlich nichtfinanzielle Kennzahlen zur Kunden- und Mitarbeiterzufriedenheit liefern.

Aktuell ist das Konzept der Balanced Scorecard (BSC) das am weitesten verbreitete Kennzahlensystem, mit einem ausgeglichenen Anteil aus monetären und nichtmonetären Kennzahlen, die an der Unternehmensstrategie ausgerichtet werden und sowohl vergangenheitsbezogen als auch zukunftsgerichtet sind. Die Verknüpfungen und Aggregationen der Kennzahlen werden mit Hilfe von Ursache-Wirkungsketten

---

[2] Vgl. Krause (2006), S. 39.

dargestellt und führen die Kennzahlen der operativen Ebenen zu Spitzenkennzahlen auf aggregierter Ebene zusammen.

Dass trotz der Bedeutung des BSC-Konzepts im Rahmen des Corporate Performance Managements die tatsächliche vollumfängliche Nutzung der BSC in den Unternehmen nur stark eingeschränkt erfolgt, zeigt, dass die Verknüpfungen zwischen strategischer und operativer Ebene sowie monetären und nichtmonetären Kennzahlen über Ursache-Wirkungsketten in der Praxis nur eingeschränkt bestimmt werden können. Aus diesem Grund müssen CPM-Systeme in erster Linie heuristische Verfahren und iterative Prozesse unterstützen, die gerade im Bereich der Unternehmensplanung am häufigsten anzutreffen sind.

4. Vom CPM zum Corporate Sustainability Performance Management

Während das klassische Corporate Performance Management die Unternehmensleistung am Finanzergebnis ausrichtet, bezieht das Corporate Sustainability Performance Management (CSPM) externe Aspekte mit ein, die das Unternehmen als Teil seiner Umwelt ansehen, das Ressourcen verbraucht, die nicht stetig vorhanden sondern einem Abbau unterworfen sind. Für das Unternehmen existieren Interessensgruppen, die Stakeholder, die ein ausgeglichenes Verhältnis zwischen Ressourcennachschub und Ressourcenverbrauch fordern.[3] Dies betrifft neben ökonomischen auch ökologische und soziale Aspekte: Ökonomische Aspekte, da nur ein liquides, wirtschaftlich gesundes Unternehmen langfristig Arbeitsplätze schafft und Abgaben leistet, ökologische Aspekte bezüglich der Ansprüche auch zukünftiger Generationen auf eine intakte Umwelt, und soziale Aspekte, die sich aus fairen Arbeitsbedingungen entlang der gesamten Supply-Chain begründen.

Entschließt sich das Management, das Unternehmen nachhaltig auszurichten, sind folgende Schritte durchzuführen:[4] Die Ansprüche der Stakeholder müssen in das Zielsystem einbezogen werden, und zwar idealerweise gleichberechtigt zu den Ansprüchen der Kapitalgeber. Anhand der Zieldefinition kann bestimmt werden, welche Nachhaltigkeitsleistung das Unternehmen erbringen muss, um diese Ziele zu erreichen. Sind die Stakeholder identifiziert, muss die betroffene Kapitalart bestimmt werden, untergliedert in Naturkapital, Sozialkapital, Humankapital und Sachkapital. Anhand der Forderungen der Stakeholder gegenüber dem Unternehmen lässt sich ein Handlungsrahmen für das CSPM-Programm ableiten, das die Aufgaben für das Unternehmen definiert. Jeder Aufgabe kann eine Kennzahl zugeordnet werden, um ihren Erfüllungsgrad ermitteln zu können. Die Kennzahlen setzen sich zusammen aus der aktuell gemessenen Leistung (Zähler) und setzen sie in Relation zur beanspruchten Kapitalart und deren verfügbarer Kapazität unter Berücksichtigung der betroffenen Stakeholder-Interessen (Nenner). Alle auf das Naturkapital bezogenen Kennzahlen sind dann als nachhaltig einzustufen, wenn sie

---

[3] Vgl. Müller-Christ (2007), S. 22.
[4] Vgl. McElroy/van Engelen (2012), S. 94–138.

kleiner oder gleich 1 sind, alle anderen Kennzahlen tragen dann zur Nachhaltigkeit bei, wenn sie größer als 1 sind. Ist dieser Zustand nicht für alle Kennzahlen erreichbar, sind Änderungen in der Strategie und die Durchführung neuer Aufgaben notwendig. Diese Schritte sind wiederkehrend durchzuführen und die Kontrolle der Aufgaben als fester Bestandteil des Nachhaltigkeitscontrollings zu etablieren.

Für ein CSPM-System bedeutet die Erweiterung um ökologische und soziale Nachhaltigkeitsaspekte die Integration eines Zielsystems für die drei Nachhaltigkeitsdimensionen. Aus den Zielen werden Unterziele für die einzelnen Unternehmensbereiche abgeleitet, d. h. es sind bereichsspezifische Kennzahlen zu bilden und Maßnahmen zu planen, um die Ziele zu erreichen. Bezüglich der ökologischen und sozialen Dimension handelt es sich dabei häufig um nichtmonetäre Kennzahlen, weshalb ein CSPM-System fähig sein muss, auch diese Kennzahlen zu erfassen und zu bewerten. Da die Anzahl der Kennzahlen und deren Abhängigkeiten voneinander durch die Ergänzung der beiden zusätzlichen Nachhaltigkeitsdimensionen erheblich zunehmen, besteht die Herausforderung eines CSPM-Systems darin, die Komplexität einzugrenzen und auf die steuerungsrelevanten Informationen zu beschränken.[5] Weiter bestehen Schwierigkeiten, Vergleichskennzahlen von anderen brancheninternen Unternehmen zu erhalten, um die Nachhaltigkeitsleistung des eigenen Unternehmens gegen die anderer Marktteilnehmer zu vergleichen. Es existieren zwar Konzepte für ein einheitliches Berichtswesen wie das der Global Reporting Initiative (GRI), jedoch ist die Teilnahme nicht verpflichtend und auch die Definition der einzelnen Kennzahlen kann von den Unternehmen abweichend erfolgen, sodass die Aussagekraft variieren kann. Darüber hinaus müssen für eine vollständige Erfassung aller Umwelt- und Sozialwirkungen die Nachhaltigkeitskennzahlen der Lieferanten entlang der gesamten Supply-Chain für Rohstoffe, Vorprodukte und Handelswaren bekannt sein, was in Zeiten einer weltweiten Vernetzung der Lieferanten problematisch ist.

Für die integrierte Unternehmensplanung bedeutet der gewachsene Umfang an Planungsobjekten zunächst einen gesteigerten Arbeitsaufwand. Entscheidungen sind nun nicht mehr nur an ihrer finanziellen Tragfähigkeit auszurichten, sondern auch hinsichtlich ihrer ökologischen und sozialen Auswirkungen. Da dies für alle Entscheidungen in allen Unternehmensbereichen gilt und diese teilweise interdependent sind, steigt damit auch die Verantwortung für alle Abteilungen des Unternehmens, vom Management bis hin zu den Fachabteilungen. Dem Controlling kommt dabei eine zentrale Bedeutung zu: Es ist in die Zielplanung involviert, muss für die entstandenen Aufgaben Maßnahmen planen, Kennzahlen definieren und den Erfolg der Maßnahmen kontrollieren und ggf. nachsteuern. Damit verlässt das Nachhaltigkeitscontrolling den klassischen Weg der rein finanziell orientierten Controllingaufgaben, hin zu Größen, die nur indirekt messbar sind.[6]

---

[5] Vgl. Colsman (2013), S. 54.
[6] Vgl. Colsman (2013), S. 48.

5. Instrumente und Konzepte für das CSPM

Die erweiterten Anforderungen, die sich aus der Nachhaltigkeitsintegration in das CSPM-System ergeben, erfordern auch speziell angepasste Instrumente, um die Arbeit für Management, Controlling und Fachabteilungen zu unterstützen. Zu den Instrumenten lassen sich auch Konzepte zählen, die die Planungs-, Steuerungs- und Kontrollaufgaben durch Standardisierung vereinfachen und vergleichbar machen.

5.1 Checklisten

Ein einfach beherrschbares Instrument sind Checklisten, die sowohl bei der Einführung von Nachhaltigkeitsaspekten in ein Unternehmen als auch beim Management der rollierend anfallenden Nachhaltigkeitsaufgaben unterstützen. Checklisten enthalten die Nachhaltigkeitsthemen aller relevanten Unternehmensbereiche, die hinsichtlich ihrer Chancen und zu erwartenden Risiken zu bewerten sind. Der Ist-Zustand zum Zeitpunkt der Bewertung der Nachhaltigkeitsthemen ist dem Soll-Zustand gegenüberzustellen und bei Unterschreitung vorhandene Maßnahmen auf ihre Wirksamkeit zu überprüfen oder neue Maßnahmen zu entwickeln, solange, bis der Soll-Zustand erreicht ist.

5.2 Stakeholderdialog

Darstellbar ist auch der Stakeholderdialog, der die Aufgabe hat, die für das Unternehmen relevanten Stakeholder zu identifizieren und ihre Anforderungen aufzunehmen. Der Vorteil dieses Instruments besteht darin, dass das Unternehmen die Wirkung seiner Nachhaltigkeitshandlungen aus externer Sicht erfährt.[7] Aus den Anforderungen der Stakeholder ergeben sich für das Unternehmen Aufgaben und Pflichten, denen Handlungsoptionen gegenüber stehen, mit deren Hilfe der gewünschte Zustand erreicht werden soll. Der Zeitpunkt der Durchführung des Stakeholderdialogs bildet dabei den Ist-Zustand ab und ist dem Soll-Zustand gegenüberzustellen, unter Verwendung geeigneter Kennzahlen.

5.3 Balanced Scorecard

Das Konzept der Balanced Scorecard findet auch im Kontext der nachhaltigen Unternehmenssteuerung Anwendung und liefert Bestandteile für das CSPM-System. Ökologische und soziale Komponenten verfügen häufig über Teilaspekte, die nicht absolut in finanziellen Kennzahlen zu bestimmen sind, daher liegt die Verwendung der BSC nahe, die sich auch über die Verwendung nichtmonetärer Kennzahlen charakterisiert. Die Erweiterung der BSC zu einer Nachhaltigkeits-BSC kann über drei Methoden erfolgen:[8] Die erste Methode behält die Grundkonzeption der BSC bei,

---

[7] Vgl. Colsman (2013), S. 62.
[8] Vgl. Figge et al. (2002) S. 273–275.

erweitert jedoch die bestehenden vier Standardperspektiven um ökologische und soziale Aspekte. Dies umfasst jedoch nur solche Aspekte, die einen unmittelbaren Marktbezug aufweisen, da das originäre BSC-Konzept die Finanzperspektive fokussiert. Die zweite Methode fügt den vier Standardperspektiven eine Nicht-Markt-Perspektive zu, die alle strategisch relevanten ökologischen und sozialen Aspekte enthält, die nicht marktbezogen sind. Die dritte Methode besteht aus der Ableitung einer speziellen Umwelt- und Sozialscorecard als Subsystem zu den ersten beiden Integrationsmethoden, wodurch eine Nachhaltigkeits-BSC mit sechs Perspektiven entsteht.[9]

Welche Kennzahlen beim Nachhaltigkeitscontrolling Verwendung finden, ist in der Literatur nicht eindeutig beschrieben, das wohl umfangreichste Kennzahlenschema bietet die Global Reporting Initiative (GRI). Dies hat allerdings zur Folge, dass ca. 80 Kennzahlen zu handhaben sind[10] und somit eine einfache und klare Struktur leicht verloren geht. Liegt die Annahme zugrunde, dass die größten Einflüsse nur eine beschränkte Anzahl von Kennzahlen betreffen, kann das Volumen der Berichte auf die wichtigsten, steuerungsrelevanten Kennzahlen reduziert werden.[11] Jedoch bleiben die Probleme bei der Definition der Ursache-Wirkungs-Beziehungen bestehen bzw. nehmen durch die Erweiterung um die Nachhaltigkeitsdimensionen und der daraus wachsenden Komplexität noch zu. Aus diesem Grund kann es auch zielführend sein, eine Nachhaltigkeits-BSC nicht als selbstständiges Konzept zu begreifen, sondern es direkt in ein operativ genutztes CSPM-System zu integrieren.

5.4 Umweltmanagementsysteme
Ein weiteres Instrument zur Unterstützung bei der Entwicklung und Einführung von Umweltstrategien sind Umweltmanagementsysteme (UMS), deren wichtigster Standard auf der **ISO 14001** basiert. Dazu gehören sowohl technische Umweltschutzmaßnahmen, wie z. B. Luft-, Gewässer-, Boden-, Lärm- und Strahlenschutz, als auch Aufgaben des Managements wie die Definition von Umweltzielen und deren Umsetzung in den einzelnen Unternehmensbereichen.[12] Der ISO 14001-Standard ist international gültig und im Rahmen von Umwelt-Audits, bei denen die Wirksamkeit und Umsetzung von Umweltmanagementsystemen hinsichtlich der Einhaltung von Gesetzen oder freiwilligen Selbstverpflichtungen überprüft wird, zertifizierungsfähig.[13]

---

[9] Vgl. Hubbard (2006), S. 187.
[10] Vgl. Nikolaou/Tsalis (2013), S. 79.
[11] Vgl. Hubbard (2006), S. 187.
[12] Vgl. Brauweiler (2002), S. 16.
[13] Vgl. Promberger et al. (2006), S. 142.

5.5 Umweltbilanzen

Bestandteil der ISO 14001-Gruppe sind auch die Umweltbilanzen, die unter diesem Oberbegriff verschiedene Ökobilanzen vereinigen. Sie haben die Aufgabe, die Umweltwirkungen von Produkten, Systemen, Verfahren oder Verhaltensweisen zu vergleichen, um Verbesserungspotenziale offenzulegen.[14] Dazu werden die Stoff- und Energieflüsse erfasst und um die anfallenden Abfälle und Emissionen ergänzt. Dies erfolgt für Produkte entlang ihres Lebenszyklus sowie für Verfahren oder Fertigungsprozesse und kann in Folge zu einer Unternehmensbilanz verdichtet werden, die allen Inputs die angefallenen Outputs gegenüberstellt. Die Grundlage für die Erstellung der Ökobilanzen regeln die ISO-Normen 14041 bis 14043.

5.6 EMAS-Verordnung

Das europäische Pendant zum ISO 14001-Standard ist die EMAS-Verordnung, die das Ziel verfolgt, vor allem kleine und mittelständische Betriebe bei Umweltschutzbemühungen zu unterstützen. Dazu definiert sie zusätzlich Effizienz-Kennzahlen, die eine Vergleichbarkeit der Unternehmen schaffen sollen.

Die soziale Säule der Nachhaltigkeit fokussiert Standards bezüglich der sozialen Verantwortung von Unternehmen. Zu nennen sind hier die **Sozialstandards** SA 8000, die die Arbeitsbedingungen und Mitarbeiterrechte thematisieren und Mindeststandards vorschreiben. Die deutsche ISO 26000-Norm fasst die Verantwortung von Organisationen für die Auswirkungen und Aktivitäten auf die Gesellschaft und Umwelt noch umfangreicher auf und schreibt ein transparentes und ethisches Verhalten vor, das zur nachhaltigen Entwicklung, Gesundheit und dem Gemeinwohl beiträgt.[15]

Die genannten Standards und Normen erfordern auch eine Abbildung in einem CSPM-System. Zum einen schreiben sie alle die Ausrichtung an einem Zielsystem vor und zum anderen fallen vielfältige Aufgaben für das Controlling an, das zu deren Bewältigung Zugriff auf die operativen Daten des CSPM-Systems benötigt. Dies sind z.B. Daten aus den operativen Bereichen bezüglich in der Produktion anfallender Abfälle und Emissionen, die in der Produktbilanz Verwendung finden, oder aus der Investitionsplanung, die die Anschaffung neuer Filtertechniken prüft, um die Emissionen zu verringern. Aber auch Sozialstandards liefern direkte Umsetzungsimplikationen für das CSPM-System. Als Beispiel können Arbeitsbedingungen genannt werden: Eine Verbesserung führt zu geringerer Krankheits- und Fluktuationsquote und steigert die Mitarbeiterzufriedenheit, erhöht aber auch die Personalkosten durch die durchgeführten Maßnahmen. Ob die Maßnahmen die Kennzahlen in gewünschter Weise verändern und sich den definierten Zielen annähern, ist z.B. in der Sozial-Scorecard im Rahmen des Berichtswesens ablesbar.

---

[14] Vgl. Meffert/Kirchgeorg (1998), S. 163.
[15] Vgl. Bundesministerium für Arbeit und Soziales (2011), S. 11.

5.7 Carbon Footprint

Ein weiteres Instrument zur Unterstützung der ökologischen Nachhaltigkeit und eng verwandt mit der Ökobilanz ist der Carbon Footprint. Er ist beschränkt auf die Messung von Emissionen, insbesondere dem Treibhausgas CO_2 und kann bei der Erbringung von Dienstleistungen oder bei der Produktion von Gütern erfasst werden. Um eine durchgehende und vollumfängliche Bilanzierung von Emissionen, insbesondere bei Produkten (Product Carbon Footprint), zu erreichen, sind auch Vorleistungen von Lieferanten, Emissionen während des Gebrauchs beim Konsumenten und bei der Entsorgung mit einzubeziehen.[16] Für das CSPM-System bedeutet die Ermittlung des Carbon Footprint eine parallel zur finanziellen Erfassung aufgebaute Emissionsdimension, die pro Produkt bzw. Produktgruppe oder Dienstleistungsart die auftretenden Emissionsmengen nach Arten gegliedert als Planungsobjekt bereitstellt. Unter Anwendung von verschiedenen Planszenarien lassen sich so unterschiedliche Fertigungsmethoden, Umweltschutzmaßnahmen etc. simulieren und ökologisch und finanziell bewerten.

5.8 Sustainable Value

Ebenfalls im Rahmen eines CSPM-Modells darstellbar ist das Konzept des Sustainable Value.[17] Es setzt den Ressourcenverbrauch eines Unternehmens und die Bruttowertschöpfung, die mit der Nutzung der Ressourcen erzielt wurde, ins Verhältnis, um die Effizienz der einzelnen Ressourcen zu berechnen. Dieses Ergebnis wird durch die Effizienz der Ressourcennutzung der übrigen vergleichbaren Marktteilnehmer dividiert, sodass sich der Wertbeitrag des Unternehmens ergibt. Ist er positiv hat das Unternehmen einen Wertbeitrag geleistet, ist er negativ, hat es Ressourcen ineffizient vernichtet. Der Sustainable Value errechnet sich nun aus der Summe aller Wertbeiträge der einzelnen Ressourcen und zeigt den insgesamt geschaffenen oder vernichteten Wertbeitrag des Unternehmens.

5.9 GRI-Leitfaden

Kern und zugleich Schwierigkeit des Sustainable Value-Konzepts ist die Vergleichbarkeit des Unternehmens mit dem Benchmark durch die unterschiedlichen Definitionen der verwendeten Kennzahlen und durch die mangelnde Bereitschaft der Unternehmen, relevante Daten zu veröffentlichen. Da dies grundsätzlich für alle Bereiche des Unternehmens gilt, hat die Global Reporting Initiative (GRI) einen Berichtsstandard entwickelt, der für die drei Nachhaltigkeitsdimensionen Kennzahlen definiert, die von den Unternehmen publiziert werden können. Es gilt für den GRI-Leitfaden zwar das Prinzip der Freiwilligkeit, der zunehmende Druck von

---

[16] Vgl. Schmidt (2010), S. 33.
[17] Zur ausführlichen Darstellung des Sustainable Value-Konzepts vgl. Figge et al. (2006), S. 18–23.

Share- und Stakeholdern auf die Unternehmen bewirkt jedoch eine stetig wachsende Zahl von Teilnehmern.

Der GRI-Leitfaden in seiner aktuellen Version G4 enthält Berichterstattungsgrundsätze, Standardangaben sowie eine Umsetzungsanleitung für die Erstellung von Nachhaltigkeitsberichten.[18] Der Berichtsumfang kann dabei variieren: Die Kernoption umfasst wesentliche Angaben zu den Auswirkungen der betrieblichen Leistung in den Bereichen Ökonomie, Ökologie und Soziales sowie Angaben zur Unternehmensführung. Die umfassende Option erfordert zusätzliche Angaben zur Strategie und Analyse, zur Ethik und Integrität sowie allen Kennzahlen bzw. Indikatoren, die zur Konzeption gehören.[19]

5.10 Deutscher Nachhaltigkeitskodex (DNK)
Einen ähnlichen Ansatz wie die GRI verfolgt der Deutsche Nachhaltigkeitskodex (DNK), der auch auf freiwilliger Basis anwendbar ist und über eine ähnliche Struktur wie der GRI-Berichtsrahmen verfügt. Der DNK gliedert sich in 20 Kriterien, die den drei Nachhaltigkeitsdimensionen zugeordnet sind und aus den Gruppen Strategie, Prozessmanagement sowie Umwelt und Gesellschaft bestehen.[20] Die zugehörigen Kennzahlen übernimmt der DNK aus dem GRI-Leitfaden und ergänzt sie um Kennzahlen der European Federation of Financial Analysts Societies (EFFAS), die speziell Finanzanalysten und Investoren adressieren.

Es existieren neben den genannten noch weitere nachhaltigkeitsorientierte Berichtsstandards, wie das integrierte Reporting nach IIRC oder das Human Capital Reporting mit dem HCR10-Standard, der weit über den Umfang des HR-Bereichs der GRI hinausgeht. Da eine weltweit einheitliche Gesetzgebung zu einer verpflichtenden Veröffentlichung der Nachhaltigkeitsleistung jedoch nicht in Sicht ist, wird sich am Prinzip der Freiwilligkeit für die Anwendung eines Berichtsstandards zunächst nichts ändern, sodass abzuwarten bleibt, welcher Standard sich durchsetzt. Da aber der Druck zur Veröffentlichung besteht und der GRI-Berichtsrahmen der am weitesten verbreitete ist, sollte er mit seinen Kennzahlen in einem CSPM-System abgebildet und auch Gegenstand der integrierten Planung werden.

6. Das CSPM-Modell
Um die zuvor vorgestellten Konzepte und Instrumente für die Unternehmenssteuerung und das Controlling nutzen zu können, ist deren Integration in ein CSPM-Modell erforderlich. Ein CSPM-Modell stellt eine Konstruktion der Realität dar, die durch Abstraktion, Vereinfachung, Weglassung, aber auch durch das Hinzufügen,

---

[18] Vgl. GRI (2013), S. 5.
[19] Vgl. GRI (2013), S. 11–13.
[20] Vgl. Rat für Nachhaltige Entwicklung (2014), S. 3–5.

Modifizieren, Zerlegen von Realitätselementen entsteht. Somit wird hier der konstruktivistische Modellgedanke zugrunde gelegt.[21] Diese Grundprämisse muss getroffen werden, weil ein Abbilden der Realität, also eine Eins-zu-eins-Übertragung der komplexen Systemumwelt, nicht möglich ist.

Dabei integriert das CSPM-Modell, wie auch jedes CPM-Modell, mehrere Aspekte des Realitätsausschnitts. Diese sind:

– Zeitliche Integration: Sowohl vergangenheitsbezogene als auch gegenwärtige und zukunftsbezogene Daten werden in einem einzigen Modell verarbeitet.
– Horizontale Integration: Teilmodelle (wie z.B. eine Umsatzplanung) werden in ein komplexes interdependentes Gesamtmodell über Wirkungsmechanismen eingebunden.
– Vertikale Integration: Alle Unternehmenseinheiten, sei es, dass es sich um Divisionen, Kostenstellen, Abteilungen, Bereiche oder legale Einheiten handelt, werden durch ein einziges Modell gesteuert.
– Datenart-Integration: Egal ob Ist- oder Planzahlen, Zielwerte oder Benchmarks sind in einem Modell konsistent bereitzustellen bzw. im Modell zu generieren und zu integrieren.

Für CSPM-Modelle kommen speziell noch folgende Aspekte hinzu:

– Stakeholder-Integration: CSPM-Modelle müssen die verschiedenen ökonomischen, ökologischen und sozialen Aspekte, die durch die Stakeholder unterschiedlich stark forciert werden, erfassen und so zueinander in Bezug setzen, dass die Konsistenz dieser verschiedenen Aspekte garantiert werden kann.
– Kapitalarten-Integration: CSPM-Modelle müssen sich dadurch auszeichnen, dass nicht nur das Sachkapital erfasst wird, sondern auch Natur-, Sozial- und Humankapital eine gleichberechtigte Rolle im Modell spielen.
– Einheiten-Integration: Bei der besonderen Berücksichtigung der Nachhaltigkeit müssen unterschiedliche Maßeinheiten (z.B. CO_2-Ausstoß) umfänglich berücksichtigt werden. So steigt die Anzahl der Maßeinheiten durch den Nachhaltigkeitsaspekt stark an und das Modell muss dieser Tatsache in der Form gerecht werden, als es Mechanismen zur Vergleichbarkeit und Aggregierbarkeit bereitstellen muss.

Bewertung der Nachhaltigkeit
Um Nachhaltigkeit *bewerten* zu können, sind zwei zentrale Probleme zu lösen: ein Modellierungsproblem und ein Bewertungsproblem.

---

[21] Vgl. Dresbach (1999), S. 72–74.

6.1 Modellierungsprobleme beim CSPM

Unabhängig davon, welche Instrumente und Konzepte konkret eingesetzt werden, ist den Ansätzen allen gemeinsam, dass die zentralen Probleme durch den CSPM-Ansatz adressiert werden müssen.

Ein erstes zentrales Problem ist das der Zielplanung. Gemäß dem Grundsatz, dass das (Nachhaltigkeits-)Controlling durch die drei Tätigkeitsfelder ‚berichten – steuern – planen' gekennzeichnet ist, ist eine **konsistente Zielplanung** zu erstellen, um später den Steuerungsmechanismus konstruieren zu können. Die Zielplanung ist aufgrund der oben beschriebenen Komplexitäten nach dem Prinzip Überschaubarkeit und Pragmatik vor Genauigkeit und Detailliertheit umzusetzen. Dabei sollte die Schätzgenauigkeit als Kriterium ein modellintegrierter Faktor sein. Das bedeutet, dass dort, wo es ohne großen Aufwand möglich ist, präzise und detaillierte Planwerte zu generieren, diese auch mit hoher Genauigkeit zu planen sind und dies im Modell vorgedacht ist. So können etwa Schadstoffausstöße für bestimmte Produktionsmengen mit hoher Schätzgenauigkeit vorhergesagt werden. Diese Tatsache selbst – die hohe Schätzgenauigkeit – sollte also auch ein Modellbestandteil sein, sei es implizit durch die Art der Modellkonstruktion oder explizit als zusätzlicher Parameter. Für die Zielplanung ist es ferner hilfreich, diese auf der operativen Ebene zu verankern, d. h. für operative Kennzahlen Ziel- und Planwerte festzulegen. Damit wird der Gefahr aus dem Weg gegangen, eine zeitnahe, dezentrale Steuerung, wie sie heute notwendig ist, dadurch zu konterkarieren, dass die Verbindung zwischen operativem Geschäft und strategischen Zielen nicht wirkungsvoll und adäquat im Modell hinterlegt ist. Ein weiterer positiver Nebeneffekt einer so gearteten Planung ist, dass die Maßnahmenplanung sehr viel besser zur Zielplanung konstruierbar ist.

Ein zweiter Problembereich bei der Modellierung von CSPM ist die **Interdependenz- und Komplexitätsmodellierung**. Häufig wird bei der Modellierung nach dem einfach anmutenden Prinzip des Ursache-Wirkung-Mechanismus vorgegangen. Diese Methode findet sich z.B. stark in Form von Strategy Maps beim Balance Scorecard Ansatz. Sie hat aber zwei Schwächen: Zum einen lässt sich häufig nicht die Wirkrichtung festlegen, d.h. was ist Ursache und was Wirkung, zum anderen müssten alle Ursachen und Wirkungen sowie ihre Beziehung bekannt sein, um ein adäquates Modell erstellen zu können. Gerade in Bezug auf exogene Faktoren ist es aber mehr als zweifelhaft, dass eine so vollumfängliche Erfassung der Wirkmechanismen möglich ist. Für die Modellierung beim CSPM erscheint es daher sinnvoller, zunächst die Interdependenzen bewusst auszublenden und einerseits Modelle zu modularisieren sowie andererseits nach dem Konzept der Unabhängigkeit[22] vorzugehen. Bei letzterem werden Teilbereiche der Modellierung dadurch voneinander getrennt und damit handhabbar gemacht, dass Problemelement-Typen differenziert und unabhängig voneinander modelliert werden. Dieses Vorgehen ist nicht als Modularisierung zu verstehen, bei der z.B. fachlich zusammenhängende Themen in Teilmodellen konstruiert werden, sondern es findet Anwendung auf der Ebene der (Teil-)

---

[22] Vgl. Dresbach (1996), S. 131–147.

Modellkonstruktion direkt statt. Als Beispiel sei der Problemelement-Typ „Determiniertheitsgrad" genannt, der es ermöglicht, zunächst ein Modell zu konstruieren, welches deterministischen Charakter hat, und später unabhängig Modellelemente hinzuzufügen, die die Unsicherheit und das Risiko beschreiben, welches mit bestimmten Modellelementen verbunden ist.

Für die **Erstellung eines ganzheitlichen Modells** ist dann in einem weiteren Schritt dafür Sorge zu tragen, dass die Modellteile zusammengefügt und die Module wie über Transmissionsriemen miteinander verbunden werden. Hierbei kann die Kopplung oft über Schlüsselkennzahlen erfolgen. Beispielsweise übernehmen die Rolle der ‚Transmission' bei der Integration der Leistungsverwertungsplanung in ein Gesamtmodell die Größen ‚Umsatz' im Hinblick auf die finanziellen Aspekte des Modells und ‚Absatz(mengen)' im Hinblick auf die zu modellierenden Ressourcenverbräuche. Um sicherzustellen, dass die Modellkonstruktion ihren Zweck erfüllt, d. h. valide und belastbar ist, muss dann noch ein Proof of Concept im Hinblick auf diese Aspekte durchgeführt werden. Hier können Stresstests hilfreich sein, d. h. die Untersuchung des Modellverhaltens bzw. der Modellergebnisse unter extremen Annahmen.

6.2 Bewertungsprobleme beim CSPM

Dieser letzte Schritt bei der Konstruktion von CSPM-Modellen, der Proof of Concept, führt direkt zum zweiten Themenkomplex bei der Bewertung der Nachhaltigkeit, den Bewertungsproblemen beim CSPM.

Um Nachhaltigkeit bewerten zu können, müssen die Modellelemente, die für die Nachhaltigkeit stehen, zunächst einmal **messbar** sein bzw. messbar gemacht werden. Diese Messungen sollten möglichst häufig mit vertretbarem Aufwand durchgeführt werden, im Idealfall permanent (je nach Detailanspruch des Modells). Dabei müssen ggfs. Umwege gegangen werden, wenn bestimmte Kriterien sich nicht direkt messen lassen. Dies soll an einem Beispiel verdeutlicht werden.

Die Verbesserung der Unternehmenskultur könnte als ein Ziel in einem CSPM-Modell enthalten sein. Dabei stellt sich die Frage, wie eine solche zu messen ist. Neben dem Rückgriff auf die Definition der Unternehmenskultur könnten Annahmen getroffen werden, wodurch die Unternehmenskultur maßgeblich beeinflusst wird. So könnte das Verhalten der Mitarbeiter, der Teams, der Abteilungen und des Unternehmens in Gänze als bestimmende Faktoren der Unternehmenskultur angenommen werden. Dieses lässt sich nun ungleich einfacher durch einen systematischen Befragungsansatz erfassen (messen) und für eine Steuerung verfügbar machen.

Die Messung allein führt noch nicht zur Lösung des Bewertungsproblems. Die Messwerte müssen mit **Ziel- oder Planwerten verglichen** werden. D. h. im CSPM-Modell ist der Sollzustand zu definieren, und zwar strukturell in der Form, in der er auch im Ist-Bereich messbar ist. Damit wird deutlich, dass die Planung einen bedeutenden Einfluss auf die Anwendbarkeit und den Nutzen von CSPM-Modellen hat.

Auch hierbei ergeben sich weitere Problembereiche. Diese sollen wieder an unserem Beispiel der Unternehmenskultur verdeutlicht werden. Welche Unternehmenskultur soll geplant/angestrebt werden? Wie ist diese in messbarer Form zu beschreiben? Und wie können plausible Zielvorstellungen damit in Übereinkunft gebracht werden? Um diese Fragen zu beantworten, müssen die starren Plan-Ist-Vergleich-Denkmuster aufgelöst werden. Es muss nicht immer exakt definiert sein, welches Level der Zielerreichung angestrebt werden soll, manchmal reicht es für einen pragmatischen Ansatz, die Richtung festzulegen. Im Controlling-Kontext wird damit die Entwicklung im zeitlichen Verlauf wichtiger als der Plan-Ist-Vergleich. So dürfte die Verringerung von Rechtsstreitigkeiten als Modellelement zur Bewertung der Unternehmenskultur das adäquatere Ziel sein, als die Nennung eines konkreten Ziels wie der Abschluss von x Rechtsfällen.

Ein anderer Ansatz, die Nachhaltigkeit bewerten zu können, liegt nicht in der aufwändigen Zielplanung, sondern in der **Definition eines Benchmarks oder einer Peer Group.** Können die Ausprägungen der Modellparameter in solchen Gruppen leicht erhoben werden, etwa weil beispielsweise Verbände oder andere Dienstleister Daten zur Verfügung stellen, so sind auch bewertende Aussagen zur eigenen Position sinnvoll und unaufwändig möglich. Der relative Vergleich, der hierbei angestellt wird, ist u. U. sogar deutlich aussagekräftiger als ein Vergleich mit einem Zielwert, der abgeleitet oder vorgegeben wurde. Ein weiterer Vorteil dieses Ansatzes: Durch die Fokussierung auf Benchmarks und deren Verfügbarkeit wird eine Standardisierung bei der Modellierung implizit vorgenommen, denn die eigene Modellkonstruktion wird sicher durch die extern erfassten Parameter beeinflusst. Ein Praxisbeispiel hierfür ist measurabl.com[23], ein Serviceangebot, welches das Sammeln, das Berichten und das Agieren auf Basis von Nachhaltigkeitsinformationen für Unternehmen jeder Größenordnung und Branche unterstützt. Durch einheitliche Erfassung und Verarbeitung der Nachhaltigkeitsdaten wird deren Vergleichbarkeit erhöht und kann so eine wirksame Rolle bei der Bewertung der Nachhaltigkeit auch ohne eine existierende Zielplanung spielen.

7. Fazit

Nachhaltigkeit als wichtiger Faktor in der Unternehmenssteuerung erhöht die Komplexität des Steuerungsprozesses. Mit einem CSPM-Modell kann auf systematische und methodisch klare Weise diesem Problem begegnet werden. Doch auch beim Einsatz von CSPM-Modellen bleiben Herausforderungen bei der Bewertung der Nachhaltigkeit bestehen. Diese liegen einerseits in der Modellerstellung und andererseits in der Bewertung. Für beide Bereiche gibt es interessante Lösungsvorschläge, deren Umsetzbarkeit sich in der Praxis noch erweisen muss.

---

[23] Ellis (2015).

Literatur

Brauweiler, J. (2002): *Benchmarking von umweltorientiertem Wissen auf unterschiedlichen Aggregationsebenen, eine exploratorische Untersuchung am Beispiel eines Vergleiches von Deutschland, Polen und Tschechien.* Wiesbaden: DUV.
Bundesministerium für Arbeit und Soziales, R. I. (2011): *Die DIN ISO 26000 „Leitfaden zur gesellschaftlichen Verantwortung von Organisationen".* Bonn: Bundesministerium für Arbeit und Soziales.
Colsman, B. (2013): *Nachhaltigkeitscontrolling, Strategien, Ziele, Umsetzung.* Wiesbaden: Gabler.
Dresbach, S. (1996): *Modeling by Construction – Entwurf einer Allgemeinen Modellierungsmethodologie für betriebswirtschaftliche Entscheidungen,* Aachen: Shaker.
Dresbach, S. (1999): Epistemologische Überlegungen zu Modellen in der Wirtschaftsinformatik; in: Becker, J./König, W./Schütte, J./Wendt, O./Zelewski, S. (Hrsg.): Wirtschaftsinformatik und Wissenschaftstheorie; Wiesbaden: Gabler, S. 71–94.
Ellis, M. (2015): *http://www.measurabl.com/about./* Abruf vom 11.08.2015
Figge, F./Barkemeyer, R./Hahn, T./Hansberg, B. E. (2006): *Sustainable Value of European Industry. A Value-Based Analysis of the Environmental Performance of European Manufacturing Companies.* Abruf vom: 28.01.2014: http://www.advance-project.org/downloads/advancesurveyfullversion.pdf.
Figge, F./Hahn, T./Schaltegger, S./Wagner, M. (2002): *The Sustainability Balanced Scorecard – linking Sustainability Management to Business Strategy. Business Strategy and the Environment,* Vol. 11 (5), S. 269–284.
GRI (2013): *https://www.globalreporting.org/information/about-gri/what-is-GRI/Pages/default.aspx.* Abruf vom 11.06.2014.
Hubbard, G. (2006): *Measuring Organizational Performance: Beyond the Triple Bottom Line. Business Strategy and the Environment,* Vol. 18, S. 177–191.
Krause, O. (2006): *Performance Management, Eine Stakeholder-Nutzen-orientierte und Geschäftsprozess-basierte Methode.* Wiesbaden: DUV.
McElroy, M. W./van Engelen, J. M. (2012): *Corporate Sustainability Management: The Art and Science of Managing Non-financial Performance.* New York: Earthscan.
Meffert, H./Kirchgeorg, M. (1998): *Marktorientiertes Umweltmanagement.* Stuttgart: Schäffer-Poeschel.
Müller-Christ, G. (2007): *Nachhaltigkeit und Effizienz als widersprüchliche Managementrationalitäten.* In: Müller-Christ, G./Arndt, L./Ehnert, I. (Hrsg.): Nachhaltigkeit und Widersprüche. Band 1. Münster: LIT.
Nikolaou, I. E./Tsalis, T. A. (2013): *Development of a Sustainable Balanced Scorecard Framework.* Ecological Indicators, Vol. 34, S. 76–86.
Promberger, K./Spiess, H./Kössler, W. (2006): *Unternehmen und Nachhaltigkeit. Eine managementorientierte Einführung in die Grundlagen nachhaltigen Wirtschaftens.* Wien: Linde.
Rat für Nachhaltige Entwicklung (2014): *Rat legt überarbeiteten Deutschen Nachhaltigkeitskodex (DNK) vor.* Abruf vom 23.09.2014: http://www.nachhaltigkeitsrat.de/deutscher-nachhaltigkeitskodex.
Schmidt, M. (2010): *Carbon Accounting zwischen Modeerscheinung und ökologischem Verbesserungsprozess. Controlling & Management* Vol. 54/1, S. 32–37.
Weber, J./Georg, J./Janke, R. (2010): *Nachhaltigkeit: Relevant für das Controlling? Controlling & Management,* Vol. 54/6, S. 395–400.

Nachhaltigkeit managen mit der Balanced Scorecard

Stefan Schaltegger

1. Einleitung

Nachhaltigkeitsthemen sind in den meisten Branchen inzwischen erfolgsrelevant und öffnen Unternehmen sowohl neue Chancen als auch Risiken. Sie sollten deshalb im Controlling explizit berücksichtigt werden. Die Sustainability Balanced Scorecard stellt hierfür ein Konzept zur strategischen Steuerung von Nachhaltigkeitsaspekten dar. Nur wenige strategische Controllingkonzepte sind in der Literatur und bei Unternehmen auf so große Beachtung gestoßen wie die Anfang der neunziger Jahre von Kaplan und Norton entwickelte Balanced Scorecard (BSC). Das Konzept der Sustainability Balanced Scorecard (SBSC) baut auf der BSC auf und dient dem systematischen, integrativen Controlling von Nachhaltigkeitsaspekten. Auf Grundlage einer Darlegung der SBSC als strategisches Management- und Messsystem sowie des Prozesses zur Formulierung einer SBSC werden die Funktionsweise und die Vor- und Nachteile diskutiert sowie Erweiterungen aufgezeigt.

2. Grundzüge der SBSC

Die Balanced Scorecard (BSC) wurde als strategisches Managementkonzept entwickelt, das sich klar von einem ausschließlich auf dem Rechnungswesen beruhenden Ansatz unterscheidet. Der „Berichtsbogen" (scorecard) wird als „ausgeglichen" (balanced) bezeichnet, da neben finanziellen Steuerungsgrößen je nach Eignung auch nicht finanzielle, quantitative (physikalische) Kenngrößen für das strategische Controlling eingesetzt werden und da keine ausschließliche Fixierung auf quantitative Größen besteht, sondern auch qualitative Leistungsindikatoren eingesetzt werden. Im Unterschied zu einem tabellarischen Berichtsbogen kennzeichnet sich die BSC durch ein System an Kausalverknüpfungen zwischen den Kernbereichen des strategischen Managements. Die BSC dient nicht nur als Instrument zur Leistungsmessung, sondern ist primär ein strategisches Managementsystem.[1] Dabei dient die BSC als Kommunikations-, Koordinations- und Steuerungsinstrument zur erfolgreichen

---

[1] Vgl. Kaplan/Norton (1997), S. 262.

Umsetzung der Unternehmensstrategie.[2] Durch eine konsistente Übertragung und Ausgestaltung einer vorher definierten Unternehmensstrategie innerhalb und zwischen Perspektiven der BSC soll die Lücke zwischen strategischer und operativer Planung geschlossen und die langfristige Erreichung von strategischen Zielen gewährleistet werden.[3] Die BSC als Kennzahlensystem verbindet die strategisch bedeutsamen Ergebnisgrößen und Leistungstreiber in verschiedenen Perspektiven. Dabei stellt die Sustainability Balanced Scorecard (SBSC) eine Übertragung der Grundprinzipien der konventionellen BSC und ihrer Anwendung auf das unternehmerische Nachhaltigkeitsmanagement dar. Abb. 1 stellt die Grundstruktur einer generischen SBSC dar.

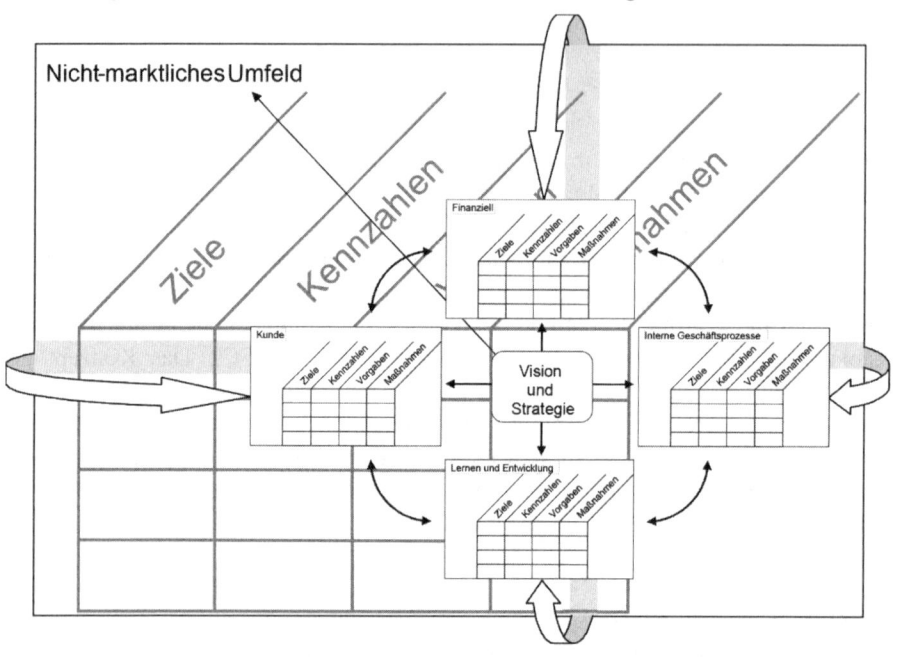

Abb. 1: Grundstruktur der Sustainability Balanced Scorecard[4]

Die vier Perspektiven einer „konventionellen" BSC sind: Finanzen, Kunden, interne Prozesse und Lernen und Wachstum (bzw. Entwicklung).[5] Nach Kaplan und Norton widerspiegeln diese Perspektiven die wichtigsten Handlungsbereiche einer strategischen Unternehmensführung. Weder die Zahl noch die Ausgestaltung dieser Perspektiven sind jedoch starr vorgegeben.[6] Vielmehr sehen Kaplan und Norton aus-

---

[2] Vgl. Kaplan/Norton (1997), S. 24 und 34ff.
[3] Vgl. Kaplan/Norton (2001), S. 65ff.
[4] Vgl. Figge et al. (2002).
[5] Vgl. Kaplan/Norton (1997).
[6] Vgl. Hansen/Schaltegger (2016); Schaltegger (2007).

drücklich eine Anpassung der BSC an unternehmens- und strategiespezifische Umstände vor.[7]

Die BSC soll über die Entwicklung und Darstellung von Kausalketten zwischen den Perspektiven alle langfristig strategierelevanten Kernaspekte unternehmerischen Handelns darstellen (üblicherweise mit Pfeilen zwischen den Perspektiven dargestellt und eine sog. „Strategiekarte" abbildend). Dabei repräsentieren die vier konventionellen Perspektiven die marktlichen Umfelder des Unternehmens: Finanzen für die Finanzmarktbeziehungen, Kunden für die Absatzmarktbeziehungen; interne Prozesse für die Beschaffungsmarktbeziehungen und Lernen und Entwicklung für die Arbeitsmarktbeziehungen. Austauschprozesse, die außerhalb des Marktmechanismus ablaufen wie NGO- oder Medien-Reaktionen im gesellschaftlichen Umfeld, finden in der konventionellen BSC kaum Berücksichtigung. Da viele Umwelt- und Sozialaspekte jedoch nicht über Marktmechanismen Relevanz entfalten, sondern im gesellschaftlichen Umfeld über Medien, NGOs oder Regierungen, empfiehlt sich die Erwägung, eine fünfte, sog. „Nicht-Markt-Perspektive" oder „außermarktliche Perspektive" einzuführen (als Hintergrundfläche in Abb. 1 dargestellt).

Grundsätzlich bestehen drei Möglichkeiten, Nachhaltigkeitsaspekte mit der BSC zu berücksichtigen:

- **Integration**: Umweltaspekte können vollständig in die bestehenden vier Perspektiven der „konventionellen" BSC eingeordnet und subsumiert werden. Diese Variante der Integration von Nachhaltigkeitsaspekten in die BSC ist besonders für Branchen und Unternehmen relevant, bei denen die strategisch bedeutsamsten Sozial- und Umweltaspekte bereits in das Marktsystem internalisiert sind. Die Eingliederung kann je nach strategischer Bedeutung der Nachhaltigkeitsaspekte für die Finanz-, Markt-, Prozess- oder Lern-/Entwicklungsperspektive partiell (z.B. nur in der Markt- und Prozessperspektive) oder in allen Perspektiven erfolgen.
- **Erweiterung**: Die BSC kann um eine zusätzliche Perspektive zur Berücksichtigung von außermarktlichen Nachhaltigkeitsaspekten zu einer fünfperspektivischen SBSC erweitert werden. Eine zusätzliche separate Perspektive zur Integration von Umwelt- und Sozialaspekten sollte nur eingeführt werden, wenn sie explizit strategische Bedeutung für die Kernleistung des Unternehmens hat. Eine solche zusätzliche Perspektive ist besonders dann sinnvoll, wenn die strategisch relevanten Umwelt- und Sozialaspekte über das nicht-marktliche Unternehmensumfeld wirken.
- **Ableitung**: Es kann eine spezielle SBSC aus der übergeordneten (S)BSC abgeleitet werden. Dabei handelt es sich um eine abgeleitete SBSC für das explizite Management von Umwelt- und Sozialaspekten für eine Nachhaltigkeitsmanagementstabsstelle (bzw. für das Mitglied der Geschäftsführung, das für das

---

[7] Vgl. Kaplan/Norton (1997), S. 33.

Nachhaltigkeitsmanagement verantwortlich ist). Der Inhalt einer solchen abgeleiteten SBSC leitet sich logisch aus den umwelt- und sozialmanagementrelevanten Zielsetzungen, Kennzahlen und Maßnahmen des gesamten (S)BSC-Systems ab.

Die Integration von Umwelt- und Sozialaspekten in die vier konventionellen Kernperspektiven der BSC und eine Erweiterung um eine zusätzliche außermarktliche Perspektive schließen sich nicht gegenseitig aus. Der Unterschied zwischen einer Integration in die vier konventionellen und der Erweiterung um eine außermarktliche Perspektive liegt in erster Linie in den Charakteristika der strategisch relevanten Nachhaltigkeitsaspekte. Sind diese bereits in den Marktmechanismus integriert, können sie durch eine entsprechende Ausprägung in die vier konventionellen Scorecard-Perspektiven berücksichtigt werden (z.B. Umweltkosten in den Fertigungsprozessen). Wirken die strategisch relevanten Nachhaltigkeitsaspekte jedoch über einen außermarktlichen Prozess (z.B. gesellschaftliche Akzeptanz bei den Anliegern einer Produktionsstätte), so empfiehlt sich meist die Einführung einer zusätzlichen, außermarktlichen Perspektive. Auch die Ableitung einer „untergeordneten" spezifischen SBSC für die CSR-Abteilung kann zusätzlich zu einer Eingliederung und einer Erweiterung der SBSC erfolgen, wenn der Umfang an Nachhaltigkeitsaufgaben dies rechtfertigt.

3. Entwicklung einer Sustainability Balanced Scorecard
Im Folgenden wird dargelegt, wie eine SBSC systematisch entwickelt werden kann. Dabei ist zu beachten, dass die BSC ausdrücklich kein Instrument zur Formulierung von Strategien darstellt. Vielmehr soll eine Strategie anhand der BSC nachvollziehbar und einleuchtend beschrieben werden.[8] Das geschieht durch das Herunterbrechen der Strategie in die BSC-Perspektiven und durch eine kausale Verknüpfung der strategischen Kernelemente und Leistungstreiber aller Perspektiven mit Ausrichtung auf die Finanzziele. Dies ermöglicht ein gemeinsames Verständnis der Strategie sowie eine Ausrichtung aller Unternehmensaktivitäten auf eine erfolgreiche Umsetzung der Strategie. Dadurch soll die Lücke zwischen strategischem und operativem Management geschlossen werden.

Ausgangspunkt für die Entwicklung einer SBSC ist eine bestehende Strategie, die idealerweise, aber nicht zwingend Nachhaltigkeitsziele explizit berücksichtigt. Zweck der SBSC besteht in einem ersten Schritt darin, die Strategie in konkrete, kausal miteinander verknüpfte Ziele und Kennzahlen zu übersetzen und dabei ökologische und soziale Aspekte explizit in das Managementsystem zu integrieren (Abb. 2). Typischerweise wird die (S)BSC top-down entwickelt. Durch ein schrittweises Vorgehen durch alle Perspektiven werden die strategierelevanten Nachhaltigkeitsaspekte mit den ökonomischen Aspekten für alle Perspektiven und die darin

---

[8] Vgl. Kaplan/Norton (1997), S. 36; Kaplan/Norton (2001), S. 104.

enthaltenen Kennzahlen von oben nach unten kausal miteinander verknüpft. Das Ergebnis dieses Prozesses ist ein hierarchisches Geflecht an Kausalbeziehungen (sog. Strategiekarte), das die Annahmen widerspiegelt, wie die Strategie erfolgreich umgesetzt werden soll.[9]

```
┌─────────────────────────────────────────────────────────────┐
│ Umwelt- und Sozialexponiertheit des Geschäfts ermitteln     │
└─────────────────────────────────────────────────────────────┘
                              ↓
┌───────────────┐       Strategische Relevanz der
│ Finanz-       │       Umwelt- und Sozialaspekte
│ perspektive   │       ermitteln
│   ┌───────────┴───┐
│   │ Kunden-       │
│   │ perspektive   │
│   │   ┌───────────┴───┐
│   │   │ Prozess-      │
│   │   │ perspektive   │
│   │   │   ┌───────────┴───┐
│   │   │   │ Lern- und     │
│   │   │   │ Entwicklungs- │
│   │   │   │ perspektive   │
│   │   │   │   ┌───────────┴───┐
│   │   │   │   │ Nicht-Markt-  │
│   │   │   │   │ Perspektive   │
└───┴───┴───┴───┴───────────────┘
                              ↓
┌─────────────────────────────────────────────────────────────┐
│ Kausalketten mit Zielen, Kennzahlen und Maßnahmen ergänzen  │
└─────────────────────────────────────────────────────────────┘
                              ↓
┌─────────────────────────┐
│ Umsetzung und Review    │
└─────────────────────────┘
```

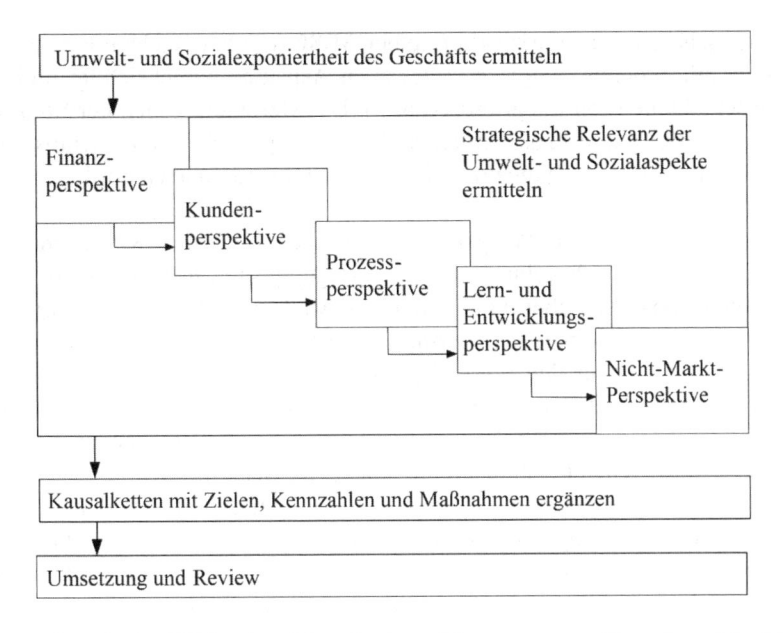

Abb. 2: Aufbau einer SBSC für ein erfolgsorientiertes Management von Umwelt- und Sozialaspekten[10].

Für die Entwicklung einer SBSC kann folgendermaßen vorgegangen werden:[11]

- Auswahl der strategischen Geschäftseinheit: Ausgangspunkt jeder SBSC stellt die Strategie einer ausgewählten strategischen Geschäftseinheit dar. Ein solcher Unternehmensbereich bearbeitet einen definierten Absatzmarkt und verfügt über eine eigene Strategie, die meist beim Topmanagement und bei der Geschäftsfeldleitung dokumentiert ist.
- Ermittlung der Umwelt- und Sozialexponiertheit: Da jedes Unternehmen je nach Produktionsweise, Produkt, Standort usw. unterschiedliche Umwelt- und Sozialproblemen betroffen ist, sind nun die spezifischen Nachhaltigkeitsaspekte zu identifizieren. Diese sind in den meisten Unternehmen bekannt und beim Nachhaltigkeitsmanagement dokumentiert.

---

[9] Vgl. Kaplan/Norton (1997), S. 28.
[10] Ähnlich Hahn/Wagner 2001, S. 4.
[11] Vgl. Hahn/Wagner (2001); Figge et al. (2002); Schaltegger (2004); Schaltegger/Dyllick (2002).

- Ermittlung der strategischen Relevanz der identifizierten Umwelt- und Sozialaspekte in der SBSC-typischen Reihenfolge für die Finanz-, Kunden-, Prozess-, Lern- und Entwicklungs- sowie Nicht-Markt-Perspektive. Hier liegt die spezifische Entwicklungsaufgabe für den Aufbau einer SBSC.

Mit dieser schrittweisen Entwicklung einer SBSC werden Nachhaltigkeitsaspekte zusammen mit anderen strategisch relevanten Aspekten berücksichtigt und in die ökonomische Dimension integriert (Abb. 2). Das Herunterbrechen der Strategie in konkrete materielle und kausal miteinander verknüpfte Ziele und Schlüsselkennzahlen (Key Performance Indicators, KPIs) kann folgendermaßen erfolgen:[12]

- Erstens werden für jede Perspektive generische strategische Kernelemente und strategiespezifische Ergebniskennzahlen (lagging indicators) definiert. Es wird bestimmt, anhand welcher Indikatoren bzw. Maße gemessen werden soll, wie gut die strategischen Kernelemente erfüllt werden.
- Zweitens werden aus den Ergebnisgrößen die Leistungstreiber (leading indicators) in Form von Zielen und Kennzahlen abgeleitet, welche die Ergebnisse beeinflussen. Für jede Perspektive müssen aus dem vorausgegangen Schritt die strategiespezifischen Leistungstreiber abgeleitet werden.
- Drittens werden sogenannte Hygienefaktoren identifiziert, aus denen diagnostische Kennzahlen abgeleitet werden.[13] Hygienefaktoren sind Aspekte, die beachtet werden müssen, um die Existenz des Unternehmens aufrechtzuerhalten, die jedoch keine Wettbewerbsvorteile begründen.[14] Hygienefaktoren verursachen bei Nichterfüllung Probleme, während ihre Erfüllung keinen Wettbewerbsvorteil darstellt. Typischerweise gehört die Einhaltung von Gesetzen hierzu.

Durch diese Vorgehensweise werden die in jeder Perspektive relevanten Kennzahlen von oben nach unten kausal miteinander verknüpft, woraus sich die sog. „Strategiekarte" ergibt (vgl. Abb. 3 für ein Beispiel). Zur Integration von Nachhaltigkeit in alle Unternehmensaktivitäten ist es sinnvoll, Nachhaltigkeitsaspekte von Beginn an in diesem Prozess des Herunterbrechens der Strategie zu berücksichtigen.

Der BSC-Logik entsprechend sollen alle potenziell relevanten Umwelt- und Sozialaspekte auf diese Art und Weise durchgegangen werden. Als Ergebnis werden Nachhaltigkeitsaspekte identifiziert, die einen deutlichen Bezug zur Erreichung der für die entsprechende Perspektive formulierten Zielsetzungen haben. Durch das Explizitmachen der Wirkungszusammenhänge können die kausalen Zielerreichungsbeiträge ermittelt werden.

---

[12] Vgl. Figge et al. (2002); Schaltegger (2004; 2011).
[13] Vgl. Kaplan/Norton (1997), S. 156ff.
[14] Vgl. Herzberg et al. (1999).

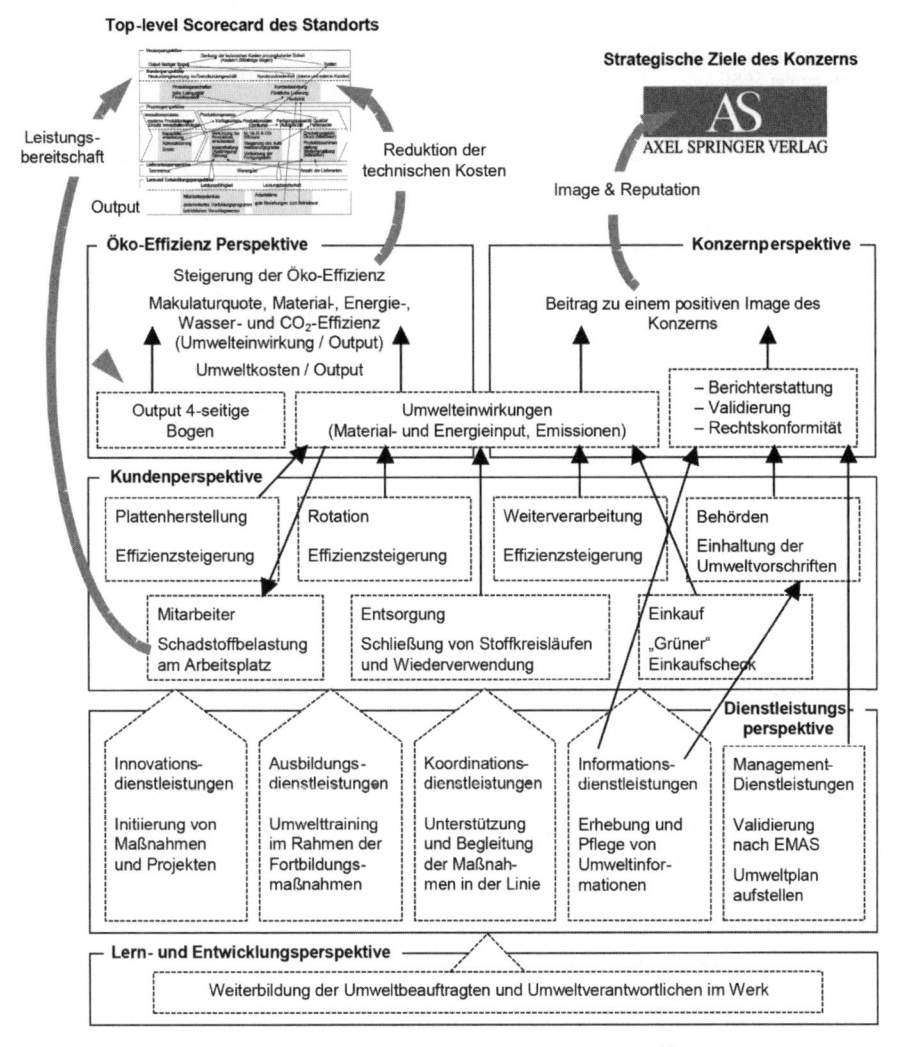

Abb. 3: Umwelt-Scorecard des Druckhauses Spandau als Strategy Map[15]

Steht die SBSC bezüglich der Perspektiven und der Strategiekarten, so offeriert sie als Managementsystem eine systematische Vorgehensweise für das strategische Nachhaltigkeitsmanagement, die in einem Kennzahlensystem mündet. Damit bietet sich die SBSC als Strukturierungsrahmen für ein operatives Nachhaltigkeitscontrolling an (vgl. Abb. 4).

---

[15] Vgl. Bieder et al. (2002), S. 188.

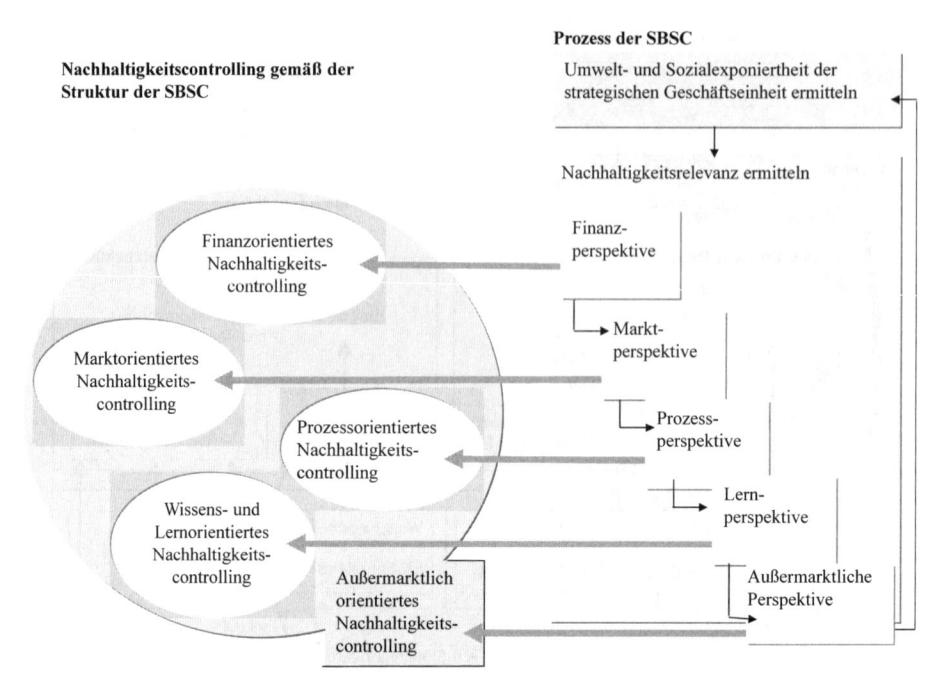

Abb. 4: Sustainability Balanced Scorecard und Nachhaltigkeitscontrolling[16]

Nimmt man die Sustainability Balanced Scorecard als Strukturrahmen für die Ausgestaltung eines Nachhaltigkeitscontrollings, so lassen sich entsprechend der fünf Perspektiven der SBSC folgende Ausrichtungen unterscheiden:[17; 18]

- Finanzorientiertes Nachhaltigkeitscontrolling
- Marktorientiertes Nachhaltigkeitscontrolling
- Prozessorientiertes Nachhaltigkeitscontrolling
- Wissens- und lernorientiertes Nachhaltigkeitscontrolling
- Außermarktlich orientiertes Nachhaltigkeitscontrolling (dargestellt als Rahmen, innerhalb dessen die vier marktlichen Controllingperspektiven stehen)

Aufbauend auf den Ergebnis- und Leistungsindikatoren, die als Ergebnis der entwickelten SBSC für jede Perspektive vorliegen, kann das jeweilige operative, perspektivenorientierte Nachhaltigkeitscontrolling erfolgen. Die mit der Entwicklung der Strategiekarte (top down Prozess rechts in Abb. 4) identifizierten Erfolgsfaktoren

---

[16] Vgl. Schaltegger (2004), S. 239.
[17] Generell zu diesem Strukturrahmen im konventionellen Controlling vgl. Weber/Schäffer (2000).
[18] Zu diesem Konzept für das Nachhaltigkeitscontrolling vgl. Schaltegger (2004, 2011).

und die festgelegten Kennzahlen stellen die Ausgangslage des jeweiligen teilsystemorientierten operativen Nachhaltigkeitscontrollings (links in Abb. 4) dar. Ein auf diese Weise entwickeltes Nachhaltigkeitscontrolling sieht seine Aufgabe in der Aufbereitung marktlicher und außermarktlicher Informationen zur Unterstützung von Nachhaltigkeitszielsetzungen und ihrer Beziehungen zu den erfolgsrelevanten Schlüsselindikatoren in den jeweiligen SBSC-Perspektiven.

3.1 Finanzorientiertes Nachhaltigkeitscontrolling

Ein auf die Spitzenkennzahlen der Finanzperspektive des SBSC ausgerichtetes Nachhaltigkeitscontrolling orientiert sich an Konzepten des Finanzmanagements der Unternehmung und verknüpft Nachhaltigkeitsaspekte mit dem Rechnungswesen. Eine wesentliche Aufgabe des finanzorientierten Nachhaltigkeitscontrollings liegt in diesem Fall in der Informationsbereitstellung, Steuerung und konzeptionellen Anpassung des Rechnungswesens.[19] Während für einzelne Themenbereiche wie ein Shareholder Value-steigerndes Umweltmanagement (sog. Environmental Shareholder Value[20]) die Materialflusskostenrechnung oder der Einfluss von Altlasten auf (potenzielle) Verbindlichkeiten schon Konzepte und Praxiserfahrungen vorliegen, besteht für andere Bereiche (z. B. Wirkung sozialer Aspekte auf den Shareholder Value) noch Entwicklungsbedarf.

3.2 Marktorientiertes Nachhaltigkeitscontrolling

Eine wirksame Steuerung des Unternehmens kann nicht ohne Marktbezug sichergestellt werden. So spielen Umwelt- und Sozialthemen in immer mehr Märkten eine absatzrelevante Rolle, die im Marketing berücksichtigt werden müssen.

Ein marktorientiertes Nachhaltigkeitscontrolling dient dazu, spezifische Bezüge zwischen Nachhaltigkeitsaktivitäten des Unternehmens und dem Marketingerfolg herzustellen. Dies erfordert eine gute Zusammenarbeit zwischen Nachhaltigkeits- und Marketingabteilung und umfasst Fragestellungen vom Produktdesign bis zur Kommunikation und Distribution. Die Optimierung der Produkte umfasst auch Fragen des Lieferkettenmanagements und zeigt Verbindungen zum prozessorientierten Nachhaltigkeitscontrolling. Damit dehnen sich die Steuerungsgrößen über die Unternehmensgrenzen hinaus aus, die Zusammenhänge zwischen ökologischen und sozialen Verbesserungen und dem Markterfolg abbilden.

---

[19] Vgl. z. B. Schaltegger/Burritt (2000).
[20] Vgl. Schaltegger/Figge (2000).

3.3 Prozessorientiertes Nachhaltigkeitscontrolling

Der Ursprung des Nachhaltigkeitscontrollings stellt das auf Produktionsprozesse ausgerichtete Öko-Controlling dar.[21] Im Fokus dieser Konzepte stehen nicht-finanzielle Kennzahlen der Produktion und die Zusammenhänge mit finanziellen Kennzahlen der Produktion. Prozessorientiertes Nachhaltigkeitscontrolling geht jedoch über eine Fokussierung auf Umweltaspekte von Produktionsprozessen hinaus.

Neben der Produktion gehören Geschäftsprozesse wie Innovations-, Management-, Logistik- oder Kundendienstprozesse zur Prozessperspektive des SBSC. Viele Managementkonzepte wie das Lean Management, das Systems Reengineering oder das Total Quality Management stellen die Prozessorientierung ins Zentrum, wobei einige dieser Ansätze zumindest teilweise auch im Umwelt- und Qualitätsmanagement (z. B. Total Quality Environmental Management) ihren Niederschlag gefunden haben.

Das prozessorientierte Nachhaltigkeitscontrolling baut auf einer genauen Analyse und der Gestaltung von Prozessabläufen auf. Dies umfasst die Definition von Kernprozessen und Kernprozessketten, das Definieren von Kunden-, Sozial- und Umweltanforderungen für die Kernprozesse, die Umsetzung in Kausalbeziehungen und messbare Kenngrößen sowie die interne Berichterstattung.

Die ständige Weiterentwicklung von Prozessen auch im Hinblick auf ökologische und soziale Verbesserungen erfordert motivierte, fähige Mitarbeiter. Nachhaltigkeitsorientierte Lernprozesse und Motivation werden in der Lern- und Entwicklungsperspektive der SBSC und dem hierzu gehörenden operativen Nachhaltigkeitscontrolling angesprochen.

3.4 Lern- und entwicklungsorientiertes Nachhaltigkeitscontrolling

Mit der Tertiarisierung und Digitalisierung der Wirtschaft sowie der damit einhergehenden Zunahme von Informationstechnologie, Beratungs- sowie Serviceleistungen steigt die Bedeutung von Know-how, Information und Mitarbeitermotivation. Organisationales Lernen kann dabei mit IT-Lösungen im Umwelt- und Sozialmanagement (z. B. Umweltdatenbanken und -software) unterstützt, aber nicht ausreichend abgedeckt werden. Neben einer intern und extern unterstützten Weiterbildung von Mitarbeitenden geht es darum, Personen zu befähigen, Innovationen zu schaffen und zum Erfolg zu bringen. Das lern- und entwicklungsorientierte Nachhaltigkeitscontrolling steht vor der Aufgabe, die gesamte Kette von der Datenbereitstellung bis zur erfolgreichen Know-how-Umsetzung sowie eine lern- und innovationsfreudige Unternehmenskultur zu unterstützen.[22]

Damit wird auch die Bedeutung außermarktlicher Prozesse im Unternehmen und im gesellschaftlichen, rechtlichen und politischen Umfeld deutlich.

---

[21] Vgl. z. B. Günther (1996); Hallay/Pfriem (1992) und Schaltegger/Sturm (1994) auch zu publizierten Unternehmensbeispielen.

[22] Zur Bedeutung von Organisationskultur für das Controlling vgl. Simons (1995).

3.5 Controlling außermarktlicher Nachhaltigkeitsaspekte

Die hinter den vier konventionellen Perspektiven stehenden Märkte sind durch entsprechende politische, rechtliche und gesellschaftliche Marktrahmenbedingungen geschaffen. Außermarktliche Faktoren können sozio-kulturellen, rechtlichen und politischen Charakter aufweisen und beeinflussen die Marktbedingungen häufig sehr grundsätzlich. Die Beziehungen zu gesellschaftlichen Stakeholdern können eine bedeutende strategische Rolle spielen.[23]

Zu den sozio-kulturellen Faktoren gehören die gesellschaftliche Akzeptanz bzw. Legitimität der unternehmerischen Leistungen und Leistungserstellungsprozesse, Traditionen, gesellschaftliche Werthaltungen, Medienreaktionen und die öffentliche Meinung. Das außermarktliche Nachhaltigkeitscontrolling steht deshalb vor der Aufgabe, die Gestaltung der Beziehungen zu Meinungsmachern und gesellschaftlichen Schlüsselorganisationen und -personen zu unterstützen.

Zum außermarktlichen Controlling gehört auch der Schnittbereich zwischen sozio-kulturellen und juristischen Rahmenbedingungen, die zum Beispiel freiwillige Standards des Umwelt- und Nachhaltigkeitsmanagements (wie z. B. Resso, ISO 14000, ISO 26000) umfassen. Mittelständische Unternehmen stehen vor der Herausforderung, eine gute Übersicht über die unzählbaren Sozial- und Umweltgesetze zu schaffen sowie im Erlangen von Rechtssicherheit während multinationale Unternehmen einer Vielfalt nationaler Rechtssysteme gegenüberstehen. Ein rechtssicherheitsorientiertes Nachhaltigkeitscontrolling[24] ist im Regelfall nicht strategisch ausgerichtet, sondern dient dem Management von Hygienefaktoren.

Interessenpolitische Prozesse treten häufig „unvermutet" hart und direkt auf und werden selten analytisch thematisiert.[25] Interessenpolitisches Handeln ist für viele gesellschaftliche Stakeholder, insbesondere NGOs, die wirkungsvollste Herangehensweise zur Verfolgung ihrer Ziele. Dennoch ist oft ein intuitiver Umgang mit interessenpolitischen Prozessen zu beobachten, und ein interessenpolitisch orientiertes Nachhaltigkeitscontrolling wurde bisher nicht entwickelt.

Wird mit der Entwicklung der SBSC deutlich, dass außermarktliche Aspekte, Ergebnisgrößen oder Leistungstreiber wie Unternehmensreputation oder gesellschaftliche Trends strategisch relevant sind, so sollte ein außermarktlich orientiertes Nachhaltigkeitscontrolling aufgebaut werden.[26] Häufig werden außermarktliche Aspekte jedoch als Hygienefaktoren eingestuft. In diesem Fall kann ein außermarktliches Nachhaltigkeitscontrolling die effiziente Gewährleistung von Rechtssicherheit unterstützen, wird aber nicht mit einer entsprechenden Schlüsselkennzahl in der SBSC untermauert sein. Bei der Bewertung, ob ein außermarktliches Thema strategisch relevant ist oder nicht, besteht häufig Unsicherheit. Die Klärung folgender Fragen kann dabei helfen:

---

[23] Vgl. Freeman (1984); Hörisch et al. (2014).
[24] Vgl. Hahn (2001).
[25] Vgl. Pfeffer (1992).
[26] Für ein Beispiel, wie die SBSC das Management außermarktlicher Stakeholderbeziehungen unterstützen kann, vgl. Hansen et al. (2010).

- Gibt es für die Geschäftseinheit zentrale Umweltthemen, die über außermarktliche Unternehmensumfelder den strategischen Erfolg beeinflussen? Diese Frage kann beantwortet werden, indem die potenziell relevanten Umwelt- und Sozialaspekte unter dem Blickwinkel ihres Einflusses auf die Legitimität und den Handlungsspielraum des Unternehmens bewertet werden.
- Wie sieht der Wirkungszusammenhang zwischen dem außermarktlichen Aspekt und der Umsetzung der Strategie aus? Ist dieser Wirkungszusammenhang direkt, so handelt es sich mit großer Wahrscheinlichkeit um einen strategischen Faktor.
- Handelt es sich bei den identifizierten, einschlägigen Umwelt- und Sozialaspekten tatsächlich um strategische Kernelemente und eher um Hygienefaktoren? Ob außermarktliche strategische Kernelemente vorliegen, kann einerseits beurteilt werden, indem analysiert wird, wie groß die Konsequenzen einer Nichterfüllung der identifizierten Umwelt- und Sozialansprüche aus dem außermarktlichen Unternehmensumfeld wären. Andererseits ist zu fragen, ob es genügt, den betreffenden Nachhaltigkeitsanspruch nur gerade ausreichend zu erfüllen, womit es sich um einen Hygienefaktor handeln würde. Zeigt die Beantwortung dieser Fragen, dass das Unternehmen die entsprechenden außermarktlichen Umwelt- oder Sozialaspekte exzellent erfüllen muss, um strategischen Erfolg zu haben, so sollte er in der SBSC explizit berücksichtigt und mit einem außermarktlichen Nachhaltigkeitscontrolling gesteuert werden.

4. Zusammenfassung und Ausblick

Die SBSC stellt ein Management- und Messkonzept dar, das eine systematische Berücksichtigung von Nachhaltigkeitsaspekten gemäß ihrer Erfolgsrelevanz in das strategische Management unterstützt. Mit der Ableitung von Kausalketten und der Entwicklung einer Strategiekarte werden die Voraussetzungen für ein kennzahlengestütztes strategisches Mess- und Managementsystem geschaffen.

Eine SBSC wird Schritt für Schritt entwickelt, indem strategische Kernelemente und Leistungstreiber systematisch gemäß ihrer strategischen Relevanz abgeleitet werden. Indem Nachhaltigkeitsaspekte in den Prozess des strategischen Managements eingebettet werden, wird eine auf die strategischen Erfolgsfaktoren ausgerichtete und der unternehmensspezifischen Situation und Strategie entsprechende SBSC entwickelt. Diese Vorgehensweise gewährleistet, dass genau die ökologischen und sozialen Aspekte gemanagt werden, die auch ökonomisch erfolgsrelevant sind. Die besondere Eignung der BSC für eine Integration ökologischer und ökonomischer Aspekte besteht darin, dass der Rahmen erfolgsrelevanter Aspekte über finanzielle Größen hinaus erweitert wird. Dies ermöglicht auch die Berücksichtigung nichtmonetarisierter und nicht-monetarisierbarer sowie nicht-quantifizierter und nichtquantifizierbarer weicher Faktoren.

Auf der Grundlage der hier dargestellten SBSC kann im nächsten Schritt ein Controlling-System entwickelt werden, mit dem die Steuerung der nachhaltigkeitsrelevanten Unternehmensaktivitäten in den Perspektiven der SBSC zu konkretisieren ist und ein Herunterbrechen der Nachhaltigkeits- und Unternehmensstrategie ins operative Management unterstützt werden kann. Das auf der Konzeption der SBSC aufbauende Nachhaltigkeitscontrolling unterscheidet fünf Ausprägungen: das finanz- orientierte, das marktorientierte, das prozessorientierte, das wissens- und lernorientierte und das außermarktlich orientierte Nachhaltigkeitscontrolling. Das dargelegte Konzept eines auf der SBSC aufbauenden, unternehmerischen Nachhaltigkeitscontrollings hat Entwicklungscharakter, da selbst fortschrittliche Unternehmen die einzelnen Bereiche bisher eher splitterhaft bearbeiten.

Während das hier dargelegte Konzept auf ein „typisch" gewinnorientiertes Unternehmen ausgerichtet ist, zeigen Anwendungen bei Organisationen, wie Universitäten oder NPOs, die andere Oberziele verfolgen, dass eine Adaption und teilweise starke Weiterentwicklung der SBSC erforderlich und sinnvoll ist.[27] Dementsprechend ist dann auch das operative Nachhaltigkeitscontrolling anders zielorientiert auszugestalten. Die bisherigen Forschungsarbeiten und Praxisanwendungen haben diese Anwendungsbereiche bisher erst gestreift und lassen der zukünftigen Forschung noch viel Entwicklungsraum.

---

[27] Vgl. Hansen/Schaltegger (2016); Schaltegger (2007).

Literatur

Bieder, T./Friese, A./Hahn, T. (2002): Axel Springer Verlag: *Nachhaltigkeitsmanagement am Druckstandort*, in: Schaltegger, S./Dyllick, T. (Hrsg.): Nachhaltig managen mit der Balanced Scorecard. Wiesbaden: Gabler, S. 167–197.

Figge, F./Hahn, T./Schaltegger, S./Wagner, M. (2002): *The Sustainability Balanced Scorecard. Linking Sustainability Management to Business Strategy*. Business Strategy and the Environment, Vol. 11, No 5, S. 269–284.

Freeman, R. E. (1984): *Strategic Management: A Stakeholder Approach*. Boston: Pitman.

Günther, E. (1996): *Ökologieorientiertes Controlling. Konzeption eines Systems zur ökologieorientierten Steuerung und empirischen Validierung*. München: Vahlen.

Hahn, T. (2001): *Umweltrechtssicherheit für Unternehmen – Management produktbezogener umweltrechtlicher Informationen für die Produktentwicklung*. Frankfurt am Main: Peter Lang Verlag. 2001.

Hahn, T./Wagner, M. (2001): *Sustainability Balanced Scorecard. Von der Theorie zur Umsetzung*, Lüneburg: Centre for Sustainability Management, Leuphana Universität.

Hallay, H./Pfriem, R. (1992): *Öko-Controlling: Umweltschutz in mittelständischen Unternehmen*. Frankfurt am Main: Campus-Verlag.

Hansen, E./Schaltegger, S. (2016): *The Sustainability Balanced Scorecard: A Systematic Review of Architectures*, Journal of Business Ethics. DOI: 10.1007/s10551-014-2340-3.

Hansen, E. G./Sextl, M./Reichwald, R. (2010): *Managing Stakeholder Collaboration Through a Community – Enabled Balanced Scorecard: The Case of Merck Ltd, Thailand*. Business Strategy and the Environment, Vol. 19, No. 6, S. 387–399.

Herzberg, F./Mausner, B./Snyderman, B. B. (1999): *The Motivation to Work*. New Brunswick, NJ: Transaction Publishers, 3rd print.

Hörisch, J./Freeman, E./Schaltegger, S. (2014): *Applying Stakeholder Theory in Sustainability Management. Links, Similarities, Dissimilarities, and Conceptual Framework*, Organization & Environment, Vol. 27, No. 4, S. 328–346. DOI: 10.1177/1086026614535786.

Johnson, H./Kaplan, R. (1987): *Relevance Lost: The Rise and Fall of Management Accounting*. Boston: Harvard Business School Press.

Kaplan, R./Norton, D. (1992): *The Balanced Scorecard – Measures that Drive Performance*. Harvard Business Review, (Jan–Feb), S. 1–79.

Kaplan, R./Norton, D. (1997): *Balanced Scorecard: Strategien erfolgreich umsetzen*. Stuttgart: Schäffer-Poeschel.

Kaplan, R./Norton, D. (2000): *Having Trouble with Your Strategy? Then Map It*. Harvard Business Review, (September-October 2000), S. 167–176.

Kaplan, R./Norton, D. (2001): *The Strategy-Focused Organization: How Balanced Scorecard Companies Thrive in the New Business Environment*. Boston, Mass.: Harvard Business School Press.

Liebl, F. (1996): *Strategische Frühaufklärung: Trends – Issues – Stakeholders*. München: Oldenbourg.

Pfeffer, J. (1992): *Managing with Power. Politics and Influence in Organizations*. Boston: Harvard Business School Press.

Schaltegger, S. (2004): *Unternehmerische Steuerung von Nachhaltigkeitsaspekten mit der Sustainability Balanced Scorecard*. Controlling, Sonderheft Strategische Steuerung, Heft 8/9, S. 511–516.

Schaltegger, S. (2007): *Management des universitären Auftrags mit der Sustainability Balanced Scorecard*, in: Dudeck, A. & Jansen-Schulz, B. (Hrsg.): Zukunft Bologna!? Gender und Nachhaltigkeit als Leitideen für eine neue Hochschulkultur. Frankfurt: Peter Lang, S. 127–145.

Schaltegger, S. (2010): *Nachhaltigkeit als Treiber des Unternehmenserfolgs. Folgerungen für die Entwicklung eines Nachhaltigkeitscontrollings.* Controlling – Zeitschrift für erfolgsorientierte Unternehmenssteuerung, 22. Jg., Nr. 4/5, S. 238–243.

Schaltegger, S. (2011): *Sustainability as a Driver for Corporate Economic Success. Consequences for the Development of Sustainability Management.* Control, Society and Economy, Vol. 33, No 1, S. 15–28.

Schaltegger, S./Burritt, R. (2000): *Contemporary Environmental Accounting: Issues, Concepts and Practice.* Sheffield: Greenleaf.

Schaltegger, S./Dyllick, T. (Hrsg.) (2002): *Nachhaltig managen mit der Balanced Scorecard.* Konzepte und Fallstudien, Wiesbaden: Gabler.

Schaltegger, S./Figge, F. (2000): *Environmental Shareholder Value. Economic Success with Corporate Environmental Management. Eco-Management and Auditing*, Vol. 7, No 1, 2000, S. 29–42.

Schaltegger, S./Sturm, A. (1995): *Öko-Effizienz durch Öko-Controlling.* Zürich: VDF.

Simons, R. (1995): *Levers of Control: How Managers use Innovative Control Systems to Drive Strategic Renewal.* Boston, Mass: Harvard Business School Press.

Weber, J./Schäffer, U. (2000): *Balanced Scorecard & Controlling: Implementierung, Nutzen für Manager und Controller. Erfahrungen in deutschen Unternehmen.* Wiesbaden: Gabler, 3. Auflage.

Nachhaltiges Wirtschaften mit dem Sustainable Excellence Ansatz

Susanne Kaldschmidt und Thomas Merten

1. Einleitung

Die Entwicklung des Sustainable Excellence Ansatzes geht auf das Jahr 2000 zurück – in eine Zeit, in der es eigentlich keine Managementsysteme gab, mit denen sich ein Nachhaltigkeitsmanagement im Sinne von Ökologie, Ökonomie und sozialem Engagement systematisch umsetzen ließ. Auch das EFQM Excellence Modell, auf dem der Sustainable Excellence Ansatz aufbaut, hatte wenig Bezug zur Nachhaltigkeit. Deswegen wurde in den Jahren 2000 bis 2006 in einer Reihe von geförderten Projekten und in Zusammenarbeit mit nachhaltigkeitsorientierten Unternehmen[1] und Institutionen der Sustainable Excellence Ansatz entwickelt und praktisch erprobt.

Der Sustainable Excellence Ansatz bietet auch heute – 15 Jahre nach den ersten Entwicklungen – nachhaltigkeitsorientierten Organisationen beste Möglichkeiten, wirtschaftliche, ökologische und soziale Belange im Interesse aller Stakeholder in ein vernünftiges Gleichgewicht zu bringen und damit wirtschaftliche Vorteile zu erlangen.

In diesem Beitrag werden die Entwicklung, die Inhalte und einige Instrumente und Methoden des Sustainable Excellence Ansatzes beschrieben. Bei der Beschreibung des Sustainable Excellence Ansatzes wird nicht ausschließlich von Unternehmen gesprochen, sondern von „Organisationen". Damit soll deutlich gemacht werden, dass der Ansatz nicht nur für Unternehmen Gültigkeit hat. Es ist ein branchen-

---

[1] Folgende Organisationen waren bei der Entwicklung und Erprobung des Sustainable Excellence Ansatzes besonders engagiert: Die Möbelmacher, Unterkrumbach; Neumarkter Lammsbräu und diverse Brauereien; Arbeiterwohlfahrt Kreisverband Nürnberg e.V.; bfk Ingenieure, Nürnberg; Diakonie Neuendettelsau; Laurentius Sozialstation Nürnberg; Gutmann Aluminium Draht GmbH, Weißenburg; Schulte & Schmidt GmbH, Nürnberg; Leichtmetallgießerei KG, Nürnberg; Südwestpark Management GmbH, Nürnberg; TNT Express GmbH, Niederlassung Nürnberg; W. L. Gore & Associates GmbH, Pleinfeld; Noris Automation GmbH, Nürnberg; Landesakademie für Lehrerfortbildung, Esslingen; Roto Frank AG, Leinfelden-Echterdingen; J. Schmalz GmbH, Glatten; Deutsche Telekom AG, Eschborn; Fujitsu Microelectronics Europe GmbH, Langen; Erbacher GmbH & Co.Betriebs KG, Kleinheubach; InWEnt – Internationale Weiterbildungs- und Entwicklungsgesellschaft, Bonn; Strategische Allianz ADMIRe, Augsburg; INTEGRAL, Cölbe.

unabhängiger Ansatz, der in öffentlichen Institutionen, Verbänden etc. genauso angewendet werden kann wie in großen und kleinen Unternehmen.

2. Historie und Entwicklung des Sustainable Excellence Ansatzes

Im Jahr 1999 begann eine kleine Gruppe von Beratern und Vertretern aus Unternehmen und Behörden (die Sustainable Excellence Group, im Rahmen des Netzwerkes COUP 21), sich über die Möglichkeiten eines Nachhaltigkeitsmanagements Gedanken zu machen. Bei der Auseinandersetzung mit den damals bekannten Nachhaltigkeits-Systemen, -Modellen und -Konzepten wurde schnell deutlich, dass das EFQM Excellence Modell die beste Grundlage für ein nachhaltigkeitsorientiertes Managementsystem geben würde. Allerdings war zu dieser Zeit wenig Berücksichtigung von ökologischen und sozialen Belangen im Excellence Modell zu finden. Es wurde entschieden, dass das EFQM-Modell mit seinen Grundkonzepten und Kriterien nicht verändert werden sollte – aber unbedingt um fehlende Nachhaltigkeitsaspekte ergänzt werden musste. In einer Reihe von Experten-Workshops wurden folgende Themen bearbeitet:

– Vorhandene Nachhaltigkeitsaspekte aus den bestehenden Modellen und Konzepten mit dem damaligen Excellence Modell abgeglichen, um Überschneidungen und Abweichungen festzustellen;
– Integration der nicht im Excellence Modell vorhandenen Nachhaltigkeitsindikatoren zu prüfen;
– Veränderungen bzw. Ergänzungen des Modells in Bezug auf Grundkonzepte, Kriterienmodell und Definitionen zu prüfen; und
– ergänzende Nachhaltigkeitsaspekte und Methoden zu entwickeln und praktisch zu erproben.

Die Ergebnisse aus den Workshops und die ermittelten (und im Excellence Modell fehlenden) Nachhaltigkeitsaspekte wurden in der Praxis von beteiligten Unternehmen getestet. Es zeigte sich, dass sie sich in der unternehmerischen Praxis bewährt haben. So konnte die Sustainable Excellence Group (bzw. später das Sustainable Excellence Team, www.susex-team.de) bei den Überarbeitungen des EFQM-Modells, die in den Jahren zwischen 2003 und 2012 von der EFQM durchgeführt wurden, viele nachhaltigkeitsrelevante Aspekte in die neuen Versionen des EFQM-Modells einbringen.

Das EFQM Excellence Modell wurde 1988 als umfassendes Managementsystem entwickelt. Die EFQM (eine Stiftung in Brüssel) definiert: „Exzellente Organisationen erzielen dauerhaft herausragende Leistungen, welche die Erwartungen aller ihrer Interessensgruppen erfüllen oder übertreffen" (EFQM 2013[2]).

Das Excellence Modell wurde zuletzt 2013 überarbeitet und besteht heute aus drei zentralen Komponenten: die Grundkonzepte der Excellence, das Kriterienmodell und die RADAR-Logik. Die Grundkonzepte der Excellence stellen die Grundprinzipien dar, auf denen eine dauerhafte Excellence für jede Art von Organisation beruht. Das eng mit den Grundkonzepten verknüpfte Kriterienmodell ist eine Grundstruktur für die praktische Umsetzung der Grundkonzepte und der RADAR-Logik. Die RADAR-Logik ist zugleich ein Management-Instrument und ein Bewertungsrahmen für den Grad der Exzellenz von Vorgehensweisen und Ergebnissen der Organisation. Wichtig ist, dass das Excellence Modell keine „Theorie" darstellt: die Inhalte, Hinweise und Methoden spiegeln wider, was real existente, europäische Organisationen tun und messen, um auf Dauer exzellent zu sein – im Sinne ihrer Stakeholder.

Während das Excellence Modell der EFQM durchaus eine Nachhaltigkeitsorientierung fordert, bleibt es den Anwendern überlassen, inwieweit sie dieser Aufforderung nachkommen. Das Grundkonzept „Die Zukunft nachhaltig gestalten", lautet: „Exzellente Organisationen üben einen positiven Einfluss auf ihr Umfeld aus. Sie steigern ihre Leistung und verbessern gleichzeitig die ökonomischen, ökologischen und sozialen Bedingungen der Gesellschaftsgruppen, mit denen sie in Kontakt stehen" (EFQM 2013).

Anzumerken ist, dass auch die EFQM von „Sustainable Excellence" spricht. Die EFQM selbst merkt an, dass das Excellence Modell sich auf die „European Convention on Human Rights (1953)", den „European Social Charter" und den UN Global Compact bezieht (EFQM 2013). Generell wird aber „sustainable" in der Excellence-Community nach wie vor als „langfristig" oder „dauerhaft" verstanden. Eine umfassende Verbindung von Wirtschaftlichkeit mit ökologischer und sozialer Verantwortung wird erfahrungsgemäß im EFQM-Umfeld und selbst bei Gewinnern des European Excellence Awards selten angetroffen.

Was beim Excellence Modell auch in der Version von 2013 ein „kann" ist, ist beim Sustainable Excellence Ansatz nach wie vor ein „muss". Der Sustainable Excellence Ansatz betont besonders folgende Aspekte:

– eine sichtbare, spürbare Verpflichtung der Führung zur Nachhaltigkeit und zu nachweislich nachhaltigkeitsorientierten Leistungen;
– proaktive Verantwortung für Gesellschaft und Umwelt;

---

[2] Anmerkung: Alle Verweise zum EFQM-Modell in der Version 2013 können in der aktuellen Broschüre der EFQM nachvollzogen werden (siehe weiterführende Literatur).

- Rechte und Interessen zukünftiger Generationen (langfristige Ausrichtung) berücksichtigen;
- ethische Grundhaltung bzw. Werteorientierung in der Organisation leben – auch entlang der Lieferkette;
- Konzepte der Führung bzw. MitarbeiterInnen-Entwicklung (auch in Hinblick auf den demografischen Wandel) integrieren;
- proaktive Verbesserung der globalen Umwelt, auch durch eine integrierte Produktpolitik und stärkere Gewichtung der Material- und Energieeffizienz bei der Prozessoptimierung;
- Sicherung von Chancengleichheit und kultureller Vielfalt; und
- proaktive Wahrnehmung globaler und regionaler Verantwortung – auch über die Grenzen der eigenen Organisation hinaus.

Zugegeben: Das EFQM Excellence Modell von heute (Stand 2013) deckt weitaus mehr Nachhaltigkeitsaspekte ab als die Vorgänger-Versionen. Die Praxis zeigt aber, dass ein umfassendes Nachhaltigkeitsmanagement eher von dem Sustainable Excellence Ansatz unterstützt wird. Laut EFQM, Brüssel, ist bis mindestens 2016 keine weitere Überarbeitung des EFQM-Modells zu erwarten. Selbst mit der nächsten Überarbeitung des Excellence Modells muss abgewartet werden, inwieweit eine Verstärkung von ökologischer und sozialer Verantwortung zum Ausdruck kommt.

3. Anwendungsmöglichkeiten des Sustainable Excellence Ansatzes

Der Sustainable Excellence Ansatz unterstützt Organisationen beim Aufbau eines Nachhaltigkeitsmanagements, indem es sich eines anerkannten Managementmodells bedient und dieses um wichtige Nachhaltigkeitsbelange und Merkmale erweitert. Gleichzeitig bietet der Ansatz Möglichkeiten, die Nachhaltigkeitsleistung, die aus der proaktiven Steuerung resultiert, zu bewerten. Nachhaltigkeitsorientierung beginnt mit einer langfristigen Ausrichtung, die idealerweise in der Vision der Organisation verankert ist. Über eine mittelfristig angelegte Strategie gelangen Nachhaltigkeitsziele in die operativen Prozesse. Die Anwendung der RADAR-Logik führt zum Zusammenbringen von ursprünglichen Nachhaltigkeitszielsetzungen mit Prozessen und Vorgehen, die entsprechend entwickelt und umgesetzt werden bis hin zu Ergebnissen. Somit wird die kontinuierliche Verbesserung der Nachhaltigkeitsleistung gefördert.

Der Sustainable Excellence Ansatz bietet hierfür
- ein umfassendes Managementsystem mit konkreten Hinweisen auf gute Management-Praktiken, die von exzellenten Organisationen praktisch angewendet werden;
- die Basis für nachhaltige Prozesse, die ressourcenschonend und sozial verantwortlich sind;
- die Grundlage für die Entwicklung von nachhaltigen Produkten und Dienstleistungen mit Nachhaltigkeits-Mehrwert für Kunden;

- die Basis für die nachhaltige Herstellung von Produkten und Dienstleistungen;
- die Grundlage für nachhaltige Kommunikation und Marketing, um die Nachhaltigkeitsleistung gegenüber Interessensgruppen transparent zu machen;
- proaktives Management von Stakeholdern;
- die Definition von Indikatoren und Messgrößen mit Nachhaltigkeitsbezug und
- eine Bewertungsmethodik für Vorgehen und Prozesse, aber auch für die Ergebnisse der Organisation.

In den folgenden Abschnitten werden die Bestandteile des Sustainable Excellence Ansatzes bzw. die entsprechenden Komponenten des EFQM Excellence Modells detaillierter beschrieben.

4. Die Bestandteile von Sustainable Excellence und des EFQM Excellence Modells

4.1 Die Grundkonzepte der nachhaltigen Excellence

Grundlage des Excellence Modells sind die Grundkonzepte, die definieren, was erforderlich ist, um auf Dauer eine exzellente Organisation zu sein.[3] Die Haltung, die durch die Grundkonzepte beschrieben wird, muss von den Mitgliedern der jeweiligen Organisation getragen werden – insbesondere von den obersten und mittleren Führungskräften –, sonst werden Entscheidungen nicht danach gefällt. Die Grundkonzepte beschreiben also, was einer exzellenz-orientierten Organisation wichtig ist und bilden die „Leitplanken" für Entscheidungen und Verhalten, um die Erwartungen und Bedürfnisse aller Stakeholder auf Dauer zu erfüllen oder gar zu übertreffen.

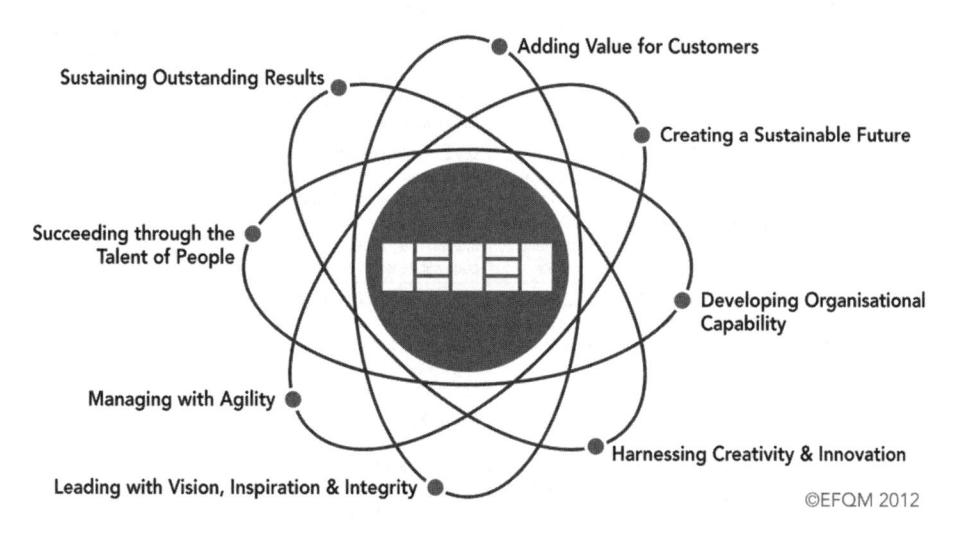

Abb. 1: Die Grundkonzepte der Excellence (c) EFQM 2013

---

[3] Vgl. EFQM (2013).

Da die Erwartungen von Interessensgruppen, die Herausforderungen von Wirtschaft und Gesellschaft und Management-Methoden sich stetig weiterentwickeln, sind die Grundkonzepte nicht statisch. Sie müssen regelmäßig angepasst bzw. aktualisiert werden. Seit der letzten Revision des EFQM-Modells (2012) wurden auch die Grundkonzepte des Sustainable Excellence Ansatzes überarbeitet und revidiert, denn auch die Anforderungen an die unternehmerische Nachhaltigkeit haben sich seit der Entwicklung des Ansatzes verändert.

Die Idee der Grundkonzepte wird im Sustainable Excellence Ansatz übernommen – aber in Bezug auf Nachhaltigkeit weiter ausgeführt. Insgesamt wird ein umfassenderes Verständnis von Interessensgruppen – und die direkte Anerkennung dieser – gefordert. Dies bewirkt, dass die Anforderungen in allen Grundkonzepten deutlich stakeholder-orientierter formuliert werden müssen und bei der Formulierung ein stärkerer Bezug zur Nachhaltigkeit hergestellt wird. In der nachstehenden Tabelle werden die Grundkonzepte des EFQM-Modells und des Sustainable Excellence Ansatzes in der neuesten Version gegenüber gestellt. Während die Überschriften der Grundkonzepte zum Teil gleich sind, zeigen die Beschreibungen der Sustainable Excellence Grundkonzepte stärker nachhaltigkeits-orientierte Anforderungen auf.

Die EFQM stellt die anderen Bestandteile des Excellence Modells innerhalb der Grundkonzepte dar (siehe Abbildung 1). Bereits auf der Ebene der Grundkonzepte werden neben der Definition des Konzepts konkrete Handlungsweisen zur Umsetzung aufgeführt. Diese werden dann den Kriterien des Kriterienmodells zugeordnet und finden sich dort eins-zu-eins wieder.

EFQM Modell 2013	Sustainable Excellence 2015
Nutzen für Kunden schaffen: Exzellente Organisationen schaffen konsequent Kundennutzen durch Verstehen, Voraussehen und Erfüllen von Bedürfnissen, Erwartungen sowie das Nutzen von Chancen.	**Nachhaltigen Nutzen für Kunden schaffen**: Exzellente Organisationen schaffen besonderen Nutzen für Kunden, indem sie Nachhaltigkeitsaspekte bei Produkten und Dienstleistungen berücksichtigen, die auf das Voraussehen, Verstehen und Erfüllen von Bedürfnissen und Erwartungen beruhen und Chancen nutzen.
Die Zukunft nachhaltig gestalten: Exzellente Organisationen üben einen positiven Einfluss auf ihr Umfeld aus. Sie steigern ihre Leistung und verbessern gleichzeitig die ökonomischen, ökologischen und sozialen Bedingungen der Gesellschaftsgruppen, mit denen sie in Kontakt stehen.	**Die Zukunft nachhaltig gestalten**: Exzellente Organisationen üben proaktiv einen positiven Einfluss auf ihr Umfeld aus. Sie steigern ihre Nachhaltigkeits-Leistung und verbessern gezielt die ökonomischen, ökologischen und sozialen Bedingungen der Interessensgruppen, mit denen sie in Kontakt stehen – aber auch mit denen in der erweiterten Lieferkette.
Die Fähigkeiten der Organisation entwickeln: Exzellente Organisationen entwickeln ihre Fähigkeiten durch effektives Management von Veränderungen innerhalb und außerhalb der Organisation.	**Fähigkeiten der Organisation entwickeln**: Exzellente Organisationen entwickeln ihre Fähigkeiten durch effektives Management von Veränderungen innerhalb und außerhalb der Organisation. Dabei achten sie insbesondere auf nachhaltigkeitsrelevante Faktoren in der Wertschöpfungskette.
Kreativität und Innovation fördern: Exzellente Organisationen schaffen Mehrwert und steigern ihre Leistung durch kontinuierliche Verbesserung und systematische Innovation, indem sie sich die Kreativität all ihrer Interessengruppen nutzbar machen.	**Kreativität und Innovation fördern**: Exzellente Organisationen schaffen einen Mehrwert und steigern ihre Leistung durch die kontinuierliche Verbesserung und systematische Innovation, indem sie sich die Kreativität all ihrer Interessensgruppen proaktiv nutzbar machen.

EFQM Modell 2013	Sustainable Excellence 2015
Mit Vision, Inspiration und Integrität führen: Exzellente Organisationen haben Führungskräfte, welche die Zukunft gestalten und verwirklichen. Sie agieren als Vorbilder in Bezug auf geltende Werthaltungen und ethische Grundsätze.	**Nachhaltige Führung der Organisation durch Vision, Inspiration und Integrität:** Exzellente Organisationen haben Führungskräfte, welche eine nachhaltige Zukunft aktiv gestalten und sicherstellen, dass sie trotz sich änderndem Umfeld verwirklichen. Sie agieren als Vorbilder für nachhaltigkeitsorientierte Werte und ethische Grundsätze.
Veränderungen aktiv managen: Exzellente Organisationen sind für ihre Fähigkeit bekannt, Chancen und Gefahren zu erkennen und darauf effektiv und effizient zu reagieren.	**Mit Prozessen Veränderungen aktiv und nachhaltig managen:** Exzellente Organisationen sind für ihre Fähigkeit bekannt, nicht nur wirtschaftliche, sondern auch ökologische und soziale Chancen und Gefahren zu erkennen und darauf effektiv und effizient zu reagieren. Die Prozesse der Organisation werden stets entsprechend verbessert und den Veränderungen angepasst.
Durch Mitarbeiterinnen und Mitarbeiter erfolgreich sein: Exzellente Organisationen wertschätzen ihre Mitarbeiterinnen und Mitarbeiter und schaffen eine Kultur der aktiven Mitwirkung, um sowohl die Ziele der Organisation als auch die der Mitarbeiterinnen und Mitarbeiter zu erreichen.	**Durch Mitarbeiterinnen und Mitarbeiter erfolgreich sein:** Exzellente Organisationen wertschätzen ihre Mitarbeiterinnen und Mitarbeiter und schaffen eine Kultur der aktiven Mitwirkung, um sowohl die Ziele der Organisation als auch die der Mitarbeiterinnen und Mitarbeiter zu erreichen. Soziale und ökologische Verantwortung wird gemeinsam mit den Mitarbeitenden gestaltet.
Dauerhaft herausragende Ergebnisse erzielen: Exzellente Organisationen erzielen in ihrer Branche dauerhaft herausragende Ergebnisse, welche die kurz- und langfristigen Bedürfnisse ihrer Interessensgruppen erfüllen.	**Dauerhaft herausragende nachhaltige Ergebnisse erzielen:** Exzellente Organisationen erzielen über ihre Branche hinweg dauerhaft herausragende und nachhaltige Ergebnisse, welche die kurz- und langfristigen Bedürfnisse ihrer Interessensgruppen übertreffen.

Tab. 1: Die Grundkonzepte des EFQM-Modells und der Sustainable Excellence

4.2 Das Kriterienmodell der EFQM und Sustainable Excellence

Das klassische EFQM Kriterienmodell besteht aus 9 Kriterien – 5 sogenannte „Befähiger" und 4 Ergebnis-Kriterien. Die einzelnen Kriterien sind wiederum in Teil-Kriterien untergliedert, die klare Anregungen geben, wie exzellente Organisationen die einzelnen, aus den Grundkonzepten abgeleiteten Ansätze umsetzen könnten. Der Sustainable Excellence Ansatz übernimmt das Kriterienmodell ohne Veränderung – auf der Ebene der Kriterien und ihrer Logik. Allerdings bedingen die höheren Anforderungen der Sustainable Excellence Grundkonzepte auf der Ebene der Teilkriterien und der darunter angegebenen Ansatz-Punkte weitere Ergänzungen.

> **Die Logik der EFQM Kriterien – Kurzfassung:**
> Die Führung legt die Vision, Mission und Werte der Organisation fest und fördert eine Kultur der Excellence nach innen und außen. Damit ist die Grundlage für die Strategie gelegt, die den Weg zur Erreichung der Vision konkretisiert. Die Strategie wiederum gibt Aufschluss über die benötigten Ressourcen – in Bezug auf Mitarbeiterinnen und Mitarbeiter, Partnerschaften, Finanzen, Wissen usw. Im Rahmen von strategisch wichtigen Prozessen werden die Ergebnisse erzielt: zufriedene Kunden, Mitarbeiter und Stakeholder sowie unternehmerische Schlüsselergebnisse.

Die Befähiger-Kriterien verfolgen eine klare Logik. Hier wird die Logik im Sinne des Sustainable Excellence Ansatzes erläutert – die zum Teil eine andere Reihenfolge der Teil-Kriterien bedingt, als sie im EFQM-Modell dargestellt werden.

Führung:
Grundbedingung für die Nachhaltigkeitsorientierung jeder Organisation ist die Verpflichtung und das Engagement der obersten Leitung der Organisation. Die Führung[4] muss das Leitbild mit Vision, Mission, Werten und ethischen Grundsätzen definieren – und zwar mit klarer Ausprägung im Sinne der Nachhaltigkeit. Zur Schaffung eines Leitbildes muss sich die Führung persönlich mit den Interessensgruppen der Organisation auseinandersetzen, um deren Bedürfnisse und Erwartungen zu kennen, um sie entsprechend in der Vision (und später in der Strategie) berücksichtigen zu können. Außerdem muss die Führung ein geeignetes Managementsystem definieren und kontinuierlich verbessern, damit die nachhaltigkeitsorientierte Leistung der Organisation stetig verbessert werden kann. Mit dem Leitbild sollen die Werte definiert werden, die eine Basis für eine Kultur der Nachhaltigkeit in der gesamten Organisation bilden. Führungskräfte haben die Verantwortung, zusammen mit den Mitarbeiterinnen und Mitarbeitern diese Kultur zu stärken. In einer Zeit, in der Veränderungen oder gar Turbulenzen im Unternehmensalltag zum Dauerthema geworden sind und in der die Interessensgruppen sich zum Teil stärker in Organisationen einbringen, ist es nötig, dass Führungskräfte sich für die Agilität und Flexibilität engagieren und sicherstellen, dass notwendige Veränderungen effektiv gesteuert werden.

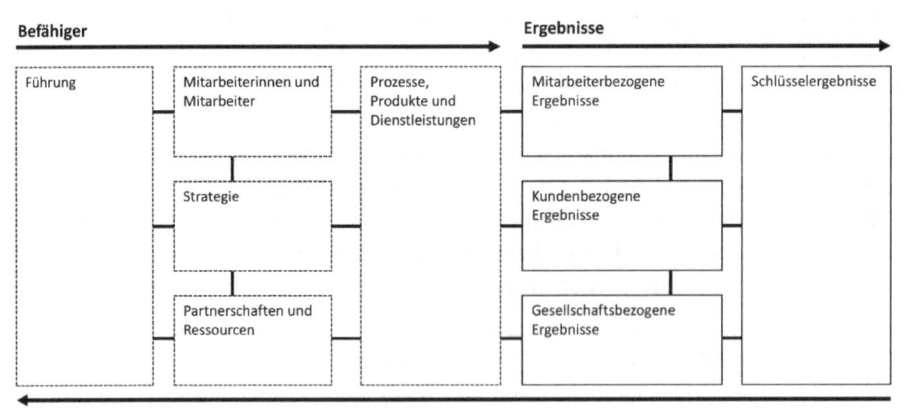

Abb. 2: Das Kriterienmodell (c) EFQM 2013

---

[4] Obwohl sowohl im Excellence Modell als auch im Sustainable Excellence Ansatz in erster Linie die oberste Führung hier angesprochen ist, ist es durchaus wichtig, alle Führungskräfte einzubeziehen. Gerade die mittleren und unteren Führungsebenen haben einen entscheidenden Anteil an der Umsetzung von nachhaltigkeitsrelevanten Zielen und sind als Vorbilder für das alltägliche Handeln wichtig.

Strategie:
Während die Vision die langfristige Orientierung für das Unternehmen gibt, gibt die Strategie den mittelfristigen „Fahrplan". Eine Strategie zu definieren bedeutet, klare Ziele festzulegen und diese dann operativ in Prozessen umzusetzen. Eine nachhaltigkeitsorientierte Strategie erfordert ein Verständnis der Bedürfnisse und Erwartungen der Interessensgruppen (heute, aber auch in Zukunft) sowie einen guten Überblick über die Chancen und Herausforderungen des externen Umfelds (Wirtschaftslage, globale Entwicklungen, Aktivitäten der Mitbewerber, gesellschaftliche Trends usw.). Andererseits muss die Organisation wissen, welche bisherigen Leistungen und Ergebnisse erbracht wurden, analysieren, was die aktuellen und zukünftigen Fähigkeiten sind und diese in Bezug zum Anspruch der Nachhaltigkeit setzen. In einem definierten Strategie-Prozess werden diese Informationen und Erkenntnisse in eine klare Strategie und unterstützende Leitlinien übersetzt – die auch in regelmäßigen Abständen überprüft und aktualisiert werden müssen.

Die nachhaltigkeitsorientierte Strategie wirkt sich in verschiedener Art und Weise auf den Umgang mit den Ressourcen der Organisation aus:

- auf Mitarbeiterinnen und Mitarbeiter als wichtige Ressource,
- auf die Planung von Investitionen und das Finanz-Management,
- auf Partner und Lieferanten, die ebenfalls zur Nachhaltigkeitsorientierung beitragen,
- auf den Einsatz und das Management von natürlichen Ressourcen (Umweltmanagement), aber auch von Technologie, die umweltfreundlich und sozialverträglich sein sollte,
- auf den Umgang mit Wissen und Information
- usw.

Mitarbeiterinnen und Mitarbeiter:
Neben den Hinweisen aus dem EFQM Excellence Modell fordert der Sustainable Excellence Ansatz eine tiefere Einbindung und Berücksichtigung von Mitarbeitenden. Mitarbeiterinnen und Mitarbeiter sollen einen aktiven Beitrag zur Nachhaltigkeit leisten, und sie müssen daher informiert, integriert und befähigt werden, nachhaltigkeitsorientiert zu handeln. Die aktive Einbindung in die Kultur der Nachhaltigkeit und in die Erreichung der Ziele bedingt Mitwirkung und das Verbinden von Organisations-Zielen mit den Zielen der Mitarbeitenden. Sustainable Excellence fordert Sicherstellung von Chancengleichheit und kultureller Vielfalt sowie Berücksichtigung von demografischem Wandel im Umgang mit Mitarbeitenden.

Partnerschaften und Ressourcen:
Im Rahmen von Sustainable Excellence spielen Partner und Lieferanten eine wichtige Rolle, da sie selbst einen entscheidenden Beitrag zur Nachhaltigkeitsleistung der Organisation und zum Nachhaltigkeits-Mehrwert für Kunden leisten. Außerdem hat, wie bereits erwähnt, die Organisation selbst eine Verantwortung für Umwelt und

soziale Belange in der Lieferkette. Deshalb gilt es, die Zusammenarbeit mit Partnern und Lieferanten so zu gestalten, dass nicht nur die eigene Nachhaltigkeitsleistung, sondern auch die der Partner und Lieferanten gesteigert werden kann.

Finanzielle Ressourcen sollten auch nach Nachhaltigkeitsaspekten geplant und gesteuert werden. Investitionsentscheidungen sollten nach Nachhaltigkeitskriterien gefällt werden.

Weitere Ressourcen, die nachhaltig gemanagt werden müssen, sind die natürlichen Ressourcen, die in eigenen Prozessen genutzt werden. Hier ist zwar das Umweltmanagement der Organisation gefragt, aber auch eine Verbindung zur Produktentwicklung angezeigt. Hier gibt es meist eine Verknüpfung zur Auswahl und zum Management des Technologie-Portfolios – das umwelt- und menschenfreundlich, effizient und effektiv sein sollte. Technologie beinhaltet in diesem Zusammenhang nicht nur Maschinen und Anlagen, sondern auch Kommunikationstechnik und IT.

Letztlich erkennen nachhaltigkeitsorientierte Organisationen, dass Information und Wissen wichtige Ressourcen sind, die mit Bedacht und Rücksicht geplant, eingesetzt, geschützt und verbessert werden müssen. Hierunter fällt ebenso geistiges Eigentum – der Organisation, ihrer Mitarbeiter, aber auch von Partnern, Lieferanten und anderen Interessensgruppen.

Prozesse, Produkte und Dienstleistungen:
Über die Prozesse wird die Strategie (und die Vision) umgesetzt. Deswegen müssen Prozesse mit Nachhaltigkeit im Blick gestaltet, umgesetzt, gelenkt und kontinuierlich verbessert werden. Dabei soll der Nutzen für die verschiedenen Interessensgruppen der Organisation optimiert werden.

Der Sustainable Excellence Ansatz macht deutlich, dass Produkte und Dienstleistungen so entwickelt werden, dass sie einen Nachhaltigkeits-Mehrwert für Kunden schaffen. Die Entwicklung von Produkten und Dienstleistungen berücksichtigt den gesamten Produktlebenszyklus und erfordert die Zusammenarbeit mit Partnern, Lieferanten und anderen Stakeholdern, um verantwortliches Handeln sicherzustellen. Auch die Vermarktung von Produkten und Dienstleistungen bezieht sich auf den Nachhaltigkeits-Nutzen für Kunden und potenzielle Kunden.

Die (H)erstellung und Lieferung von Produkten und Dienstleistungen steht im Einklang mit den Kundenanforderungen und Erwartungen. Eine effektive und effiziente Wertschöpfungskette wird eingesetzt, um Produkte und Dienstleistungen über deren gesamten Lebenszyklus zu begleiten und um sicherzustellen, dass die negativen (und positiven) Auswirkungen auf Gesundheit, Sicherheit und Umwelt berücksichtigt werden. Ein Management von Kundenbeziehungen geht damit einher, welches sicherstellen soll, dass Kunden Produkte und Dienstleistung im Hinblick auf Nachhaltigkeit verantwortungsbewusst nutzen und entsorgen.

Ergebnisse – Kundenzufriedenheit, Mitarbeiterzufriedenheit, Partner- und Gesellschaftliche Zufriedenheit und Schlüsselergebnisse

Die Nachhaltigkeitsleistung, die eine Organisation erzielt, steht im direkten Zusammenhang mit den Vorgehensweisen und Prozessen, die sie strategiekonform umsetzt. Damit wird deutlich, dass für Vorgehensweise und Prozesse Kenngrößen und Leistungsindikatoren definiert werden müssen, die dann verwendet werden, um die Leistung zu bemessen und zu bewerten.

Die vier Ergebniskriterien betreffen die verschiedenen internen und externen Interessensgruppen:

- Kunden – Nachhaltigkeitsorientierte Organisationen benötigen direkte Rückmeldungen von ihren Kunden (z. B. durch Kundenbefragungen), um die Zufriedenheit mit Produkten und Dienstleistungen sowie deren Nachhaltigkeits-Nutzen zu verstehen und die Leistung weiter zu verbessern. Interne Messgrößen geben Aufschluss über die Wirksamkeit von Kundenservice, Beziehungsmanagement, Kundenunterstützung usw.
- Mitarbeiterinnen und Mitarbeiter – Die Wahrnehmung von Mitarbeiterinnen und Mitarbeitern zur Organisation und den mitarbeiterorientierten Vorgehensweisen sowie zur Erfüllung von Bedürfnissen und Erwartungen ist ebenso wichtig wie die Stimme der Kunden. Aus dem direkten Feedback (aus verschiedenen Kanälen wie Mitarbeiterbefragungen, Feedbackgesprächen, Fokusgruppen usw.) können Organisationen erfahren, inwieweit die Interessen der Mitarbeiter getroffen werden und auch hier Stärken und Verbesserungspotenziale ableiten. Interne Messgrößen (wie sie aus dem Personal-Management bekannt sind) liefern indirektes Feedback über die Zufriedenheit dieser Stakeholdergruppe.
- Gesellschaft inklusive der Partner und Lieferanten – Neben den Kennzahlen und Messgrößen, die die Wirkung des Umweltmanagements zeigen, erhalten nachhaltigkeitsorientierte Organisationen direkte Rückmeldung zur Wahrnehmung der Partner und Lieferanten sowie von ihrem Umfeld (Gesellschaft). Durch dieses Feedback können sie sicherstellen, dass die Bedürfnisse und Erwartungen dieser Stakeholder erfüllt werden. Leistungsindikatoren in diesem Kriterium sollten auch die ethische, soziale und ökologische Verantwortung von Lieferanten und in der Beschaffung betreffen.
- Schlüsselergebnisse der Organisation unterteilt in Ergebnismessgrößen und Schlüsselindikatoren – Erfolgsmessgrößen sind solche, die eine erfolgreiche Umsetzung der Strategie zeigen. Nachhaltigkeitsorientierte Organisationen messen und bewerten Ergebnisse, die zeigen, dass ihre Strategie zur Steigerung der Nachhaltigkeits-Leistung führt. Schlüsselindikatoren geben Aufschluss über die operative Leistung der Organisation und beziehen sich z. B. auf Prozessleistung, Leistungen von Partnern und Lieferanten sowie Technologieeinsatz, Nutzung von Information und Wissen usw.

Befähiger- und Ergebniskriterien stellen somit eine Gesamtheit dar, die in einer Ursachen-Wirkungs-Beziehung stehen. Die Kriterien mit ihren Unterkriterien und Ansatzpunkten können verwendet werden, um Nachhaltigkeitsmanagement in der Organisation zu gestalten und um die Leistung des Nachhaltigkeitsmanagements zu bewerten und kontinuierlich zu verbessern. Für die Bewertung der Leistung ist die RADAR-Logik ein wichtiges Instrument.

4.3 Die RADAR-Logik – EFQM 2013 und das Sustainable Excellence RADAR

Der dritte integrierte Bestandteil des EFQM Excellence Modells ist die RADAR-Logik. Diese Logik ist zugleich ein dynamisches Bewertungs-Instrument und ein leistungsfähiges Management-Werkzeug.

Die RADAR-Logik zeigt auf, dass eine exzellente Organisation

- zunächst Ziele und zu erreichende Ergebnisse definiert;
- dann sicherstellt, dass die angestrebten Ergebnisse im Einklang mit der Strategie der Organisation stehen;
- erst dann konkrete Vorgehensweisen, Problemlösungen und Prozesse zur Erreichung der vorgegebenen Ergebnisse definiert;
- daraufhin ein fundiertes Vorgehen entwickelt und deren Umsetzung vorausschauend plant;
- Vorgehen dann systematisch umsetzt und anwendet;
- letztendlich werden die umgesetzten Vorgehen durch kontinuierliche Überprüfung und Analyse der erzielten Ergebnisse bewertet und verbessert. Damit verbundene Lernprozesse werden genutzt und in der Organisation kommuniziert.

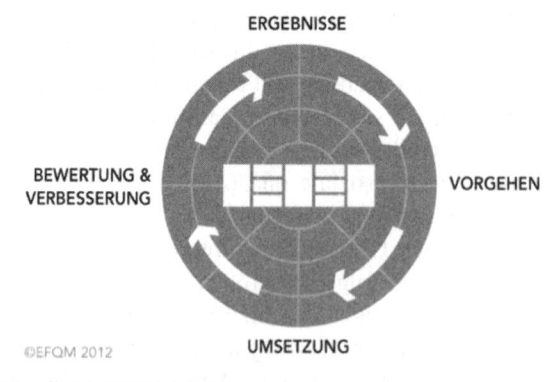

Abb. 3: Die RADAR-Logik (c) EFQM 2013

Die RADAR-Logik wird in den Befähiger- und Ergebnis-Kriterien für deren Analyse in unterschiedlicher Weise verwendet. Bei den Befähiger-Kriterien (Führung, Strategie, Mitarbeiterinnen und Mitarbeiter, Partnerschaften und Ressourcen sowie Prozesse, Produkte und Dienstleistungen) wird analysiert ob

- Vorgehen fundiert und integriert sind;
- die Umsetzung von Vorgehen geplant, eingeführt und angemessen ist; und
- die Bewertung und Verbesserung von Vorgehen durch Anwendung von Messgrößen, Lernen und Kreativität passiert und zu Innovationen führt.

Zur Bewertung der Ergebnis-Kriterien wird analysiert, ob

- Messgrößen und Ergebnisse relevant und nützlich sind, insbesondere um Leistungen hinsichtlich der Strategie, der Ziele und das Treffen von Bedürfnissen und Erwartungen der Interessensgruppen zu messen. Dabei geht es ebenfalls um die Integrität (zeitgerecht, aussagekräftig und genau) und die Segmentierung der Ergebnisse, um differenzierte Einblicke zu gewähren.
- Die Leistung wird unterteilt in die folgenden Attribute:
Trends – positiv oder dauerhafte gute Leistung über mindestens 3 Jahre,
Ziele – durchgängige Erreichung von gesetzten und strategie-orientierten Zielen,
Vergleiche – relevante und günstig ausfallende Vergleiche mit anderen, vorzugsweise „Best Practice"-Organisationen
Tragfähigkeit – klarer Ursachen-Wirkungszusammenhang zwischen den Ergebnissen und dem Vorgehen / den Prozessen der eigenen Organisation.

Der Sustainable Excellence Ansatz nutzt die RADAR-Logik und – wie bei den anderen Komponenten des EFQM Excellence Modells auch – ergänzt die Anforderungen um Nachhaltigkeitsaspekte. Diese werden in der nachstehenden Tabelle für die Befähiger-Kriterien aufgezeigt.

RADAR Element ©EFQM 2013	EFQM 2013	Sustainable Excellence RADAR (2015) – Planung und Entwicklung von NH-orientierten Vorgehensweisen
Approach – Vorgehen		
Fundiert	Das Vorgehen ist klar begründet und basiert auf den Bedürfnissen und Erwartungen der relevanten Interessensgruppen und auf Prozessen.	Es gibt eine klare Logik für die Wahl und Definition des Vorgehens und es ist klar begründet. Das Vorgehen zielt darauf ab, die Bedürfnisse und Erwartungen der Interessensgruppen zu erfüllen. Ökologische und soziale Belange werden bei der Definition des Vorgehens und dessen Prozessen berücksichtigt.
Integriert	Das Vorgehen unterstützt die Strategie und ist mit anderen relevanten Vorgehen verzahnt.	Das Vorgehen unterstützt die nachhaltigkeitsorientierte Strategie und ist mit anderen relevanten Vorgehen verzahnt.

RADAR Element ©EFQM 2013	EFQM 2013	Sustainable Excellence RADAR (2015) – Planung und Entwicklung von NH-orientierten Vorgehensweisen
Deployment – Umsetzung		
Eingeführt	Das Vorgehen wird in den relevanten Bereichen rasch eingeführt.	Das Vorgehen wird in den relevanten Bereichen rasch und unter Berücksichtigung ökologischer und sozialer Belange eingeführt.
Angemessen	Die Ausführung ist sinnvoll und eröffnet die Möglichkeit zur Anpassung und organisatorischer Veränderung.	Die Ausführung ist sinnvoll und eröffnet die Möglichkeit zur Anpassung, zur organisatorischen Veränderung und zur Verbesserung der Nachhaltigkeitsleistung.
Assessment & Refinement – Bewertung & Verbesserung		
Messung	Die Effektivität und Effizienz des Vorgehens und dessen Umsetzung werden in geeigneter Weise gemessen.	Die Effektivität und Effizienz des Vorgehens und dessen Umsetzung werden in geeigneter Weise gemessen. Messung betrifft auch die Öko- und Sozial-Effizienz sowie Öko- und Sozial-Effektivität.
Lernen & Kreativität	Lernen und Kreativität werden genutzt, um Möglichkeiten für Verbesserungen und Innovation zu erschließen.	Lernen und Kreativität werden genutzt, um Möglichkeiten für Verbesserung und Innovationen in allen Nachhaltigkeitsbereichen zu erschließen.
Verbesserung & Innovation	Die Ergebnisse aus Messung, Lernen und Kreativität werden genutzt, um Verbesserungen und Innovationen zu bewerten, zu priorisieren und einzuführen.	Die Ergebnisse aus Messung, Lernen und Kreativität werden genutzt, um alle Arten von Verbesserungen und Innovationen zu bewerten, zu priorisieren und einzuführen, um auch dadurch die Nachhaltigkeitsleistung zu verbessern.

Tab. 2: Die RADAR-Logik im Vergleich – EFQM und Sustainable Excellence Ansatz

Zusammengenommen bilden die mit nachhaltigkeits-relevanten Ansätzen angereicherten Grundkonzepte, Kriterien und die RADAR-Logik des Sustainable Excellence Ansatzes ein Modell und einen Rahmen für das Nachhaltigkeitsmanagement jeglicher Art und Größe von Organisationen. Es werden die grundsätzlichen Anforderungen an das Nachhaltigkeitsmanagement formuliert – aber es wird der einzelnen Organisation überlassen, wie und inwieweit sie diese erfüllen möchte.

Durch die geforderte Messung von Nachhaltigkeitsleistungen, die das Ergebnis von Vorgehensweisen und Prozessen sein sollen, kann eine Organisation beurteilen, was sie in Bezug auf Nachhaltigkeit erreicht. Die kontinuierliche Verbesserung der Nachhaltigkeitsleistung kann durch die Durchführung von Selbstbewertungen auf der Basis des Sustainable Excellence Ansatzes befördert werden.

5. Bewertung und Verbesserung der unternehmerischen Nachhaltigkeit – Selbstbewertung mit RADAR

Die Selbstbewertung (Englisch: Self-Assessment) ist gemäß der EFQM (2013) eine umfassende, systematische und regelmäßige Überprüfung der Tätigkeiten und Ergebnisse einer Organisation bezogen auf ein Modell für Excellence. Ziel ist es, durch den Vergleich von Vorgehen und Ergebnissen mit den Anforderungen des (Sustainable) Excellence Modells Erkenntnisse über die eigenen Stärken und Verbesserungspotenziale zu erlangen. Diese Erkenntnisse werden verwendet, um Verbesserungsaktivitäten einzuleiten und später durch neue Selbstbewertungen zu bewerten.

Durch die Selbstbewertung wird der Organisation ein Spiegel vorgehalten. Die Absicht sollte sein, ehrlich und ohne Vorbehalte die Organisation im Vergleich mit dem Anspruch des Sustainable Excellence Ansatzes zu betrachten. Beschönigen bedeutet, auf die Erkenntnis von Potenzialen zu verzichten. Eine „geschminkte" Selbstdarstellung bringt nichts.

Für die Selbstbewertung nach dem Sustainable Excellence Ansatz wurden mehrere Methoden entwickelt, erprobt und verbessert. Sie haben unterschiedliche „Flughöhen" und Erkenntnistiefen und liefern somit unterschiedliche Hinweise für die Bewertung und Verbesserung der Nachhaltigkeit einer Organisation. Folgende Methoden der Selbstbewertung wurden zur Bewertung der Nachhaltigkeit von Organisationen entwickelt:

- Stakeholder-Analyse und Strategie-Check
- Selbstbewertung auf der Ebene der Grundkonzepte der Sustainable Excellence
- Selbstbewertung auf der Ebene der Kriterien des Sustainable Excellence Ansatzes

Wichtig bei der Anwendung der Methoden ist die Beteiligung mehrerer interner Stakeholder. In Workshops wird gemeinsam erarbeitet, welche Stärken und welche Potentiale existieren. Somit wird ein Konsens gebildet – die Grundlage für die Priorisierung und geplante Umsetzung von Verbesserungen.

Die Stakeholder-Analyse und der damit verbundene Strategie-Check beinhalten folgende Punkte und Fragestellungen:

- **Bedürfnisse/Erwartungen:** Identifikation der jeweils wesentlichen Bedürfnisse und Erwartungen der relevanten Interessensgruppen
- **Quelle:** Aus welcher Quelle (intern/extern?) sind die Bedürfnisse bekannt?
- **Strategiebezug:** Ist die Interessensgruppe/das spezielle Bedürfnis in der Strategie behandelt?
- **Strategische Ziele und Kennzahlen:** Welche strategischen Ziele sind hierzu formuliert? Welche Kennzahlen sind dazu ausgewiesen?
- **Prozesse:** Welche spezifischen Prozesse sind zur Erreichung der Ziele eingerichtet?
- **Ergebnisse:** Welche Ergebnisse werden diesbezüglich erreicht?

Die Antworten auf die Fragestellungen werden in einer vorgegebenen Matrix zusammengetragen, und damit entsteht ein umfassender Überblick der Hinweise auf die Integration von Stakeholder-Interessen in die Organisationsstrategie.

Ein weiteres Instrument zur Bewertung der Organisationsleistung ist die Selbstbewertung auf der Ebene der Grundkonzepte des Sustainable Excellence Ansatzes. Hier wird überprüft inwiefern die eigene Organisation dem Anspruch der Nachhaltigkeit entspricht und welche Stärken und Verbesserungspotenziale daraus erkennbar werden. Die „Flughöhe" ist hier relativ hoch – und damit wird die Bewertungsmethode eher in der Führungsebene durchgeführt.

Eine tiefergehende Selbstbewertung erfolgt auf der Ebene der Kriterien und Teil-Kriterien des Sustainable Excellence Ansatzes. Hier werden einzelne Vorgehensweisen in den 5 Befähigerkriterien kritisch und mit Anwendung der Sustainable Excellence Version der RADAR-Logik hinterfragt. Gleichzeitig wird die RADAR-Logik auf die Ergebnisse angewendet. Da sowohl Ergebnisse als auch die Prozesse und Vorgehen, die die Ergebnisse erbringen, hinterfragt werden, wird der Ursachen-Wirkungszusammenhang zwischen Handeln und Wirkung deutlich.

Unabhängig von der Art und der „Flughöhe" der Selbstbewertung ist es essentiell, dass Verbesserungsprojekte definiert werden. Diese können sowohl zur Sicherung von erkannten Stärken dienen, als auch als Potenziale für die Verbesserung genutzt werden. Bei einer erneuten Selbstbewertung wird die Wirkung von Verbesserungsprojekten überprüft und verdeutlicht. Die meisten Organisationen führen Selbstbewertungen jährlich durch.

6. Die Anwendung des Ansatzes zur Steigerung der unternehmerischen Nachhaltigkeit

Es gibt einige Beispiele für die Anwendung des Sustainable Excellence Ansatzes in der Praxis. Einige zum Teil branchenspezifische Beispiele werden im folgenden Abschnitt dargestellt.

6.1 „Nachhaltigkeit als Prozess" – Sustainable Excellence in der internationalen Zusammenarbeit

In Zusammenarbeit mit der InWEnt (Internationale Weiterbildung und Entwicklungs gGmbH – inzwischen aufgegangen in der GIZ – Gesellschaft für internationale Zusammenarbeit, Bonn, Eschborn) wurde aufbauend auf QaP (Qualität als Prozess) ein Managementsystem entwickelt, das aufbauend auf dem Qualitätsverständnis das Thema Nachhaltigkeit stärker adressierte. Es entstand ein für die Branche der internationalen Zusammenarbeit spezifisches Nachhaltigkeitsmanagement, das das Excellence Modell der EFQM und den Nachhaltigkeitsansatz von Sustainable Excellence kombinierte. Neu hinzugekommene bzw. gegenüber dem EFQM-Modell akzentuierte Befähiger sind „kontinuierlich Lernen"; „Stakeholder-Orientierung";

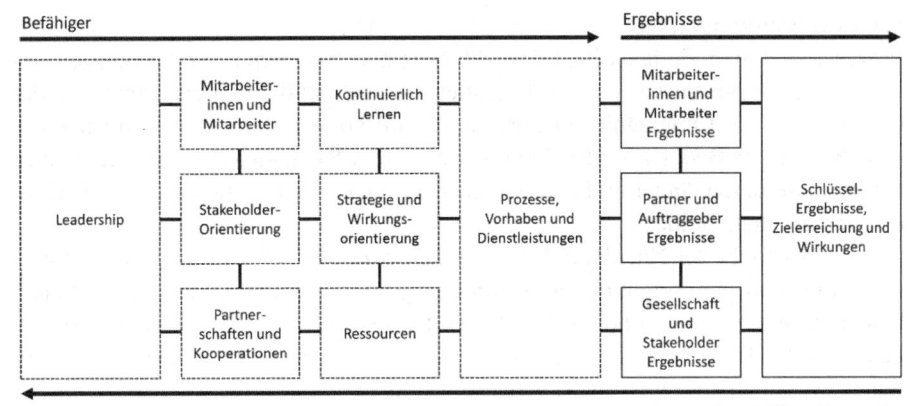

Abb. 4: Das Kriterien-Modell in „Nachhaltigkeit als Prozess"[5]

„Strategie und Wirkungsorientierung" sowie „Partnerschaften und Kooperation" – als wesentliche Elemente von Organisationen in der internationalen Zusammenarbeit, neben „Mitarbeiter" & „Führung" sowie „Prozesse & Vorhaben".

6.2 Brauerei Excellence

Brauereien haben in der Regel eine lange Tradition – und fühlen sich deshalb häufig als nachhaltige Unternehmen. Gleichzeitig ist die Brauerei-Branche in den vergangenen Jahren von Schließungen, Zusammenlegungen, Käufen und Verkäufen geprägt gewesen. Jahrzehnte oder gar Jahrhunderte erfolgreichen Wirtschaftens schützen eben nicht vor den Turbulenzen der heutigen Zeit. Genau hier setzt der Sustainable Excellence Ansatz an: der Versuch, die Zukunft ein wenig vorherzusehen durch das Kennenlernen und Verstehen von Ursachen-Wirkungszusammenhängen zwischen den Vorgehensweisen und einer Gruppe von untereinander in Beziehung stehenden Ergebnissen. Zahlreiche Brauereien in Deutschland haben sich daher zusammengeschlossen, um ihre Unternehmen mittels eines „Brauerei Excellence" genannten Systems strategisch für die Zukunft aufzustellen und kontinuierlich weiterzuentwickeln. Ein Set von Selbstbewertungs-, Umsetzungs- und Lern-Instrumenten fokussiert dabei die wichtigen Hebel einer erfolgreichen, nachhaltigen, zukunftsfähigen Organisation und hilft, diese exzellent für den Wettbewerb um Kunden, Mitarbeiter und Führungskräfte und gesellschaftlichem Image zu machen.

---

[5] Vgl. InWEnt (2010).

6.3 Prozessmanagement

Prozesse sind in modernen (Qualitäts-) Managementsystemen zentraler Baustein der jeweiligen Organisation. Ablauf-Orientierung vor Aufbau-Orientierung ist das Credo: Nicht die Linie zählt, sondern der Ablauf vom Kunden zum Kunden – von dem Bedarf zur Bedürfnisbefriedigung. Unter dem Blickwinkel Excellence stehen die Prozesse schon länger im Fokus – denn dort entsteht Wertschöpfung für die Kunden und die Stakeholder.

Aus der Sicht der Nachhaltigkeit sind die Prozesse ebenfalls der Schlüssel zum Erfolg. Denn wenn es gelingt, die Anforderungen der Nachhaltigkeit und der Stakeholder in die Prozesse – und zwar in die wertschöpfenden Prozesse – zu integrieren, dann sind ökologische und soziale Belange integriert und nicht „add-on". Nachhaltigkeit als ein eigener Prozess ist genauso wenig zu befürworten wie Nachhaltigkeit als Dauer-Projekt. „Nachhaltigkeit als Prozess" im Sinne von: die Nachhaltigkeit in die Prozesse vollständig zu integrieren, ist die Lösung, die vom Sustainable Excellence Ansatz angestrebt wird. Dann gibt es „nachhaltige Forschung und Entwicklung"; „nachhaltige Personal-Entwicklung", „nachhaltige Instandhaltung" oder auch einen „nachhaltigen Kundendienst".

6.4 Nachhaltigkeitsberichterstattung

Nachhaltigkeitsberichte (NH-Berichte) werden häufig als singuläres Produkt der Kommunikationsabteilung betrachtet. Dabei kann ein Nachhaltigkeitsbericht ein wichtiger Bestandteil im Managementsystem sein – dann, wenn der NH-Bericht als Spiegel des NH-Managementsystems gesehen wird. Da es für die Erstellung von NH-Berichten mittlerweile Standards gibt (siehe: Global Reporting Initiative), kann ein an diesen Standards erstellter NH-Bericht wichtige Aussagen über das Funktionieren des Systems liefern, wie das ansonsten nur gut durchgeführte Audits oder Managementsystembewertungen können. Audits und Selbst-Bewertungen haben aber in der Regel die gleiche Perspektive auf den Sachverhalt wie die Managementbeauftragten. Ersteller und Bewerter von NH-Berichten haben in der Regel andere Perspektiven und laufen damit weniger Gefahr, Unstimmigkeiten nicht zu erkennen.

Und auch hier ist der Sustainable Excellence Ansatz hilfreich, denn er dient zum Einem zum Aufbau von Befähiger-Strukturen (Management-System), aber auf der anderen Seite auch zum Aufbau von passenden und aussagekräftigen Ziel- und Ergebnisstrukturen sowie dem Erstellen von Verbesserungsprogrammen aus z. B. Selbstbewertungs- und Lernprozessen.

Die Global Reporting Initiative mit ihrem aktuellen Standard G4 fragt auch genau danach bei der Erstellung eines NH-Berichts:

- Was sind die wesentlichen NH-Themen?
- Welche Stakeholder werden wie eingebunden?
- Welche passenden Managementansätze sind vorhanden oder werden entwickelt?

- Welche Ergebnisse werden erzielt? und
- Welche NH-Programme wurden aufgesetzt?

7. Fazit

Der hier dargestellte Sustainable Excellence Ansatz ist ein anschlussfähiges Werkzeug zum Aufbau und zum Management der Nachhaltigkeit, das von jeder Art und Größe einer Organisation angewendet werden kann. Durch die nahe Verwandtschaft zum EFQM Excellence Modell ist der Ansatz mit einem anerkannten Managementmodell verbunden und verknüpft. Der Ansatz stellt einen nicht trivialen Einstieg in die unternehmerische Nachhaltigkeit dar und kann „richtig dosiert" werden. Es ist ein Ansatz, der Ursache und Wirkung, Anfang und Ende verbindet. Mit dem Sustainable Excellence Ansatz haben Organisationen eine Möglichkeit, ihre eigene Nachhaltigkeitsorientierung integrativ aufzubauen. Die Möglichkeiten der Verbindung mit anderen Instrumenten wie Global Reporting Index, Global Compact, ISO-Systemen usw. sind ohne weiteres gegeben.

Dazu kommt, dass der Sustainable Excellence Ansatz kontinuierlich weiterentwickelt wird und somit auch ein offener Ansatz ist, der Freiräume lässt. Da der Ansatz keine Vorgaben macht, kann eine nachhaltigkeitsorientierte Unternehmung eine schrittweise Annäherung an eine umfangreiche Nachhaltigkeit nach eigenem Tempo und eigenen Ressourcen gestalten. Das Instrument ist allerdings nicht geeignet, schnell auf ein hohes Niveau zu kommen – denn die Verbesserungen die aus Selbstbewertungen entstehen, sind meist nicht als „Schnellschuss" sinnvoll umgesetzt. Da aber die Führungskräfte, Mitarbeiterinnen und Mitarbeiter an den Selbstbewertungen beteiligt werden (sollten!), entstehen die Veränderungen nicht auf externer Bewertung und Expertise, sondern aus der eigenen Erkenntnis. Damit ist die Wahrscheinlichkeit der Akzeptanz von Veränderung und Verbesserung wesentlich höher.

Der Sustainable Excellence Ansatz unterliegt ebenso wie andere Instrumente und Methoden zur Steigerung der organisatorischen Nachhaltigkeit der kontinuierlichen Verbesserung und Anpassung. Themen wie die Wesentlichkeitsanalyse werden sicherlich in Zukunft stärker im Ansatz berücksichtigt werden müssen. Außerdem wird es erforderlich sein, neue Ergebnismessgrößen für nicht-monetär definierbare Nachhaltigkeitskenngrößen zu definieren und in den Ursachen-Wirkungszusammenhang des Kriterien-Modells zu bringen. Auch neue Erkenntnisse über den Einsatz und die Praktikabilität der bisherigen Instrumente wie Strategie-Check und Selbstbewertungen werden zu neuen Entwicklungen und Verbesserungen des Ansatzes führen müssen.

Das steigende Interesse an einer wahren Nachhaltigkeit von Organisationen und die Erkenntnis, dass dauerhafter Erfolg tatsächlich nur mit Wahrnehmung von gesellschaftlicher und ökologischer Verantwortung möglich ist, wird einen Beitrag zur Attraktivität des Sustainable Excellence Ansatzes leisten. Mit mehr Anwendern wird er gleichzeitig eine bessere Basis für die Entwicklung und den Austausch von Best-

Practices bilden. Die Erfahrung hat jedoch gezeigt, dass – neben einer Nachhaltigkeitsorientierung – Anwender sich auch mit dem Prozess- und Projektmanagement auseinandersetzen müssen, um effizient und effektiv zu mehr Nachhaltigkeit zu kommen. Hilfreich ist daher die Verbindung mit ISO-basierten Management-Systemen, die eine gute Voraussetzung für die Anwendung des Sustainable Excellence Ansatzes sein können.

Literatur

Dreuw, Katharina/Engelmann, Tobias/ Merten, Thomas (2014): *Der Nachhaltigkeitsbericht als Instrument der Organisationsentwicklung in KMU: Verzahnung von Nachhaltigkeitsbericht und Nachhaltigkeitsmanagement*, in: Fifka, Matthias S. (Hrsg.): CSR und Reporting. Nachhaltigkeits- und CSR-Berichterstattung verstehen und erfolgreich umsetzen. Springer: Berlin, Heidelberg, S. 35–59.

Dyllick, Thomas (2003): *Konzeptionelle Grundlagen unternehmerischer Nachhaltigkeit*, in: Linne, G. und Schwarz, M. (Hrsg.): Handbuch nachhaltige Entwicklung – wie ist nachhaltiges Wirtschaften machbar? Leske und Budrich, Opladen.

Dyllick, Thomas (2003): *Nachhaltigkeitsorientierte Wettbewerbsstrategien*, in: Linne, G. und Schwarz, M. (Hrsg.): Handbuch nachhaltige Entwicklung – wie ist nachhaltiges Wirtschaften machbar? Leske und Budrich, Opladen.

EFQM (2013): *Das EFQM Excellence* Modell (Broschüre) EFQM, Brüssel.

Engelmann, T./Merten, T./Bowry, J./Witte, D./Seipel, N. (2015): *ADMIRe aufbauen und führen – Strategische Allianzen zur regionalen Nachhaltigkeitstransformation. Instrumentenset zur Führung, Management und Steuerung strategischer Allianzen für Demografiemanagement, Innovationsfähigkeit und Ressourceneffizienz*. ADMIRe-Paper 4.2.1. Friedberg: Faktor 10 – Institut für nachhaltiges Wirtschaften gemeinnützige GmbH.

Engelmann, Tobias/Merten, Thomas (2010): *Sustainable Excellence für strategische Allianzen. Instrumente zum Management zentral gesteuerter Netzwerke.* nachhaltigkeit_paper_01, Friedberg, Trifolium.

Herz, Gerhard/Kaldschmidt, Susanne/Salonen, Lauri (2008): *Erfolgreiches Benchmarking: Lernen von den Besten*, Cornelsen Verlag, Köln.

InWEnt (Hrsg.) (2010): *Nachhaltigkeit als Prozess. Sustainable Excellence in der Internationalen Zusammenarbeit.* Bonn.

Kaldschmidt, Susanne (2011): *Dissertation: The Values of Sustainability: The Influence of Leaders' Personal Values on Sustainability Strategy*, im Eigenverlag, Dorfen.

Kaldschmidt, Susanne (2009): *Benchmarking als Methode zur Messung und Steigerung der Nachhaltigkeit*, Beitrag in: Benchmarking: Leitfaden für den Vergleich mit den Besten, 2te Ausgabe, Hrsg.: Mertens, Kai und Kohl, Holger, Symposion Publishing, Düsseldorf.

Kaldschmidt, Susanne (2000): *Erfahrungen bei der Anwendung des Excellence Modells der EFQM*, Integration von Managementsystemen: Ansätze für die Praxis, Hrsg.: Ahrens und Hoffmann-Kamenski, Vahlen Verlag, München.

Merten, Thomas et al. (2015): *ADMIRe umsetzen – strategische Allianzen zur regionalen Nachhaltigkeitstransformation. Anleitung für strategische Allianzen mit den Schwerpunkten Demografiemanagement, Innovationsfähigkeit und Ressourceneffizienz*. Friedberg, Bayreuth: Faktor 10 – Institut für nachhaltiges Wirtschaften gemeinnützige GmbH, Universität Bayreuth.

Trifolium – Beratungsgesellschaft mbH (Hrsg.) (2007): *KURSCheck. Organisationsentwicklung am Übergang Schule – Beruf.* Friedberg.

Westermann, Udo/Merten, Thomas/Baur, Angelika (2003): *Nachhaltige Prozessbewertung mittels des Sustainable Excellence Ansatzes*, in: Linne, G. und Schwarz, M. (Hrsg.): Handbuch nachhaltige Entwicklung – wie ist nachhaltiges Wirtschaften machbar? Leske und Budrich, Opladen.

Selbstbewertung von Nachhaltigkeit in KMU

Tobias Engelmann, Holger Rohn und Nils Seipel

> *„Sage es mir, und ich werde es vergessen. Zeige es mir, und ich werde es vielleicht behalten. Lass es mich tun, und ich werde es können."*
> *Konfuzius*

1. Einleitung

Seit der Rio-Konferenz 1992 hat sich Nachhaltigkeit zu einem international weithin anerkannten Leitbild entwickelt und Einzug gehalten in die Strategie vieler erfolgreicher Unternehmen. Nachhaltigkeit ist aus dem heutigen Diskurs um Wettbewerbsfähigkeit nicht mehr wegzudenken. Viele Unternehmen in Deutschland nehmen bei diesem Thema eine Vorreiterrolle ein. Diese Vorreiter konnten sich mittlerweile in Nachhaltigkeitsratings und -rankings profilieren.[1] Eine Unternehmenspolitik des nachhaltigen Wirtschaftens zielt darauf ab, die drei Aspekte „betriebswirtschaftlichen Erfolg, Auswirkungen auf die Umwelt sowie die Beziehungen des Unternehmens zu seinem gesellschaftlichen Umfeld in ein langfristig tragfähiges Gleichgewicht" zu stellen.[2] Eine solche Unternehmenspolitik ist hierbei kein Selbstzweck, vielmehr fördert sie den Unternehmenserfolg: Umweltmanagementsysteme decken Effizienzpotenziale auf und das gesteigerte Bewusstsein für soziale und ökologische Verantwortung in Verbraucher- und Finanzmärkten sowie öffentlichen Ausschreibungen motiviert Unternehmen zu wachsenden Nachhaltigkeitsbemühungen. In einigen Branchen ist ein Nachweis für umwelt- und sozialverantwortliches Wirtschaften mittlerweile zur Zugangsvoraussetzung für internationale Lieferketten geworden.[3] Und auch im Investmentbereich sind seit einigen Jahren Trends hin zu mehr Nachhaltigkeit wie bspw. die Einbeziehung von Sozial- und Umweltrisiken in die Unternehmensbewertung oder eine gesteigerte Orientierung und Dialog mit allen wesentlichen Stakeholdern zu beobachten.[4]

---

[1] Vgl. u. a. future/IÖW (2007), S. 19–26.
[2] Vgl. Rohn (2009), S. 367.
[3] Vgl. GIZ (2013).
[4] Vgl. Rohn (2009), S. 367.

Für kleine und mittlere Unternehmen (KMU) ergeben sich aus den oben beschriebenen Trends die folgenden Fragestellungen: Wie sehen erste Schritte in Sachen Nachhaltigkeit aus? Wie kann nachhaltiges Wirtschaften für das Unternehmen operationalisiert werden und gibt es hierfür Managementsysteme? Und kann ein solches System in das bestehende Management aufgenommen werden? Für die Themen Qualität und Umwelt gibt es formale Managementsysteme mit Normcharakter – im Gegensatz zum umfassenden, integrierten Ansatz des nachhaltigen Wirtschaftens, weswegen Maßnahmen hierzu oft freiwillig und daher zusätzlich geleistet werden, wobei auch hier eine Zunahme an Zertifizierungen zu beobachten ist.[5] Eines der relativ früh entwickelten Modelle zum Nachhaltigkeitsmanagement hat der World Business Council for Sustainable Development (WBCSD) vorgestellt, welches auf dem etablierten und in tausenden Unternehmen angewendeten Excellence Modell der European Foundation for Quality Management (EFQM)[6] basiert.[7]

Vier Kategorien von Managementelementen bilden den Kern des Modells: Die Vision, die „Befähiger", die Ergebnisse und die Berichterstattung. Durch diese vier Punkte wird ein kontinuierlicher Verbesserungsprozess angestoßen, welcher sich an einem PDCA-Zyklus (Plan-Do-Check-Act) orientiert. Durch Berichterstattung und den folgenden Vergleich von erreichten Ergebnissen und zuvor definierten Zielen wird eine Steuerung der „Befähiger" in Richtung der gewünschten Ergebnisse ermöglicht. Um ein solches Modell für Unternehmen weiter zu konkretisieren und zu operationalisieren, bedarf es bestimmter Instrumente.[8] Hier kommen die Selbstbewertungsinstrumente zur Analyse der Nachhaltigkeitsleistungen ins Spiel. Im Folgenden sollen einige dieser Instrumente vorgestellt werden.

2. Selbstbewertung und Selbstbewertungsinstrumente

Selbstbewertung ist ein relativ neues Thema für Unternehmen, obwohl Selbstbewertungsinstrumente für nachhaltiges Wirtschaften seit Ende der 90er Jahre entwickelt und eingesetzt wurden. Mittels solcher Tools kann der Status quo erhoben und eine kontinuierliche Verbesserung auf den Weg gebracht werden – beides sind Kernthemen des Managementhandelns. Durch eine Selbstbewertung und eine interne Bearbeitung der relevanten Unternehmensthemen – und eben nicht durch eine externe

---

[5] Bspw. ist die ISO-Norm 26000 auf gesellschaftlich verantwortliches Verhalten ausgerichtet, stellt aber kein Managementsystem dar (vgl. https://www.iso.org/obp/ui/#iso:std:iso:26000:ed-1:v1:en). Der internationale Standard SA8000 stellt ebenso nur eine Zertifizierung und kein Managementsystem dar (vgl. http://www.sa-intl.org/_data/n_0001/resources/live/2008StdEnglishFinal.pdf).

[6] Vgl. DGQ (1999); Radtke/Wilmes (2002); DGQ/EFQM (2003).

[7] Vgl. Fussler (2002).

[8] Vgl. Rohn (2009), S. 368.

Beratung oder einen externen Audit – erhält das Unternehmen die Möglichkeit, das Thema Nachhaltigkeit fest in der Unternehmenskultur zu verankern.[9]

Durch die aktive Beschäftigung mit Nachhaltigkeit können Beschäftigte dieses Thema *begreifen* und tiefergehendes Wissen erlangen, als es durch einfaches Aufzeigen von Problemen möglich wäre. Die Unternehmen werden selbst in die Lage versetzt, nachhaltigere Entscheidungen zu treffen und eigene Lösungen zu finden, sei es z. B. die Sicherung langfristiger Marktanteile durch Alleinstellungsmerkmale wie eine faire Lieferkette, einen verminderten Ressourceneinsatz in der Produktion, eine gesicherte Nachwuchsförderung oder Maßnahmen im Bereich der Arbeitsplatzattraktivität und Mitarbeiterzufriedenheit. Nicht zu unterschätzen sind auch das Expertenwissen und die Kompetenz der eigenen Beschäftigten, welches durch partizipative Prozesse im Unternehmen freigelegt werden kann,[10] zählen die Beschäftigten doch zu den wichtigsten Innovationsquellen im Unternehmen.[11]

Inzwischen gibt es zahlreiche Selbstbewertungsinstrumente im Kontext von Nachhaltigkeit in Unternehmen, die sich in Komplexität und Einstiegsniveau unterscheiden.[12] So kann ein Unternehmen beispielsweise mit den „Einsteiger-Varianten" beginnen, die online und anonym durchgeführt werden. Zu nennen sind hier der INC[13] und der MNC[14]. Anhand einer Reihe geschlossener, schnell zu beantwortender Multiple-Choice-Fragen bekommen Anwender/-innen einen groben, grafisch durch ein Spinnennetzdiagramm anschaulich aufbereiteten Eindruck über den Status ihres Unternehmens hinsichtlich des nachhaltigen Wirtschaftens.

Wenn es etwas ausführlicher und komplexer werden darf, aber immer noch gut handhabbar und mit überschaubarem Aufwand durchführbar sein soll, sind die Instrumente SAFE – Sustainability Assessment For Enterprises[15], fNC[16], BNC[17], FABRIKregio[18], Nachhaltigkeitscheck ÖkoBusinessPlan Wien, KURSCheck[19] und der, auf dem BNC basierende, „Selbst-Check Handwerk" zu nennen.

Des Weiteren gibt es noch Selbstbewertungen als Teil komplexer Managementsysteme,[20] z. B. wie oben beschrieben EFQM, be.st[21] und SusEx[22].

---

[9] Vgl. Rohn (2009), S. 370f.
[10] Vgl. Baedeker et al. (2002).
[11] Vgl. u. a. IBM (2006), S. 22; Beile et al. (2010), S. 32f.; Knospe et al. (2011), S. 32.
[12] Vgl. Rohn/Engelmann (2004); Baedeker/Rohn (2006).
[13] Initialer Nachhaltigkeitscheck, vgl. Merten et al. (2005).
[14] Multikultureller Nachhaltigkeitscheck, vgl. Kristof et al. (2005).
[15] Vgl. Rohn/Baedeker/Liedtke (2001); Baedeker/Meier/Rohn (2005).
[16] future-Nachhaltigkeitscheck, vgl. Rohn/Engelmann (2004), S. 137.
[17] Bochumer Nachhaltigkeitscheck, vgl. Merten (2004).
[18] Vgl. Manstein/Rohn et al. (2006).
[19] Vgl. Merten (2006); Trifolium (2007).
[20] Vgl. auch Bundesministerium für Umwelt (2007).
[21] Benchmarking for sustainability, vgl. Merten (2004b).
[22] Sustainable Excellence nach EFQM, vgl. Sustainable Excellence Group/DBU (2006).

Nachfolgend sollen die Instrumente mit mittlerem Aufwand, welche auch gut von KMU durchgeführt werden können, hinsichtlich ihrer Systemgrenzen, der bewerteten Dimensionen, des Vorgehens, der Qualität der Ergebnisse und ihres Nutzens dargestellt werden. Diese werden am Ende durch Erfahrungsberichte illustriert.

3. Ausgewählte Selbstbewertungsinstrumente mit mittlerem Aufwand

Die Auswahl der Instrumente orientiert sich an der möglichst einfachen Durchführbarkeit in KMU und der Qualität der Ergebnisse. Niedrigschwelligere Instrumente wie der INC sind für eine erste Bestandsaufnahme ausreichend, für weitere Analysen jedoch nicht tiefgreifend genug und leiten keine konkreten Verbesserungsmaßnahmen an. Instrumente wie be.st oder SusEx erfordern einen höheren Aufwand und sind eher für Unternehmen geeignet, die bereits erste Schritte vollzogen haben. Folgend sollen Instrumente mit echtem Verbesserungspotenzial für die Unternehmen beleuchtet werden, welche dennoch als „einsteigerfreundlich" gelten können.

Die Auswahl soll sich daher auf SAFE und den Selbst-Check Handwerk beschränken. Am Ende der Durchführung beider Instrumente hält das Unternehmen einen Maßnahmenplan mit konkreten Verbesserungsvorschlägen in den Händen. SAFE zu Eigen ist, dass im Rahmen seiner Erstellung die Entwicklungsschritte dokumentiert wurden, sodass die grundsätzlichen Überlegungen und Bewertungsmuster transparent vorliegen.[23] Als innovatives Konzept für den Einsatz in (Unternehmens-)Netzwerken und strategischen Allianzen wird zusätzlich die ADMIRe-Selbstbewertung betrachtet. Die Netzwerk-Selbstbewertung wurde mit aufgenommen, weil insbesondere KMU von der Kooperation in Netzwerken profitieren können, indem Kooperationen wie beispielsweise eine gemeinsam genutzte Vertriebsstruktur die Position von KMU stärken.[24]

Der Selbst-Check Handwerk ist eine Weiterentwicklung des Bochumer Nachhaltigkeitschecks (BNC), weshalb letzterer hier nicht gesondert betrachtet werden soll, und Aussagen, die in Engelmann 2006 über den BNC getroffen wurden, auf den Selbst-Check Handwerk übertragen wurden.

3.1 Kurzdarstellung SAFE

SAFE ist ein dialogisches Selbstbewertungsinstrument, das auf die Beteiligung der Beschäftigten aller Unternehmensbereiche und -ebenen insbesondere in kleinen und mittleren Unternehmen zielt und am Wuppertal Institut unter maßgeblicher Mitwirkung der Trifolium – Beratungsgesellschaft entwickelt und weiterentwi-

---

[23] Vgl. Engelmann (2006), S. 20.
[24] Vgl. Freitag (1998), S. 2f.

ckelt wurde. Bei der Durchführung von SAFE werden folgende Phasen durchlaufen:[25]

1. Bildung des „SAFE-Teams" im Unternehmen, bestehend aus etwa sechs bis zwanzig Mitarbeitern aus allen Unternehmensbereichen und Hierarchieebenen (bei Kleinbetrieben bis 20 Beschäftigten die gesamte Belegschaft).
2. Die „Status-quo-Analyse": Ein erster „Zukunftsfähigkeitscheck" wird mit Hilfe eines Fragebogens durchgeführt. Alle Teilnehmer füllen einen eigenen Bogen aus.
3. Auswertung des Fragebogens: Die Durchschnittswerte und die Streubreite der Benotungen aller Teilnehmer für die jeweils abgefragten Bereiche werden in einem Diagramm eingetragen und ein detailliertes Stärken-/Schwächen-Profil erstellt.
4. „Zukunfts-Workshop": Auf diesem Forum erfolgt die Diskussion der Ergebnisse, Verbesserungsvorschläge und Qualifizierungswünsche von Beschäftigten werden diskutiert sowie prioritäre Handlungsfelder und Verbesserungsmaßnahmen festgelegt.
5. Durchführung der beschlossenen Maßnahmen.
6. Überprüfung der durchgeführten Maßnahmen (zum Beispiel durch einen „Controlling-Workshop").

SAFE hat zum Ziel, „die Kompetenzen der Beschäftigten zu erhöhen, den Dialog und die Beteiligung im Unternehmen zu fördern und damit bisher brach liegende Potenziale auszuschöpfen."[26]

Um nachhaltiges Wirtschaften in Unternehmen zu etablieren, nutzt SAFE also die Partizipation als Hebel. Mit Hilfe des großen Projektteams, in dem Unternehmensangehörige aus allen Bereichen und Ebenen mitarbeiten, soll das Konzept Nachhaltigkeit in der gesamten Unternehmung verbreitet werden und Akzeptanz erlangen. Dies soll verhindern, dass Themen, die mit Umweltschutz und/oder Nachhaltigkeit zu tun haben, nur von Umweltmanagementbeauftragten bearbeitet werden und entsprechend schnell wieder in der Versenkung verschwinden, und dass sich eine Opposition aus misstrauischen Beschäftigten gegen das Vorhaben bildet.[27]

In seiner ursprünglichen und gut dokumentierten Version[28] greift SAFE das „klassische" Nachhaltigkeitsmodell der drei Säulen Ökonomie, Ökologie und Soziales auf und erweitert diese Systematik um Kommunikation als vierte Kategorie. Diesen vier Kategorien sind jeweils drei Unterkategorien mit mehreren Fragen

---

[25] Vgl. Wuppertal Institut (2001), S. 3 und Engelmann (2006), S. 29f.
[26] Vgl. Rohn/Engelmann (2004), S. 138.
[27] Vgl. Engelmann (2006), S. 21f.
[28] S. Rohn/Baedeker/Liedtke (2001) und Baedeker et al. (2002).

zugeordnet (s. Kapitel „Bewertete Dimensionen"). Diese Gliederung ist im Zuge der weiteren Entwicklung von SAFE aufgebrochen worden zugunsten von zehn Bereichen,[29] die sich jeweils nicht mehr eindeutig einer bestimmten „Nachhaltigkeitssäule" zuordnen lassen, um den integrativen Charakter des nachhaltigen Wirtschaftens zu betonen. Dieser Gedanke wird auch vom Selbst-Check Handwerk sehr konsequent verfolgt und in dessen Darstellung aufgegriffen. Zugunsten einer anschaulicheren Gegenüberstellung orientiert sich die Darstellung von SAFE im weiteren Verlauf dieses Aufsatzes an der ursprünglichen Fassung.

3.2 Kurzdarstellung Selbst-Check Handwerk

Der Selbst-Check Handwerk basiert auf dem Bochumer Nachhaltigkeitscheck, der vom Projektbüro MR-ten unter Beteiligung von Trifolium, Heike Leitschuh, dem Agenda 21-Arbeitskreis und acht in Bochum ansässigen Unternehmen und Institutionen im Rahmen des Agenda-21-Projekts „Bochumer Unternehmen auf dem Weg zu einer nachhaltigeren Wirtschaftsweise" entwickelt wurde.[30] Die Struktur des BNC und entsprechend des Selbst-Checks Handwerk orientiert sich nicht am Drei-Säulen-Modell der Nachhaltigkeit, fragt also nicht nacheinander spezifisch zum ökonomischen, ökologischen oder sozialen Bereich zugehörige Indikatoren ab, sondern integriert diese Indikatoren in zehn Themenbereiche unternehmerischen Handelns (s. Kapitel „Bewertete Dimensionen"). Zu jedem dieser abgefragten Bereiche gibt es beim BNC vier bis sechs, beim Selbst-Check Handwerk bis zu sieben Aussagen zu einer nachhaltigen Wirtschaftsweise. Diese Aussagen werden von einem drei- bis zehnköpfigen Projektteam gemeinsam anhand einer 10-Punkte-Skala und qualitativer Anmerkungen bewertet, und zwar jeweils im Hinblick auf die Planung, die Durchführung und die Überprüfung der abgefragten Indikatoren. Im Maßnahmenplanungsworkshop werden anhand dieser Ergebnisse die Stärken und Schwächen des Unternehmens identifiziert und daraus ein konkreter Maßnahmenplan abgeleitet. Die Umsetzung der Maßnahmen selbst wird nicht angeleitet.[31]

---

[29] A. Organisation und Führung
B. Finanzen, Controlling, Risikovorsorge
C. Unternehmensleitbild und -strategie
D. Produkte
E. Produktion
F. Kundenorientierung und externe Kooperation
G. Arbeitsorganisation und Motivation
H. Arbeitssituation und Gesundheitsschutz
I. Aus- und Weiterbildung
J. Interne Kommunikation und Zusammenarbeit
Der überarbeitete Fragebogen ist online verfügbar unter http://www.fruehwarnsysteme.net/tools/17safesu/safe_fragebogen1.pdf.

[30] Vgl. Merten (2004), S. 5.

[31] Vgl. Engelmann (2006), S. 22.

Die Ausrichtung des BNC und damit des Selbst-Checks Handwerk ist weniger partizipativ, die Fragemethodik und auch die Fragen selbst sind relativ komplex. Dieses Instrument spricht daher eher die Führungsebene an. Ziel des Vorgehens, relativ abstrakte Fragen im Projektteam im Konsens beantworten zu lassen, ist, dass die Beteiligten gezwungen sind, sich gemeinsam darüber Gedanken zu machen, was die jeweiligen Indikatoren eigentlich für das Unternehmen bedeuten.

Bei der Weiterentwicklung des BNC zum Selbst-Check Handwerk sind die zehn Themenbereiche gleich geblieben, auch an der grundsätzlichen Struktur hat sich nichts verändert. Jedoch wurden in den meisten Themenbereichen die Aussagen neu strukturiert und je ein bis drei zu bewertende Aussagen ergänzt. Bei diesen Ergänzungen handelt es sich um die Akzentuierung von Themen, die seit der Erstellung des BNC eine stärkere Präsenz in der wissenschaftlichen Diskussion erlangt hatten oder in den Praxisanwendungen von den beteiligten Unternehmen als stärker herauszuheben genannt worden waren, beispielsweise zu erneuerbaren regionalen Energieträgern, regionalen Initiativen, innovationsfreundlicher Unternehmenskultur, organisationalem Lernen, Corporate Identity, Fachkräftesicherung oder Marketing. Darüber hinaus wurde eine Bewertungsebene ergänzt, bei der die Unternehmen eine zu begründende Einschätzung treffen, ob die jeweilige Aussage für das Unternehmen relevant ist – so dass irrelevante Aspekte nicht mehr in die Bewertung eingehen. Eine weitere Modifikation betrifft die Art der Berechnung des Selbstbewertungsergebnisses. So werden beim Selbst-Check Handwerk Planung, Umsetzung und Bewertung einer nachhaltigkeitsrelevanten Fragestellung gleichberechtigt bewertet, während beim BNC der Schwerpunkt auf ihrer Umsetzung liegt. Die Art der Berechnung des Bewertungsergebnisses wird im Abschnitt „Bewertete Dimensionen" erläutert.

3.3 Kurzdarstellung ADMIRe-Selbstbewertung

Die ADMIRe-Selbstbewertung ist ein Instrument, das sich nicht an einzelne Unternehmen, sondern an netzwerkartige Kooperationsgebilde richtet. Entwickelt wurde es vom Faktor 10 – Institut für nachhaltiges Wirtschaften gGmbH im Rahmen des BMBF-Projekts „ADMIRe A³"[32] und wurde 2014 in der gleichnamigen strategischen Allianz in Augsburg 2014 erprobt. Dieses Instrument ist Teil eines zyklischen Systems von Netzwerkmanagementinstrumenten, das der RADAR[33]-Logik folgt[34] und ist demnach Bestandteil der Phase, in der die Ziele einer Allianz, der Plan zu

---

[32] Ausführlicher Titel: Strategische Allianz Demografiemanagement, Innovationsfähigkeit und Ressourceneffizienz am Beispiel der Region Augsburg (ADMIRe A³), s. admire-a3.de.

[33] Das Akronym RADAR wird gebildet aus den Anfangsbuchstaben der Begriffe required RESULTS, plan and develop APPROACHES, DEPLOY approaches und ASSESS and REFINE approaches and deployment. Damit ist RADAR die EFQM-Interpretation des PDCA-Zyklus (Plan, Do, Check, Act) (siehe u. a. Deming [1986], vgl. Engelmann et al. [2015], S. 12).

[34] S. Merten et al. (2015) und Engelmann et al. (2015).

ihrer Umsetzung und die Umsetzung selbst bewertet werden – oder, im Falle neu gegründeter Allianzen, überhaupt eine erste Status-quo-Analyse stattfindet.

Die Mitglieder einer strategischen Allianz finden in der Diskussion untereinander heraus, wie das Netzwerk hinsichtlich verschiedener Bewertungskriterien aufgestellt ist – vor allem, wie gut die Allianz strukturiert ist und wie gut sie funktioniert. Die Selbstbewertung gibt Hinweise darauf, wo Verbesserungspotenziale liegen und mit welchen weiteren Instrumenten diese Potenziale gehoben werden können.[35]

Die Selbstbewertung ist ein dreistufiges Verfahren:[36] In der ersten Stufe wird anhand vorgegebener Merkmale eine beschreibende Charakterisierung der Allianz erarbeitet, bezogen auf Merkmale wie z. B. Ziele und Zweck, Mitglieder oder Entscheidungswege (in) der Allianz. Dies ist gerade für neu gegründete Allianzen wichtig, damit Akteure einen Überblick über ihren Zusammenschluss gewinnen.

In der zweiten Stufe werden dann bestimmte Funktionsmerkmale und Erfolgsfaktoren mit einem Smiley-System bewertet. Es wird beispielsweise erhoben, ob die Mitglieder dieselben Ziele verfolgen, einander vertrauen und transparent kommunizieren, ob in der Allianzzentrale die nötigen Ressourcen zur Netzwerksteuerung vorhanden sind und ob die Allianz für potenzielle Mitglieder attraktiv ist.

Die dritte Stufe lehnt sich an die Selbstbewertung der EFQM an und bildet den Grad der Exzellenz ab; dieser Schritt ist nur für etablierte Allianzen sinnvoll. Hier wird in sieben Kategorien bewertet, ob beispielsweise „Dauerhaft herausragende nachhaltige Ergebnisse für die Allianz und durch die Allianz" erzielt werden.

Die ersten beiden Schritte können unter breiter Beteiligung von Allianzmitgliedern durchgeführt werden. Ein kleinerer Strategiekreis kann die Ergebnisse dann unter anderem zur Überarbeitung der Ziele und zur Planung des Vorgehens in der Allianz nutzen. Der dritte Schritt wird aufgrund seiner Komplexität in der Regel vom Strategiekreis selbst erarbeitet.[37]

4. Vergleichende Analyse ausgewählter Selbstbewertungsinstrumente

Im Folgenden werden die beiden Instrumente Selbst-Check Handwerk und SAFE anhand der Kriterien Systemgrenzen, bewertete Dimensionen, Vorgehen, Qualität der Ergebnisse, Nutzen sowie Erfahrungsberichte dargestellt. Begonnen wird jeweils mit dem Instrument SAFE, darauf folgt der Selbst-Check Handwerk und, wo angezeigt, eine kurze Diskussion der Gemeinsamkeiten und Unterschiede. Als Exkurs wird jeweils noch die ADMIRe-Selbstbewertung dargestellt.

---

[35] Vgl. Merten et al. (2015), S. 22.
[36] Vgl. Ebenda.
[37] Ausführliche Diskussion des Instruments in Engelmann et al. (2015).

4.1 Systemgrenzen

Die Betrachtung des Unternehmens und seines Handelns bezieht sich zum einen auf Prozesse innerhalb des Unternehmens, also auf Prozesse, die über die Effektivität und Effizienz des Unternehmens Auskunft geben und die bestimmte nachhaltigkeitsbezogene Handlungen und Wirkungen des Unternehmens erst ermöglichen. Zum anderen müssen Selbstbewertungsinstrumente mit dem Thema des nachhaltigen Wirtschaftens selbstverständlich auch die Wirkungen selbst in den Blick nehmen und damit die Systemgrenze des Unternehmens überschreiten, da einige ökonomische, viele soziale und im Grunde alle ökologischen Aspekte (z. B. Emissionen) evidenterweise auf die Umwelt des Unternehmens einwirken.

Jedoch werden nicht nur die Auswirkungen des Unternehmens als für sich handelndes Subjekt auf seine Umwelt berücksichtigt, sondern auch die Interaktion mit dieser, beispielsweise in Gestalt eines Stakeholderdialogs, Kooperationen mit politischen Gremien oder Sponsorentätigkeiten. Dazu gehören auch Forschungsaktivitäten und Vergleiche (Benchmarking) mit anderen Unternehmen. Auch die Einbeziehung der Wertschöpfungskette ist Bestandteil von SAFE und taucht an einzelnen Stellen im Fragebogen auf, es sind Ansätze für ein Life-Cycle-Assessment in Form einer umwelt- und sozialverträglichen Beschaffung und der Bewertung der Produktenwicklung im Hinblick auf Langlebigkeit und Recyclingfähigkeit zu finden. Diese Ausrichtung wiederum ist im Fragebogen zum Selbst-Check Handwerk deutlich ausgeprägter, dort liegt in drei Kategorien (Kooperation und Innovation, Regionales Umfeld, Internationale Märkte) der Schwerpunkt oder zumindest ein klarer Akzent auf der Liefer- und Wertschöpfungskette. Der Standpunkt der Betrachtung des Systems der Wertschöpfungskette bleibt jedoch naturgemäß der des jeweiligen einzelnen Unternehmens, anders als dies beispielsweise bei einem Wertschöpfungskettenmanagement in einem vertikal integrierten Netzwerk der Fall wäre.

Betrachtet man die Subsysteme innerhalb des Systems Unternehmen, wird deutlich, dass SAFE wie auch der Selbst-Check Handwerk abteilungsübergreifend angelegt sind und das Unternehmen als Ganzes bewerten. Im Bereich „Mitarbeiter" verfolgt SAFE einen ausgeprägt partizipativen Ansatz, indem nicht nur Führungskräfte, sondern auch andere Beschäftigte sowie der Betriebsrat an der Bewertung beteiligt werden. Hier hat der Selbst-Check Handwerk eine etwas andere, eher auf die Managementebene bezogene Ausrichtung.

Eine Betrachtung der Voraussetzungen für wirksames Handeln der Allianz – beispielsweise adäquate Strukturen, stabile Prozesse und effiziente Entscheidungswege – gibt es auch in der ADMIRe-Selbstbewertung. Allerdings hat das ADMIRe-Selbstbewertungstool als unternehmensübergreifender Ansatz eine andere systemische Ausrichtung als SAFE und der Selbst-Check Handwerk und bezieht sich auf die Allianz selbst und ihre Strukturen, die Leistungen und die Wahrnehmung der Allianz durch die Stakeholder, nicht aber auf die einzelnen Mitglieder der Allianz. Obwohl die Tätigkeit eines Netzwerks als solches in der Regel beispielsweise keine nennenswerten Stoffströme nach sich zieht, verdeutlicht die Kategorie „Dauerhaft herausragende nachhaltige Ergebnisse für die Allianz und durch die Allianz erzielen" jedoch, dass es auch darum geht, die Mitglieder durch das gemeinsame Interagieren in die Lage zu versetzen, ihrerseits in ihrem operativen Geschäft nachhaltig exzellent – beispielsweise ressourceneffizienter bzw. -schonender – zu handeln. Darüber hinaus wird die Ebene der Stakeholder, die nicht Mitglied in der Allianz sind, adressiert, z. B. durch Informationsveranstaltungen und Beispiele guter Praxis. Demnach sind auch die Wirkungen auf das regionale Innovationssystem, in dem sich die Allianz bewegt, mit zu bewerten.

4.2 Bewertete Dimensionen

SAFE bewertet die vier Analysebereiche Ökonomie, Ökologie, Soziales und Kommunikation mit den in Abbildung 1 aufgeführten Indikatoren. Die Analysebereiche Ökonomie, Ökologie und Soziales entsprechen den klassischen drei Säulen der Nachhaltigkeit, welche noch um das Thema Kommunikation erweitert wurden.

Im Analysebereich Ökonomie werden z. B. unter depm Indikator „Organisation und Unternehmensstrategie" u. a. Fragen zu den Themen Ablauforganisation, Betriebsräte, Unternehmensziele und Investitionen gestellt[38] (s. Abbildung 1).

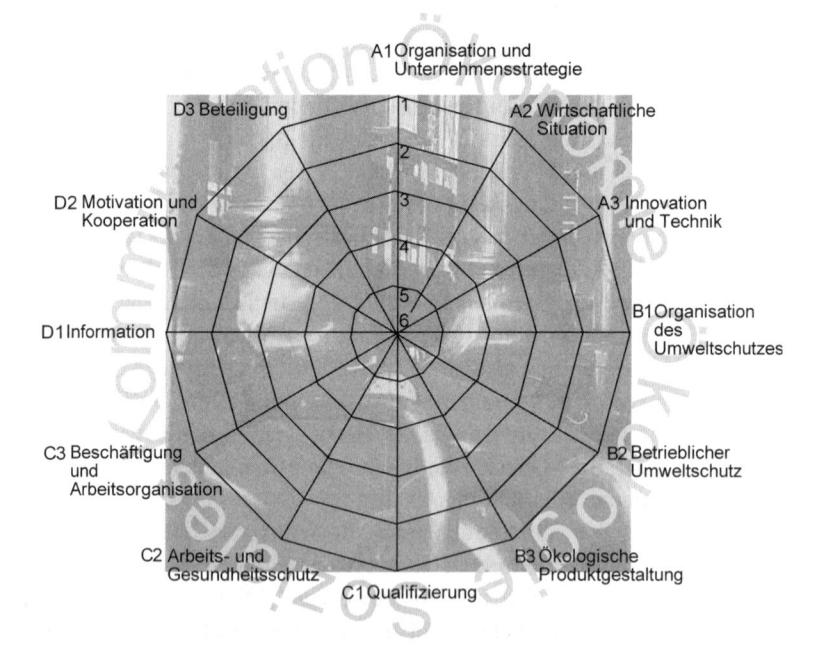

Abb. 5: SAFE COMPASSradar, Analysebereiche und Indikatoren[39]

---

[38] Für einen näheren Einblick in die detaillierten Bewertungsdimensionen ist der Fragebogen des SAFE-Instruments online verfügbar unter http://epub.wupperinst.org/files/1191/WP112.pdf (ursprüngliche Version) und http://www.fruehwarnsysteme.net/tools/17safesu/safe_frage bogen1.pdf (überarbeitete Version).

[39] Vgl. Rohn/Baedeker/Liedtke (2001), S. 21.

Bei einem solchen Aufbau kann die Gefahr bestehen, dass die Säulen Ökologie und Soziales als Zusatzleistungen wahrgenommen werden, denen sich die Unternehmen erst dann widmen, wenn die ökonomische Säule stark genug ausgebaut ist. Auch beeinflussen sich die einzelnen Indikatoren gegenseitig und stehen in Verbindung zueinander, so dass eine klare dreigliedrige Trennung oft nicht möglich ist.[40] Daher wurden beim BNC und entsprechend beim Selbst-Check Handwerk die klassischen drei Säulen aufgelöst, s. u. Dies hatte jedoch auch den pragmatischen Hintergrund, Unternehme(r)n einen möglichst einfachen Zugang zu nachhaltigkeitsrelevanten Fragestellungen zu ermöglichen, indem ihnen diese Fragestellungen auf die ihnen bekannten Bereiche der Betrachtung ihres Unternehmens bezogen wurden. Die Auflösung der drei Nachhaltigkeitsdimensionen kann daher als ein Versuch gewertet werden, Nachhaltigkeit für Unternehmen handhabbar zu machen, ohne dass daraus abgeleitet werden kann, dass diese beim Selbst-Check Handwerk vorgenommene Art der Systematisierung und Strukturierung „besser" ist als die klassische Darstellungsweise von SAFE – vielmehr besteht an dieser Stelle nach wie vor Forschungsbedarf, auf welche Art der Themenkomplex des nachhaltigen Wirtschaftens Unternehmen möglichst effektiv nahe gebracht werden kann.

Beim Instrument Selbst-Check Handwerk gilt es die folgenden zehn Themenbereiche zu bewerten:

1. Kunden/-innen, Produkte und Dienstleistungen
2. Personal
3. Aus- und Weiterbildung
4. Leitbild und Strategie
5. Organisation und Führung
6. Produktion und (Dienst-)Leistungserstellung
7. Kooperation und Innovation
8. Finanzen und Rechtssicherheit
9. Regionales Umfeld des Unternehmens
10. Internationale Märkte/Globalisierung

Innerhalb dieser zehn Bereiche sind je fünf bis sieben Aussagen zu bewerten, welche eine zukunftsfähige Wirtschaftsweise charakterisieren. Im Ergebnis erhält der Handwerksbetrieb eine Einschätzung, wie weit er auf dem Weg zu einer solchen Wirtschaftsweise vorangeschritten ist.[41]

---

[40] Vgl. Engelmann (2006), S. 114.
[41] Vgl. Rohn/Lemken/Engelmann (2007), S. 4.

Eine Besonderheit liegt hier in der Bewertungsmethodik. Jede zu bewertende Aussage wird anhand von drei Dimensionen bewertet:

a) Bewertung der Vorgehensweise
b) Bewertung der Umsetzung
c) Bewertung des Messens, Überprüfens, Verbesserns

So ist nach der Bewertung erkennbar, wo Verbesserungsbedarf besteht.

Bei der ADMIRe-Selbstbewertung wird das Spektrum an bewerteten Dimensionen in drei Teile gegliedert:

1. Ein allgemeiner offener Fragenteil, um eine erste Übersicht zu erlangen
2. Die Bewertung der Erfolgsfaktoren (Sinn/Potenziale, Beziehungen/Soziales/ Identität, Information und Kommunikation, Management/Organisation, Umwelt/ Rahmenbedingungen
3. Ein Selbstbewertungsteil nach Sustainable Excellence[42]

Die beiden ersten Teile betrachten das Funktionieren der Allianz als Voraussetzung für nachhaltiges Handeln. Ein besonderer Fokus liegt auf den Themen Kommunikation, Motivation, Zusammenarbeit, Vertrauen und Führung, da diese Kompetenzen für ein Netzwerk von verschiedenen Akteuren entscheidend sind.[43] Diese Aspekte spielen auch im dritten Teil eine wichtige Rolle, werden hier jedoch dezidiert auf Nachhaltigkeit bezogen. Einige der dort zu bewertenden Kategorien sind:

– Nachhaltige laterale Führung durch Vision, Inspiration und Integrität
– Durch Mitwirkende (z. B. Arbeitsgruppenmitglieder) erfolgreich sein
– Kreativität und Innovation fördern
– Die Fähigkeiten der Allianz entwickeln
– Die Zukunft nachhaltig gestalten

Diesen Kategorien sind jeweils vier mit Erläuterungen versehene Bewertungsstufen zugeordnet. Die Bewertenden tragen zu jeder Bewertungsstufe ein, zu wie viel Prozent sie die jeweilige Stufe erreicht sehen. Abbildung 2 zeigt dies beispielhaft.

---

[42] S. Kaldschmidt/Merten (2015) in diesem Band.
[43] Vgl. Engelmann et al. (2015), S. 33ff.

am Beginn	vorbereitet	auf dem Weg	exzellent
Mit Prozessen Veränderungen aktiv und nachhaltig managen			
Die Prozesse zum Erzielen der gewünschten Ergebnisse sind definiert, aufeinander abgestimmt und in einer Übersicht transparent dargestellt.	Die Kernprozesse sind an der nachhaltigen Strategie der Allianz ausgerichtet. Die Ergebnisse der Prozesse werden kontinuierlich erhoben und aussagekräftig visualisiert und kommuniziert.	Vergleichsdaten und -Informationen von anderen Allianzen oder aus Studien/ Statistiken (auch in Bezug auf Nachhaltigkeit) werden verwendet, um herausfordernde Ziele zu setzen und hochwertige und nachhaltige Ergebnisse zu erzielen.	Veränderungen werden effektiv gemanagt und bestehende Prozesse ständig optimiert. Die Möglichkeiten eines Allianz-Prozessmanagements (Ausrichtung auf Bedürfnisse; Vereinbaren von Zielen; Selbststeuerung durch Teams etc.) werden voll verstanden und für nachhaltige und innovative Leistungsverbesserungen verwendet.
erfüllt zu:	erfüllt zu:	erfüllt zu:	erfüllt zu:
Prozessmanagement zum Aufsetzen und zur stetigen Weiterentwicklung nachhaltiger Prozesse Balanced Scorecard zum Setzen und Nachverfolgen strategischer Ziele Benchmarking zum Vergleich mit anderen Allianzen Wissensmanagement zur Integration externen Wissens für die Optimierung der Prozesse			

Abb. 6: Ausschnitt aus der ADMIRe-Selbstbewertung[44]

4.3 Vorgehen

Aus sechs bis 20 Beschäftigten möglichst aller Unternehmensbereiche wird ein Selbstbewertungsteam gebildet, das die Fragebögen bearbeitet. Zu Beginn wird angegeben, ob der oder die Ausfüllende der Produktion oder Verwaltung und der Leitungs- oder Ausführungsebene angehört.[45] Am Ende der Auswertung entsteht ein COMPASSradar (siehe Abbildung 1), ein Stärken- und Schwächenprofil sowie eine Liste mit Verbesserungsvorschlägen und Qualifizierungswünschen. In einem anschließenden Zukunfts-Workshop wird eine Maßnahmenplanung erarbeitet. Diese Maßnahmen werden in der Folgezeit umgesetzt und in einem Controlling-Workshop evaluiert. Als Ergebnis entsteht ein überarbeiteter Maßnahmenplan. Insgesamt sind für zehn Mitarbeiter/-innen etwa 80–100 Stunden anzusetzen.[46]

Der Selbst-Check Handwerk ist weniger beteiligungsorientiert als SAFE und wird in der Regel durch einen Berater/eine Beraterin unterstützt. In einem Top-down-Ansatz werden zuerst in einem Vorgespräch zwischen externen Berater/-innen und Unternehmen die Inhalte und Rahmenbedingungen wie beispielsweise die Zielsetzung oder die Anzahl der Teilnehmenden besprochen. Daraufhin wird ein Projektteam von etwa drei bis acht Personen gebildet. An dieser Stelle ist die Einbindung mehrerer Unternehmensebenen, auch der ausführenden, möglich, aber nicht nötig (im Gegensatz zu SAFE). Das Selbstbewertungsteam macht sich mit der Methodik vertraut und füllt danach die Bewertungsbögen aus. Im ersten halbtägigen Workshop werden die Ergebnisse diskutiert. Bewertungen, über die kein Konsens im Team besteht, werden genauer betrachtet und es wird gemeinsam eine konsensfähige Entscheidung getroffen.

---

[44] Arbeitsmaterial ADMIRe-Selbstbewertung (2015), s. www.admire-a3.de.
[45] Vgl. Baedeker et al. (2002), SAFE Fragebogen auf CD-ROM oder Fußnote 38.
[46] Vgl. Baedeker et al. (2002), S. 12f.

Auch hier entsteht am Ende ein dem COMPASSradar ähnliches Spinnennetzdiagramm (siehe Abbildung 3), das aber jeweils nach den Bewertungsdimensionen Planung, Umsetzung und Messung/Überprüfung differenziert.

Im zweiten halbtägigen Workshop werden Stärken und Verbesserungspotenziale aus der Selbstbewertung heraus identifiziert und auf dieser Basis wird ein Maßnahmenplan erstellt.[47] Ein Controlling der Maßnahmenumsetzung ist nicht Teil der Systematik im Selbst-Check Handwerk, da diese Selbstbewertung in einen Rahmen weiterführender Maßnahmen und Managementüberlegungen eingebunden wird.

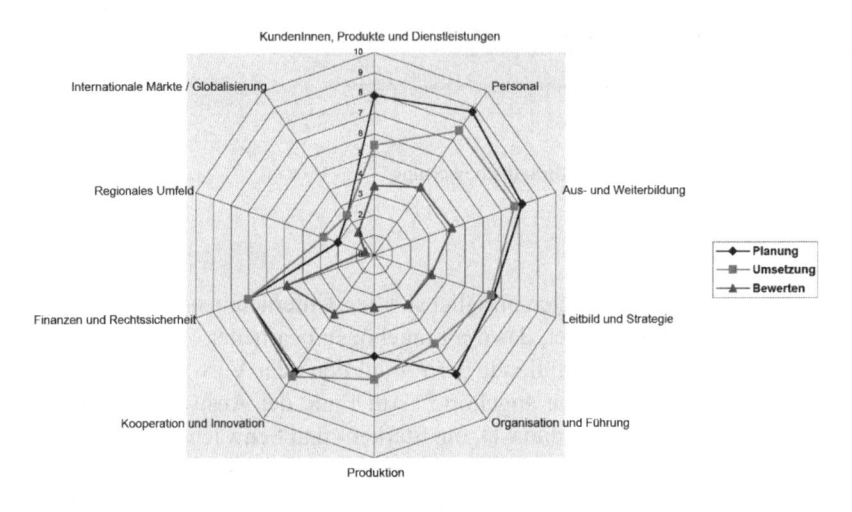

Abb. 3: Spinnennetzdiagramm Selbst-Check Handwerk[48]

Anders als die beiden unternehmensbezogenen Instrumente gestaltet sich das ADMIRe-Selbstbewertungs-Instrument: Dort werden in einem gemeinsamen Workshop zuerst halbsatz- oder stichwortartig allgemeine Fragen beantwortet. Diese liefern einen Überblick der Allianzstrukturen und Akteure. Im zweiten Schritt wird die Allianz hinsichtlich ihrer Umsetzung wichtiger Erfolgsfaktoren bewertet. Die ersten beiden Schritte der Selbstbewertung können von derselben, möglichst repräsentativen Arbeitsgruppe oder auch im Rahmen einer Plenumssitzung durchgeführt werden. Im dritten und letzten Schritt wird die Nachhaltigkeitsleistung der Allianz nach Sustainable Excellence[49] abgefragt.[50] Dieser Schritt ist sehr komplex und sollte von

---

[47] Vgl. Rohn/Lemken/Engelmann (2007).
[48] Vgl. Rohn/Lemken/Engelmann (2007).
[49] S. Kaldschmidt/Merten (2015) in diesem Band.
[50] Vgl. Engelmann et al. (2015), S. 33ff.

einem kleineren Führungszirkel oder Strategiekreis durchgeführt werden. Sowohl im zweiten wie auch im dritten Schritt sind die Fragen bzw. Aussagen mit verschiedenen Instrumenten der ADMIRe-Toolbox[51] verknüpft. Kommen die Bewertenden beispielsweise zum Ergebnis, dass ihre Ziele und Problemdefinitionen noch nicht übereinstimmen, so erhalten sie durch die Kürzel „AV" und „LB" den Hinweis, dass die Arbeit an einer Allianzverfassung und einem Leitbild zur Lösung des Problems beitragen kann (s. Abbildung 4).

Kategorie 1: Sinn/Potenziale					
Erfolgsfaktoren	Zugehörige Handlungsempfehlungen und Spezifikationen	☺	☺	☹	Instrumente
Kategorie 1.1: Problem, Ziele					
Problem- und Zielidentifikation	Problemdefinition und Ziele der Mitglieder stimmen überein	○	○	●	AV, LB

Abb. 4: Ausschnitt aus dem zweiten Teil der ADMIRe-Selbstbewertung[52]

4.4 Qualität der Ergebnisse

Durch das methodisch gut fundierte Instrument SAFE wird ein produktiver unternehmensinterner Dialog angeregt. Dank seines partizipativen Charakters sind die Ergebnisse der Selbstbewertung sehr gut für alle Mitarbeiterinnen und Mitarbeiterverallgemeinerbar. Es gilt bei den Ergebnissen zwischen „hard facts" und „soft facts" zu differenzieren: Maßnahmenplan, Stärken- und Schwächenprofil (auch in Selbst-Check Handwerk enthalten, siehe Abbildung 5) sowie COMPASSradar sind „hard facts", wohingegen z. B. gesteigerte Motivation, erhöhtes Vertrauen sowie ein stärkeres Zugehörigkeitsgefühl und eine verbesserte Kommunikation eher zu den „soft facts" zählen.[53] Die Aufschlüsselung nach Hierarchieebenen bei der Beantwortung der Fragebögen sorgt für ein sehr differenziertes Profil.

In der Projektdokumentation einer Anwendung von SAFE im Rahmen von fünf KMU der Ernährungswirtschaft wurden die Ergebnisse als sehr positiv bewertet. Immer konnten Verbesserungen und Optimierungen von Arbeitsabläufen erreicht werden und es zeigte sich eine starke Innovationskraft in den Unternehmen. Besonders die Hebung des Expertenwissens der Beschäftigten wurde von allen Unternehmen begrüßt und es wurden ein verbessertes Betriebsklima, mehr Kooperation und ein stärkeres „Wir-Gefühl" beschrieben. Die umgesetzten Maßnahmen und die erzielten Verbesserungen wurden jeweils in einem Controlling-Workshop dargestellt, und alle Unternehmen haben den Beschluss bekundet, weiterhin mit SAFE bzw. dem gegründeten SAFE-Team an Verbesserungen zu arbeiten.[54]

---

[51] S. Engelmann et al. (2015).
[52] Arbeitsmaterial ADMIRe-Selbstbewertung (2015), s. admire-a3.de.
[53] Vgl. Baedeker et al. (2002), S. 12f.
[54] Vgl. Baedeker/Meier/Rohn (2005).

Der Selbst-Check Handwerk liefert sehr differenzierte Ergebnisse, da bei jeder zu bewertenden Aussage die drei Dimensionen Planung, Umsetzung und Messung/Überprüfung evaluiert werden. Dies führt zu einer guten Grundlage für eine Analyse von Problemen und Entwicklungsbedarfen, da durch die starke Differenzierung Probleme in betriebsinternen Prozessen aufgedeckt werden können, von denen zuvor niemand bewusst Notiz genommen hat.

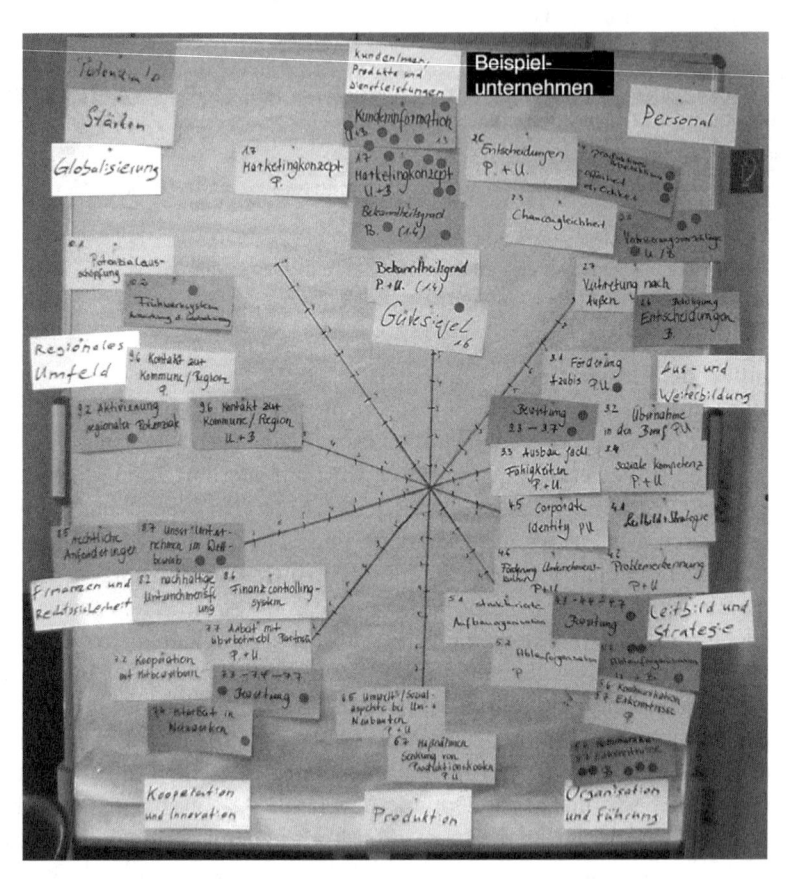

Abb. 5: Stärken- und Schwächenprofil Selbst-Check Handwerk[55]

Der Selbst-Check Handwerk ist durch diese Unterscheidung der drei Bewertungsdimensionen differenzierter als SAFE, allerdings auch anspruchsvoller. Dazu kommt, dass die Bewertungen durch freie Eintragungen in Textfeldern begründet werden müssen, was die Gültigkeit, Zuverlässigkeit und Aussagekraft der Bewertungen erhöht. Damit das Potenzial des Selbst-Checks Handwerk voll ausgeschöpft werden

---

[55] Vgl. Rohn/Lemken/Engelmann (2007).

kann, ist daher bei der Zusammenstellung des Bewertungsteams darauf zu achten, dass seine Mitglieder dem Vorgehen gewachsen sind. Dazu gehört auch, aus den Ergebnissen die richtigen Schlüsse zu ziehen. Dies hat beim Selbst-Check Handwerk deutlich eigenständiger zu geschehen als bei SAFE, zu dem ein anschauliches Handbuch[56] mit detaillierten Handlungsanleitungen gehört.

Die ADMIRe-Selbstbewertung steht auf dem Fundament von Sustainable Excellence[57] sowie der Netzwerkmanagementliteratur und eigenen netzwerkbezogenen Forschungsprojekten[58] und lässt Rückschlüsse auf den Zustand der Allianz zu. Sind alle Mitglieder gleichermaßen motiviert und ist allen das Ziel der Allianz klar? Wie sehen sie das Engagement der anderen und vertrauen sie einander? Auch eine Gesamtschau der Prozesse und Strukturen wird ermöglicht.

Mehr noch als der Selbst-Check Handwerk stellt insbesondere der dritte, relativ komplexe und abstrakte Teil hohe Ansprüche an die Bewertenden. Die Hinweise auf weitere Instrumente, die durchgeführt werden können, um aufgedeckte Schwächen zu beheben, dürfen nicht formalistisch gehandhabt werden, seinen Weg durch den RADAR-Zyklus (s. o. Kurzdarstellung ADMIRe-Selbstbewertung) muss das Team im Anschluss an die Selbstbewertung selbst finden.

4.5 Nutzen
SAFE ist sehr beteiligungs- und umsetzungsorientiert und behandelt die Bereiche innerbetriebliche Kommunikation und Motivation ausführlich. Die Beteiligung Beschäftigter aller Ebenen gleich zu Beginn der Selbstbewertung – die oftmals am Anfang aller Nachhaltigkeitsbemühungen des Unternehmens steht – hat den konkreten Nutzen, dass ein partizipativer Dialog über Nachhaltigkeit im Unternehmen entstehen kann und Oppositionen durch Gemeinsamkeit entgegengewirkt wird. Partizipation bietet die Chance, mehrere Sichtweisen zu erhalten und Prozesse ganzheitlich zu betrachten[59] und hat auch viele informatorische, sensibilisierende und qualifizierende Elemente,[60] wodurch SAFE nicht allein ein analytisches Werkzeug bleibt, sondern durch die (möglichst wiederkehrende) Durchführung dazu beiträgt, die Leistung des Unternehmens in den abgefragten Themen zu verbessern.

---

[56] S. Baedeker et al. (2002).
[57] S. Merten/Kaldschmidt (2015) in diesem Band.
[58] BMBF-Projekt „Strategische Allianzen für nachhaltige Entwicklung – Innovationen in Unternehmen durch Kooperation mit NPOs (StratAll)", Laufzeit 2008–2010 und BMBF-Projekt „Strategische Allianz Demografiemanagement, Innovationsfähigkeit und Ressourceneffizienz am Beispiel der Region Augsburg (ADMIRe A³)", Laufzeit 2012–2015. Ausführlich dazu: Engelmann et al. (2015) und Engelmann/Merten/Bowry (2012).
[59] Vgl. Engelmann (2006), S. 75f. und S. 94.
[60] Vgl. Rohn/Baedeker/Liedtke (2001) und Baedeker et al. (2002).

Wie in der Kurzvorstellung bereits angerissen, hat SAFE die Nutzenintention,

> „die Kompetenzen der Beschäftigten zu erhöhen, den Dialog und die Beteiligung im Unternehmen zu fördern und damit bisher brach liegende Potenziale auszuschöpfen. Die Einbindung der Beschäftigten und ihres Know-hows in den SAFE-Prozess soll hierbei nicht nur zur Verbesserung der Performance des Unternehmens erfolgen, sondern wird auch als Selbstzweck, als wichtiger Teil nachhaltigen Wirtschaftens verstanden."[61]

In der Selbstbewertung ist die Möglichkeit für Verbesserungsvorschläge von jedem Mitarbeiter und jeder Mitarbeiterin zu den einzelnen Bewertungspunkten enthalten. Auch können Qualifizierungswünsche im Fragebogen angegeben werden, welche in die Maßnahmenplanung als prioritäre Handlungsfelder aufgenommen werden.[62]

Am Ende der Selbstbewertung erhält das Unternehmen eine detaillierte Identifikation der Stärken und Schwächen und einen ausführlichen Maßnahmenplan zur Verbesserung der Unternehmenssituation. Mittels Controlling nach den ersten Durchführungen der geplanten Maßnahmen wird sichergestellt, dass die Ziele erreicht werden und Maßnahmen zielgerichtet umgesetzt bzw. angepasst werden können.

Beim Selbst-Check Handwerk ergibt sich der Nutzen weniger aus einer partizipativen Vorgehensweise – wobei auch eine solche nicht ausgeschlossen ist –, sondern aus einer im Vergleich zu SAFE größeren Analysetiefe und differenzierteren -methodik. Die oben beschriebene konsensuelle Bearbeitung der Fragen zielt auf einen Diskussionsprozess, welcher als Anregung für weitere Denk- und Lernprozesse verstanden werden kann[63]. Am Ende der Selbstbewertung liegt dem Handwerksbetrieb, ähnlich wie bei SAFE, eine Einschätzung vor, wie weit der Betrieb auf dem Weg zu einer zukunftsfähigen Wirtschaftsweise vorangeschritten ist, und es wird anhand eines unternehmensbezogenen Stärken- und Schwächenprofils und der Verbesserungsvorschläge der Beteiligten ein Maßnahmenplan erstellt.[64]

> „Ergebnis solcher Selbstbewertungen ist in der Regel eine Liste von Stärken und Verbesserungspotenzialen. (...) Es entsteht ein zyklischer Prozess, indem entweder ein neues bzw. verbessertes Vorgehen zum Erreichen weiterhin bestehender Ziele entwickelt wird, oder indem Ziele verändert werden, für die dann ein neues Vorgehen geplant werden muss. Die Aufgabe des Selbstbewertungsteams ist es hierbei, die grundsätzliche Richtung vorzugeben – die Detailplanung bei der Veränderung von Zielen oder der Entwicklung von Vorgehensweisen obliegt den hierfür (...) zuständigen Personen oder Stellen."[65]

---

[61] Vgl. Rohn/Engelmann (2004), S. 138.
[62] Vgl. Rohn/Baedeker/Liedtke (2001), S. 23ff.
[63] Vgl. Engelmann (2006), S. 75.
[64] Vgl. Rohn/Lemken/Engelmann (2007), S. 4.
[65] Vgl. Rohn/Lemken/Engelmann (2007), S. 5.

Mit SAFE und dem Selbst-Check Handwerk lassen sich Verbesserungspotenziale umsetzen und vorhandene Stärken weiter ausbauen. So tragen beide Instrumente zum organisationalen Lernen bei und können, richtig angewendet, zu konkreten Verbesserungen von Betriebsabläufen führen.[66] Ein sogenanntes Einschleifen-Lernen, also das Verändern von Verhaltensmustern, beispielsweise die Verbesserung eines Produktionsverfahrens, kann mittels SAFE und Selbst-Check Handwerk sehr gut erreicht werden.[67] Jedoch muss auch festgehalten werden, dass ein sogenanntes Doppelschleifen-Lernen durch die Instrumente nicht gefördert wird, da die zugrundeliegenden Muster der Handlungen nicht untersucht und reflektiert werden.[68] Für ein Doppelschleifen-Lernen, bei welchem die zugrundeliegende Aktionstheorie der Akteure reflektiert und geändert wird und das ein wichtiger Katalysator für eine konsequente Ausrichtung des Unternehmens hin zu einer nachhaltigen Wirtschaftsweise ist, bedarf es ausführlicherer Methoden für eine Rückspiegelung der Denk- und Handlungsweisen.[69] Die beiden Selbstbewertungen können jedoch eine sehr gute Ausgangslage für weitergehende Maßnahmen im Bereich des organisationalen Lernens für nachhaltiges Wirtschaften bilden.

Die ADMIRe-Selbstbewertung liefert einen detaillierten Blick auf die Strukturen und Prozesse der Allianz und erlaubt es, Handlungsbedarfe zu identifizieren und zu bemessen. Empfehlungen für den Einsatz weiterer Instrumente legen den Beteiligten beispielsweise nahe, einen Leitbild-Prozess zu initiieren, wenn die Bewertung ergibt, dass die Mitglieder nicht genau wissen, in welche Richtung sich die Allianz entwickeln soll und daher nicht zielgerichtet arbeiten können. Insofern hängt der Nutzen der ADMIRe-Selbstbewertung auch stark davon ab, wie gut das Instrument in den gesamten Managementzyklus eingebunden und wie erfolgreich mit den anderen Instrumenten gearbeitet wird.

In der ADMIRe-Selbstbewertung kommt auch der Aspekt der gemeinsamen, „lateralen" Führung wesentlich zum Tragen, welcher Grundbestandteil einer strategischen Allianz ist. Dieser laterale Führungsstil birgt auch für Unternehmen viele Vorteile und ist den heutigen Anforderungen der Unternehmensführung mittlerweile oft angemessen.[70]

4.6 Erfahrungsberichte

Für SAFE liegt eine umfangreiche Beispiel- und Rückmeldungsdokumentation vor, die dem Instrument aus der Praxisperspektive heraus einfache Anwendbarkeit und gute Ergebnisse bescheinigt.[71] Zum Zeitpunkt der Dokumentation der Umsetzungs-

---

[66] Vgl. Engelmann (2006), S. 145ff.; zur vertiefenden Diskussion um den Einsatz von Instrumenten zur Organisationsentwicklung siehe auch Hartmann/Brentel/Rohn (2006).
[67] Vgl. ebd.
[68] Vgl. Engelmann (2006), S. 146.
[69] Vgl. ebd.
[70] Vgl. Stöwe/Keromosemito (2013), S. 11ff.
[71] Vgl. Baedeker et al. (2002), S.70f.

ergebnisse wurden über 50 Anwendungen in Betrieben durchgeführt. Nach einer ersten Entwicklungs- und Umsetzungsphase wurde die Anwendungshäufigkeit von SAFE nicht mehr quantifiziert, da das Instrument frei zur Verfügung steht. Den Verfassern sind verschiedene Initiativen bekannt, welche SAFE weiterhin anwenden. Die Erfahrungen mit SAFE sind sehr positiv und das Instrument wird von Unternehmen gut angenommen. So liegen für SAFE einige Erfahrungsberichte von Unternehmen vor, z. B. ein Film über die Brauerei Fiege.[72] Im Unternehmen konnten mittels SAFE viele Maßnahmen umgesetzt werden: Durch eine neue Vakuumpumpe und eine neue Druckluftanlage konnten finanzielle und ökologische Einsparungen erreicht werden. Auch nicht-investive Maßnahmen konnten dank der Ideen der Mitarbeiter durchgeführt werden, welche zu weiteren Einsparungen führten. Insgesamt habe der Prozess zu einer gesteigerten Bindung an das Unternehmen, größerer Teamfähigkeit und einer verbesserten Arbeitszufriedenheit geführt. Unter anderem wurde durch die Einführung von Info-Tafeln und einem betriebseigenen Informationsblatt mehr Transparenz bei den Schichtwechseln, unter den einzelnen Abteilungen und im Unternehmen geschaffen. Mit nur knapp 100 Arbeitsstunden wurden eine bessere Kommunikationsfähigkeit und eine gesteigerte Innovationsfähigkeit erreicht.[73] Auch bei anderen Unternehmen konnten Einsparungen durch Verbesserungen erreicht werden. Generell wird die Anwendung von SAFE durch die Unternehmen als sehr effizient und empfehlenswert beschrieben.[74] Eine wissenschaftliche Evaluation zu den Erfahrungen mit SAFE ist nicht durchgeführt worden, weshalb lediglich Erfahrungsberichte vorliegen, am ausführlichsten dokumentiert bei fünf KMU der Ernährungswirtschaft. Dort konnten in jedem Unternehmen mehrere Verbesserungsmaßnahmen angestoßen und umgesetzt werden. Die Resonanz war sehr positiv, alle Unternehmen strebten eine Weiterarbeit mit SAFE an.[75]

Eine umfangreiche projektgebundene Anwendung fand der Selbst-Check Handwerk als Teil des EU-Projekts „Euro Crafts 21 – Entwicklung von Kompetenzen für nachhaltiges Wirtschaften im europäischen Handwerk", das mit rund 70 europäischen Trainern und 18 Pilotbetrieben mittels Workshops implementiert wurde.[76] Eine Dokumentation von Erfahrungsberichten ist jedoch praktisch nicht vorhanden, weswegen stellvertretend ein Blick auf den BNC geworfen werden soll, für den, ähnlich wie bei SAFE, zumindest illustrierende Aussagen vorliegen. Die Resonanz beim BNC war ausgesprochen positiv. Die Unternehmen stellten dar, dass sie Stärken und Schwächen sehr gut herausarbeiten konnten und dass dadurch eine systematische Bearbeitung der Schwächen und ein Ausbau der Stärken möglich wurde. Unternehmen konnten eine große Bandbreite an Verbesserungen auf den Weg bringen, wie

---

[72] S. Rohn/Heuer (2001).
[73] Vgl. Rohn/Heuer (2001).
[74] Vgl. Baedeker et al. (2002), S. 64ff.
[75] Vgl. Baedeker/Meier/Rohn (2005).
[76] Vgl. Brenzel et al. (2010).

z. B. gesteigerte Energieeffizienz, neue Lieferantendialoge zum Thema Nachhaltigkeit, neue Controlling-Maßnahmen sowie verbesserte Mitarbeiter- und Außenkommunikation. Die Mehrheit der Unternehmen hat sich dafür ausgesprochen, den BNC weiterhin als Erfolgskontrolle zu verwenden.[77]

Die ADMIRe-Selbstbewertung wurde bisher nur im Rahmen des Projekts ADMIRe A^3 angewendet und dort nur die Teile eins und zwei. Zudem wurde die Selbstbewertung nicht konsequent genug in den RADAR-Zyklus des Netzwerkmanagements eingebettet, weshalb die Ergebnisse eher für sich selbst standen und weniger als Wegweiser durch das Instrumentarium und Ankerpunkte für die Durchführung von Verbesserungsmaßnahmen dienten. Daher ist es notwendig, das Instrument in weiteren Allianzen durchzuführen, um Aussagen zu Erfahrungen treffen zu können.

5. Fazit und Ausblick

Wie gezeigt wurde, konnten die Selbstbewertungsinstrumente mit mittlerem Aufwand für KMU – SAFE und BNC/Selbst-Check Handwerk – vielfach in der Praxis angewendet werden. Ihre Erprobung wurde im Falle von SAFE für ein breites Publikum dokumentiert und war die Grundlage dafür, dass die Instrumente weiterentwickelt, auf spezifische Anwendungen angepasst und auch im europäischen Kontext verwendet werden konnten – SAFE wurde beispielsweise auf die Bedürfnisse von KMU der Ernährungswirtschaft angepasst, zudem wurde ein SAFE-Fragebogen für Kleinstunternehmen mit weniger als zehn Mitarbeiterinnen und Mitarbeitern entwickelt.[78] Der Selbst-Check Handwerk wiederum, seinerseits eine Weiterentwicklung des Bochumer Nachhaltigkeitschecks, wurde in mehrere europäische Sprachen übersetzt und punktuell auch an spezifische Bedürfnisse und Rahmenbedingungen in den einzelnen Zielländern angepasst. Aufgrund der funktionierenden und erprobten Grundstruktur ist es problemlos möglich, durch Veränderungen oder Ergänzungen der einzelnen Fragen bzw. Aussagen weitere länder- und branchenspezifische Versionen zu erstellen.

Die erstmalige komplette Durchführung der ADMIRe-Selbstbewertung wird in den nächsten Jahren durch weitere Transfers der Projektergebnisse und die kostenfreie Bereitstellung aller notwendigen Arbeitsmaterialien über die Projekt-Webseite sichergestellt.

---

[77] Vgl. Merten (2004).
[78] Vgl. Baedeker/Meier/Rohn (2005).

Literatur

Baedeker, C./Heuer, P./Klemisch, H./Liedtke, C./Rohn, H. (2002): *Handbuch zur Anwendung von SAFE – Sustainability Assessment for Enterprises. Ein Instrument zur Unterstützung einer zukunftsfähigen Unternehmens- und Organisationsentwicklung*, Wuppertal Spezial 25, Wuppertal Institut: Wuppertal.

Baedeker, C./Meier, S./Rohn, H. (2005): SAFE – *ein Instrument zur Unterstützung einer zukunftsfähigen Unternehmensentwicklung*, in: kompakt (Hrsg.): Zukunftssicherung durch nachhaltige Kompetenzentwicklung in kleinen und mittleren Unternehmen der Ernährungswirtschaft. Bonn.

Baedeker, C./Rohn, H. (2006): *Instrumente für nachhaltiges Wirtschaften*, in: Tiemeyer, E./Willbers, K. (Hg.): Berufliche Bildung für nachhaltiges Wirtschaften. Konzepte – Curricula – Methoden – Beispiele. Bielefeld, S. 223–230.

Beile, J./Glass, E./Röhrig, R./Stracke, S. (2010): *Betriebliche Sanierungs- und Innovationsvereinbarungen in der Metall- und Elektroindustrie: Nachhaltige Bündnisse für Innovations- und Wettbewerbsfähigkeit?* Universität Rostock, Rostock.

Brenzel, S./Heiler, F./Manstein, C./Rath, N./Rath, C./Rohn, H./Bliesner, A./Vähälä, E./Leinonen, R./Ryynänen, S./Tráser Oláh, Z./Gal, Z./Vaclav, J./Zovincova, L./Moreno, A./Giner Santonja, G. (2010): Euro CRAFTS 21 – *Entwicklung von Kompetenzen für nachhaltiges Wirtschaften im europäischen Handwerk*, Wien.

Bundesministerium für Umwelt, Naturschutz und Reaktorsicherheit/econsense – Forum Nachhaltige Entwicklung der Deutschen Wirtschaft e. V./Centre for Sustainability Management (CSM) der Leuphana Universität Lüneburg (Hg.) (2007): *Nachhaltigkeitsmanagement in Unternehmen. Von der Idee zur Praxis: Managementansätze zur Umsetzung von Corporate Social Responsibility und Corporate Sustainability*. Berlin.

Deming, W. E.: *Out of the Crisis*. Cambridge, Mass.

Deutsche Gesellschaft für Qualität (DGQ) (Hrsg.) (1999): *Kennzahlen für erfolgreiches Management von Organisationen. Umsetzung von EFQM Excellence – Qualität messbar machen.* Berlin [u. a.].

Deutsche Gesellschaft für Qualität (DGQ), European Foundation for Quality Management (EFQM) (Hrsg.) (2003): *Das EFQM-Modell für Excellence.* Frankfurt/M. [u. a.].

Engelmann, T. (2006): *Organisationales Lernen dank Self-Assessment? Der Beitrag von Selbstbewertungsinstrumenten zum lernenden Unternehmen*, Frankfurt am Main.

Engelmann, T./Merten, T./Bowry, J. (2012): *Strategische Allianzen. Arbeitspapier im Arbeitspaket 1.2 des Verbundprojekts Strategische Allianz „Demografiemanagement, Innovationsfähigkeit und Ressourceneffizienz am Beispiel der Region Augsburg (ADMIRe A³)"*. ADMIRe-Paper 1.2.2. Friedberg: Faktor 10 – Institut für nachhaltiges Wirtschaften gemeinnützige GmbH.

Engelmann, T./Merten, T./Bowry, J./Witte, D./Seipel, N. (2015): *ADMIRe aufbauen und führen – Strategische Allianzen zur regionalen Nachhaltigkeitstransformation. Instrumentenset zur Führung, Management und Steuerung strategischer Allianzen für Demografiemanagement, Innovationsfähigkeit und Ressourceneffizienz.* ADMIRe-Paper 4.2.1. Friedberg: Faktor 10 – Institut für nachhaltiges Wirtschaften gemeinnützige GmbH.

Freitag, M. (1998): *Die Bedeutung der Kooperation für den Innovationserfolg kleiner und mittlerer Unternehmen.* Beitrag zu den Dresdner Innovationsgesprächen 5.–6.5.1998, Dresden, Online abgerufen am 09.06.2015: http://home.arcor.de/mafr/dd98.pdf.

Fussler, C. (2002): Global Compact – a Performance Framework. WBCSD future/IÖW (2007): *Sonderteil Ranking der Nachhaltigkeitsberichte 2007,* in: factorY, Magazin für nachhaltiges Wirtschaften, 04/2007, S. 19–26.

GIZ (Deutsche Gesellschaft für Internationale Zusammenarbeit GmbH): Themeninfo (2013). *Nachhaltigkeitsstandards in globalen Liefer- und Wertschöpfungsketten.* Eschborn, Online abgerufen am 07.07.2015: http://www.giz.de/fachexpertise/downloads/giz2013-de-themeninfo-nachhaltigkeitsstandards-in-globalen-liefer-und-wertschoepfungsketten.pdf.

Hartmann, D. M./Brentel, H./Rohn, H. (2006): *Lern- und Innovationsfähigkeit von Unternehmen und Organisationen. Kriterien und Indikatoren.* Wuppertal Paper Nr. 156, Wuppertal.

IBM Global Business Services (2006): *Expanding the Innovation Horizon – The Global CEO Study 2006.*

Kaldschmidt, S./Merten, T. (2016): *Nachhaltiges Wirtschaften mit dem Sustainable Excellence Ansatz,* in: Grothe, A. (Hrsg.): *Bewertung unternehmerischer Nachhaltigkeit.* ESV: Berlin, S. 57–77.

Knospe, B./Warschat, J./Slama, A./Spitzley, A. (Hrsg.) (2011): *Innovationsprozesse managen/ Arbeitskreis 1,* Stuttgart, Fraunhofer-Verlag, 2011.

Kristof, K./Bechert, S./Merten, T./Cellarius, G./Purwin, R./Ratazzi-Förster, B./Rohn, H./Schmitt, M./Tuncer, B. (2005*): Multikultureller Nachhaltigkeitscheck (MNC): Ein Erfolgsfaktor für Unternehmen mit Migrationshintergrund.* In: kompakt (Hrsg.): Zukunftssicherung durch nachhaltige Kompetenzentwicklung in kleinen und mittleren Unternehmen der Ernährungswirtschaft.

Manstein, Ch./Rohn, H./Strigl, A./Brenzel, S./Schmid, B./Scharf, M./Palla, A. (2006): *FABRIKregio. Weiterentwicklung, Erprobung und Verbreitung von Modellen zur Selbstbewertung betrieblicher Nachhaltigkeitspotenziale unter besonderer Berücksichtigung regionaler Erfolgsfaktoren,* Wien, Bundesministerium für Verkehr, Innovation und Technologie.

Merten, T. (2003): *Nachhaltig Wirtschaften mit dem Sustainable Excellence Ansatz,* in: Verbandsdienst der Lebenshilfe, 3/2003, S. 120–125.

Merten, T. (Hrsg.) (2004): *Bochumer Nachhaltigkeitscheck 2004,* Bochum, ubb kommunikation.

Merten, T. (2004b): *be.st(es) Management. Abteilungsdenken überwinden und Sustainable Excellence erreichen,* in: Unternehmen und Umwelt, 3–4/2004, S. 6–7.

Merten, T./Westermann, U./Rohn, H./Baedeker, C./Kölle, A. (2005): *Der Initiale Nachhaltigkeitscheck – Wissen wo Ihr Unternehmen heute steht! Nachhaltigkeitsprofil der Ernährungswirtschaft auf Basis durchgeführter Selbstbewertungen von 230 Unternehmen,* in: kompakt (Hrsg.): Zukunftssicherung durch nachhaltige Kompetenzentwicklung in kleinen und mittleren Unternehmen der Ernährungswirtschaft.

Merten, T./Bowry, J./Engelmann, T./Hafner, S./Hehn, N./Miosga, M./Norck, S./Reimer, M./Witte, D. (2015): *ADMIRe umsetzen – strategische Allianzen zur regionalen Nachhaltigkeitstransformation. Anleitung für strategische Allianzen mit den Schwerpunkten Demografiemanagement, Innovationsfähigkeit und Ressourceneffizienz.* Friedberg, Bayreuth: Faktor 10 – Institut für nachhaltiges Wirtschaften gemeinnützige GmbH, Universität Bayreuth.

Merten, T. (2006): *KURSCheck für Unternehmen und Schulen,* in: factorY, Magazin für nachhaltiges Wirtschaften, 01/2006, S. 13.

Radtke, P./Wilmes, D. (2002): *European Quality Award. Praktische Tipps zur Anwendung des EFQM-Modells.* München.

Rohn, H./Heuer, P. (2001): *Film „produzieren – optimieren – profitieren". Zukunftsfähige Unternehmensentwicklung mit dem Instrument SAFE. Das Beispiel Privatbrauerei Moritz Fiege.*

Rohn, H./Baedeker, C./Liedtke, C. (2001): *Zukunftsfähige Unternehmen (7). SAFE – Sustainability Assessment for Enterprises – die Methodik. Ein Instrument zur Unterstützung einer zukunftsfähigen Unternehmens- und Organisationsentwicklung.* Wuppertal Papers No. 112, Wuppertal Institut, Wuppertal.

Rohn, H./Engelmann, T. (2004): *Nachhaltige Unternehmensentwicklung – ein neues Geschäftsfeld für Berater?,* in: Freimann, J. (Hrsg.): Akteure einer nachhaltigen Unternehmensentwicklung, München und Mering, Rainer Hampp Verlag, S. 125–146.

Rohn, H./Lemken, T./Engelmann, T. (2007): *„Selbst-Check Handwerk". Selbstbewertung zum nachhaltigen Wirtschaften in Handwerksbetrieben*, in: Westdeutscher Handwerkskammertag e.V. (WHKT) (Hrsg.): CD-ROM: Nachhaltiges Wirtschaften in Handwerksbetrieben. Düsseldorf, S. 1–20.

Rohn, H. (2009): *Unternehmensführung und nachhaltige Unternehmensentwicklung in KMU*, in: Müller, D. (Hrsg.): Controlling für kleine und mittlere Unternehmen, München, Oldenbourg, S. 362–385.

Stöwe, C./Keromosemito, L. (2013): *Führen ohne Hierarchie – Laterale Führung. Wie Sie ohne Vorgesetztenfunktion Teams motivieren, kritische Gespräche führen, Konflikte lösen.* Wiesbaden, Springer Gabler.

Sustainable Excellence Group/Deutsche Bundesstiftung Umwelt (Hrsg.) (2006): *Sustainable Excellence. Exzellent führen – nachhaltig handeln*, Nürnberg, Osnabrück.

Trifolium (Hrsg.) (2007): KURSCheck. *Organisationsentwicklung am Übergang Schule – Beruf für Schulen und Ausbildungsbetriebe.* Friedberg.

Wuppertal Institut (Hrsg.) (2001): *Kurzinformation zu SAFE.* Wuppertal 2001, S. 3.

Das Kriterien- und Indikatorenmodell (KIM) zur Bewertung von Nachhaltigkeit

Anja Grothe und Matthias Teller

Abstract:
Wenn Nachhaltigkeit kein Mode- oder Schlagwort, kein bequemer Zug ist, auf den Unternehmen des Zeitgeists wegen aufspringen können, dann stellt sich der Bedarf nach „messbaren" Ergebnissen und es muss die Frage folgen: Wie nachhaltig ist eigentlich „mein" Unternehmen?

Wenn diese Frage das Bedürfnis nach einer nachhaltigeren und damit auch innovativen Wirtschaftsweise umfasst, kann KIM eine sehr nützliche und sinnvolle Reflexion der eigenen Nachhaltigkeitsperformance darstellen. Zudem bietet KIM eine effiziente Grundlage für die Beteiligung der Mitarbeiter und Führungskräfte bei der Bewertung als auch bei der Verbesserung der Nachhaltigkeit und daraus resultierenden Innovationsansätzen. KIM ist ein Bewertungsinstrument mit didaktisch partizipativem Anspruch und beruht auf zwei Erkenntnissen: Nachhaltigkeit ist ein Prozess, der sich aus der komplexen Betrachtung von wenigstens drei Bereichen darstellt und gelebte Nachhaltigkeit kann es nur geben, wenn die Mitarbeiter in diesen Prozess mit eingebunden werden. Beide Aspekte stellen die Ausgangsüberlegungen für KIM dar, das 2007 im Rahmen eines Modellversuchs zum Nachhaltigen Wirtschaften in der Chemieausbildung (NICA)[1] von Prof. Dr. Anja Grothe gemeinsam mit der Rhein Erft Akademie entwickelt wurde und seitdem in mehreren Forschungsprojekten an der Hochschule für Wirtschaft und Recht sowie mit SUSTAINUM Consulting weiterentwickelt worden ist und vielfältige Variationen der Nutzung in der Praxis erfährt.

Die Ermittlung der Nachhaltigkeits-Performance mit KIM
Ziel der Bewertung mit KIM ist die Ermittlung des Status quo der Nachhaltigkeit und damit auch der Zukunftsfähigkeit des Unternehmens als Basis für einen kontinuierlichen und gezielten Verbesserungsprozess. Die vom Unternehmen durchge-

---
[1] Grothe (2007); Grothe/Overmann (2008); Grothe (2012).

führte Bestandsaufnahme[2] erfolgt in den vier Bereichen Ökologie, Ökonomie, Soziales und Governance.[3]

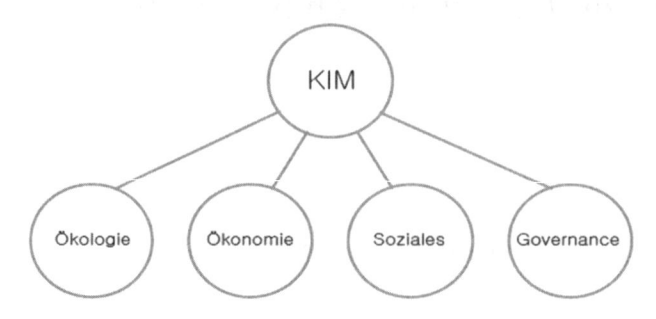

Abb.1: Bereiche der KIM Bewertung[4]

Die Bestandsaufnahme setzt sich zusammen aus der Datenerhebung durch Fragebögen (qualitative Analyse), die durch die relevanten Mitarbeiter und Führungskräfte bearbeitet werden und durch die Erhebung von Kennzahlen (quantitative Analyse) in den vier Bereichen Ökologie, Ökonomie, Soziales und Governance, die alle eine gleiche Wichtigkeit in Bezug auf die gesamte Nachhaltigkeitsleistung haben. Die 4 Bereiche werden durch ca. 186 Indikatoren bzw. Kennzahlen qualitativ aufgeschlüsselt (siehe Tabelle 1). Diese orientieren sich sowohl an deutschen als auch an europäischen Standards zur Erfassung von Nachhaltigkeit und gehen teilweise über die Indikatoren von GRI 4[5] hinaus. Die KIM-Indikatoren gehen unterschiedlich gewichtet in das Gesamtergebnis ein. So wird z.B. die Implementierung eines Umweltmanagementsystems nach EMAS sehr viel höher gewichtet, als wenn sich ein Unternehmen „nur" eigene Umweltziele setzt. Besonders herausragende Leistungen werden in der Bewertung von KIM prämiert, d.h. bestimmte Fragen fließen unterschiedlich stark in die Zwischenergebnisse ein.

Das Gesamtergebnis wird dazu genutzt, die Nachhaltigkeits-Performance eines Unternehmens zu klassifizieren (s. Abb. 2). Es ist wenig zielführend, dass inzwischen fast alle Handlungen das Etikett „nachhaltig" bekommen. Deshalb zeigt das Ergebnis der KIM Analyse deutliche Unterschiede in der Nachhaltigkeits-Performance eines Unternehmens auf.

---

[2] Die Selbstanalyse kann eigenständig oder mit Unterstützung von SUSTAINUM Consulting erfolgen.

[3] Governance umfasst die institutionelle Regelung und Steuerungsstruktur eines Unternehmens, die für ein integriertes Nachhaltigkeitsmanagement von ökologischen, ökonomischen und sozialen Aspekten verantwortlich ist.

[4] Eigene Darstellung.

[5] GRI – Global Reporting Initiative (2013).

Haupt-Bereiche	Ökonomie	Ökologie	Soziales	Governance
Unterbereiche	Wirtschaftlichkeit	Leistung für Umwelt- und Umweltmanagementsysteme	Arbeitsbedingungen und -schutz*	Verhaltenskodex, Ethik/Werte
	Wettbewerbsfähigkeit	Energie und Klimaschutz	Mitarbeiterinteressen	Steuerung und Integration
	Ressourcenverfügbarkeit	Abfall und Kreislaufwirtschaft	Vielfalt und Gleichberechtigung*	Rechtssicherheit (Compliance)
	Innovationsfähigkeit	Wasser und Abwasser	Feedback	(Betriebliches) Gesellschaftliches Engagement*
	Kunden- und Verbraucherorientierung*	Emissionen	Lebenslanges Lernen	Interne und externe Kommunikation und Kooperation*
	Motivation	Ressourcen*	Partizipation und gerechte Bezahlung*	Lebenslanges Lernen
		Beschaffung	Generationsgerechtigkeit	Vernetzung
		Logistik/Transport und Verkehr	Persönliche gesellschaftliche Verantwortung/ Solidarität	Lieferkette
		Biodiversität und Artenvielfalt		Datenverfügbarkeit
		Flächenbedarf		

* Unterbereiche wurden aufgrund thematischer Überschneidungen zusammengefasst.

Tab. 1: Haupt- und Unterbereiche basierend auf den Kriterien und Indikatoren von KIM[6]

Auch wenn die Genauigkeit der Berechnung der einzelnen Kennzahlen eine gewisse Unschärfe zulässt, ist es durch standardisierte Berechnungsverfahren möglich, Entwicklungstrends festzustellen und zu vergleichen. In KIM werden betriebliche Kennzahlen aus dem aktuellen Jahr mit den Daten des Vorjahres verglichen. Im Fokus stehen Tendenzen, die sich aus dem Vergleich von mindestens 2 Jahren ergeben. Verbesserungen werden positiv bewertet, Verschlechterungen hingegen negativ aber auch eine gleichbleibende Kennzahl kann positiv bewertet werden, wenn schon ein Idealzustand erreicht worden ist (z. B. Bezug von 100 % erneuerbare Energie). Nach der integrierten Erfassung der vier Bereiche ist deshalb eine Bewertung der unternehmerischen Nachhaltigkeit in der Klassifizierung „schwache, mittlere und starke"

---

[6] In Anlehnung an Fischer (2014).

Nachhaltigkeitsperformance möglich. Obwohl die Gesamtbewertung noch relativ wenig aussagt, kann man schon daraus ableiten, wie ungleich die Nachhaltigkeitsperformance sich zwischen den Bereichen aufteilt und wo sie am schwächsten ausgeprägt ist.

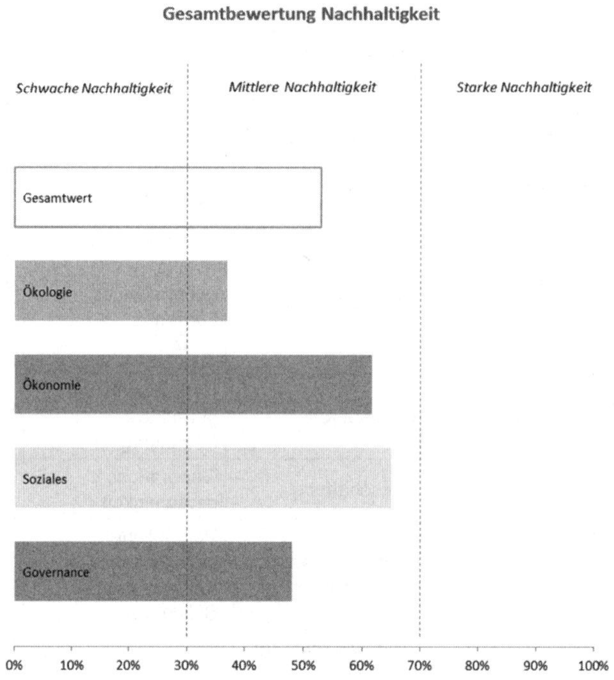

Abb. 2: Beispielhafte Gesamtbewertung der Nachhaltigkeit eines Unternehmens mit einer Nachhaltigkeitsperformance von 53 %[7]

Ein solches Gesamtergebnis zeigt zunächst nur, in welchen Bereichen Handlungsbedarf besteht und, bei wiederholter Anwendung von KIM, welche Entwicklungstendenzen bestehen. Relevant für die späteren Verbesserungsmaßnahmen sind die Detailauswertungen der Ergebnisse der Fragebögen und Kennzahlen. Die Beispielauswertungen Ökologie (siehe Abbildungen 3 und 4) zeigen schon deutlicher, wo Verbesserungsbedarf und -potenzial vorhanden ist.
Zusätzlich können die Detailauswertungen, wie in Abb. 4 gezeigt, mit Kommentaren versehen werden, die auf Handlungsbedarfe hinweisen.

---

[7] Eigene Darstellung.

Das Kriterien- und Indikatorenmodell (KIM) zur Bewertung von Nachhaltigkeit

Kriterium Ökologie | Auswertung Fragebogen   Gesamt: **37,4%**

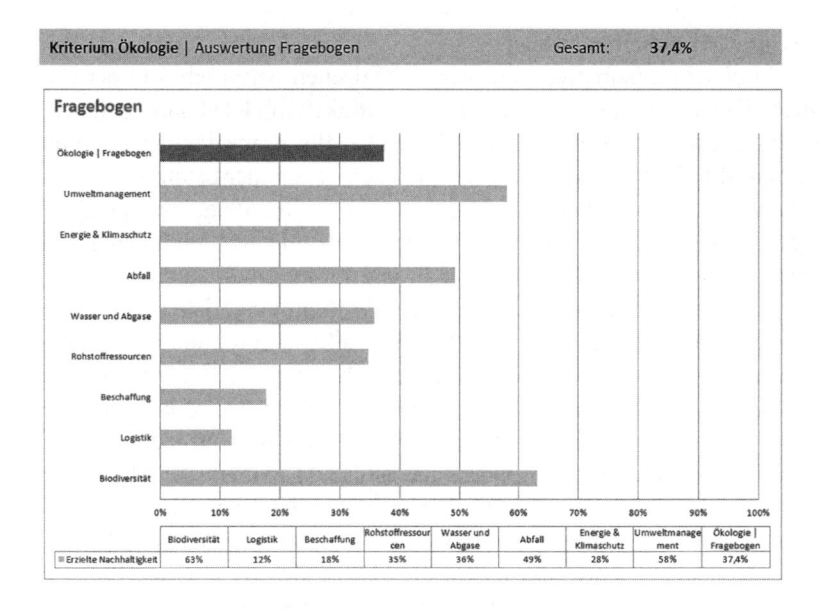

	Biodiversität	Logistik	Beschaffung	Rohstoffressourcen	Wasser und Abgase	Abfall	Energie & Klimaschutz	Umweltmanagement	Ökologie	Fragebogen
Erzielte Nachhaltigkeit	63%	12%	18%	35%	36%	49%	28%	58%	37,4%

Abb. 3: Detailauswertung der Fragebögen zum Bereich Ökologie[8]

Kriterium Ökologie | Auswertung Kennzahlen   Gesamt: **43,9%**

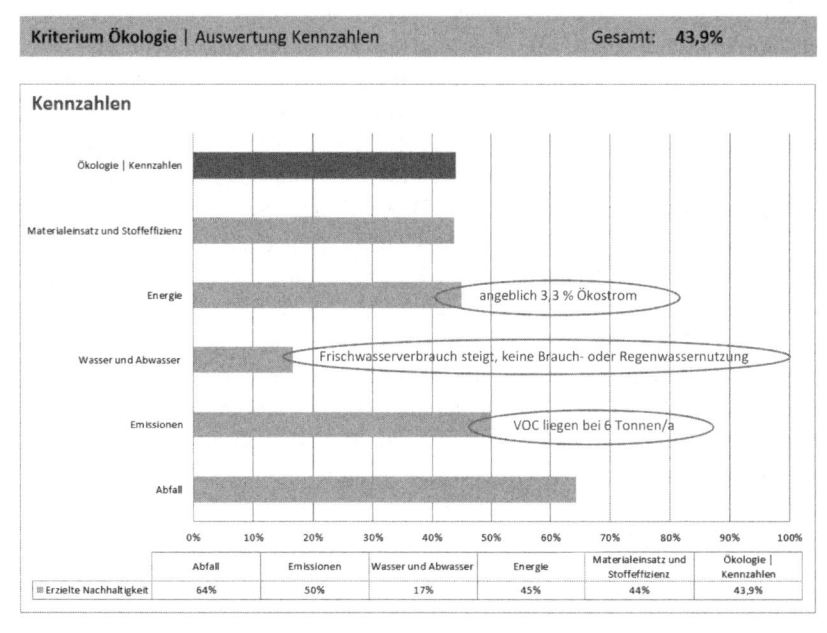

Anmerkungen in der Grafik:
- angeblich 3,3 % Ökostrom (Energie)
- Frischwasserverbrauch steigt, keine Brauch- oder Regenwassernutzung (Wasser und Abwasser)
- VOC liegen bei 6 Tonnen/a (Emissionen)

	Abfall	Emissionen	Wasser und Abwasser	Energie	Materialeinsatz und Stoffeffizienz	Ökologie	Kennzahlen
Erzielte Nachhaltigkeit	64%	50%	17%	45%	44%	43,9%

Abb. 4: Detailauswertung Kennzahlen zum Bereich Ökologie[9]

---

[8] Eigene Darstellung.
[9] Eigene Darstellung.

Die Expertise der Mitarbeiter nutzen

KIM hat sowohl einen partizipativen als auch didaktischen Anspruch. Mit der Entscheidung die Selbstbewertung in Bezug auf Nachhaltigkeit mit KIM durchzuführen, fällt die Geschäftsleitung auch die Entscheidung über die Einbeziehung von Führungskräften und Mitarbeitern. Bei der Frage nach der Anzahl der beteiligten Personen, ist die Antwort „es kommt darauf an" eine wichtige Grundlage zur gemeinsamen Überlegung, worum es dem Unternehmen in erster Linie geht, um dann gezielt die „relevanten" Mitarbeiter, Abteilungen, Führungskräfte auszuwählen. Je mehr Mitarbeiter und Führungskräfte daran teilnehmen, desto umfangreicher ist die Fragebogenauswertung. Demgegenüber steht aber, dass alleine durch die Bearbeitung des Fragebogens[10] den Mitarbeitern schon verdeutlicht wird, welche thematischen Aspekte alle zum Thema Nachhaltigkeit gehören. War Nachhaltigkeit bisher eher was „Sperriges" oder „Grünes" so gewinnt der Begriff Konturen und regt die Beteiligten zum Nachdenken darüber an[11]. Durch das aktive Mitwirken der Mitarbeiter werden diese sowohl gleichzeitig über die Dimensionen der Nachhaltigkeit informiert als auch für das Thema sensibilisiert und motiviert, die abgeleiteten Maßnahmen in ihrer Umsetzung zu unterstützen. Da die Mitarbeiter die internen Prozesse besser als Außenstehende kennen und durch die Indikatoren darin unterstützt werden, aus mehreren Blickrichtungen auf die Prozesse zu schauen, können allein durch das Nachdenken über die Beantwortung der Fragen Verbesserungspotenziale aufgedeckt werden und in der Fragebogenspalte „Bemerkung" oder beim Auswertungsworkshop thematisiert werden. Die Führungskräfte können zusätzliche erkennen, wie viel Wissen und Information über Regelungen, Projekte und Managementstandards im Unternehmen vorhanden sind. Wenn Mitarbeiter oft mit „fehlt" oder „weiß nicht" antworten (siehe in Abbildung 5 die Häufigkeit der Nennungen), können Führungskräfte viel deutlicher anschließend erkennen, wo Mitarbeiter künftig besser informiert und einbezogen werden müssten. Diese Erkenntnis führt manchmal zunächst zu Unbehagen über das reale „Nichtwissen" im Betrieb. Aber wenn eine hohe Anzahl der Mitarbeiter zum Beispiel bei der Frage nach der Einhaltung der Gesetze die Antwort „weiß nicht" ankreuzt oder in einem EMAS zertifizierten Unternehmen mehr als 60 % der Mitarbeiter mit dem Begriff gar nichts anfangen kann, ist es notwendig, über die Kommunikation und Information im Unternehmen nachzudenken und etwas zu ändern. Genau die zuletzt genannten Themen Kommunikation und Mitarbeiterinformation werden in vielen Betrieben in ihrer Bedeutung unterschätzt. Die KIM Auswertung mit dem sich anschließenden Mitarbeiterworkshop hat viel Potenzial, Mitarbeiter neu zu motivieren und an Verbesserungsprojekten zu beteiligen.

---

[10] Die Bearbeitung des Fragebogens dauert im Durchschnitt 20 Minuten.
[11] Feedback aus unseren Praxisfällen mit KIM.

Das Kriterien- und Indikatorenmodell (KIM) zur Bewertung von Nachhaltigkeit

		realisiert			geplant		fehlt	Weiß nicht	Bemerkungen
		immer, ja	fast, oft	z.T., selten	kurzfristig	langfristig	nein, nie		
		5	4	3	2	1	0	f	
21	Verhaltenskodex, Ethik/Werte							Erzielte Nachhaltigkeit:	23%
21.1	Gibt es einen internen Verhaltenskodex zur Einhaltung ethischer Grundsätze? (z.B. Code of Conduct)	9	4	3	1	0	26	39	18%
21.2	Werden ethische Verhaltensgrundsätze durch Schulungen den Mitarbeitern vermittelt?	4	4	10	0	1	36	24	17%
21.3	Gibt es im Unternehmen schriftlich dokumentierte Führungsgrundsätze?	9	6	4	1	1	22	39	20%
21.4	Gibt es eine Selbstverpflichtung gegen Korruption?	5	3	3	0	0	24	47	11%
21.5	Nimmt die Organisation ihre regionale Verantwortung wahr?	21	20	2	1	1	1	36	47%
22	Steuerung und Integration							Erzielte Nachhaltigkeit:	25%
22.1	Gibt es Strukturen und Prozesse zur Bearbeitung von Nachhaltigkeitsthemen (betrieblicher UWS, Personalwesen, Beschaffung, Marketing etc.)?	11	11	6	2	3	8	41	30%
22.2	Gibt es klare Zuständigkeiten für Nachhaltigkeitsthemen in der Organisation?	8	9	5	4	1	11	44	24%
22.3	Sind diese Zuständigkeiten den Mitarbeitern bekannt?	5	5	6	3	3	25	34	18%

Abb. 5: Beispiel 1 zu unterschiedlichen Wissensständen im Unternehmen[12]

Die Fragebogen werden anonym ausgefüllt, aber es können die Abteilung und die Position (Mitarbeiter oder Führungskraft) angegeben werden. So kann bei der Auswertung schneller erkannt werden, ob es Unterschiede von Wissen in den Abteilungen/Geschäftsbereichen gibt, um Informationen und Schulungen präziser auszurichten. Bei der Frage nach der Anzahl der beteiligten Personen ist die Antwort „es kommt darauf an" eine wichtige Grundlage zur gemeinsamen Überlegung, worum es dem Unternchmen in erster Linie geht, um dann gezielt die „relevanten" Mitarbeiter, Abteilungen, Führungskräfte auszuwählen.

		realisiert			geplant		fehlt	Weiß nicht	Mittelwerte	Antwortverhalten
		immer, ja	fast, oft	z.T., selten	kurzfristig	langfristig	nein, nie			
		5	4	3	2	1	0	f		
5	Rohstoffressourcen							Erzielte Nachhaltigkeit:	32,3%	
5.1	Gibt es ein Ressourcenmanagement?	1	4	0	2	3	12	43	9%	
5.2	Gibt es Ziele zur Verminderung des Ressourcenverbrauchs?	1	5	7	1	6	7	38	17%	
5.3	Werden Maßnahmen zur Verringerung des Ressourcenverbrauchs umgesetzt?	4	4	9	6	4	4	34	24%	
5.4	Werden Gefahrstoffe gesetzeskonform eingesetzt?	23	20	6	0	0	0	16	66%	
5.5	Werden umweltverträgliche Hilfs- und Betriebsstoffe eingesetzt (z.Bsp.: Blauer Engel, Energy Star, EU-Umweltlabel oder andere Label, FSC-Papier)	6	14	20	0	1	1	23	45%	
7	Logistik							Erzielte Nachhaltigkeit:	11,8%	
7.1	Gibt es ein umweltorientiertes Logistikkonzept für Beschaffung und Absatz?	1	1	5	0	4	15	39	9%	
7.2	Gibt es mitarbeiterbezogene Logistikmaßnahmen (z.Bsp.: Jobticket, Förderung der Fahrradnutzung)?	1	7	5	3	2	30	17	17%	
7.3	Gibt es konkrete Maßnahmen zur Verminderung der durch Logistik und Warentransport verursachten Umweltbelastung?	0	2	5	2	4	20	32	10%	

Abb. 6: Unterschiedliche Wissensstände im Unternehmen – 2 –[13]

---

[12] Eigene Darstellung.
[13] Eigene Darstellung.

Die in Abbildung 6 ganz rechts gezeigten Kurvenverläufe geben Auskunft über die Wissensverteilung zu spezifischen Themen im Unternehmen. Wie in Abbildung 7 angedeutet ist, können je nach Art der Wissensverteilung unterschiedliche Rückschlüsse gemacht werden.

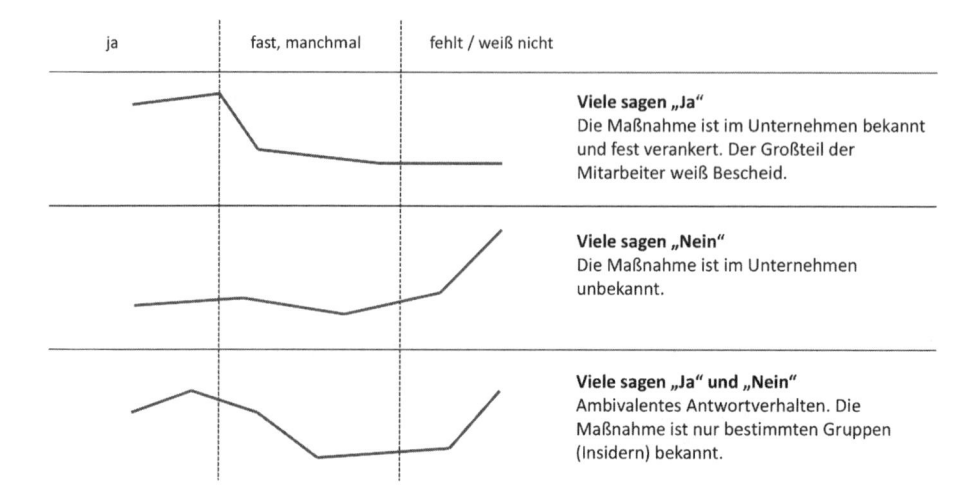

Viele sagen „Ja"
Die Maßnahme ist im Unternehmen bekannt und fest verankert. Der Großteil der Mitarbeiter weiß Bescheid.

Viele sagen „Nein"
Die Maßnahme ist im Unternehmen unbekannt.

Viele sagen „Ja" und „Nein"
Ambivalentes Antwortverhalten. Die Maßnahme ist nur bestimmten Gruppen (Insidern) bekannt.

Abb. 7: Antwortverhalten im Fragebogen[14]

KIM Versionen

Das Instrument ist in einer vereinfachten kostenlosen Version (KIMbasic)[15] mit reduzierter Indikatorenanzahl und einer Vollversion (KIMpro) verfügbar, für die eine kostenpflichtige Lizenz erforderlich ist. Im Anwendungsfall wird die KIMpro-Version in einem ersten Schritt an die Branchenspezifikationen und Unternehmensstandards in Bezug auf die qualitativen wie quantitativen Standards angepasst[16], damit sich Branchenstandards widerspiegeln. KIM ist ein Softwaretool, welches auf der Basis von Microsoft Office-Excel realisiert ist. Die Umsetzung in Excel erleichtert die Nutzung des Tools für die Unternehmen und deren Mitarbeiter, weil es ein gebräuchliches Business-Tool ist, das in der Regel keinen speziellen Einarbeitungsaufwand erfordert. Beim Ausfüllen des Tools werden bei den Kennzahlen konkrete Jahreswerte, wie bspw. die Anzahl (bspw. Anzahl pro Mitarbeiter, Anzahl an Maßnahmen oder Innovationen), Zahlen zum Verbrauch (z. B. Strom und Wärmeenergie in kWh) oder die Prozentsätze (z. B. Verhältnis Frauen und Männer, An-

---

[14] Eigene Darstellung.
[15] http://www.kim-sustainum.de/.
[16] durch SUSTAINUM Consulting.

teil Spenden am Gewinn) erhoben. Um Tendenzen bewerten zu können, müssen die Kennzahlen für mindestens zwei (KIMbasic) bzw. drei Jahre (KIMpro) angegeben werden. Ein zusätzlicher Fragebogen behandelt weitere Indikatoren in Form von Fragen. Die Abstufung der Antwortmöglichkeiten erfolgt in einer Skala von fünf bis null. Die Einstufungen fünf bis drei geben Auskunft zum Realisierungsgrad (5: immer, ja; 4: fast, oft; 3: z. T., selten); zwei und eins, ob geplant (2: kurzfristig; 1: langfristig) und null, wenn der Aspekt weder umgesetzt wird, noch geplant ist (0: nein, nie). Durch diese Eingrenzung der Antwortmöglichkeiten handelt es sich um geschlossene Fragen. Bei der Erstellung des Fragebogens wurde bereits bewertet, ob es sich um Fragen zu schwacher, mittlerer oder starker Nachhaltigkeit handelt. Die Ergebnisse der Fragen gehen dann je nach Einstufung zu 50, 75 oder 100 Prozent in die Bewertung ein. Die Auswertung erfolgt mittels automatisierter Berechnungen in Excel. Auf zwei separaten Tabellenblättern werden die Ergebnisse der Auswertung zu den einzelnen Kriterien, aber auch detaillierter (erzielte Nachhaltigkeit in Prozent) zu den einzelnen Aspekten dargestellt. Daraus lassen sich neben der Gesamtnachhaltigkeitsleistung konkrete Verbesserungspotenziale in den einzelnen Bereichen ablesen. KIMpro wurde inzwischen in verschiedenen Spezifikationen entwickelt, u. a. für den VDMA, für Dienstleister (Logistik) und für Veranstaltungsanbieter.

KIMpro für die Landtechnik
Je nach Branche, in der KIM zur Anwendung kommt, variieren die Schwerpunkte für die Anpassung. Im Landmaschinenbau sind Ressourceneffizienz und Umweltschutz von besonderer Bedeutung. Prozesse der Wärmebehandlung, der Metallverarbeitung und der Oberflächenbehandlung (z. B. Lackierung) stehen im Vordergrund. Steigende Rohstoffpreise erfordern im Sinne der Wettbewerbsfähigkeit eine höhere Effizienz. Mit dem Fortschritt der Technologien nimmt einerseits die Vielfalt der in den Produkten enthaltenen Rohstoffe stark zu. Andererseits ist u. a. für eine Reihe wichtiger Metalle (Blei, Chrom, Gold, Indium, Silber, Strontium, Zink, Zinn) die Reichweite der Verfügbarkeit auf 25 Jahre beschränkt[17].

Zudem erfordert der internationale Wettbewerb ein hohes Innovationstempo und der Unsicherheit globaler Märkte müssen auch Landtechnikunternehmen mit zukunftsfähigen Produkten und Dienstleistungen begegnen.

Vor dem Hintergrund dieser Trends und da die Landtechnik-Branche in Deutschland die Auseinandersetzung mit dem Thema Nachhaltigkeit erst begonnen hat, wurde in einem ersten Schritt mit Vertretern des VDMA-Landtechnik und von Unternehmen das Indikatorenset überprüft und angepasst. Anschließend kam in einigen Unternehmen KIMpro zur Anwendung. Zu diesem Zweck wurden zunächst die Kennzahlen erhoben und ausgewertet. Die Ergebnisse wurden auf Auswertungs-

---

[17] Hennicke/Kristof/Dorner (2009).

workshops in den Betrieben zur Diskussion gestellt und Handlungsmaßnahmen daraus abgeleitet.

In der Firma Rauch wurden beispielsweise im Anschluss an den Auswertungsworkshop konkrete Arbeitsgruppen gebildet, die sich u. a. mit den Themenschwerpunkten Energie und interne Kommunikation vertiefend beschäftigen haben bzw. werden. Es hat sich gezeigt, dass viele Mitarbeiter nicht wissen, welche nachhaltig wirkenden Maßnahmen bereits im Unternehmen umgesetzt wurden und gelebt werden. Norbert Rauch, Geschäftsführer der RAUCH Landmaschinenfabrik GmbH, beurteilt die Erfahrung mit KIM folgendermaßen:

„Insgesamt hat KIM Landtechnik dazu geführt, dass wir uns noch intensiver mit unseren Prozessen beschäftigen. Wir sind noch stärker sensibilisiert, Verschwendung von Rohstoffen, Verpackungen, Energie, Arbeitszeit etc. zu erkennen und Lösungsprojekte aufzusetzen. Als Familienunternehmen in der bald 4. Generation und fast 100 jährigen Geschichte handelten wir quasi unbewusst nach Nachhaltigkeitskriterien. Mittels des KIM-Projektes können wir unsere Mitarbeiter wesentlich stärker in diese Ziele einbinden, sind auf allen Ebenen sensibilisierter, können Kostenpotenziale schöpfen, unsere Produkte verbessern und somit unsere Wettbewerbsfähigkeit stärken. Mittels dieser Mentalität im Unternehmen sind wir gut auf jegliche Zukunft vorbereitet"[18].

Bei dem Landmaschinenhersteller LEMKEN hat die Anwendung von KIM zu insgesamt 18 Verbesserungsmaßnahmen geführt, die sämtliche Kriterien der Nachhaltigkeit betreffen. 6 von diesen Maßnahmen sollen mit Priorität angegangen werden. Die Bewertung der Nachhaltigkeitsperformance für LEMKEN als Standortbestimmung und Überprüfung der bisherigen Selbsteinschätzung soll nun jährlich fortgesetzt werden.

Vergleichs der KIM- und GRI- Indikatoren
Die GRI-Organisation (Global Reporting Initiative) wurde 1997 von dem United Nations Environment Programme (UNEP) und der Coalition for Environmentally Responsible Economies (CERES) gegründet.

Die GRI bietet den berichtenden Organisationen Anleitung und Unterstützung bei der Nachhaltigkeitsberichterstattung und fördert die Generierung vergleichbarer, vollständiger und glaubwürdiger Berichte. Die Richtlinien sind somit nicht auf eine bestimmte Organisationsform, -größe oder Unternehmen einer bestimmten Branche zugeschnitten. Die aktuelle Version GRI-G4 wurde im Mai 2013 herausgebracht.

Den GRI-Leitfaden und KIM verbindet das gemeinsame Ziel, die Nachhaltigkeitsleistung von Unternehmen zu erfassen und zu kommunizieren. Die Ausrichtung der beiden Instrumente unterscheidet sich jedoch. KIM ist ein Selbstbewertungsinstrument, um mit Hilfe der Mitarbeiter zunächst den Status quo zu erfassen. Mit dieser Grundlage soll ein kontinuierlicher Verbesserungsprozess angestoßen werden,

---

[18] Grothe, Teller (2015).

der Nachhaltigkeit im Unternehmen durch Ergreifung geeigneter Maßnahmen und Mitarbeiterbeteiligung verankert und die Leistung steigert. Durch die integrierte Bewertung der vier Bereiche in schwache, mittlere und starke Nachhaltigkeit ist eine konkrete Qualifizierung möglich.

Der GRI-Leitfaden ist eine internationale Richtlinie für die Nachhaltigkeitsberichterstattung, welcher sich neben interne auch an externe Stakeholder richtet. Demzufolge werden neben den Leistungsindikatoren umfangreiche Hintergrundinformationen (allgemeine Standardangaben) einbezogen. Durch die Erstellung eines Berichts bzw. der Anwendung der Indikatoren wird keine direkte Bewertung vorgegeben, diese liegt vielmehr in der subjektiven Wahrnehmung des jeweiligen Lesers. Der GRI-Leitfaden gibt, da Trends nicht abgefragt und bewertet werden, auch keine Impulse für einen kontinuierlichen Verbesserungsprozess.

Ein erstes qualitatives Ergebnis zum Vergleich der KIM- und GRI-Indikatoren im Hinblick auf die Anzahl an Bereichen, thematische Aspekte und Indikatoren liefert die folgende Tabelle 2.

Instrument	KIMpro								Gesamt KIMpro	
Bereiche	Ökonomie		Ökologie		Soziales		Governance		4	
Aspekte	6		8		8		9		31	
Indikatoren	46		119		72		56		293	
Sonstiges[19]: Unterscheidung FB/KZ	FB: 30*	KZ: 16	FB: 35*	KZ: 84	FB: 50*	KZ: 22	FB: 30*	KZ: 26	FB: 145*	KZ: 148
Instrument	GRI G4								Gesamt GRI G4	
Bereiche	Ökonomie		Ökologie		Gesellschaft				3	
Aspekte	4		12		30				46	
Sektorspezifische Aspekte	1		7		8				16	
Indikatoren	10		34		48				92	
Sonstiges: Sektorspezifische Indikatoren	1		7		9				17	

* zusätzliche unternehmensspezifische Indikatoren ausgeschlossen

Tab. 2: Vergleich KIM und GRI Kriterien[20]

---

[19] Die KIM-Indikatoren in Form von Kennzahlen (Indikatorenbezeichnung: KZ) und Fragebögenthemen (Indikatorenbezeichnung: FB).
[20] Fischer (2014).

In KIMpro verteilen sich 293 Indikatoren auf vier Bereiche. Dabei sind 22 Indikatoren des Fragenbogens nicht berücksichtigt. Diese stellen lediglich zusätzliche unternehmens- oder branchenspezifische Indikatoren dar, welche von den Unternehmen in den jeweiligen Unterkategorien ergänzt werden können. Mit 92 Indikatoren umfasst der GRI-Leitfaden eine weitaus geringere Anzahl. Darüber hinaus werden die Leistungsindikatoren in die Bereiche Ökonomie, Ökologie und Gesellschaft eingeteilt. KIM-Aspekte unter Governance und Soziales finden sich in der GRI-Kategorie Gesellschaft wieder. Teilweise werden aber auch Indikatoren in den allgemeinen Standardangaben eingeordnet. Unter der GRI-Kategorie Gesellschaft werden die meisten Aspekte (Indikatorengruppen) und Indikatoren aufgeführt. Laut Tobolts (2011) qualitativem Vergleich von KIM und GRI ist diese Schwerpunktsetzung des GRI-Leitfadens historisch begründet durch angelsächsische Einflüsse (vgl. Tobolt, 2011, S. 56). Darüber hinaus resultiert der Schwerpunkt bei der überarbeiteten G4-Version aus dem verstärkten Fokus auf die Prozesse entlang der gesamten Wertschöpfungskette. Themen wie Menschenrechte, Kinder- und Zwangsarbeit sind dort verstärkt vertreten. Diese Ausrichtung ist durch die voranschreitende Globalisierung und der damit einhergehenden größeren Arbeitsteilung und Spezialisierung vor allem bei weltweit agierenden Großunternehmen zunehmend relevant.

KIM als Basis für die Teilnahme am DNK
Der Deutsche Nachhaltigkeitskodex (DNK[21]) wurde im Oktober 2011 vom Rat für Nachhaltige Entwicklung der Bundesregierung Deutschland veröffentlicht und hat eine freiwillige Berichterstattung über die Nachhaltigkeitsleistung und unternehmerische Verantwortung von Unternehmen zum Gegenstand. Der Kodex beschreibt Mindestanforderungen an die Transparenz der Berichterstattung für die Bereiche Strategie, Prozessmanagement, Umwelt und Gesellschaft. Hierzu veröffentlichen die Unternehmen eine Entsprechungserklärung auf ihrer Homepage über die Erfüllung oder die Abweichung von den Kodexkriterien. Die vom DNK definierten Kriterien gelten für Unternehmen aller Größen und Unternehmensformen. Ihre Bemühungen um nachhaltiges Wirtschaften können sie anhand dieser Kriterien transparent und untereinander vergleichbar darstellen. Damit bietet der DNK Vergleichsmöglichkeiten verschiedener Unternehmen und Branchen für Investoren, NGOs und vor allem Finanzanalysten. Es wird ihm eine hohe politische Bedeutung zugeschrieben. Die Berichterstattung erfolgt anhand der Standards GRI (A+) Global Reporting Initiative oder EFFFAS[22] (Level III) Europäischer Analystenverband. In 20 Bereichen mit je bis zu zwei Leistungsindikatoren werden Aspekte der Ökologie, des Sozialen und der Unternehmensführung beschrieben. Branchenspezifische Anpassungen können

---

[21] http://www.deutscher-nachhaltigkeitskodex.de/.
[22] Europäischer Finanzprofiverband „European Federation of Financial Analysts Societies" (EFFAS).

über die zusätzlichen sektorspezifischen Leistungsindikatoren (KPIs – Key Performance Indicators) vorgenommen werden. Somit werden die Nachhaltigkeitsansätze von Unternehmen sichtbar. Eine Zertifizierung ist nicht vorgesehen, aber durch Dritte möglich.

Das Wesentliche bei der Anwendung von KIM ist der Prozess der Datenerhebung und deren Auswertung unter der Einbeziehung der beteiligten Führungskräfte und der Mitarbeiter. Eine Unternehmensbewertung mit KIM stellt damit eine umfangreiche Basis dar, um an dem Deutschen Nachhaltigkeitskodex (DNK) teilzunehmen und somit den Stand der Nachhaltigkeit des Unternehmens auch transparent nach außen zu kommunizieren. Anhand der Fragebögen, der Kennzahlen und der anschließenden Auswertung von KIM lassen sich umfangreiche Daten und Informationen bereitstellen, die als Grundlage des DNK dienen können. Insgesamt sind es nach dem neuen GRI G4-Berichtsstandard 28 Indikatoren, die für den DNK berichtet werden sollen. Oft sind die G4-Indikatoren sehr spezifisch, so dass die KIM-Kennzahlen in vielen Fällen nicht direkt übernommen werden können. Die zwanzig Kriterien des DNK sind hingegen sehr viel allgemeiner und erfordern eher generelles Wissen über das Unternehmen. Dafür lassen sich einige Informationen aus der Unternehmenshomepage oder der Umwelterklärung ableiten. Die KIM-Daten können für die Entsprechungserklärung zusammengefasst und spezifisch den entsprechenden Punkten im DNK zugeordnet werden. Auf Basis dieser Daten und Informationen können dann vollständige und explizite Beschreibungen über die Erfüllung oder Abweichungen von den Kodexkriterien des DNK in einer Entsprechungserklärung vorgenommen werden.

Die Vorteile der Kombination von KIM mit dem Deutschen Nachhaltigkeitskodex sind zum einen die IST-Analyse über die Nachhaltigkeitssituation im Unternehmen und sich daraus ergebenden Verbesserungs- und Innovationsprozesse sowie der interne Kommunikationsprozess unter Einbeziehung der Mitarbeiter und Führungskräfte aller Ebenen. Zum anderen kann durch die Teilnahme am DNK die nachhaltige Unternehmensführung glaubwürdig anhand global gültiger Kriterien transparent dargestellt und ein wesentlicher Beitrag zum nachhaltigen Wirtschaften geleistet werden.

Praxisbericht: Besondere Orte[23]

UMWELTHAUPTSTADT.de: Wie sind Sie darauf gekommen, die Nachhaltigkeit der BESONDEREN ORTE messen zu lassen?
ANKE STOPPERICH: Seit Gründung der BESONDEREN ORTE spielt Nachhaltigkeit eine übergeordnete Rolle für uns. Sie ist nicht nur im Leitbild verankert, sondern grundsätzliche Handlungsmaxime aller Mitarbeiter. Nachdem wir schon viele Nachhaltigkeitsmaßnahmen umgesetzt haben – beispielsweise durch die Umbauten unserer Locations nach den Kriterien einer ressourcenschonenden nachhaltigen Wirtschaftsweise – interessierte uns, wie nachhaltig wir konkret sind und was wir noch verbessern können. Deshalb traten wir mit Fr. Prof. Grothe von der Hochschule für Wirtschaft und Recht Berlin in Kontakt, um im Rahmen eines studentischen Projektes unsere Nachhaltigkeitsleistung anhand des von Prof. Grothe in Zusammenarbeit mit SUSTAINUM Consulting entwickelten Kriterien- und Indikatorenmodells zur Bewertung von Nachhaltigkeit (KIM) messen zu lassen.

Wie sah die Nachhaltigkeitsmessung konkret aus?
KIM misst die Nachhaltigkeit eines Unternehmens anhand von Kennzahlen und einer Mitarbeiterbefragung entlang der Dimensionen Ökonomie, Ökologie, Soziales und Governance. Es wird ein konkreter Nachhaltigkeitsscore ermittelt (zwischen 0–100 %). Zuerst erhoben wir die Kennzahlen für KIM auf der Grundlage von Daten aus unserem Controlling. Anschließend führten wir eine Mitarbeiterbefragung zu unserer Nachhaltigkeitsleistung durch. Auf einem Auswertungsworkshop wurde den Führungskräften das KIM-Ergebnis präsentiert und auf Basis einer Stärken-Schwächen-Analyse relevante Handlungsfelder zur Verbesserung unserer Nachhaltigkeitsleistung identifiziert. Danach wurden Veränderungsprojekte angestoßen. Wir führten beispielsweise ein internes Vorschlagswesen für unsere Mitarbeiter ein, um deren Partizipation zu stärken und ihre Ideen besser für das Unternehmen nutzbar zu machen. Auf der Grundlage von KIM erstellten wir dann die Entsprechungserklärung zum Deutschen Nachhaltigkeitskodex.

Warum war die Erstellung der Entsprechungserklärung zum Deutschen Nachhaltigkeitskodex für Sie wichtig?
Wir wollen mit der Entsprechungserklärung zum DNK unser Bekenntnis zu einer nachhaltigen Wirtschaftsweise öffentlich stärken. Bisher haben eher große Unternehmen aus dem DAX oder MDAX eine Entsprechungserklärung erstellt. Für das nachhaltige Wirtschaften reicht es aber nicht aus, dass nur große Unternehmen über ihre Wirtschaftsweise Bericht erstatten. Auch kleine und mittelständische Unternehmen müssen nachhaltig wirtschaften und darüber berichten. Nur so können

---

[23] http://www.umwelthauptstadt.de/Politik-Wissenschaft-Kultur/nachhaltigkeitsmessung-beiden-besonderen-orten-berlin-und-die-erstellung-der-entsprechenserklaerung-zum-deutschen-nachhaltigkeitskodex-dnk, Juli 2015.

> wir die großen Herausforderungen im 21. Jahrhundert wie den Klimawandel, die Ressourcenverknappung und soziale Ungleichheit bewältigen.
> Zudem sehen wir uns als Branchenvorreiter in Punkto Nachhaltigkeit. Wir sind das erste Unternehmen aus der Veranstaltungsbranche, das eine Entsprechungserklärung zum DNK veröffentlicht. Damit wollen wir unserer Branche einen Impuls geben und das Thema Nachhaltigkeit noch stärker in den Fokus rücken.
>
> **Wird KIM auch weiterhin für Sie relevant sein?**
> Natürlich. KIM ist darauf ausgelegt, einen kontinuierlichen Verbesserungsprozess im Unternehmen anzustoßen. In Zukunft werden wir jährlich die von KIM geforderten Kennzahlen erheben und eine Mitarbeiterbefragung durchführen, um daraus Verbesserungsprojekte abzuleiten und umzusetzen. Es ist unser Anspruch, immer nachhaltiger zu wirtschaften und weiterhin der Branchenmaßstab in Punkto Nachhaltigkeit zu sein. Dazu ist KIM das geeignete Instrument. Insgesamt ziehen wir ein sehr positives Feedback bezüglich der Kooperation mit der Hochschule für Wirtschaft und Recht Berlin. Die Zusammenarbeit mit Prof. Grothe und den Studenten war zielorientiert, konstruktiv und die Kommunikation sowie die Chemie haben gestimmt.
> Insgesamt ist der Mehrwert des Projektes für uns hervorragend.

Fazit

Um Nachhaltigkeit in Unternehmen und anderen Organisationen erfolgreich zu verankern, empfiehlt es sich, dieses Thema mit anderen relevanten Aufgaben zu koppeln.

Nachhaltigkeit ist ein Querschnittsthema, was in der Natur der Sache liegt. Zukunftsfähigkeit wird ein Unternehmen oder eine andersartige Organisation nur erlangen, wenn die Bereiche der Ökonomie, der Ökologie, des Sozialen und der Governance in einen Einklang kommen. Das erfordert zwangsläufig eine breite Beteiligung der Mitarbeitenden und eine Innovationskultur, die systematisch und kontinuierlich wichtige Chancen und Herausforderungen aufgreift. Eine erfolgreiche Nachhaltigkeitsorientierung stellt sich als eine solche aber auch nach außen und nach innen dar, denn nur so kann es gelingen, alle Vorteile einer solchen Orientierung zu nutzen. Sie umfasst deshalb die folgenden Aspekte:

- Bewertung der Nachhaltigkeitsperformance
- Partizipation der Mitarbeitenden
- Kontinuierlicher Verbesserungsprozess
- Innovation
- Kommunikation der Nachhaltigkeitsperformance nach innen und außen

Der Einsatz des Kriterien- und Indikatorenmodells (KIM) führt unmittelbar zur Umsetzung der ersten vier Aspekte und schafft eine Grundlage für die Kommunikation nach innen und außen.

KIM ist ein Selbstbewertungsinstrument, das, im Gegensatz zur externen Bewertung, auf der subjektiven Kenntnis der internen Daten und Fakten beruht. Es beschreibt und bewertet die Nachhaltigkeitsperformance im Vergleich zu anderen Nachhaltigkeitsberichtserstattungen wie die der GRI oder des DNK in besonders umfassender Weise. Durch seinen partizipativen Ansatz sorgt es im hohen Maße dafür, dass Mitarbeitende beteiligt und deren spezifischen Kenntnisse der internen Sachverhalte und Abläufe Berücksichtigung finden. Die Bewertung von Trends lenkt das Management der Nachhaltigkeitsperformance in Richtung eines kontinuierlichen Verbesserungsprozesses, und die Auswertungsworkshops, als Baustein des Anwendungsprozesses von KIM, legen gezielt die Perspektive auf Innovationspotenziale. Ein Auswertungsworkshop kann bereits als Kommunikation nach innen genutzt werden, insbesondere aber auch die Verbreitung seiner Ergebnisse innerhalb des Unternehmens.

Wird dieses ergänzt durch eine Entsprechungserklärung gemäß dem DNK, die auf Basis der KIM-Analyse mit geringem Aufwand erarbeitet werden kann, und wird diese für einen Nachhaltigkeitsbericht an die Stakeholder genutzt, kann die Nachhaltigkeitsorientierung ihre ganze Kraft entfalten.

Literatur

GRI – Global Reporting Initiative (2013): *G4 Leitlinien zur Nachhaltigkeitsberichterstattung Teil 1 – Berichterstattungsgrundsätze und Standardangaben*.

GRI – Global Reporting Initiative (2013c): *G4 Leitlinien zur Nachhaltigkeitsberichterstattung Teil 2 – Umsetzungsanleitung*.

Fischer, F. (2014): *Indikatoren zur Selbstbewertung von Nachhaltigkeit im Dienstleistungssektor – Eine vergleichende Analyse am Beispiel der Transport- und Logistikbranche*, Uni Oldenburg.

Grothe, A. (2007): *Kriterien und Indikatorenmodell zur Messung von Nachhaltigkeit am Beispiel der Chemieausbildung*, in: BWP, 36. Jahrgang, 5/2007, S. 32–36.

Grothe, A./Overmann, R. (2008): *Zukunftsfähigkeit gestalten – Nachhaltigkeit in der Chemieausbildung*, in: BIBB (Hrsg.) Potenziale mobilisieren – Veränderungen gestalten, 5. – Fachkongress 2007, Ergebnisse und Perspektiven, Bielefeld.

Grothe, A. (2012): *Kriterien- und Indikatorensystem zur Messung (KIM) von Nachhaltigkeit*, in: A. Grothe (Hrsg.), Nachhaltiges Wirtschaften für KMU – Ansätze zur Implementierung von Nachhaltigkeitsaspekten (S. 116–128). München: oekom.

Grothe, A./Teller, M. (2015): *Landtechnik Unternehmen beweisen in messbaren Ergebnissen ihre Nachhaltigkeit*, VDMA Frankfurt.

Hennicke, P./Kristof, K./Dorner, U. (2009): *Ressourcensicherheit und Ressourceneffizienz – Wege aus der Rohstoffkrise*, Wuppertal Institut für Klima, Umwelt, Energie GmbH.

Rat für Nachhaltige Entwicklung (2014): http://www.deutscher-nachhaltigkeitskodex.de/de/dnk/der-dnk-standard.html.

Tobolt, R. (2011): *Qualitative Betrachtung von Instrumenten zur Messung und Bewertung von Nachhaltigkeit bei KMU am Beispiel von GRI und KIM*. Berlin, Hochschule für Wirtschaft und Recht Berlin.

Nachhaltiger Wirtschaften: Vom Selbst-Check zum zertifizierbaren ZNU-Standard

*Christian Geßner, Axel Kölle, Kesta Ludemann, Florian Schäfer,
Mirjam Rübbelke-Alo und Verena Diekmann*

1. Nachhaltiger Wirtschaften

Unternehmen sehen sich mit einer Vielfalt von Anforderungen rund um das Thema Nachhaltigkeit konfrontiert, wie beispielsweise zu den Themen Klimaauswirkungen, Tierwohl oder auch Demografie und Diversity. Anfragen zu diesen Themen kommen sowohl vom Handel als auch von Verbrauchern, Nichtregierungsorganisationen oder dem Gesetzgeber. Unternehmen sind in diesem Spannungsfeld gefordert, die eigenen Aktivitäten im Nachhaltigkeitsbereich zu erfassen und zu systematisieren, um daraufhin auch gezielt kommunizieren zu können. Auch führt die Vielfalt an Nachfragen in Unternehmen häufig zu dem Bedürfnis, den eigenen Status quo zu erheben, um einen Eindruck zu bekommen, wo das Unternehmen in den verschiedenen Themenfeldern steht („Unsichtbares sichtbar machen").

Die mit der Offenheit des Begriffs einhergehende Interpretationsvielfalt und die mit dessen Komplexität verbundenen Schwierigkeiten der Messung bilden dabei zentrale Herausforderungen, insbesondere für kleine und mittlere Unternehmen. Um Unternehmen den Umgang mit diesen Schwierigkeiten zu erleichtern, bedarf es zum einen einer Rahmensetzung, die bestehende Aktivitäten strukturiert und weiße Flecken aufzeigt, und zum anderen einer Kollektivierung von vorherrschenden Interpretationen, d. h. ein einheitliches Bild, was zur unternehmerischen Nachhaltigkeit dazugehört und wie diese zu bewerten ist.[1]

Vor diesem Hintergrund hat sich das ZNU in den letzten Jahren im Sinne einer transformativen Wissenschaft mit der Entwicklung wissenschaftlich fundierter und gleichzeitig anwendungsorientierter Ansätze zur Nachhaltigkeitsevaluation auf Unternehmens- und Produktebene beschäftigt. Im vorliegenden Beitrag werden die beiden zentralen Ansätze des ZNU, der ZNU-NachhaltigkeitsCheck (Kapitel 2) und der ZNU-Standard Nachhaltiger Wirtschaften[Food] (Kapitel 3) vorgestellt, charakterisiert und in den aktuellen Stand der Wissenschaft eingeordnet. Ziel ist es unter anderem, den Lernpfad von einer ersten Sensibilisierung eines Unternehmens über eine Status-

---

[1] Vgl. Geßner (2008), S. 99ff.

quo-Erfassung bis hin zu einer integrativen Managementlösung für die feste Verankerung von Nachhaltigkeit in den Unternehmensprozessen mit Hilfe der ZNU-Bewertungsansätze darzustellen.

Charakteristisch für die beiden Ansätze ist zum einen die themenorientierte Herangehensweise, die Klimaschutz, Gesundheit usw. und nicht die jeweilige Abteilungslogik in den Vordergrund stellt. Zum anderen wird auf die gezielte Verknüpfung von systemischen mit mechanistischen Ansätzen (wie z. B. Scoring-Modellen) Wert gelegt, sodass trotz ganzheitlicher Perspektive die Anschlussfähigkeit in die Unternehmenspraxis gesichert bleibt. Dabei spielt die umfassende Einbeziehung von Unternehmen verschiedener Größenklassen eine wesentliche Rolle. Auch wenn die Betonung der ZNU-Ansätze auf dem Process-Monitoring liegt, werden die Möglichkeiten des Performance-Measurements stets geprüft und – sobald verlässliche Messverfahren vorliegen (wie z. B. beim Thema Klima/Energie) – mit den prozessualen Ansätzen zum Nachhaltiger Wirtschaften kombiniert.

Generell steht also die messbare Entwicklung in Richtung Nachhaltigkeit im Zentrum der Bemühungen. Entsprechend wird im Folgenden die Begrifflichkeit „Nachhaltiger Wirtschaften" verwendet.[2] Der Begriff „Nachhaltiger Wirtschaften" betont zum einen den Charakter der regulativen Idee der Nachhaltigkeit als Lern- und Entwicklungsprozess. Zum anderen deutet der Begriff des Wirtschaftens auf die Rolle von Unternehmen als gesellschaftliche Akteure hin.

> Nachhaltiger **Wirtschaften** bedeutet, auf Unternehmens- und auf Produktebene schrittweise mehr Verantwortung für Mensch und Natur zu übernehmen – vom Unternehmensstandort über die Wertschöpfungskette bis hin zur Gesellschaft. Hierbei gilt es, sowohl das globale Nord-Südgefälle als auch die zukünftigen Generationen im Blick zu haben. Nachhaltiger Wirtschaften ist ein mittel- bis langfristiger Lernprozess, der einen offenen Dialog mit den Anspruchsgruppen des Unternehmens voraussetzt.

Diese Definition spiegelt zum einen das Verständnis der EU-Kommission von sozialer Verantwortung von Unternehmen wider, nach dem CSR ein Konzept ist, das den Unternehmen als Grundlage dient, ihre Auswirkungen auf die Gesellschaft zu erfassen und in Zusammenarbeit mit den Stakeholdern in die Kernstrategie des Unternehmens zu integrieren.[3] Zum anderen wird die Generationenverantwortung integriert, die in der Nachhaltigkeitsdefinition der UN betont wird: „Eine Nachhaltige Entwicklung ist eine Entwicklung, die die Bedürfnisse der Gegenwart befriedigt, ohne zu riskieren, dass künftige Generationen ihre eigenen Bedürfnisse nicht befriedigen können."[4]

---

[2] Vgl. Geßner (2008), S. 124.
[3] Vgl. Kölle (2008), S. 85ff.; Europäische Kommission (2011).
[4] Vgl. Weltkommission für Umwelt und Entwicklung (1987).

Die wissenschaftliche Basis der im vorliegenden Artikel vorgestellten ZNU-Instrumente bildet das von Geßner 2008 entwickelte Phasenmodell zur themenorientierten Einbettung von Nachhaltigkeit in das Strategische Management, das Arbeiten von Dyllick, Schaltegger, Schulz, Steger, Hülsmann u. a. aufnimmt[5] und in einen dynamischen Darstellungs- und Beurteilungsrahmen für Nachhaltigkeitsstrategien integriert. Im Folgenden soll das Modell kurz dargestellt werden.[6]

In dem Phasenmodell wird Nachhaltigkeit vor allem als Lernprozess gesehen, der seine Dynamik aus dem themenorientierten Ansatz und der Einbindung von Anspruchsgruppen bezieht.[7] Im Modell beschreibt die x-Achse, inwieweit Früherkennung zu Nachhaltigkeitsherausforderungen stattfindet, wie intensiv diese im eigenen Betrieb berücksichtigt werden und inwieweit entwickelte Lösungsansätze in das marktliche und nicht-marktliche Umfeld des Unternehmens getragen werden.

Die y-Achse zeigt auf, ob diese Lösungsansätze kurzfristigen Einzelprojektcharakter haben oder vielmehr konzeptionell auf Management-Ebene fest verankert sind und systematisch wirksam werden. Auf diese Weise ergeben sich nach Geßner drei Phasen der Nachhaltigkeitsintegration im rekursiven Lernzyklus:[8]

Phase 1 „Nachhaltigkeitsmanagement" beschreibt ein verkürztes CSR-Verständnis, das sich häufig in PR-wirksamen Einzelprojekten erschöpft und den kurzfristigen Erfolg im Blick hat. So sinnvoll Maßnahmen wie der Einsatz von Energiesparlampen sein können, bei mangelnder Einbindung in Konzepte zur systematischen Steigerung der Material- und Energieeffizienz wird ein derartiges Nachhaltigkeitsmanagement vom Umfeld häufig nur als „Strohfeuer" oder „grünes Feigenblatt" wahrgenommen.

Phase 2 „Nachhaltiges Management" betont den Querschnittscharakter von Nachhaltigkeitsthemen. Der Anspruch ist hier, Nachhaltigkeit systematisch und abteilungsübergreifend für alle Bereiche des Managements zu erschließen und so schwer kopierbare dauerhafte Vorteile gegenüber den Mitbewerbern zu generieren. Die Hauptmotivation für mehr Nachhaltigkeit bleibt der *Business Case*, wobei das Kosten- und Effizienzdenken mittel- bis langfristig ausgerichtet ist und um die Entwicklung von Produkt- und Prozessinnovationen ergänzt wird.

Phase 3 „Nachhaltiges Wirtschaften" verschiebt die Innen- zur Außenperspektive. Das Unternehmen versteht sich als gesellschaftlicher Akteur mit Verantwortung für die Mitgestaltung nachhaltiger Rahmenbedingungen. Das Unternehmen tritt aktiv in den kritischen Dialog mit vielfältigen externen und internen Anspruchsgruppen. Dazu gehört auch das Experimentieren im Rahmen themenbezogener Kooperationen mit dem Ziel der Entwicklung innovativer Produkte und Dienstleistungen oder zur Erarbeitung von Standards und Leitlinien (Abb. 1).

---

[5] Vgl. Geßner (2008), S. 91ff.
[6] Vgl. Geßner (2008), S. 91ff. u. S. 209ff.
[7] Vgl. Kölle (2008), S. 95ff.
[8] Vgl. Geßner et al. (2010), S. 52.

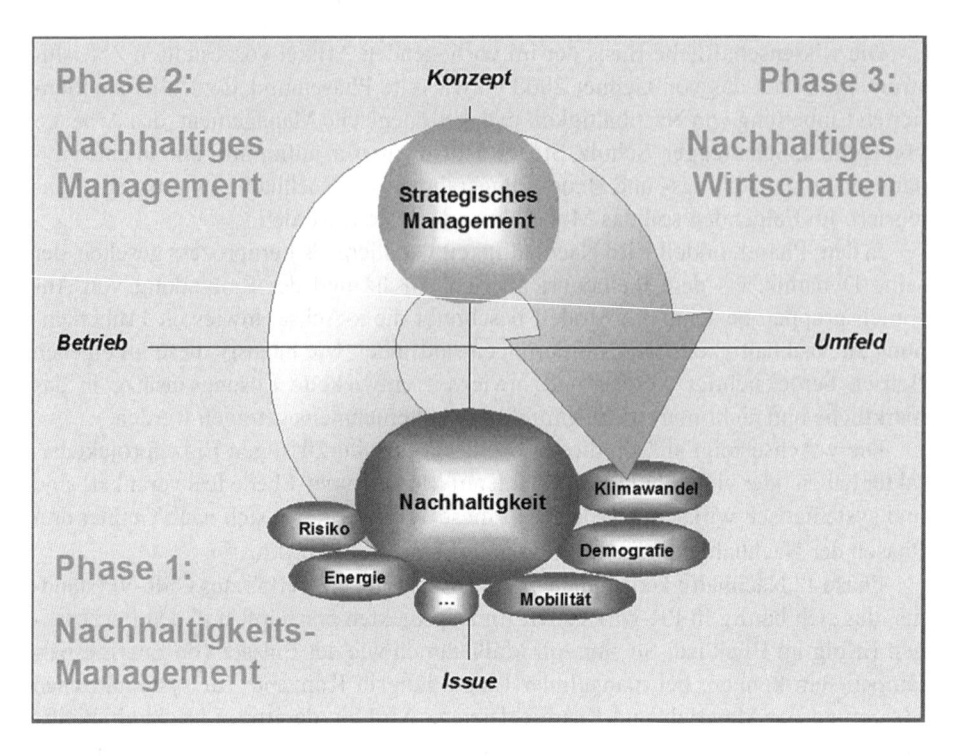

Abb. 1: Phasenmodell Nachhaltiger Wirtschaften[9]

2. ZNU-NachhaltigkeitsCheck

Um nun Unternehmen aufzeigen zu können, in welche Phasen sich ihre Nachhaltigkeitsaktivitäten jeweils einordnen lassen, wurde am ZNU im Jahr 2008/2009 das Selfassessment-Tool ZNU-NachhaltigkeitsCheck entworfen und stetig weiterentwickelt.[10, 11] Das Tool verknüpft den stark systemisch geprägten Charakter des Phasenmodells mit dem mechanistischen Ansatz eines Scoringmodells und wird regelmäßig in Unternehmen insbesondere der Ernährungswirtschaft angewendet.

Beim ZNU-NachhaltigkeitsCheck hat sich die Checkdurchführung im Workshop-Format bewährt. Zur Teilnahme sind Vertreter aus allen für das Thema Nachhaltigkeit relevanten Abteilungen sowie die Geschäftsführung eingeladen (z.B. Produktion, Technik, Einkauf, Marketing, Vertrieb, Personal etc.).

---

[9] Vgl. Geßner (2008), S. 212.
[10] Vgl. Geßner et al. (2010).
[11] Vgl. Geßner et al. (2013a).

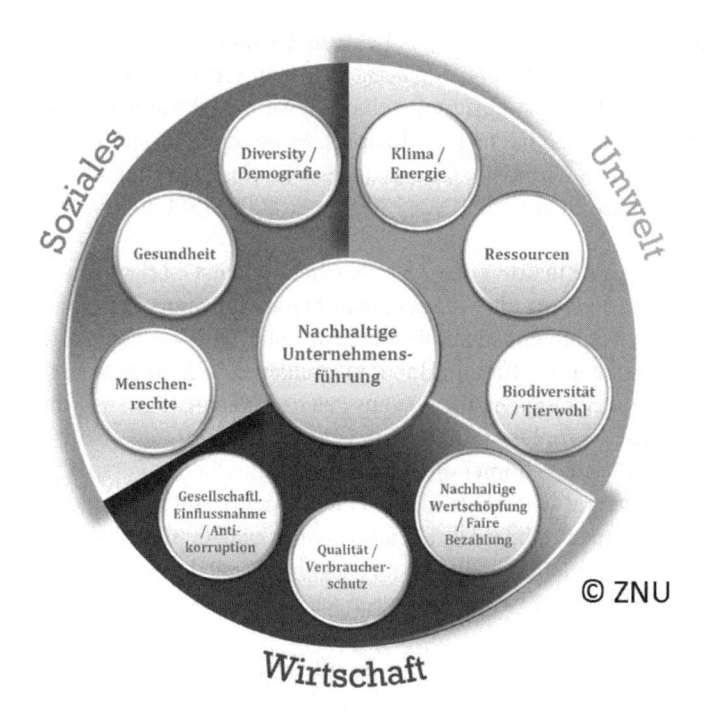

Abb. 2: Systematik des ZNU-NachhaltigkeitsChecks [12]

Grundsätzlich besteht der ZNU-NachhaltigkeitsCheck aus zwei Teilen: Teil I (Nachhaltige Unternehmensführung) umfasst das „Wie?" der Unternehmensführung in zehn Kategorien. Hier stehen die strategische Ausrichtung und die innere Haltung im Vordergrund. Der Teil I des Checks basiert auf den sog. Bellagio-Prinzipien, die von weltweit führenden Wissenschaftlern und Praktikern entwickelt wurden und engen Bezug auf die Agenda 21 nehmen.[13] Forschungsarbeiten des ZNU auf dem Gebiet der Operationalisierung der Bellagio-Prinzipien im Rahmen von Scoringmodellen fundieren den Check wissenschaftlich.[14, 15, 16, 17]

Teil II (Nachhaltigkeitsthemen) fokussiert auf das themenbezogene „Was?", d.h. was unternimmt das Unternehmen bei den Themen Klima/Energie, Ressourcen, Biodiversität/Tierwohl, Nachhaltige Wertschöpfung/Faire Bezahlung, Qualität/Verbraucherschutz, Gesellschaftliche Einflussnahme/Antikorruption, Menschenrechte,

---

[12] Vgl. Geßner et al. (2013a), S. 1.
[13] Vgl. Hardi et al. (1997).
[14] Vgl. Geßner (2008).
[15] Vgl. Merten et al. (2005).
[16] Vgl. Geßner et al. (2003).
[17] Vgl. Geßner et al. (2002).

Gesundheit, Diversity/Demografie. Die neun Themen lassen sich den drei Dimensionen Wirtschaft, Umwelt und Soziales zuordnen (Abb. 2). Der Teil II des ZNU-NachhaltigkeitsChecks integriert in seinen Bewertungskriterien u. a. folgende Quellen: Agenda 21, Global Compact Principles, Millenium Declaration (alle United Nations); Principles of Corporate Governance (OECD), Reporting Guidelines wie GRI und DNK, private Standards (ISO 14001, SA 8000, ISO 26000, BSCI, EMAS III u. a.).

Die vorrangige Funktion des ZNU-NachhaltigkeitsChecks besteht darin, zu zeigen, in welchen Feldern ein Unternehmen bereits im Sinne der Nachhaltigkeit entwickelt ist („Unsichtbares sichtbar machen") und wo sich noch offene Lernfelder befinden. Hierzu werden für alle Handlungsfelder der Unternehmensführung und für die einzelnen Nachhaltigkeitsthemen aus den drei Nachhaltigkeitsdimensionen (Umwelt, Ökonomie, Soziales) jeweils beispielhaft Antwortmöglichkeiten vorgegeben. Im Zuge dessen werden immer die beiden unterschiedlichen Perspektiven betrachtet: Einmal werden Antwortmöglichkeiten aus einer standortbezogenen Perspektive (welche Maßnahmen erfolgen direkt am Standort) und einmal aus der Sicht der Wertschöpfungskette (welche Maßnahmen erfolgen entlang der Wertschöpfungskette und inwiefern werden andere Anspruchsgruppen in Nachhaltigkeitsaktivitäten einbezogen) vorgestellt.

Für die jeweilige Sichtweise werden die Unternehmensvertreter gebeten, zunächst individuell ihr Unternehmen anhand der Antwortkategorien einzuordnen. Dabei sind die einzelnen Antwortkategorien jeweils mit Punkten hinterlegt (0, 1, 3 und 5 Punkte), wobei die höchste Punktzahl auch den höchsten Erfüllungsgrad darstellt. Zudem bauen die Antwortkategorien aufeinander auf, d. h. 5-Punkte-Antworten enthalten die Erfüllung der vorangegangenen Stufen (Abb. 3).

Nach individueller Auswertung des Checks ergibt sich eine kollektivierte Interpretation zum Status quo der jeweiligen Nachhaltigkeitsthemen im betrachteten Unternehmen. Dies geht zumeist einher mit intensiven Diskussionen zu einzelnen Bewertungen, die das Verständnis von Nachhaltigkeit im Unternehmen weiter voranbringen.

Doch nicht nur die Bewertung des Status quo ist wertvoll, ebenso profitieren Unternehmen von der Sammlung von Beispielen, was das Unternehmen in den einzelnen Handlungsfeldern schon durchführt oder zukünftig initiieren möchte. Ein vollständiges Bild der Nachhaltigkeitsaktivitäten über alle Unternehmensabteilungen hinaus ist in diesem Zusammenhang dadurch gesichert, dass die Durchführung des Checks in einem cross-funktionalen Workshop erfolgt.

Eine Studie von Johnson und Schaltegger zeigt, dass Nachhaltigkeitsmanagement-Software, die häufig auch eine Erstanalyse bietet, in KMU primär zur Datenerhebung, -aufbereitung und für die Nachhaltigkeitsberichterstattung genutzt wird.[18] Als interner Kick-off oder Orientierungshilfe für das Thema Nachhaltigkeit werden

---

[18] Vgl. Johnson/Schaltegger (2015), S. 17.

software-basierte Angebote weniger häufig genutzt, da teilweise der branchenbezogene Blickwinkel fehlt (ebd.).

*Klimaschutz trifft das gesamte gesellschaftliche Leben, wie die Zunahme klimabedingter Naturkatastrophen (z.B.Orkane) in den letzten Jahren zeigt. Dürre, Oberflutungen etc. führen zu starken Veränderungen In der Umwelt und zum Verlust wirtschaftlich nutzbarer Fläche. Durch **steigende Klimakosten**, d.h. v.a. **Energiepreise**, werden auch die Rohstoff- und damit die Produktpreise in Zukunft steigen. Diese Entwicklung wird wohl zukünftig durch Gesetze (zur verursachergerechten Anlastung der Klimakosten) weiter dynamisiert werden. Wie stark engagiert sich Ihr Unternehmen für den Klimaschutz?*			
	UNTERNEHMEN	**WERTSCHÖPFUNGSKETTE/GESELLSCHAFT**	
0	Klimawandel/Energieeffizienz ist für uns kein Thema.	Wir engagieren uns nicht im Klimaschutz.	0
1 2	Zur Steigerung der Energie- und Transporteffizienz werden auf Unternehmensebene vereinzelte Aktivitäten angestoßen und umgesetzt (z.B. Energiesparlampen, innovative Prozesstechnologien, Reduzierung von Dienstreisen, Videokonferenzen).	Gemeinsam mit Lieferanten/Handelspartnern/ Verbänden o.ä. steigern wir fallweise die Energieeffizienz unserer Produkte/Prozesse entlang der Wertschöpfungskette.	1 2
3 4	Daten zu unseren Klimawirkungen erfassen wir systematisch im Rahmen von Standortbilanzen auf Basis international akzeptierter Standards (z.B. GHG-Protocol). Klimaschutzziele und Maßnahmen sind für die Unternehmens- und Standortebene formuliert und eingeleitet z.B. Kraft-Wärme-Kopplung.	Wir haben für unsere Produkte Klimaschutzziele und -maßnahmen eingeleitet (z.B. auf Basis von Product Carbon Footprints). Gemeinsam mit Partnern steigern wir systematisch die Klimafreundlichkeit und Energieeffizienz unserer Produkte, Verpackungen und Prozesse entlang der Wertschöpfungskette.	3 4
5	Darüber hinaus setzen wir auf erneuerbare Energien (Sonne, Wind, Wasser, Erdwärme). Unsere Klimaauswirkungen erfassen wir, um langfristig ein klimaneutrales Unternehmen zu werden.	Darüber hinaus arbeiten wir mit Experten u.a. zusammen, um effektive Strategien, Maßnahmen und Bewertungsverfahren (z.B. Product Category Rules) zu entwickeln und so die Bekämpfung des Klimawandels voranzutreiben.	5
	Beispiele aus Ihrer täglichen Praxis:		

Abb. 3: Ausschnitt Klima/Energie aus dem ZNU-NachhaltigkeitsCheck [19]

Der ZNU-Check setzt genau hier an, indem er mit einem abteilungsübergreifenden Workshop eine Dynamisierung des Themas Nachhaltigkeit bewirkt und eine gute Basis für die Festlegung von Handlungsprogrammen bietet. Darüber hinaus bringt die Durchführung des ZNU-NachhaltigkeitsChecks weitere nützliche Funktionen für das Unternehmen mit sich:

---

[19] Vgl. Geßner et al. (2013a), S. 20.

1. Den Teilnehmern wird deutlich, welche Aspekte/Themenfelder das Thema Nachhaltigkeit umfasst und die Definition von Nachhaltigkeit wird geklärt.
2. Es wird deutlich, inwieweit Nachhaltigkeit das Kerngeschäft des Unternehmens berührt bzw. berühren kann. Somit werden die Relevanz und die Potenziale für das Unternehmen deutlich.
3. Die bereits bestehenden Aktivitäten in allen Dimensionen der Nachhaltigkeit werden gebündelt und der Status quo des Unternehmens wird ersichtlich.
4. Die Teilnehmer erhalten einen Überblick, welche Funktionsbereiche von den verschiedenen Themenfeldern betroffen sind und wie diese Querschnittsaufgabe im Unternehmen organisiert und bearbeitet werden kann.
5. Die Check-Ergebnisse können über die Zeit miteinander verglichen werden, so dass ein internes Monitoringinstrument entsteht.
6. Obgleich es sich beim ZNU-Check um eine Selbsteinschätzung des Unternehmens handelt, richtet sich diese nach festgeschriebenen Kriterien, sodass sich die Ergebnisse auch zum internen Benchmarking beispielsweise mit anderen Standorten oder auch zum externen Benchmarking mit anderen Unternehmen der Branche eignen.
7. Da der ZNU-Check alle Anforderungen des ZNU-Standards thematisiert, liefert die Durchführung des ZNU-Checks erste Hinweise für Stärken und Schwachstellen hinsichtlich einer Zertifizierung nach dem ZNU-Standard, der im folgenden Kapitel vorgestellt wird.
8. Aufgrund des ganzheitlichen Ansatzes des ZNU werden alle Themenfelder in den Blick genommen. Dadurch wird gewährleistet, dass kein Thema vernachlässigt wird, aber auch die Wechselwirkungen und Zielkonflikte zwischen verschiedenen Themenfeldern im Unternehmen diskutiert und abgewogen werden können. Singh et al. unterstreichen die Bedeutung einer ganzheitlichen Herangehensweise für Konzepte zur Messung von Nachhaltigkeit, um den Wechselwirkungen zwischen den Themenfeldern gerecht werden zu können.[20] Die Autoren weisen außerdem darauf hin, dass dies aktuell nur bei wenigen Ansätzen gegeben ist (ebd.).

Der ZNU-NachhaltigkeitsCheck hat die vorrangige Funktion, den Status quo (Stärken/Schwächen) in den verschiedenen Themenfeldern der Nachhaltigkeit zu erfassen und in den verschiedenen Funktionsbereichen ein gemeinsames Verständnis dafür zu schaffen, wo das Unternehmen steht. Somit richtet sich dieses Instrument insbesondere nach innen. Die dargestellten nützlichen Funktionen des ZNU-Checks wurden insbesondere im Zuge von über 150 praktischen Anwendungen bestätigt.

Die Tatsache, dass die Selbstevaluation einer Gruppe wenig geeignet ist für eine glaubwürdige Kommunikation gegenüber (externen) Anspruchsgruppen, zeigt jedoch deutlich, dass reine Selbstbewertungs-Tools hier ihre Grenzen erreichen. Deshalb ist der Blick in Richtung zertifizierbarer Managementlösungen zu richten, bei

---

[20] Vgl. Singh et al. (2012), S. 297.

denen externe, unabhängige Dritte die Systematisierung der Nachhaltigkeitsaktivitäten eines Unternehmens überprüfen und somit eine nachvollziehbare Basis für die Kommunikation mit allen relevanten Anspruchsgruppen geschaffen wird.

3. ZNU-Standard Nachhaltiger Wirtschaften[Food]

Mit dem Ziel der Systematisierung und Standardisierung wurden in den letzten Jahren zahlreiche Rahmenwerke zur Messung und Evaluation von unternehmerischer Nachhaltigkeit entwickelt, die mehr oder weniger spezifisch für Branchen und Teilbereiche der Nachhaltigkeit anwendbar sind.[21, 22] Dabei birgt die Zertifizierbarkeit eines Standards grundsätzlich Chancen und Risiken. So ergeben sich nach Hahn folgende Vorteile einer Zertifizierung: „Die Möglichkeit der Zertifizierung durch eine unabhängige Drittpartei reduziert die Notwendigkeit so genannte Second-Party Audits durchzuführen und kann damit Transaktionskosten senken."[23] Zudem spricht Hahn davon, dass die Interaktion in Wertschöpfungsketten vereinfacht werden kann, Trittbrettfahrer vom Nutzen des Standards abgehalten werden, um somit eine höhere Anerkennung solcher zertifizierbarer Standards zu erlangen (ebd.). Risiken einer Zertifizierung von Nachhaltigkeitsaspekten sind demgegenüber eine ungewisse Prüfqualität, eine zweifelhafte Unabhängigkeit der Zertifizierungsgesellschaft und des Unternehmens aufgrund fehlender Kontrollmechanismen und, dass die Nutzung zertifizierbarer Standards unter Umständen nur zum Schein erfolgt und nicht zwingend eine Auseinandersetzung mit den Inhalten stattfindet (ebd.).

Somit ist die Qualitätssicherung sowohl auf Seiten eines Standardhalters als auch auf Seiten einer Akkreditierungsstelle von höchster Bedeutung. Die genannten Risiken können zwar durch engmaschige Kontrollen innerhalb des Auditprozesses und genaue Auswertung von Auditergebnissen minimiert werden; dies verursacht aber einen steigenden Auditaufwand bei allen Beteiligten und kann zur Folge haben, dass Unternehmen die Nachhaltigkeitszertifizierung komplett in Frage stellen. Verschärft wird diese Gefahr durch die Vielzahl verpflichtender Audits, deren Durchführung die betrieblichen Abläufe in Betrieben zunehmend durcheinanderbringt (Stichwort Auditwahn). Vor diesem Hintergrund sind insbesondere Nachhaltigkeitsstandards gefragt, die einfach in Betriebsabläufe zu integrieren sind und durch ihren ganzheitlichen Charakter dabei unterstützen, Managementabläufe zu bündeln und Komplexität zu reduzieren.

Die prozessorientierte ISO 26000, die Ende 2010 als international anerkannte Leitlinie veröffentlicht wurde, ist zwar ganzheitlich und liefert somit Organisationen eine Hilfestellung zur Durchsetzung von gesellschaftlicher Verantwortung. Aller-

---

[21] Vgl. Schoenheit et al. (2011).
[22] Vgl. Maaß et al. (2014).
[23] Vgl. Hahn (2013), S. 393.

dings weist die ISO ausdrücklich darauf hin, dass sie keine Managementsystemnorm (wie z. B. ISO 9001 oder ISO 14001) ist und für Zertifizierungszwecke weder vorgesehen noch geeignet ist.[24] Sie ist somit ein Normenwerk, das den Unternehmen lediglich einen Rahmen oder Leitfaden für ein Nachhaltigkeitsmanagementsystem geben kann. Außerdem ist die ISO 26000 nicht branchenspezifisch, verbleibt entsprechend auf einem vergleichsweise abstrakten Niveau und ist zu zeit- und kostenintensiv für kleine und mittelständische Unternehmen.[25]

Bei zertifizierbaren Normen wie der ISO 9001 (Qualität), ISO 14001 (Umwelt) oder SA 8000 (Soziales), werden demgegenüber nur Teilaspekte der Nachhaltigkeit, vor allem aus den Bereichen „Umwelt" oder „Soziales" betrachtet.[26] So fehlt bei diesen Normen im Gegensatz zur ISO 26000 die Ganzheitlichkeit mit Blick auf alle drei Säulen der Nachhaltigkeit.[27]

Andere international anerkannte Initiativen wie die Global Reporting Initiative (GRI) sind stärker performanceorientiert und bieten den Unternehmen Richtlinien für die Erstellung von Nachhaltigkeitsberichten. Sie geben bei einem ganzheitlichen Ansatz eine Vielzahl an Indikatoren vor und geben von der Kommunikationsebene Impulse in das Management, sind aber wenig geeignet für die praktische Umsetzung von Nachhaltigkeit in kleinen und mittelständischen Unternehmen.

Neben den beschriebenen Standards, die sich auf gesamte Unternehmen beziehen, gilt es Produktstandards zu erwähnen, die sich explizit mit der Herstellung und/oder der Wertschöpfungskette spezifischer Produkte und ihrer Rohstoffe wie Kakao,[28] Kaffee, Tee, Palmöl,[29] Holz etc. auseinandersetzen.[30] In diesem Zusammenhang können Produktnormen und -standards genutzt werden, um die Ressourceneffizienz von Produkten zu verbessern, beispielsweise indem sie leicht zugängliche Beispiele guter Praxis liefern und einen Orientierungsrahmen geben. So können mit Hilfe dieser Produktstandards, die zum Teil vom Handel oder den Konsumenten erwartet werden, die ökologischen Auswirkungen des Anbaus und/oder die sozialen Bedingungen in den Anbaugebieten verbessert werden. Die Zertifizierung von Produkten ist ein guter Weg, bestimmte Eigenschaften zu kennzeichnen und eine Vergleichbarkeit zu schaffen.[31] Besonders im Hinblick auf globale Produktionsketten sind Zertifizierungen geeignet, um kulturell bedingte Unterschiede im Nachhaltigkeitsverständnis zu objektivieren und zu operationalisieren. Nachhaltigeres Wirtschaften setzt aber voraus, dass man sowohl die Produkt- als auch die Unternehmensebene betrachtet.

---

[24] Vgl. BDA et al. (o. J.).
[25] Vgl. Hemphill (2013).
[26] Vgl. Hahn (2012), S. 379.
[27] Vgl. Maaß et al. (2014).
[28] Vgl. Reinecke et al. (2012).
[29] Vgl. Schouten/Glasbergen (2011), S. 1981.
[30] Vgl. Gulbrandsen (2008), S. 563f.
[31] Vgl. Fischler (2014).

Mit den hier beschriebenen Standards werden allerdings nur die Produkte oder die Produkteigenschaften entlang der Kette oder innerhalb eines Unternehmens gelenkt. Nachhaltiges Wirtschaften nach ZNU stellt hingegen standortbezogene Lernprozesse in den Vordergrund und zielt darauf, ausgehend vom produzierenden Unternehmen die Lieferanten gemeinsam entlang der Kette in Bezug auf Nachhaltigkeit ganzheitlich weiterzuentwickeln (Abb. 4).

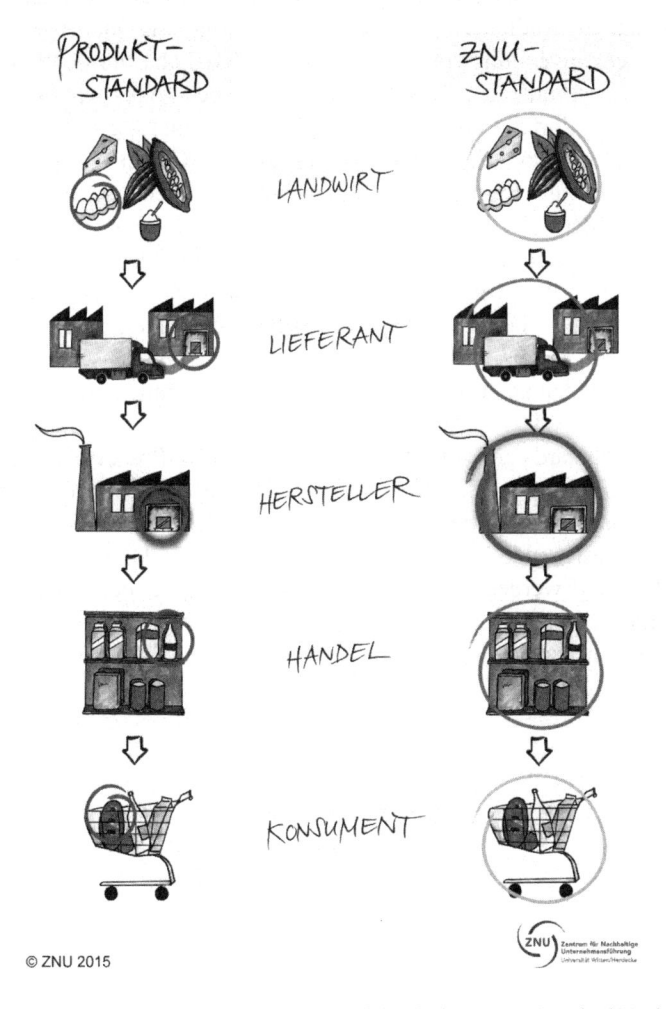

Abb. 4: Darstellung von Produktstandards im Vergleich mit dem ZNU-Standard Nachhaltiger Wirtschaften[Food32]

---

[32] Eigene Darstellung.

Die Anwendung von Nachhaltigkeits-Standards scheitert heute noch häufig, insbesondere auf der Ebene der kleinen und mittleren Unternehmen. Zu weit scheint der von Großunternehmen getriebene anglo-amerikanische Ansatz noch von den tatsächlichen Bedürfnissen, insbesondere von kleinen und mittleren Unternehmen in Europa, entfernt. Zudem stellen viele der Standards eigene, aufwändig in andere Systeme zu integrierende Ansätze dar. Dies steigert die Komplexität für die Unternehmen anstatt sie zu reduzieren und kann dazu führen, dass Nachhaltigkeitsaudits ähnlich wie andere Auditarten z. B. zur Qualitätssicherung auf Ablehnung stoßen. Die Vorteile der Anwendung von Normen müssen letztlich offensichtlich sein, damit Unternehmen diese nutzen.[33] Das Herausarbeiten der konkreten finanziellen und nicht-finanziellen Vorteile einer Nachhaltigkeitszertifizierung stellt somit eine der größten Herausforderungen dar und verlangt auf der Gegenseite weitsichtige und verantwortungsbewusste Unternehmerinnen und Unternehmer, die Nachhaltigkeit als Chance erkennen.

Um dieser Herausforderung zu begegnen, wurde seit 2011 gemeinsam mit zahlreichen engagierten Anspruchsgruppen der freiwillige ZNU-Standard Nachhaltiger Wirtschaften^{Food} entwickelt. Er unterstützt positive Wandlungsprozesse, verfolgt einen ganzheitlichen Ansatz, thematisiert neben der Unternehmensebene auch die Produktebene, richtet sich an große wie auch kleine Unternehmen und ist extern zertifizierbar.[34]

Der ZNU-Standard fordert und fördert nachhaltigere Prozesse und Produkte. Er verknüpft Prozess-Monitoring mit Performance-Measurement und kann somit als anwendungsorientierter „Mittelweg" der genannten Ansätze interpretiert werden.[35] Dadurch, dass bestehende Zertifizierungen, die bereits in Unternehmen vorhanden sind, berücksichtigt werden, wird der integrative Charakter des Standards deutlich. Außerdem macht er die verschiedenen Facetten der Nachhaltigkeit durch seinen ganzheitlichen Ansatz greifbar.

---

[33] Vgl. Günther et al. (2014).
[34] Vgl. Geßner et al. (2013b).
[35] Vgl. Geßner et al. (2013b), S. 3.

Teil I „Nachhaltige Unternehmensführung"

DENKEN /
I.1 Wie gut ist die Früherkennung?
I.2 Hat das Unternehmen ein Leitbild zur Nachhaltigkeit festgelegt?
I.3 Wie umfassend sind Ziele und Meilensteine für mehr Nachhaltigkeit formuliert?

HANDELN /
I.4 Ist Nachhaltigkeit im Management verankert und wie viele Ressourcen werden eingesetzt, um die Nachhaltigkeitsziele zu erreichen?
I.5 Wie neugierig und lernfähig ist das Unternehmen?

MESSEN /
I.6 Wie gut ist die Diagnose?

KOMMUNIZIEREN /
I.7 Wie offen ist der Dialog mit internen und externen Anspruchsgruppen?

Teil II „Nachhaltigkeitsthemen"

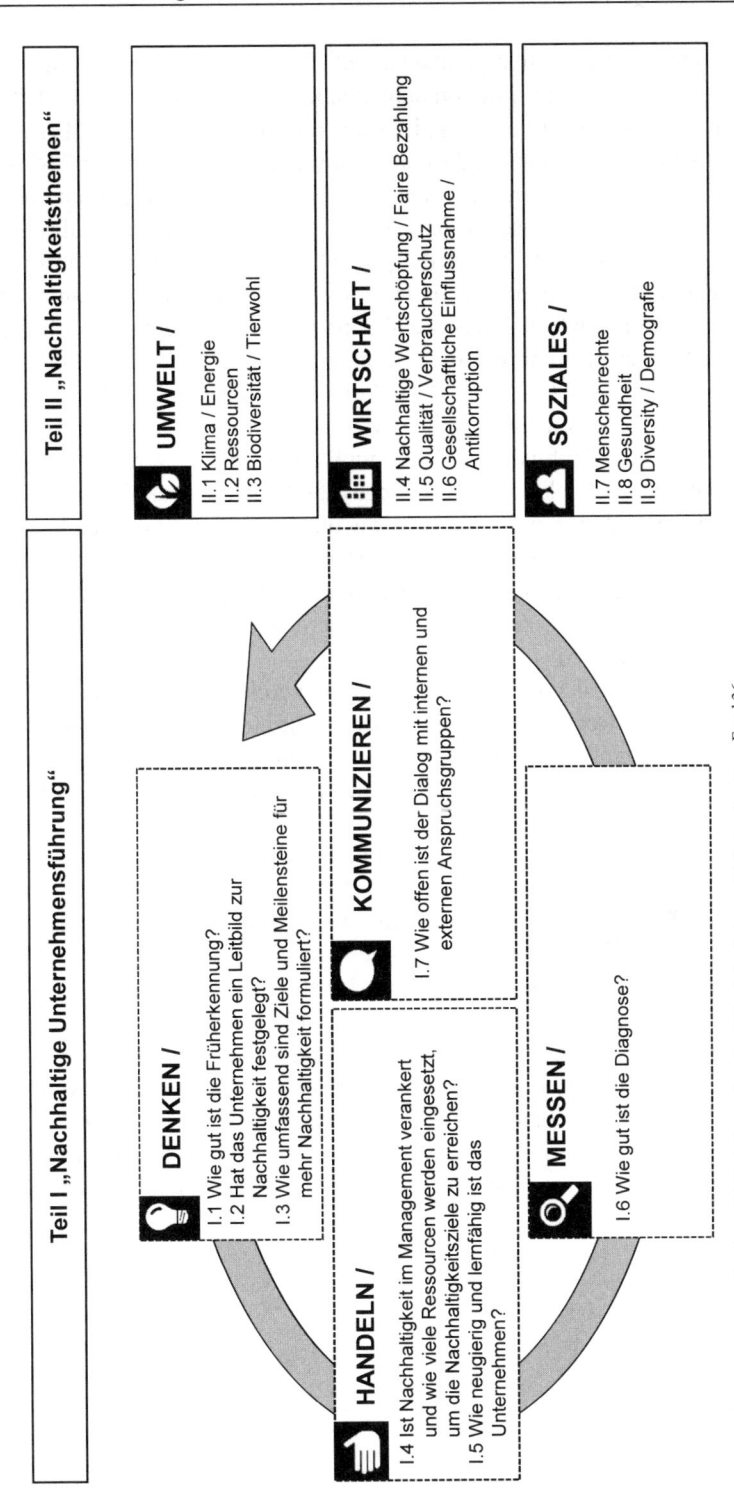

UMWELT /
II.1 Klima / Energie
II.2 Ressourcen
II.3 Biodiversität / Tierwohl

WIRTSCHAFT /
II.4 Nachhaltige Wertschöpfung / Faire Bezahlung
II.5 Qualität / Verbraucherschutz
II.6 Gesellschaftliche Einflussnahme / Antikorruption

SOZIALES /
II.7 Menschenrechte
II.8 Gesundheit
II.9 Diversity / Demografie

Abb. 5: Systematik des ZNU-Standards Nachhaltiger Wirtschaften[Food 36]

Der ZNU-Standard Nachhaltiger Wirtschaften[Food] richtet sich in erster Linie an produzierende Unternehmen der Foodbranche. Dabei setzt der Standard die Erfüllung gesetzlicher Anforderungen voraus und fordert die Unternehmen auf, über die Einhaltung internationaler Normen hinaus aktiv zu werden. Genau wie der ZNU-NachhaltigkeitsCheck ist der ZNU-Standard in zwei Anforderungsbereiche unterteilt: Die zentralen Managementprozesse in der „Nachhaltigen Unternehmensführung" und die „Nachhaltigkeitsthemen". Teil I, die „Nachhaltige Unternehmensführung", betrifft das generelle Managementsystem. Hier werden die allgemeinen Rahmenbedingungen festgelegt, in denen sich das Nachhaltigkeitsmanagement im Kontext „Denken-Handeln-Messen-Kommunizieren" weiterentwickeln kann, angelehnt an den PDCA Kreislauf (*Plan, Do, Check, Act*). Auf diese Weise soll die kontinuierliche Verbesserung zu mehr Nachhaltigkeit gewährleistet werden. Zugleich soll so das Fundament für eine glaubwürdige Kommunikation gelegt werden.[37] Analog des ZNU-NachhaltigkeitsCheck greift Teil II des Standards die spezifischen „Nachhaltigkeitsthemen" aus den drei Bereichen Umwelt, Wirtschaft und Soziales auf und zeigt die ganzheitliche Ausrichtung in Richtung Nachhaltigkeit. In Kombination mit Teil I entwickelt sich die Dynamik „Nachhaltiger Wirtschaften" auf Unternehmens- und Produktebene in konkreten Handlungsfeldern wie Klima, Verbraucherschutz, Menschenrechten (Abb. 5).

Insgesamt ergeben sich 60 Anforderungen, die vollständig für eine erfolgreiche Zertifizierung erfüllt werden müssen. In Punkten, die auf das Unternehmen nicht zutreffen, ist eine nachvollziehbare Erläuterung notwendig, warum die Anforderungen nicht auf das entsprechende Unternehmen angewendet werden („comply or explain") (ebd.).

Besonders hervorzuheben sind die Anforderungen des ZNU-Standards in Punkto Früherkennung. Hier gilt es, die wesentlichen Nachhaltigkeitsherausforderungen sowohl auf Produktebene (z.B. Hot Spot Analyse) als auch auf Unternehmensebene (z.B. ZNU-NachhaltigkeitsCheck) zu erfassen und zu bewerten.[38] Zudem gilt es im Rahmen der Frühkennung, die Ansprüche der für die Unternehmung relevanten Gruppen zu erfassen, um somit proaktiv auf potentielle Risiken seitens eben dieser Gruppen eingehen zu können.[39] Hierzu dient insbesondere auch das Instrument der Anspruchsgruppenanalyse, welche im Rahmen des ZNU-Standards gefordert wird. Diese Analyse zielt durch einen Perspektivenwechsel insbesondere darauf ab, eigene Handlungsspielräume zu erhalten bzw. diese auszubauen.[40, 41] So lassen sich durch regelmäßige Früherkennung Risiken frühzeitig entschärfen. Die Gefahr von kriti-

---

[36] Vgl. Geßner (2013b), Anlage 1.
[37] Vgl. Geßner (2013b), S. 8.
[38] Vgl. Geßner (2013b), S. 13.
[39] Vgl. Kölle (2008), S. 95.
[40] Vgl. Geßner (2013b), S. 12f.
[41] Vgl. Kölle (2008), S. 116ff.

schen Anspruchsgruppen bei spezifischen Themen durch die „Nachhaltigkeitsarena" getrieben zu werden, sinkt.

4. Fazit

Generell können Unternehmen den ZNU-Standard nutzen, um systematisch die positiven Auswirkungen ihrer Geschäftstätigkeit zu steigern und negative Auswirkungen zu minimieren. Unabhängig davon, wie aktiv Unternehmen im Bereich Nachhaltigkeit schon sind, hilft der Standard Nachhaltigkeitsaktivitäten zu strukturieren, einen dynamischen Lern- und Wandlungsprozess anzustoßen und so Jahr für Jahr nachweisbar nachhaltiger zu wirtschaften.

Dabei bietet die Freiwilligkeit des ZNU-Standards die Möglichkeit, das dargestellte Managementsystem „Nachhaltiger Wirtschaften" auch unabhängig von einer externen Zertifizierung einzuführen und zu nutzen, gewissermaßen als Vertiefung der Selbstevaluation durch den ZNU-NachhaltigkeitsCheck.

Auf der anderen Seite bietet eine externe Zertifizierung die Chance, die Kommunikation der eigenen Nachhaltigkeitsleistung wirkungsvoll zu fundieren, wie sich am Beispiel des Nachhaltigkeitsberichtes von Ritter Sport zeigt.[42] So kann der ZNU-Standard schließlich dazu dienen, den zunehmend wichtigen Dialog mit Anspruchsgruppen fundiert, glaubwürdig und aktiv zu gestalten.

Die Entscheidung, ob ein System Nachhaltiger Wirtschaften integriert wird, und, wenn ja, welches und ob es zertifiziert werden soll oder nicht, ist firmenindividuell und situativ zu beantworten. Sicher ist, dass es sich Unternehmen immer weniger leisten können, sich nicht ernsthaft mit dem Thema Nachhaltigkeit auseinanderzusetzen. Nachhaltigkeit ist als Differenzierungsmerkmal in vielen Teilen der Wirtschaft angekommen. Auf der einen Seite droht der Marktausschluss, wenn bestimmte Nachhaltigkeitskriterien nicht eingehalten werden. Auf der anderen Seite stehen die ökonomischen, sozialen und ökologischen Erfolgspotenziale, wenn Nachhaltigkeit systematisch als Innovationstreiber genutzt wird.

Der Wettbewerb um die Deutungshoheit, was ein nachhaltiges Produkt und was ein nachhaltiges Unternehmen ist, wird weiter anhalten und sich intensivieren. Umso wichtiger, dass wissenschaftlich fundierte Bewertungsansätze stetig weiterentwickelt werden und verstärkt in die Unternehmenspraxis Einzug halten.

So kann die Wissenschaft durch transparente vereinheitlichende Bewertungsverfahren in vielen Wertschöpfungsketten wirkungsvolle Beiträge leisten, damit Nachhaltigkeit von den Akteuren stärker als kooperativer Lern- und Entwicklungsprozess begriffen wird. Gelingt es, eine neue Kultur der gemeinsamen Verantwortung und des Vertrauens in den Wertschöpfungsketten zu forcieren und Nachhaltigkeitsleistung differenziert sichtbar zu machen, wird es schließlich auch für den Konsumenten als maßgeblichen Akteur immer einfacher, sich am Point of Sale bewusst für nachhaltigere Produkte zu entscheiden.

---

[42] Vgl. Alfred Ritter GmbH & Co. KG (2015).

Literatur

Alfred Ritter GmbH & Co. KG (2015): *Nachhaltigkeitsbericht 2014*, Verfügbar unter: http://www.ritter-sport.de/de/familienunternehmen/nachhaltigkeit.html:

BDA/BDI/DIHK/ZDH und die zuständigen Bundesressorts BMAS/AA/BMJ/BMWi/ BMELV/BMELV/BMUB: *Stellungnahme zur Nichtzertifizierbarkeit der Norm ISO 26000 „Guidance on Social Responsibility"*, (o. J.) Verfügbar unter: www.csr-in-deutschland.de/ fileadmin/user_upload/Downloads/ueber_csr/stellungnahme-spitzenverbaende-iso-26000-csr.pdf.

Europäische Kommission (2011): *Eine neue EU-Strategie für die soziale Verantwortung der Unternehmen* (CSR).

Fischler, F. (2014): *Sustainability: The Concept for Modern Society*, Sustainable Entrepreneurship, Springer Berlin/Heidelberg, Vol. 2014. S. 13–21.

Geßner, C./Schulz, W. F./Kreeb, M. (2002): *What is a Good Strategy for Sustainable Development?*, Greener Management International.

Geßner, C. (2003): *Sustainability Evaluation in Germany: Market Structure, Bottlenecks and Perspectives – an Overview giving closer Attention to the Evaluation of Business' Sustainability.* In: Kopp, U./Martinuzzi, A./Schuber, U.: Proceedings of the EvAluation of SustainabiliY European COnference EASY ECO 2, 15.–17. Mai 2003, Wien.

Geßner, C. (2008): *Unternehmerische Nachhaltigkeitsstrategien: Konzeption Und Evaluation*, Peter Lang Verlag, Frankfurt am Main

Geßner, C./Kölle, A./Zurad, J./Endres, P. (2010): *Gradmesser Für Nachhaltigkeit*, UmweltMagazin No. 03.

Geßner, C./Rübbelke, M./Petzold, B./Zurad, J./Kölle, A./Endres, P. (2013a): „Wie Nachhaltig Ist Ihr Unternehmen?" ZNU-NachhaltigkeitsCheck, ZNU-Zentrum für Nachhaltige Unternehmensführung, Witten.

Geßner, C./Kölle, A./Ludemann, K./Rübbelke, M./Diekmann, V. (2008): *ZNU-Standard Nachhaltiger Wirtschaften^{Food}*, ZNU-Zentrum für Nachhaltige Unternehmensführung, Witten, 2013b.

Gulbrandsen, L. H (2008): *Accountability Arrangements in Non-State Standards Organizations: Instrumental Design and Imitation.* Organisation No. 15, S. 563–583.

Günther, E./Bergmann, A./Rieckhof, R. (2014): Etablierung betriebswirtschaftlicher Methoden durch Normung. Eine Analyse am Beispiel der DIN EN ISO 14051 zur Materialflusskostenrechnung, In Prammer, H. K (Hrsg.): Ressourceneffizientes Wirtschaften, Springer Fachmedien Wiesbaden, S. 37–53.

Hahn, R. (2013): *Zur Normierung gesellschaftlicher Verantwortung – ISO 26000 im analytischen Vergleich mit ISO 14000 und SA8000.* Zeitschrift für Wirtschafts- und Unternehmensethik, Vol. 14, No. 3, S. 378–400.

Hardi P./Zdan T. (1997): *Assessing Sustainable Development: Principles in Practice*, International Institute for Sustainable Development, Winnipeg.

Hemphill, T. (2013): *The ISO 26000 guidance on social responsibility international standard: what are the business governance implications?* Corporate Governance: The international journal of business in society, Vol. 13 No. 3, S. 305–317.

Johnson, M./Schaltegger, S. (2015): *Nachhaltigkeitsmanagement-Software: Software und webbasierte Ansätze zur Integration unternehmerischer Nachhaltigkeit in kleinen und mittleren Unternehmen.* Centre for Sustainability Management (CSM), Leuphana Universität Lüneburg.

Kölle, A. (2008*): Risikomanagement als strategisches Instrument zum Nachhaltigen Wirtschaften – dargestellt am Beispiel der Ernährungswirtschaft.* Verlag Dr. Kovac, Hamburg.

Maaß, F./Chlosta, S./Icks, A./Welter, F. (2014): *Konzepte und Wirkungen nachhaltigen Unternehmertums*, IfM-Materialien, Institut für Mittelstandsforschung (IfM) Bonn, No. 227, S. 13.

Merten, T./Westermann, U./Rohn, H./Baedeker, C./Kölle, A. (2005): *Der initiale Nachhaltigkeitscheck*. In: Entwicklungspartnerschaft kompakt (Hrsg.): Zukunftssicherung durch nachhaltige Kompetenzentwicklung in KMU der Ernährungswirtschaft.

Reinecke, J./Manning, S./Von Hagen, O. (2012): *The Emergence of a Standards Market: Multiplicity of Sustainability Standards in the Global Coffee Industry* (July 1, 2012). Organization Studies, 33 (5/6), S. 789–812.

Schouten, G./Glasbergen, P. (2011): *Creating Legitimacy in Global Private Governance: The Case of the Roundtable on Sustainable Palm Oil*, Ecol. Econ., Vol. 70 No. 11, S. 1891–1899.

Singh, R. K./Murty, H. R./ Gupta, S. K./Dikshit, A. K. (2012): *An Overview of Sustainability Assessment Methodologies*. Ecological Indicators, Vol. 15, S. 281–299.

Schoenheit, I./Dahle S./Tiemann N. (2011): *Kurzgutachten zur Systematik bestehender CSR-Instrumente*: Endbericht. Im Auftrag des Bundesministeriums für Arbeit und Soziales (BMAS). Berlin, Verfügbar unter: www. csr-in-deutschland.de.

Szekely, F./Knirsch M. (2005): *Leadership and Corporate Responsibility, Metrics for Sustainable Corporate Performance*, esmt CRLSF # 1, Working Paper Series on Responsible Leadership and Sustainability.

Weltkommission für Umwelt und Entwicklung (1987): *Brundtland-Bericht – „Unsere Gemeinsame Zukunft"*.

Nutzung von Nachhaltigkeitsmanagement-Software in kleinen und mittleren Unternehmen

Matthew P. Johnson

1. Einführung

Während immer mehr Großunternehmen geeignete Nachhaltigkeitsstrategien und -ansätze mit einer spezialisierten Nachhaltigkeitsabteilung mit großer Professionalität und zum Teil beträchtlichem Budget entwickeln und umsetzen können, verfügen viele kleine und mittlere Unternehmen (KMUs) oft weder über entsprechende personelle und finanzielle Ressourcen noch können sie das notwendige spezialisierte Fachwissen und die Expertise[1] aufbauen, um relevante Handlungsfelder systematisch zu identifizieren und wirksame und effiziente Nachhaltigkeitsmaßnahmen zu entwickeln. Vielversprechende und anspruchsvolle Ansätze des Nachhaltigkeitsmanagements, wie eine Öko-Bilanzierung oder Sustainability Balanced Scorecard, finden in KMU kaum Anwendung, da Beschäftigte meist nicht über die entsprechende Fachqualifikation verfügen, solche Methoden einzuführen und dauerhaft zu nutzen.[2]

Mit wenigen, meist älteren Ausnahmen[3] fehlen Untersuchungen zur Eignung und Verbreitung geeigneter Methoden des Nachhaltigkeitsmanagements in KMU. Die bisherigen Studien sind zudem primär durch eine Situationserhebung gekennzeichnet und nicht auf die Weiterentwicklung KMU-gerechter Methoden des Nachhaltigkeitsmanagements ausgerichtet. Auch fehlen derzeit noch Ansätze für das Nachhaltigkeitsmanagement von KMU, die sowohl ökologische als auch soziale und ökonomische Aspekte berücksichtigen, den gesamten PDCA-Zyklus abdecken und für die gesamte Organisation, ihre Wertschöpfungskette, Marktprozesse und gesellschaftlichen Beziehungen nutzbar sind. Bezüglich der Anforderungen an mittelstandsorientierte Nachhaltigkeitsmanagementmethoden stellt eine aktuelle Studie[4] fest, dass sie vor allem die Eigenschaften *Umsetzbarkeit* und *Wirtschaftlichkeit* aufweisen sollten, damit sie in KMU breitere Anwendung finden.

---

[1] Vgl. Hörisch et al. (2014).
[2] Vgl. Klemisch/Potter (2006); Johnson (2013).
[3] Vgl. Graafland et al. (2003); Tencati et al. (2004); Hahn/Scheermesser (2006).
[4] Vgl. Johnson/Schaltegger (2015).

Jenseits der betriebswirtschaftlichen Literatur sind durch neue technische Möglichkeiten und die innovative Kraft des Internets über die letzten Jahre einige Desktop-Softwareprogramme und webbasierte Applikationen entstanden, die einem Unternehmen einen einfachen Zugang zu wesentlichen Nachhaltigkeitsthemen in strukturierter und interaktiver Form ermöglichen.[5] Erkennbare Vorteile solcher Software sind je nach Ausgestaltung u. a. **Individualität**, i. e. ein Unternehmen kann für seine spezifischen Bedürfnisse und Anforderungen ein unternehmensspezifisches Nachhaltigkeitsprogramm aufbauen, **Bedienbarkeit**, i. e. das entwickelte Programm kann meist verständlich und mit mehreren Nutzern gleichzeitig umgesetzt werden und **Nutzerfreundlichkeit**, i. e. das Unternehmen kann die Desktop-Applikation oder webbasierte Anwendung selber steuern und in eigenem Tempo in das Unternehmen integrieren.

Es stellt sich allerdings die Frage, ob Nachhaltigkeitsmanagement-Software die bisherigen Methoden des Nachhaltigkeitsmanagements ergänzen oder sogar ersetzen kann. Auf den ersten Blick hinterlassen viele Softwarelösungen einen guten Eindruck.[6] Jedoch bleibt offen, welche der vielfältigen angebotenen Desktop- und Web-Applikationen des Nachhaltigkeitsmanagements besonders für KMUs geeignet sind. Einerseits bieten Software-Anbieter modulare, zum Teil kostenintensive Software-Pakete für ein Management von Nachhaltigkeitsleistung[7] an. Diese Software wird meist von Großunternehmen genutzt. Andererseits sind neuere Anbieter in den Markt eingetreten, die kostengünstigere und sogar kostenlose webbasierte Applikationen anbieten, die für Anwendungen in KMU angepriesen werden. Eine Übersicht der Stärken und Schwächen derzeitiger Softwareangebote für das Nachhaltigkeitsmanagement in KMU fehlt jedoch bisher. Deshalb untersucht die Studie die zwei folgenden Forschungsfragen:

– Welche unternehmensbezogenen Faktoren beeinflussen die Nutzung von Nachhaltigkeitsmanagement-Software in KMU?
– Wie kann Nachhaltigkeitsmanagement-Software die Aufgaben des Nachhaltigkeitsmanagements unterstützen?

Um die Forschungsfragen zu beantworten, ist diese Studie wie folgt aufgebaut: Im zweiten Abschnitt wird das Verständnis von Nachhaltigkeitsmanagement-Software sowie der theoretisch-konzeptionelle Rahmen zur Untersuchung von Nachhaltigkeitsmanagement-Software für den Einsatz bei KMU dargelegt. Der dritte Abschnitt beschreibt das methodische Vorgehen im Detail. Die Ergebnisse einer Befragung zum Einfluss von unternehmensbezogenen Faktoren auf die Nutzung von nachhaltigkeitsbezogener Software werden im vierten Abschnitt dargestellt. Im fünften Abschnitt folgt eine qualitative Analyse zur Eignung der Nachhaltigkeitsmanagement-

---

[5] Vgl. Günther/Kaulich (2005); Muuß/Conrad (2012).
[6] Vgl. Johnson/Schaltegger (2015).
[7] Z. B. *Sustainability Performance Management*, vgl. Muuß/Conrad (2012).

Software für die verschiedenen Aufgaben des Nachhaltigkeitsmanagements. Im letzten Abschnitt werden die Ergebnisse zusammengefasst und Handlungsempfehlungen für die Weiterentwicklung der Nachhaltigkeitsmanagement-Software abgleitet.

2. Theoretisches Konzept
2.1 Verständnis von Nachhaltigkeitsmanagement-Software

Nachhaltigkeitsmanagement umfasst „die Formulierung, Umsetzung und Bewertung von nachhaltigkeitsbezogenen, ökologischen und sozio-ökonomischen Entscheidungen und Handlungen"[8] der Unternehmensleitung zum Zweck, unerwünschte sozialökologische Wirkungen zu reduzieren und erwünschte Nachhaltigkeitswirkungen zu kreieren. Es beinhaltet die gleichzeitige Integration von ökologischen, ökonomischen und sozialen Aspekten und Praktiken in das Kerngeschäft eines Unternehmens und leistet einen relevanten Beitrag zu einer nachhaltigen Entwicklung von Wirtschaft und Gesellschaft.[9]

Die Literatur in diesem Themenfeld schlägt verschiedene mögliche Ansätze vor, um ökologischen, sozialen, ökonomischen Herausforderungen von Unternehmen zu begegnen.[10] Beispielhafte Ansätze für KMU umfassen die Entwicklung und Umsetzung von Nachhaltigkeitsstrategien,[11] die Gestaltung nachhaltigkeitsbezogener Lernprozesse und eines nachhaltigkeitsbezogenen Wissensmanagements für das Unternehmen,[12] die aktive Teilnahme an Netzwerken und Verbänden zu Nachhaltigkeit[13] oder die Anwendung entsprechender Methoden des Nachhaltigkeitsmanagements[14].

Zusätzlich zu diesen Ansätzen wurde in den letzten Jahren ein zunehmend großes, vielfältiges Angebot an Desktop- und Web-Softwareprogrammen für das unternehmerische Nachhaltigkeitsmanagement von KMU entwickelt und angeboten.[15] Einerseits wurden spezialisierte prozess- und produktbezogene Softwareangebote für bestimmte Handlungsfelder (z. B. Produktion, Berichterstatung, Stoffstromanalyse für die effizientere Ressourcennutzung) entwickelt. Andererseits werden unter Begriffen wie „Sustainability Performance Management" umfassendere Software-Pakete mit modularen Applikationen angeboten. Je nach firmenspezifischen Bedürfnissen und Anforderungen können umfangreichere Software-Pakete verschiedene Aspekte des Nachhaltigkeitsmanagements gleichzeitig oder getrennt bedienen, wie Umwelt-, Gesundheits- und Sicherheitsaspekte **(Environmental Health and**

---

[8] Vgl. Starik/Kanshiro (2013), S. 12.
[9] Vgl. Elkington (1998); Bansal (2005); Schaltegger/Burritt (2005).
[10] Vgl. Schaltegger et al. (2007).
[11] Vgl. Bowen (2002); Aragón-Correa et al. (2008).
[12] Vgl. von Malmborg (2002); Tseng et al. (2010).
[13] Vgl. Collins et al. (2007); Halila (2007); Moore/Manring (2009).
[14] Vgl. Graafland et al. (2003); Schaltegger et al. (2007); Johnson (2013).
[15] Vgl. Süpke et al. (2009); Muuß/Conrad (2012); Marx-Gómex et al. (2013).

Safety), Energie- und CO_2-Management (**Energy and Carbon Management**), Risikomanagement der Geschäfts- und Produktionsprozesse (**Operational Risk Management**), nachhaltiges Beschaffungs- und Lieferkettenmanagement (**Sustainable Supply Chain Management**) oder Nachhaltigkeitsberichterstattung (**Sustainability Reporting**). Umfassendere und meist auch sehr viel komplexere Softwarepakete werden wegen der hohen Qualifikationsanforderungen und Implementierungskosten meist nur für Großunternehmen angeboten.

In Abgrenzung zu weiterer Produkt- und Prozess-Software fokussiert diese Studie auf Nachhaltigkeitsmanagement-Software für KMUs inklusive Desktop- und webbasierten Applikationen (nachfolgend Nachhaltigkeitsmanagement-Software; abgekürzt NMS). NMS umfasst unternehmensbezogene Desktop-Angebote und webbasierte Programme zur Unterstützung des Managementprozesses, inklusive Planung, Umsetzung, Messung und Kommunikation von unternehmerischen Nachhaltigkeitsmaßnahmen. NMS unterscheidet sich dabei von produktbezogener Software (z.B. Ökobilanzierung) und themenspezifischer Software (z.B. Abfallmanagement, Stressmanagement). Solche sehr spezifischen Software-Lösungen werden in dieser Studie nicht betrachtet, da sie nicht auf die unternehmensweite Unterstützung von Nachhaltigkeitsmanagementaufgaben ausgerichtet sind. Darüber hinaus werden Internetseiten mit Softwareangeboten, die exklusiv mit einer Beratung verbunden sind oder die vor allem die Umsetzung eines spezifischen Leitfadens zum Ziel haben (z.B. Ecomapping)[16] nicht berücksichtigt. Zu guter Letzt werden ausschließlich KMU-geeignete NMS-Lösungen betrachtet.

2.2 Einflussfaktoren auf die Nutzung von NMS

Diese Studie untersucht nicht einzelne NMS, sondern gibt einen umfassenderen Einblick solcher Software, nämlich schaut sie auf die verschiedensten betriebsinternen und -externen Faktoren, die die Nutzung von NMS beeinflussen können. Zum Einfluss unternehmensbezogener Faktoren auf die Nutzung von NMS in KMU wird das **Technology-Organization-Environment Framework**[17] (Abk. *TOE-Modell*) als Analyseraster genutzt. Das TOE-Modell erklärt auf der organisatorischen Ebene, welche Faktoren die beabsichtigte Nutzung von neuen Technologien beeinflussen können. Es kombiniert drei zusammenhängende Themenfelder: die technologischen, betriebsinternen und betriebsexternen Faktoren. Ein zusätzliches viertes Themenfeld, nämlich das der individuellen Faktoren, wurde in diesem Modell ergänzt (Abk. *ITOE* für **Individual Technology Organization Environment**).

Das ITOE-Modell wird zur Untersuchung von Software-Anwendungen, vor allem Enterprise Resource Planning (ERP) Software, in KMU verwendet.[18] Mit dem

---

[16] Vgl. Engel (2005); http://www.ecomapping.de/.
[17] Vgl. Tornatzky/Fleischer (1990).
[18] Vgl. Buonanno et al. (2005); Ramdani et al. (2009; 2013).

ITOE-Analyserahmen wird untersucht, welche Faktoren, wie IT-Kenntnisse, persönliche Einstellung gegenüber neuer Software, Unterstützung der Geschäftsleitung und externe IT-Unterstützung, eine Rolle bei der Entscheidung spielen, solche Software einzusetzen. Zum Beispiel zeigt eine Studie,[19] dass die Entscheidung für die Nutzung von ERP-Software in KMU vor allem durch die Unterstützung der Geschäftsleitung beeinflusst wird, da der primäre Entscheidungsträger häufig der *Owner-Manager* (engl. für Eigentümer, der das Unternehmen auch führt) in KMU ist.

Das ITOE-Modell wurde bisher noch nicht für die Untersuchung der Anwendung von Umweltmanagement-Software bzw. NMS verwendet. Abb. 1 zeigt das ITOE-Modell mit den vier Themenfeldern: individuelle, technologische, betriebsinterne und betriebsexterne Faktoren. Jedes Themenfeld umfasst weitere Teilaspekte, die Einfluss auf die Entscheidung zur Nutzung der Software und webbasierter Programme im Nachhaltigkeitsmanagement haben können.

Individuelle Faktoren
— IT-Kenntnisse
— Innovationskraft
— Persönliche Einstellung

Technologische Faktoren
— Relativer Vorteil
— Kompatibilität
— Komplexität
— Erprobbarkeit
— Beobachtbarkeit

Nutzung von Nachhaltigkeits-Management-Software

Betriebsinterne Faktoren
— Unterstützung der Geschäftsleitung
— Finanzielle Ressourcen
— Technologische Expertise

Betriebsexterne Faktoren
— Wettbewerbsdruck
— Druck von Kunden
— Externe IT-Unterstützung

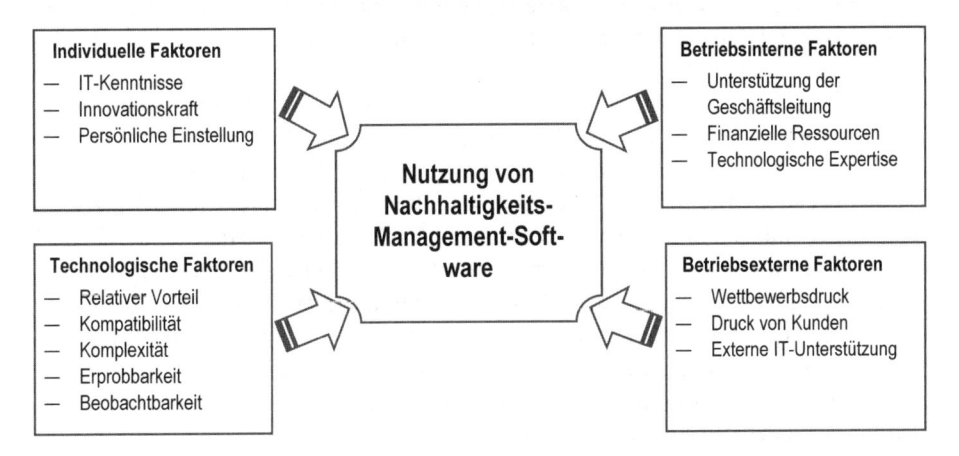

Abb. 1: Das Individual-Technology-Organization-Environment (ITOE) Modell[20]

Um die zweite Forschungsfrage, nämlich wie geeignet Software und webbasierte Programme sind, um die Aufgaben des Nachhaltigkeitsmanagements zu unterstützen, beantworten zu können, wurde die Fallstudienmethode[21] verwendet. Yin definiert Fallstudien als „eine empirische Untersuchung, die ein zeitgenössisches Phänomen in einem realweltlichen Kontext untersucht, insbesondere wenn die Grenze zwischen beobachtetem Phänomen und Kontext nicht klar erkennbar ist".[22] Die Fallstudien ergänzen die quantitativen Ergebnisse dieser Studie mit qualitativen In-

---

[19] Vgl. Ramdani et al. (2009).
[20] In Ablehnung an Tornatzky/Fleischer (1990).
[21] Nach Yin (2003).
[22] Vgl. Yin (2003), S. 12.

formationen, z. B. inwiefern NMS Managern die Aufgaben des Nachhaltigkeitsmanagements in KMU erleichtert.

3. Methodisches Vorgehen

Zur Analyse der Eignung und Verbreitung von NMS in KMU (erster Schritt der Analyse) wurden mit einer Umfrage Primärdaten erhoben. 1.200 mittelständische Unternehmen erhielten zwischen Februar und Juni 2014 eine E-Mail-Einladung zur der Online-Befragung. Um eine gute Darstellung der deutschen KMUs abzubilden, wurde der Auswahlprozess der zu kontaktierenden Unternehmen für die Befragung in zwei Schritten durchgeführt: (a) Branchenzugehörigkeit – Unternehmen wurden aus 14 verschiedenen Wirtschaftszweigen (z. B. Bau, Handel, Gesundheits- und Sozialwesen, verarbeitendes Gewerbe usw.) ausgewählt (siehe Tab. 3); und (b) Unternehmensgröße – nach Anzahl Vollzeitmitarbeiter wurde eine gleichmäßige Verteilung zwischen Kleinstunternehmen, kleinen, mittleren und mittelständischen Unternehmen berücksichtigt.

Der nach dem ITOE-Konzept strukturierten Online-Befragung lag folgende Leitfrage zugrunde: Beabsichtigt Ihr Unternehmen Software- oder Online-Lösungen des Nachhaltigkeitsmanagements in den nächsten zwei Jahren einzuführen oder weiterhin anzuwenden? Die in zwei Gruppen eingeteilten Antworten (entweder Nutzer = 1 oder Nicht-Nutzer = 0) dienten als abhängige Variable für die Analyse der Bedeutung von Einflussfaktoren in den vier Themenfeldern – individuelle, technologische, betriebsinterne und betriebsexterne Faktoren. Innerhalb dieser Themenfelder wurden die einzelnen Faktoren in Gruppen von Fragen mit einer 7-Punkte-Likert Skala abgebildet. Für jeden einzelnen Faktor (z. B. „Unterstützung der Geschäftsführung") wurden zwischen drei bis acht Fragen gestellt. Die entsprechenden Antworten wurden für jeden der vier Faktoren gemittelt.

Um ein vertieftes Verständnis für die Entscheidungsprozesse zu erhalten, Nachhaltigkeitsmanagement-Software anzuschaffen und einzuführen, wurde die quantitative Erhebung um eine qualitative Untersuchung (zweiter Schritt der Analyse) ergänzt. Hierfür wurden im Juli und August 2014 ausführliche Tiefeninterviews mit verschiedenen Unternehmen geführt, die an der Online-Umfrage teilgenommen haben. Die qualitativen Interviews ergänzen die Ergebnisse der Befragung und erlauben, vertiefte Erkenntnisse aus verschiedenen Perspektiven zu gewinnen.

Die interviewten Unternehmen wurden in drei folgende Kategorien eingestuft: (a) Unternehmen, die sich bewusst für eine kommerzielle Software entschieden haben (softwareaffines Unternehmen); (b) Unternehmen, die ein auf ihre Anforderungen zugeschnittenes Excel-Programm selbst entwickelt haben (Do-It-Yourself); und (c) Unternehmen, die kein Interesse an einer NMS äußerten (traditionelles Unternehmen). Die Kernergebnisse der quantitativen (Abschnitt 4) und qualitativen Untersuchungen (Abschnitt 5) werden in den nächsten zwei Kapiteln vorgestellt. Daran schließt sich eine Diskussion von Handlungsempfehlungen im letzten Abschnitt an.

4. Einfluss von betriebsinternen und -externen Faktoren

Die auf Grundlage des ITOE-Modells strukturierten Ergebnisse der Umfrage wurden im Hinblick auf zwei Gruppen – **Nutzer und Nicht-Nutzer** – analysiert. **Nutzer** sind Unternehmen, die beabsichtigen, eine Software oder ein webbasiertes Programm des Nachhaltigkeitsmanagements in den nächsten zwei Jahren einzuführen oder (falls schon eine angewendet wird) weiterhin anzuwenden. **Nicht-Nutzer** sind Unternehmen, die eine solche Software weder anwenden, noch planen, dies in den nächsten zwei Jahren zu tun. Im Vergleich zu den **Nutzern** (35) ist die Gruppe der **Nicht-Nutzer** deutlich größer (110). Tab. 1 legt die Mittelwerte (m) und Standardabweichungen (s) der verschiedenen Einflussfaktoren für die beiden Gruppen an befragten Unternehmen sowie den Mittelwertunterschied dar.

Faktoren	Nutzer		Nicht-Nutzer		Unterschied
	m	s	m	s	m
Individuelle Faktoren					
IT-Kenntnisse	4,43	1,06	4,55	1,39	–0,12
Innovationskraft	6,01	0,85	5,85	0,91	0,16
Persönliche Einstellung	4,80	1,41	2,93	1,35	1,87
Technologische Faktoren					
Relativer Vorteil	4,59	1,23	3,91	1,27	0,68
Kompatibilität	4,47	1,29	3,67	1,24	0,80
Komplexität	4,18	1,42	3,86	1,21	0,32
Erprobbarkeit	4,02	1,61	2,33	1,48	1,69
Beobachtbarkeit	4,90	1,61	2,02	1,52	2,88
Betriebsinterne Faktoren					
Unterstützung der Geschäftsleitung	4,36	1,44	2,92	1,51	1,44
Finanzielle Ressourcen	4,93	1,67	4,31	1,79	0,62
Technologische Expertise	5,47	1,20	4,54	1,65	0,93
Betriebsexterne Faktoren					
Wettbewerbsdruck	3,87	1,52	2,80	1,37	1,07
Kundendruck	3,23	1,51	2,95	1,56	0,28
Externe IT-Unterstützung	3,65	1,29	2,76	1,18	0,89

Tab. 1: Mittelwerte (m), Standardabweichungen (s) und Unterschiede zwischen Nutzern und Nicht-Nutzern von Nachhaltigkeitsmanagement-Software

Auf den ersten Blick zeigt Tab. 1 signifikante Unterschiede (Mittelwert > 1) zwischen den Nutzern und Nicht-Nutzern in Bezug auf Beobachtbarkeit (2.88), persönliche Einstellung (1.87), Erprobbarkeit (1.69), Unterstützung der Geschäftsleitung (1.44) und Wettbewerbsdruck (1.07). Dabei wird deutlich, dass die Beobachtbarkeit und Erprobbarkeit der Nachhaltigkeitsmanagement-Software, die positive Einstellung des Managers und die Unterstützung der Geschäftsleitung in KMU die signifikantesten Einflussfaktoren sind, eine Software oder ein webbasiertes Programm im Nachhaltigkeitsmanagement einzuführen oder weiterhin anzuwenden. Die Aufteilung zwischen betriebsinternen und -externen Faktoren wird im nächsten Abschnitt tiefergehend analysiert.

4.1 Einfluss von betriebsinternen Faktoren

Der **Einflussfaktor persönliche Einstellung** bezieht sich auf eine individuelle positive Haltung eines Managers gegenüber der Einführung einer neuen Technologie.[23] Die Bedeutung dieses Faktors generell für IT-Nutzung wird in etlichen empirischen Studien nachgewiesen. Unsere spezifisch auf Nachhaltigkeitsmanagement ausgerichtete Untersuchung zeigt, dass die generell für IT getätigten früheren Analysen auch für die Nutzung von NMS zutreffen. So äußern die Nutzer (Vgl. den Wert 4.80 von maximal 7 in Tab. 1) eine deutlich positivere Einstellung gegenüber Software und webbasierten Programmen als Nicht-Nutzer (2.93). Dabei erweist sich die persönliche Einstellung als zweitwichtigster Einflussfaktor insgesamt und als wichtigster betriebsinterner Einflussfaktor.

Auch der Aspekt **Unterstützung der Geschäftsleitung** wurde als ein wichtiger genereller Faktor zur Einführung von IT-Innovationen identifiziert.[24] Zum Beispiel berichten Ramdani et al.[25] in zwei Studien zum Thema ERP-Systeme in KMU, dass die Entscheidung für die Nutzung von ERP-Software in KMUs vor allem durch die Unterstützung des Top-Managements beeinflusst wird, da dort die primären Entscheidungsträger in KMU sind und eine entsprechende Zustimmung für die Nutzung von Software erforderlich ist. Ähnlich wie bei der persönlichen Einstellung zeigen die Ergebnisse unserer Untersuchung, dass Nutzer (4.36) eine deutlich größere Unterstützung der Geschäftsleitung wahrnehmen als Nicht-Nutzer (2.92). Dieser Einflussfaktor weist insgesamt die vierthöchste und unter den betriebsinternen Faktoren die zweithöchste Bedeutung auf.

Weitere betriebsinterne Faktoren, nämlich **technologische Expertise und finanzielle Ressourcen**, spielen nur eine untergeordnete Rolle bei der Nutzung von NMS. Frühere Studien zeigen, dass Unternehmen mit hoher technologischer Expertise und guter finanzieller Ressourcenausstattung geneigter sind, neue Technologien einzuführen.[26] Die Untersuchung kommt zum Schluss, dass technologische Expertise eine mittelgroße Bedeutung aufweist (insgesamt sechstwichtigster und bei den betriebsinternen Faktoren drittwichtigster Einfluss). Ähnlich wie bei der technologischen Expertise hängt die Entscheidung zur Softwarenutzung stark von der Verfügbarkeit von Finanzmitteln ab. Darüber hinaus stellen Kuan und Chau (2001) fest, dass IT-Adopter von niedrigeren Investitions- und Einführungskosten für neue EDI-Systeme

---

[23] Vgl. Fishbein/Ajzen (1975).
[24] Vgl. Jeyaraj et al. (2006).
[25] Vgl. Ramdani et al. (2009; 2013).
[26] Vgl. Thong (1999); Grandon/Pearson (2004).

ausgehen als Nicht-Adopter und deshalb eher dazu neigen, solche Software einzuführen. Jedoch weist der Faktor „finanzielle Ressourcen" einen geringen Unterschied zwischen Nutzer und Nicht-Nutzer (Differenz = 0,62) in der Untersuchung auf und ist auch im Gesamtbild verhältnismäßig wenig bedeutend.

Zwei technologische Faktoren, **Kompatibilität** und **relativer Vorteil**, haben einen relativ geringen Einfluss auf die Nutzung von Nachhaltigkeitsmanagement-Software. Kompatibilität beschreibt, wie gut eine NMS zu der existierenden Hard- und Software sowie zur Kultur und dem Wertesystem des Unternehmens passt. Unsere Untersuchung zeigt, dass Kompatibilität in seiner Einflussbedeutung auf Platz 8 insgesamt rangiert und auf Platz 3 unter den technologischen Faktoren. Der Mittelwert zwischen Nutzern (4,47) und Nicht-Nutzern (3,67) ist signifikant. Der Faktor „relativer Vorteil" gibt den wahrgenommenen Grad an, wie stark eine neue Software die bisherige Arbeitsweise und den Unternehmenserfolg verbessern kann. Dieser Faktor wird häufig als Beschleuniger bei der Einführung neuer IT-Technologien gesehen. Nach Signifikanz geordnet ist der Faktor ‚relativer Vorteil' wenig bedeutend (Platz 9 und 4 unter den technologischen Faktoren). Der Mittelwert zwischen Nutzern und Nicht-Nutzern ist noch knapp signifikant (0,68).

4.2 Einfluss von betriebsexternen Faktoren
Die Umfrage macht deutlich, dass der **Beobachtbarkeit** sowohl insgesamt als auch unter den technologischen Faktoren die höchste Bedeutung beigemessen wird und dass hier der größte Unterschied zwischen Nutzern (4,90) und Nicht-Nutzern (2,02) besteht. Beobachtbarkeit wird als „der Grad, in dem die Verfügbarkeit der Innovation für Andere sichtbar ist",[27] definiert. Andere Autoren bezeichnen diesen Faktor als ‚Sichtbarkeit'.[28] Im Grundsatz gilt dabei: Je verbreiteter und sichtbarer eine neue Technologie ist, desto mehr steigt das Interesse von (potenziellen) Kunden.

Ebenfalls eine hohe Bedeutung für die Einführung von NMS weist der Faktor der **Erprobbarkeit** auf (Platz 3 insgesamt und Platz 2 innerhalb der technologischen Faktoren). Erprobbarkeit beschreibt den „Grad, in dem eine neue Innovation auf einer begrenzten Basis experimentiert werden kann".[29] In vielen Fällen besteht Unsicherheit gegenüber neuer Technologie, was die Adoption beeinträchtigen kann. Meist möchten potenzielle Anwender eine neue Technologie testen, bevor sie in die Anschaffung und Einführung investieren.

Externer Druck umfasst sowohl den Druck von Wettbewerbern als auch von Kunden. **Wettbewerbsdruck,** eine NMS zu nutzen, entsteht durch Konkurrenzverhalten und der wahrgenommenen Notwendigkeit, sich gegenüber (potenziellen)

---

[27] Vgl. Rogers (2003), S. 258.
[28] Vgl. Moore/Benbasat (2001).
[29] Vgl. Rogers (2003), S. 258.

Kunden positiv zu positionieren. Die hier durchgeführte Umfrage zeigt, dass Wettbewerbsdruck (Platz 5 insgesamt und Platz 1 der betriebsexternen Faktoren) bedeutend und die Mittelwertdifferenz zwischen Nutzern (3,87) und Nicht-Nutzern (2,80) signifikant ist. **Kundendruck** beschreibt demgegenüber den direkten und indirekten Einfluss von Geschäfts- oder Privatkunden auf die Entscheidung, NMS einzuführen. Bezüglich NMS erzeugen Kunden meistens keinen direkten Druck auf KMUs, eine bestimmte Software zu nutzen. Nachfragen zu Nachhaltigkeitsaktivitäten des Unternehmens und das Verhalten von Kunden können jedoch indirekt dazu führen, dass ein KMU eine bestimmte Software als gute Unterstützung erkennt und sie deshalb einführt. Noch geringer ist der Kundendruck (Platz 12 von 14 Faktoren insgesamt und letzter Platz unter den betriebsexternen Faktoren) und auch die Mittelwerte zwischen Nutzern (3,23) und Nicht-Nutzern (2,95) unterscheiden sich wenig ausgeprägt.

Externe IT-Unterstützung umschreibt die wahrgenommene Verfügbarkeit von externer Unterstützung des Software-Anbieters oder durch staatlich geförderte Programme. Unternehmen sind eher bereit, Risiken der Einführung neuer Technologien einzugehen, wenn Anbieter oder Dienstleister Unterstützung anbieten.[30] Auch wird die Verbreitung bestimmter neuer Technologien durch staatlich geförderte Initiativen und Werbekampagnen unterstützt.[31] Für NMS zeigt unsere Untersuchung, dass einer externen IT-Unterstützung (Platz 7 insgesamt und Platz 2 unter den betriebsexternen Faktoren) aus Sicht der (potenziellen) Anwender keine große Bedeutung beigemessen wird.

Entscheidend für Nutzung solcher Software ist auch deren Eignung für die Aufgaben des Nachhaltigkeitsmanagements. Der nächste Abschnitt zeigt, wie Nachhaltigkeitsmanagement-Software die Aufgaben des Nachhaltigkeitsmanagements unterstützen kann.

5. Eignung der NMS für die Aufgaben des Nachhaltigkeitsmanagements

Aufbauend auf der ersten Umfrage zu Einflussfaktoren, NMS anzuschaffen und zu nutzen, wurde eine vertiefte Auswertung zur Eignung von NMS zur Unterstützung verschiedener Aufgaben des Nachhaltigkeitsmanagements durchgeführt. Da allein Nutzer von NMS die Eignung für verschiedene Nachhaltigkeitsmanagementaufgaben einschätzen können, wurden nur die Entscheidungsträger in KMUs befragt, die derzeit schon eine Software nutzen. Auf einer Skala von 1 (keine Unterstützung) bis 7 (starke Unterstützung) wurde die Unterstützung der Software für die unterschiedlichen Aufgaben des Nachhaltigkeitsmanagements eingeschätzt. Abb. 2 stellt die Mittelwerte für einzelne Aufgaben dar.

---

[30] Vgl. Wu/Wu (2005).
[31] Vgl. Jeon et al. (2006).

Orientierungshilfe und Erstanalyse	3,86
Datenerhebung und -aufbereitung	6,33
Planung & Zielsetzung	5,29
Umsetzung der Ziele	4,38
Controlling & Benchmarking	5,92
Kommunikation & Berichterstattung	5,46
Verknüpfung mit anderen Methoden	3,71

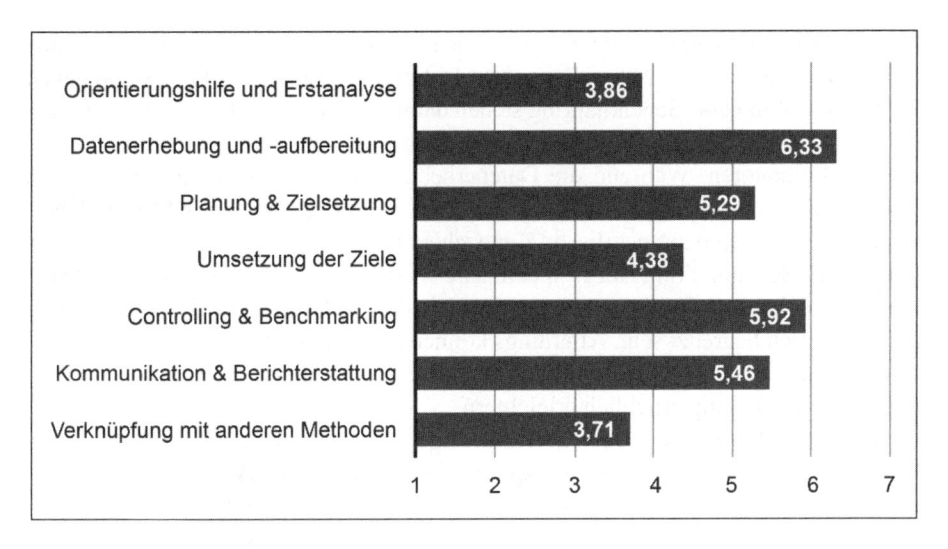

Abb. 2: Software-Unterstützung für die Aufgaben des Nachhaltigkeitsmanagements

Der deutlichste Nutzen von NMS wird in der Unterstützung der Erhebung und Aufbereitung von Daten (6,33) gesehen, gefolgt von Controlling und Benchmarking (5,92), Kommunikation und Berichterstattung (5,46) sowie Planung und Zielsetzung (5,29). Deutlich weniger Unterstützungsmöglichkeiten durch Software wird von den Managern bei der Umsetzung nachhaltigkeitsbezogener Ziele (4,38) gesehen, der Orientierungshilfe und Erstanalyse (3,86) sowie der Verknüpfung mit anderen Methoden des Nachhaltigkeitsmanagements (3,71). Der folgende Abschnitt widmet sich anhand von Interviews in einigen Unternehmen der genaueren Analyse, wie Software diese Aufgaben des Nachhaltigkeitsmanagements unterstützen kann.

Datenerhebung und **-aufbereitung**: Nachhaltigkeit hängt ja mit Messen zusammen. Die befragten Unternehmen sind sich nur bei der Frage uneinig, mit welcher Software – spezifische NMS versus Excel – die Datenerhebung erfolgen kann oder soll. Nutzer von spezifischer NMS finden, dass Excel Grenzen in den Nutzungsmöglichkeiten aufweist. Während Cloud-basierte Software zulässt, dass mehrere Personen zeitgleich auf einer Plattform arbeiten, um z.B. Daten in „Realtime" parallel zu erfassen und zu speichern, so ist dieses mit Excel nur bedingt möglich. Einer der Geschäftsführer sagte: „Die Excel-Tabelle erkennt nicht, dass ein Anderer gleichzeitig drin arbeitet. Spätestens beim Abspeichern meckert sie rum, und das ist bei diesem System [kommerzieller Software] ja anders."

Controlling und Benchmarking dienen der kennzahlenbasierten Steuerung, Zielerreichung und die Identifizierung von Verbesserungsmöglichkeiten im Unternehmen.[32] Ein wichtiger Aspekt des Controllings ist das Benchmarking, wobei es um die Abbildung der Entwicklung im eigenen Unternehmen (d.h. der Zeitvergleich), den

---

[32] Vgl. Haasis (2001); Schaltegger et al. (2007).

Quervergleich mit anderen Unternehmen, den Branchendurchschnitt oder die besten Praktiken in einem spezifischen Bereich (z. B. Energieeffizienz des Fuhrparks) gehen kann. Controlling und Benchmarking stehen damit in einer logischen Verbindung zur (softwaregestützten) Erhebung und Aufbereitung ökologischer, ökonomischer und sozialer Indikatoren. Während die Datenerhebung und -verarbeitung von diversen NMS-Angeboten gut organisiert wird, stellt sich die Frage, wie gut NMS die Übersetzung in unternehmensspezifische Kennzahlen unterstützen kann. Da für ein aussagekräftiges Benchmarking häufig spezifische Werte von anderen Unternehmen erforderlich sind, kann die Wirksamkeit von NMS in diesem Bereich durch die Erhältlichkeit von Daten begrenzt sein. Allerdings können gewisse NMS-Produkte (z. B. SoFi-Software) auf Branchendurchschnittsdaten oder andere Referenzwerte zurückgreifen, die ein Benchmarking erheblich erleichtern.

Kommunikation und Berichterstattung kann auch durch Nachhaltigkeitsmanagement-Software unterstützt werden. Erstens werden für die Berichterstattung Daten benötigt. Zum Beispiel verlangen die G4-Richtlinien der Global Reporting Initiative die Ermittlung von Leistungsindikatoren wie Energie, Wasser- und Ressourcenverbrauch sowie Angaben zu CO_2- und weiteren Emissionswerten. Zweitens werden einige Software-Lösungen sehr spezifisch für Online-Berichterstattung auf dem Markt angeboten, die neuerdings auch ein Preis-Leistungs-Verhältnis aufweisen, das den Möglichkeiten von KMU entspricht. Fast alle befragten Unternehmensvertreter sehen kommerzielle NMS als eine hervorragende Möglichkeit, die Kommunikation und Berichterstattung von Nachhaltigkeitsaktivitäten **zu unterstützen.**

Strategieentwicklung und -umsetzung: Auf Basis der erhobenen Daten erkennen viele Unternehmen wesentliche Probleme im Betrieb (z. B. hohe Energie- und Materialverbräuche, positive und negative Auswirkungen auf Mitarbeiter). Anschließend an die Problemanalyse steht die Unternehmensleitung vor der Aufgabe, eine Strategie zu entwickeln, möglichst konkrete Ziele zu setzen und Maßnahmenpläne zu formulieren. Etliche der existierenden Softwareangebote verfügen über vielseitige Anleitungen und Hinweise (z. B. als Pop-ups oder anklickbare Hilfestellungen), die dem Management Impulse für die Strategieentwicklung geben und mit schrittweiser Nutzerführung Unterstützung in der Umsetzung leisten können. Dies kann in einer Zeiteinsparung resultieren, wie einer der befragten Geschäftsführer feststellte: „**Man fängt nicht immer wieder von vorne an**". Zusätzlich können durch Cloud-basierte NMS mehrere Personen zeitgleich bei der konkreten Maßnahmenumsetzung softwarebegleitet unterstützt werden. Die Wirksamkeit der Software im Umsetzungsprozess hängt allerdings stark davon ab, wie das Unternehmen sich selbst mit Hilfe der NMS organisiert. Software kann Manager inspirieren und unterstützen, aber sie ist insbesondere kein Ersatz für menschliches Denken und Handeln.

Orientierungshilfe und Erstanalyse: In der letzten Zeit wird vermehrt Software angeboten, die für KMUs auch eine initiale Orientierung und erste Analyse von betrieblichen Nachhaltigkeitsaktivitäten unterstützt. Eine pragmatische, schrittweise Anleitung für die Ersteinschätzung der Nachhaltigkeitsrelevanz des eigenen Betriebs und der wesentlichen Nachhaltigkeitsthemen kann besonders für KMUs hilfreich sein, da Nachhaltigkeitsmanagement für viele einen hohen Neuigkeitsgrad aufweist. Anstelle der Nutzung einer NMS kann eine erste Orientierung zu Nachhaltigkeitsaspekten des Unternehmens auch durch eine Internetrecherche, Gespräche mit Fachleute und anderen KMUs bei Netzwerk- und Verbandstreffen oder den Besuch von Weiterbildungskursen erfolgen. Grundsätzlich steht jede Geschäftsleitung vor der Herausforderung, die eigene Nachhaltigkeitskompetenz zu entwickeln. Sowohl die eigene Weiterbildung als auch das Engagement von Beratern und der Einsatz von NMS können den Prozess des Kompetenzerwerbs unterstützen und sich gegenseitig ergänzen. Zusammenfassend wird die Ansicht vertreten, dass die bisher angebotenen NMS-Produkte eine erste allgemeine Orientierungshilfe liefern können, während eine weitere Spezifikation und Detaillierung der Ausgestaltung des Nachhaltigkeitsmanagements für ein Unternehmen skeptisch bewertet wird.

Verknüpfung mit anderen Methoden: Zu den Möglichkeiten und Erfordernissen einer Verknüpfung von NMS mit Methoden des Nachhaltigkeitsmanagements (wie z. B. Nachhaltigkeitsbericht, Sozialaudit, Ökobilanz) haben die befragten Geschäftsführer sich bisher keine ausdrückliche Meinung gebildet. Auf Grundlage der Literaturrecherche und der empirischen Untersuchung lassen sich drei Möglichkeiten ableiten, wie spezifische NMS mit Methoden des Nachhaltigkeitsmanagements verknüpft werden könnten. Zunächst kann kommerzielle NMS direkte Verknüpfungen mit bestimmten Methoden des Nachhaltigkeitsmanagements (wie z. B. Nachhaltigkeitsberichterstattung) anbieten. Zweitens gibt es mehrere kommerzielle NMS-Angebote, die die Verwaltung und Umsetzung bestimmter Managementsysteme zum Arbeitsschutz (z. B. OSHA) oder zum Energie- und Umweltmanagement (z. B. EMAS) unterstützen. Drittens haben gewisse NMS-Angebote Inhalte von Standards und Leitfäden, wie z. B. die G4-Indikatoren, Arbeitsschutz-Normen (z. B. OHSAS 1800) oder Umwelt-Normen (z. B. ISO 14001, EMAS) in der Berichterstattung-Software oder weiteren NMS-Angeboten integriert. In den vertiefenden Interviews haben die befragten Unternehmensvertreter die Gefahr genannt, dass eine inhaltlich mangelhafte Umsetzung resultieren könnte, wenn man sich vor der Nutzung der NMS selbst nicht mit diesen Standards und Leitfäden durch Workshops und Schulungen vertieft vertraut mache. Einer der Geschäftsführer äußerte dazu: „Nachhaltigkeit fängt da an, wo Nachhaltigkeitsprogramme [Software] aufhören. Nämlich bei den Kleinigkeiten. Es macht nur Sinn, wenn man genau weiß, was man machen will. Ansonsten kommt irgendwas raus, das keinem hilft." Diese Hinweise leiten zur Diskussion und Handlungsempfehlungen für NMS in KMU über.

6. Diskussion und Handlungsempfehlungen
Die Ergebnisse der quantitativen Analyse können zunächst so zusammengefasst werden, dass die Nutzung von spezifischer und kommerzieller NMS von dem Bekanntheitsgrad der Software (Beobachtbarkeit und Erprobbarkeit), der persönlichen Einstellung des Managers und der Unterstützung der Geschäftsleitung abhängt. Potenzielle Anwender suchen nach Erfolgsgeschichten und Referenzen direkt beim

Software-Anbieter. Eine Testlizenz und Demo-Version der Software bietet interessierten Anwendern die Möglichkeit, die Funktionalität der Software zu testen. Betriebsexterne Faktoren wie Wettbewerbs- und Kundendruck spielen nur eine marginale Rolle in der Entscheidungsfindung für NMS.

In Ergänzung zu den quantitativen Ergebnissen zeigt die qualitative Auswertung der Interviews, dass NMS vor allem zur Unterstützung der Datenerhebung und -aufbereitung sowie der Nachhaltigkeitsberichterstattung und -kommunikation als nutzstiftend bewertet wird. NMS, die diese Aufgaben unterstützt, wird am häufigsten in Erwägung gezogen und getestet. Eine Unterstützung des Controllings und Benchmarkings wird ebenfalls als wichtig eingestuft, wenn hier auch deutliche Grenzen der Nutzung von NMS gesehen werden und eine eher neutrale persönliche Einstellung der Geschäftsführer anzutreffen war. Die Möglichkeiten von NMS als Orientierungshilfe zur Unterstützung eines erleichterten Einstiegs in das Nachhaltigkeitsmanagement, werden hingegen gemischt bewertet. Auf der einen Seite finden einige Nutzer, dass diese Software Anfänger bei der Erstorientierung gut unterstützen kann. Andere Nutzer vertreten hingegen die Meinung, dass ein NMS allein für eine vertiefte branchenspezifische, maßgeschneiderte Analyse nur begrenzt eingesetzt werden kann. Zusammenfassend liefern die bisher angebotenen NMS-Produkte eine erste allgemeine Orientierungshilfe, während eine weitere Spezifikation und Ausgestaltung des Nachhaltigkeitsmanagements weiterhin vorwiegend durch Fachexperten persönlich erfolgen muss.

Basierend auf der vorherigen Analyse lassen sich folgende drei wesentliche Handlungsempfehlungen für die Weiterentwicklung der NMS in KMU ableiten:

Verbesserung der Produkteigenschaften: Im Mittelpunkt der NMS sollte die Verbesserung der Nachhaltigkeitsleistung des Unternehmens stehen. Nichtsdestoweniger muss solche Software **leicht bedienbar, optisch ansprechbar** und **kompatibel** mit bereits verwendeten Betriebssystemen und Software im Unternehmen sein. Durch die **Drag-und-Drop-Funktion** kann eine Software im Prinzip für jedes Unternehmen individuell angepasst werden. Darüber hinaus bietet die zeitgleiche **Multi-User-Funktion** einen deutlichen Vorteil gegenüber herkömmlicher Software wie z. B. Excel.

Integration von Nachhaltigkeitsmanagement-Software: Der Einsatz einer großen Bandbreite unterschiedlicher Software-Produkte wirkt sich ab einer gewissen Größe zwangsläufig negativ auf die Performance des Nutzers aus. Es kommt zu Dopplungen der Datensätze, Funktionsüberschneidungen und dem Verlust an Handlungseinheit. Idealerweise sollte ein Unternehmens NMS deshalb gut mit einer umfassenderen Betriebssoftware verknüpfen oder ein sich sinnvoll ergänzendes Software-Portfolio zusammenstellen, bei dem die einzelnen Programme wie Zahnräder ineinandergreifen und auf gemeinsame Datensätze zurückgreifen. Hierzu sollte eine NMS entweder alle Bereiche des Unternehmens abbilden oder durch ein passendes Schnittstellen- und Datenzugriffskonzept eine gute Verknüpfung mit anderer Standardsoftware ermöglichen. So gibt es beispielsweise im Bereich der Medizin-Software einheitliche Datenformate im Sinne einer digitalen Patientenakte, die von Programmen unterschiedlicher Anbieter genutzt und gepflegt werden. Da viele der Tools einfach Betriebskennzahlen wie Wertströme und Verbrauchszahlen verarbeiten, könnte sich ein Datenbank- oder XML-basiertes Format eignen. Umfassendere Lösungen werden derzeit von verschiedenen Softwarehäusern angestrebt.

Verbindung mit anderen Dienstleistungen: Einige Dienstleistungs- und Beratungsunternehmen vermuten in NMS eine Konkurrenz. Dies konnte insgesamt in dieser Untersuchung nicht bestätigt werden. Vielmehr kann NMS eine sinnvolle Ergänzung zu bisherigen Dienstleistungs- und Beratungsangeboten darstellen. Der Geschäftsführer von Firma A skizzierte während des Interviews eine mögliche Kombination von Software und Dienstleistung: Zuerst findet eine initiale Beratungsphase statt, um die Vision und passende Nachhaltigkeitsstrategie des Kunden festzustellen. Zweitens weist der Berater das Unternehmen in die NMS ein. Als nächstes pflegt das Unternehmen die Daten selbst in die Software ein. Die Software liefert einen Entwurf für die Erfüllung einer bestimmten Aufgabe des Nachhaltigkeitsmanagements wie die Erstellung eines groben Nachhaltigkeitsberichts. Zwischendurch weist der Berater darauf hin, ob das Unternehmen diese Aufgabe korrekt und zeitgemäß erledigt. Danach ergänzt und verbessert der Berater das Ergebnis auf Basis seiner Expertise und zuletzt kontrolliert er die Qualität und Konformität der Arbeit mit Standards.

Durch eine Open-Source-Lösung kann NMS KMUs, Dienstleistungs- und Beratungsunternehmen zusammenführen. Teilaufgaben des Nachhaltigkeitsmanagements können in einem Unternehmen an verschiedene Teams verteilt werden, die softwareunterstützt auf einen einheitlichen Datensatz zurückgreifen, nur wenige thematischen Überschneidungen aufweisen und im Modular-Prinzip bei Bedarf Erweiterungen ermöglichen. Um ein ausgewogenes Gleichgewicht zwischen den Stärken (z. B. leichte Bedienbarkeit, Wirtschaftlichkeit) und Schwächen (z. B. kein Ersatz für kritisches Denken und menschliches Handeln) von NMS für KMUs zu finden, können Software-Anbieter wirkungsvolle Partnerschaften mit Dienstleistungs- und Beratungsunternehmen und gleichzeitig mit Netzwerken und Verbänden eingehen.

Auf der einen Seite können solche Partnerschaften die wichtigsten Einflussfaktoren, nämlich den Bekanntheitsgrad erhöhen, und die positive Einstellung der Geschäftsleitung zur Nutzung von NMS erhöhen. Auf der anderen Seite kann ein KMU im Hinblick auf das Nachhaltigkeitsmanagement vom Kontakt mit externen Stakeholdern aus Netzwerken, Verbänden und Beratern profitieren.

Literatur

Aragón-Correa, J. A./Hurtado-Torres, N./Sharma, S./Garcia-Morales, V. J (2008): *Environmental Strategy and Performance in Small Firms: A Resource-based Perspective,* Journal of Environmental Management, Vol. 86, No. 1, S. 88–103.

Bansal, P. (2005): *Evolving Sustainably: A Longitudinal Study of Corporate Sustainable Development,* Strategic Management Journal, Vol. 26, S. 197–218.

Buonanno, G./Faverio, F./Pigni, F./Ravarini, A. (2005): *Factors affecting ERP system adoption. A Comparative Analysis between SMEs and Large Companies,* Journal of Enterprise Information, Vol. 18, No. 4, S. 384–426.

Collins, E./Lawrence, S./Pavlovich, K./Ryan, C. (2007): *Business Networks and the Uptake of Sustainability Practices: The Case of New Zealand,* Journal of Cleaner Production, Vol. 15, No. 8–9, S. 729–740.

Ecomapping: Ecomapping Webseite. *Umweltmanagement für KMU.* Link: http://www.ecomapping.de/ (Abgerufen: 03.03.2014).

Elkington, J. (1998): *The Triple Bottom Line for 21st-century Business,* in: Starkey, R. & Welford, R. (Eds.): The Earthscan Reader in Business & Sustainable Development. London: Earthscan, S. 20–43.

Engel, H. W. (2005): *EMAS „easy" für kleine und mittlere Unternehmen.* Brüssel: Eco-Conseil Enterprise.

Graafland, J./van de Ven, B./Stoffele, N. (2003): *Strategies and Instruments for Organising CSR by Small and Large Businesses in the Netherlands,* Journal of Business Ethics, Vol. 47, No. 1, S. 45–60.

Grandon, E. E./Pearson, J. M. (2004): *E-commerce Adoption: Perceptions of Managers/Owners of Small and Medium Sized Firms in Chile,* Communications of the Association for Information Systems, Vol. 13, S. 81–102.

Günther, E., Kaulich, S. (2005): *The EPM-KOMPAS: An Instrument to Control the Environmental Performance in Small and Medium-Sized Enterprises (SMEs),* Business Strategy and the Environment, Vol. 14, No. 6, S. 361–371.

Haasis, H. D. (2001): *Unternehmensführung und nachhaltiges Wirtschaften,* in: Schwiering, D. & Fischer, H. (Eds.): Unternehmensführung im Spannungsfeld zwischen Finanz- und Kulturtechnik. Handlungsspielräume und Gestaltungszwänge, Kovac: Hamburg, S. 21–36.

Hahn, T./Scheermesser, M. (2006): *Approaches to Corporate Sustainability among German Companies,* Corporate Social Responsibility and Environmental Management, Vol. 13, S. 150–165.

Halila, F. (2007*): Networks as a means of supporting the adoption of organizational innovations in SMEs: The Case of Environmental Management Systems (EMSs) based on ISO 14001,* Corporate Social Responsibility and Environmental Management, Vol. 14, No. 3, S. 167–181.

Hörisch, J./Johnson, M. P./Schaltegger, S. (2014): *Implementation of Sustainability Management and Company Size: A Knowledge-Based View,* Business Strategy and the Environment, Early View.

Jeon, B. N./Han, K. S./Lee, M. J. (2006): *Determining Factors for the Adoption of e-business: The Case of SMEs in Korea,* Applied Economics, Vol. 38, No. 16, S. 1905–1916.

Jeyaraj, A./Rottman, J. W./Lacity, M. C. (2006): *A Review of the Predictors, Linkages, and Biases in IT Innovation Adoption Research,* Journal of Information Technology, Vol. 21, No. 1, S. 1–23.

Johnson, M. J. (2013): *Sustainability Management and Small and Medium-Sized Enterprises: Managers' Awareness and Implementation of Innovative Tools,* Corporate Social Responsibility and Environmental Management, Early View.

Johnson, M. J./Schaltegger, S. (2015): *Two Decades of Sustainability Management Tools for SMEs: How far Have We Come?* Journal of Small Business Management, Early View.

Johnson, M. J./Schaltegger, S. (2015): *Nachhaltigkeitsmanagement-Software: Software und webbasierte Ansätze zur Integration unternehmerischer Nachhaltigkeit in kleinen und mittleren Unternehmen.* Lüneburg: Centre for Sustainability Management, p. 23.

Klemsich, H./Potter, P. (2006): *Instrumente nachhaltigen Wirtschaftens*, in: Klemisch, H./Potter, P. (Hrsg.): Instrumente nachhaltigen Wirtschaftens in der Unternehmenspraxis. Düsseldorf: Hans-Böckler-Stiftung, S. 11–21.

Kuan, K. K. Y./Chau, P. Y. K. (2001): *A Perception-based Model for EDI Adoption in Small Businesses using a Technology-Organization-Environment Framework*, Information & Management, Vol. 38, No. 8, S. 507–521.

Marx-Gómez, J. M./Lang, C./Wohlgemuth, V. (2013): *IT-gestütztes Ressourcen-und Energiemanagement. Konferenzband zu den 5. BUIS-Tagen.* Springer Verlag, Berlin.

Moore, G. C./Benbasat, I. (2001): *Development of an Instrument to Measure the Perceptions of Adopting an Information Technology Innovation*, Information Systems Research, Vol. 2, No. 3, S. 192–222.

Moore, S. B./Manring, S. L. (2009): *Strategy Development in Small and Medium- sized Enterprises for Sustainability and Increased value Creation.* Journal of Cleaner Production, Vol. 17, No. 2, S. 276–282.

Muuß, K./Conrad, C. (2012): *Nachhaltigkeit managen: Softwaresysteme für das Nachhaltigkeitsmanagement.* Brands & Values: Bremen.

Ramdani, B./Kawalek, P./Lorenzo, O. (2009): *Predicting SMEs' Adoption of Enterprise Systems.* Journal of Enterprise Information Management, Vol. 22, No. 1, S. 10–24.

Ramdani, B./Chevers, D./Williams, D. A. (2013): *SMEs' Adoption of Enterprise Applications. A Technology-Organisation-Environment Model.* Journal of Small Business and Enterprise Development, Vol. 20, No. 4, S. 735–753.

Rogers, E. M. (2003): *Diffusion of Innovation* (5th ed.). New York: the Free Press.

Schaltegger, S./Burritt, R. (2005): *Corporate Sustainability*, in: Folmer, H./Tietenberg, T. (Eds.): The International Yearbook of Environmental and Resource Economics 2005/2006. A Survey of Current Issues, Cheltenham: Edward Elgar, S. 185–222.

Schaltegger, S./Herzig, C./Kleiber, O./Klinke, T./Müller J. (2007): *Nachhaltigkeitsmanagement in Unternehmen. Von Idee zur Praxis: Managementansätze zur unternehmerischen Nachhaltigkeit.* Berlin/Lüneburg: BMU/CSM, 3. Auflage.

Starik, M./Kanashiro, P. (2013*): Toward a Theory of Sustainability Management: Uncovering and Integrating the Nearly Obvious*, Organization & Environment, Vol. 26, No. 1, S. 7–30.

Süpke, D./Marx-Gómez, J./Isenmann, R. (2009): *Web 2.0 Sustainability Reporting: Approach to Refining Communication on Sustainability*, Environmental Informatics and Industrial Environmental Protection (EnviroInfo), S. 235–243.

Tencati, A./Perrini, F./Pogutz, S. (2004): *New Tools to Foster Corporate Socially Responsible Behavior*, Journal of Business Ethics, Vol. 53, No. 1–2, S. 173–190.

Thong, J. Y. L. (1999): *An Integrated Model of Information Systems Adoption in Small Businesses*, Journal of Management Information Systems, Vol. 15, No. 4, S. 187–214.

Tornatzky, L. G./Fleischer, M. (1990): *The Processes of Technological Innovation.* Lexington Books, Lexington, Massachusetts.

Tseng, Y. F./Wu, Y. C. J./Wu, W. H./Chen, C. Y. (2010): *Exploring Corporate Social Responsibility Education: The Small and Medium-sized Enterprise Viewpoint*, Management Decision, Vol. 48, No. 10, S. 1514–1528.

von Malmborg, F. B. (2002): *Environmental Management Systems, Communicative Action and Organizational Learning*, Business Strategy and the Environment, Vol. 11, No. 5, S. 312–323.

Wu, K. L./Wu, K. W. (2005): *A Hybrid Technology Acceptance Approach for Exploring e-CRM Adoption in Organizations*, Behaviour & Information Technology, Vol. 24, No. 4, S. 303–316.

Yin, R. K. (2003): *Case Study Research. Design and Methods.* 3. Auflage. Thousand Oaks: Sage Publications.

Nachhaltigkeitsbewertung von Produkten und Produktportfolios

Rainer Grießhammer und Rasmus Prieß

1. Bedeutung und Stand der Produktbewertung

Bei der Bewertung unternehmerischer Aktivitäten stehen die Nachhaltigkeitsbewertung und Corporate Social Resonsibility (CSR) im Fokus. Die Nachhaltigkeit von einzelnen Produkten oder gar des gesamten Produktportfolios wird dagegen selten analysiert – weder in den Unternehmen noch in der Wissenschaft oder Politik. Ein wesentlicher Grund hierfür ist in der hohen Produktvielfalt, der komplexeren Methodik und Datenverfügbarkeit zu suchen. Vermutlich gibt es aber auch Widerstände und Bedenken zur Bewertung von Produkten oder gar des Nutzens von Produkten, was eher als Funktion des Marktes angesehen wird. Die weitgehende Ausklammerung der Nachhaltigkeitsbewertung des Produktportfolios von Unternehmen ist aber nicht sachgerecht, denn die Produkte stehen ja im Kern der unternehmerischen Aktivitäten.

Die Nachhaltigkeitsbewertung von Produkten hat sich trotz eines überraschend frühen Starts nur zögerlich entwickelt. Das Öko-Institut veröffentlichte bereits 1987 (also fünf Jahre vor der UN-Konferenz zur Nachhaltigen Entwicklung) das Buch „Produktlinienanalyse"[1], in dem die integrierte Bewertung der ökologischen, ökonomischen und sozialen Dimension von Produkten entlang der Produktlinie vorgeschlagen wurde. In der Praxis setzte sich in den Folgejahren dagegen die (monodimensionale) Produktökobilanz durch, die später auch als DIN-Norm und internationale Norm gefasst wurde[2]. Bei der Festlegung der Methodik und erst recht der Norm gab es zwei produktpolitisch relevante Streitpunkte: Vor allem Unternehmensvertreter lehnten eine Bewertung des Nutzens von Produkten ab[3] (in der ISO-Norm wurde nur die formale Nutzeinheit bzw. funktionelle Äquivalenz aufgenommen, auf die Ressourcenverbräuche und Emissionen bezogen werden). Zweitens wurde in der ISO-Norm eine **aggregierte** Bewertung der eingesetzten Ressourcen

---

[1] Vgl. Öko-Institut (1987).
[2] Vgl. DIN EN ISO 14040 und 14044.
[3] Vgl. Enquete-Kommission (1993), S. 72–104.

und Umweltauswirkungen als nicht normgerecht ausgeschlossen – was aber die Bewertung in der Praxis erheblich erschwerte. In der unternehmerischen Praxis – gerade bei Unternehmen mit vielen Produkten, wie etwa in der Chemieindustrie – und bei Ökoeffizienzanalysen wurde die Aggregation aber angewendet[4]. Die Ökobilanz etablierte sich in den 1990er Jahren als Standardmethode in Unternehmen[5], und wurde später auch in Gesetzen als Begründung von Entscheidungen verlangt, so etwa bei der Verpackungsverordnung und der Ökodesign-Richtlinie der EU[6], zum Beispiel bei Fernsehgeräten[7] oder Kopierern, Scannern und Druckern.[8]

Die Lebenszykluskostenrechnung – also die ökonomische Bewertung von Produkten entlang der Produktlinie – wurde dagegen erst ab etwa Mitte der 1990er Jahre methodisch entwickelt[9]. Und mit noch größerer Zeitverzögerung wurde die Sozialbilanz von Produkten (SLCA – Social Life Cycle Assessment) methodisch entwickelt[10] (siehe unten).

Die zeitverzögerte Entwicklung der drei Methoden Ökobilanz (Life Cycle Assessment), Lebenszykluskostenrechnung (Life Cycle Costing) und Sozialbilanz SLCA – Social Life Cycle Assessment ist ein wesentlicher Grund für die nur langsame Entwicklung der Produktnachhaltigkeitsanalyse, die erst in den Jahren nach der Rio-Konferenz vorankam. Meilensteine waren die erste große Anwendung der Produktlinienanalyse am Fallbeispiel „Waschen und Waschmittel"[11] und die Erprobung in und mit einem multinationalen Unternehmen und dessen Produkten[12]. Dabei wurde die Produktlinienanalyse auch in den englischen Titel „PROSA –Product Sustainability Analysis" umgetauft. Eine ausführliche Methodenbeschreibung wurde 2007 veröffentlicht[13](siehe unten im Detail).

Nachgelagert zur Entwicklung der Produktlinienanalyse bzw. PROSA gab es nur wenige weitere ausführliche Methodenvorschläge für Produktnachhaltigkeitanalysen. So erweiterte beispielsweise die BASF ab 2002 ihre Ökoeffizienzanalyse durch Aufnahme sozialer Aspekte zur Sozio-Ökoeffizienz-Analyse „SEEBalance"[14]. In eine andere Richtung gingen Hot-Spot-Analysen mit Stakeholderbeteiligung, wie etwa die vom CSCP – Collaborating Centre of Sustainable Consumption and Production entwickelte Methode „SHSA – Sustainability Hot Spots Analysis", die bei

---

[4] Vgl. Saling et al. (2002) und Rüdenauer et al. (2005), S. 106.
[5] Vgl. Klöpffer und Grahl (2009), S. 5.
[6] Vgl. Graulich et al. (2010).
[7] Vgl. Stobbe et al. (2007a).
[8] Vgl. Stobbe et al. (2007b).
[9] Vgl. Swarr et al. (2011).
[10] Vgl. Grießhammer et al. (2006) und Andrews et al. (2009).
[11] Vgl. Grießhammer et al. (1997).
[12] Vgl. Ewen et al. (1997).
[13] Vgl. Grießhammer et al. (2007).
[14] Vgl. Saling (2010).

Unternehmen wie REWE mit der PRO PLANET-Initiative[15] angewandt wird oder bei Henkel mit der Entwicklung des Henkel SustainableConsumption Index[16].

Etwa ab 2005 gab es, ausgehend von Großbritannien und dort dem Handelskonzern Tesco, eine überraschende Gegenbewegung zu den zwangsläufig aufwändigeren Produktnachhaltigkeitsanalysen, aber auch zu den Produktökobilanzen. Vorgeschlagen wurden einfache CO_2-Analysen und darauf aufbauend CO_2-Label, vor allem für den Lebensmittelbereich. Nach einer langen und intensiven produktpolitischen Diskussion wurden die CO_2-Label und reduzierte CO_2-Analysen von den meisten Unternehmen, dem BMU und UBA sowie den führenden Ökobilanz-Instituten abgelehnt[17]. Ein wesentlicher Grund hierfür war, dass die reduzierten Analysen zwar einfacher durchzuführen sind, aber mitunter falsche Entscheidungen nahelegen, und sich anders als die Produktnachhaltigkeitsanalysen nicht für die unternehmerische Produktentwicklung eignen. Denn diese muss eben alle ökologischen und ökonomischen Aspekte und vor allem auch die sozialen und nutzenbezogenen Anforderungen von Konsumenten berücksichtigen. Nachfolgend wird gezeigt, wie bei der Methode PROSA diese Aspekte analysiert und bewertet werden.

2. PROSA

Die Methode PROSA – Product Sustainability Analysis wird zur Begleitung der unternehmerischen Produktentwicklung, zur Vorbereitung produktpolitischer Entscheidungen und für die Ableitung von Kriterien bei Produkt-Labeln eingesetzt. Die Methode ist über den ausführlichen Methodenbericht hinaus in einem detaillierten Leitfaden[18] sowie auf der Website www.prosa.org beschrieben. In den letzten zehn Jahren wurden mehrere Dutzend PROSA-Analysen durchgeführt, beispielsweise für die Bewertung von Konsumprodukten auf der Webseite www.ecotopten.de[19], oder für die Bestimmung der Vergabebedingungen für das Umweltzeichen Blauer Engel[20]. Bei E-Book-Readern wurden hier im Rahmen der PROSA-Analyse eine Ökobilanz und eine Lebenszykluskostenrechnung durchgeführt, die Nutzenaspekte für Verbraucher analysiert und gesellschaftliche Auswirkungen, zum Beispiel auf das Leseverhalten oder die Verlagslandschaft, diskutiert[21].

---

[15] Vgl. http://www.scp-centre.org/projects/basic-projects-data/55-rewe-sustainability-council.html.
[16] Vgl. http://www.scp-centre.org/projects/basic-projects-data/82-henkel-sustainability-master-sustainable-consumption-index.html.
[17] Vgl. Grießhammer und Hochfeld (2009), S. 31–33.
[18] Vgl. Öko-Institut (2007).
[19] Vgl. Graulich et al. (2007).
[20] Vgl. Quack et al. (2010).
[21] Vgl. Manhart et al. (2011), S. 25–31.

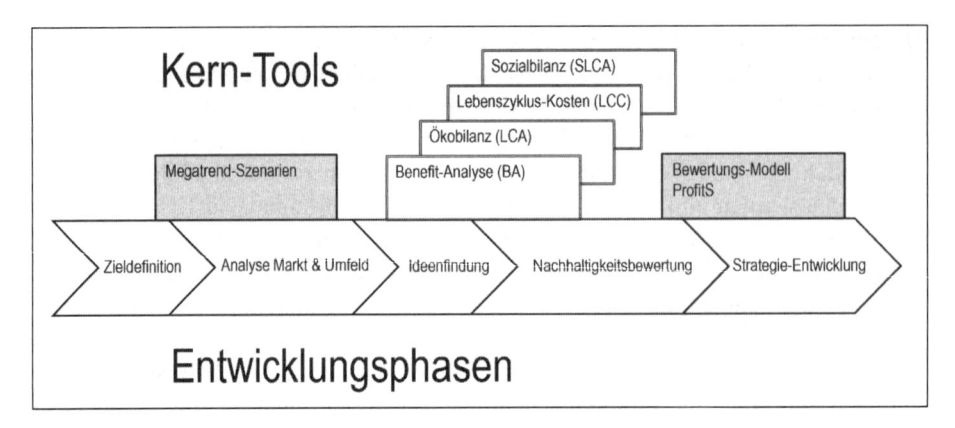

Abb. 1: Grundstruktur der Methode PROSA

Die Grundstruktur von PROSA ist in der Abb. 1 dargestellt. Der zeitliche Ablauf von PROSA und die Aufgabenstellung in den einzelnen Phasen sind im Leitfaden in dem sogenannten Pfadfinder beschrieben. Zur weiteren Unterstützung werden Checklisten zum Einbezug von Stakeholdern und zu Chancen und Risiken von Kooperationen sowie eine Entscheidungsmatrix zur Indikatorenauswahl angeboten.

Die vier wesentlichen Kerntools von PROSA sind die Ökobilanz, die Lebenszykluskostenanalyse, die Sozialbilanz und die Benefit-Analyse. Bei der Entwicklung von Prosa mussten die Sozialbilanz und die Benefit-Analyse erstmals methodisch beschrieben und die Lebenszykluskostenanalyse weiter entwickelt werden. Diese drei Kerntools werden nachfolgend beschrieben. Die Ökobilanzmethodik und die zugrunde liegenden ISO-Normen 14040 und 14044 können als bekannt vorausgesetzt werden.

3. Lebenszykluskosten und Ökoeffizienz

Mit der Lebenszykluskostenrechnung (englisch: Life Cycle Costing, LCC) werden die relevanten Kosten ermittelt, die für ein Produkt und die betrachteten Alternativen entlang des Produktlebenszyklus entstehen, wobei diese für unterschiedliche Akteure (zum Beispiel Unternehmen oder Verbraucher beim Kauf von Produkten[22]) natürlich unterschiedlich sind. Für die Erstellung einer Lebenszykluskostenanalyse gibt es noch keine Norm, aber einen international anerkannten Code of Practice[23]. Die Lebenszykluskostenrechnung wird vergleichbar wie eine Ökobilanz in vier Teilen durchgeführt.

---

[22] Vgl. Rüdenauer (2011).
[23] Vgl. Swarr et al. (2011).

- Festlegung des Ziels und des Untersuchungsrahmens,
- Sachbilanz (Datensammlung zu den einzelnen Kosten),
- Kosteneinschätzung,
- Auswertung.

Ökonomische Analysen gelten im Gegensatz zu ökologischen Analysen als genauer und objektiver. Die Ergebnisse hängen aber stark von der Festlegung des Untersuchungsrahmens, der Kostenarten, der angenommenen Verzinsung und anderer Aspekte ab (vgl. Abb. 2). Beispielsweise kann man bei der Berechnungen zur Wärmedämmung von Gebäuden je nach Annahme der aufzunehmenden Zinsen und andererseits der Entwicklung der Energiekosten zu höchst unterschiedlichen Ergebnissen kommen. Umso wichtiger ist es, dass – wie auch bei Ökobilanzen gefordert – die Annahmen genau beschrieben und begründet, Alternativen gerechnet und Sensitivitätsanalysen durchgeführt werden.

Besonders zu beachtende Punkte bei der Lebenszykluskostenrechnung
- ☑ Festlegung des Akteurs, aus dessen Sicht die Kosten ermittelt werden
- ☑ Festlegung Ziel, Untersuchungsrahmens, Funktionelle Einheit
- ☑ Prospektiv oder retrospektiv
- ☑ Vollkosten und/oder Teilkosten
- ☑ Ist-Kosten und/oder Plankosten
- ☑ dynamische und/oder statische Verfahren
- ☑ Preise und/oder Kosten
- ☑ Einbezug externer oder informeller Kosten
- ☑ Einbezug von versteckten Kosten und möglichen Haftungsrisiken
- ☑ Marktpreise, gesetzlich beeinflusste Preise (Subventionen etc.)
- ☑ Behandlung Diskontierung
- ☑ Behandlung Abschreibung (linear, degressiv)
- ☑ Behandlung unterschiedlicher Währungen
- ☑ Behandlung unterschiedl. Lebenshaltungskosten in verschiedenen Ländern
- ☑ Normierung
- ☑ Durchführung eines Critical Reviews bei öffentlicher Verwendung der LCC

Abb. 2: Checkliste Lebenszykluskostenrechnung

4. Sozialbilanz

Bei der Analyse und Verbesserung der Nachhaltigkeit von Produkten spielen gesellschaftliche und soziale Auswirkungen eine große Rolle. Da diese schwieriger zu erheben und zu bewerten sind als ökologische und ökonomische Aspekte, wurden sie lange Zeit vernachlässigt. Bei Unternehmen werden sie üblicherweise bei der Konsumforschung, dem Issue-Management und der Nachhaltigkeitsberichterstattung berücksichtigt.

Die Analyse der sozialen Aspekte von Produkten über ihren Lebensweg beschränkte sich lange Zeit auf einfach zusammengesetzte Produkte mit einfachen Lieferketten und entsprechenden Labeln zu fair hergestellten Produkten, im Wesentlichen auf Textilien sowie landwirtschaftliche Produkte wie Kaffee, Bananen oder Tee. Industrielle Produkte wurden dagegen nicht analysiert, da sie oft aus vielen unterschiedlichen Teilen zusammengesetzt sind (wie die Abb. 3 am Beispiel eines Notebooks zeigt), und über weitverzweigte Lieferketten hergestellt werden[24]. Anfang der 2000er Jahre lag keine methodische Beschreibung einer Produktsozialbilanz vor. Für die Weiterentwicklung von PROSA musste deshalb die Methodenentwicklung der Sozialbilanz vorangetrieben werden. Dies erfolgte im Rahmen der UNEP-SETAC-Life Cycle Initiative, bei der die Methode zuerst über eine Feasibility Studie[25] und später über Guidelines[26] beschrieben wurde.

Fertigungsschritte	Produkte & Zwischenprodukte					
6. Vermarktung	Markennotebook					
5. Endmontage	Notebook					
4. Montage komplexer Komponenten	Hauptplatine & Netzwerkkarte	LCD-Bildschirm	Optisches Laufwerk	Festplatte	Tastatur	Touchpad
	Akkublock	Netzteil	Luftkühlung	Gehäuse	Sonstige	
3. Fertigung von Einzelbausteinen	Mikrochips	Passive elektronische Komponenten	Leiterplatten	Kabel	Bedienelemente	Steckverbindungen
	Schraubverbindungen	Batteriezellen				
2. Raffinierung von Rohstoffen	Siliziumwafer	Glasprodukte	Rohplastikprodukte	Kupferprodukte	Kupfer-Zinkprodukte	Aluminium-Produkte
	...	Palladiumprodukte	Tantalumprodukte			
1. Rohstoffgewinnung	Quarzsand	Rohöl	Kupfererz	Zinkerz	Bauxit	...
	Palladiumerz	Tantalumerz	...	Altmetall		

Abb. 3: Schematische Gliederung der Notebook-Fertigungskette

Eine weitere Herausforderung bei der Sozialbilanz stellt die große Zahl möglicher Indikatoren dar, die potenziell angewendet werden könnten. Während man bei der Lebenszykluskostenanalyse nur einen Indikator hat (die Geldeinheit) und bei Ökobilanzen über ein Dutzend Umweltauswirkungen analysiert, kommen bei der So-

---

[24] Vgl. Grießhammer und Manhart (2006), S. 25.
[25] Vgl. Grießhammer et al. (2006).
[26] Vgl. Andrews et al. (2009), S. 43–74.

zialbilanz über 100 Indikatoren in Betracht[27]. Die hohe Zahl mag überraschen, zur Einschätzung sei aber darauf hingewiesen, dass bei der im September 2015 von der UN-Generalversammlung verabschiedeten „2030 Agenda for Sustainable Development" 17 Ziele und 169 Unterziele festgelegt wurden (!). Die Indikatoren können vier verschiedenen Anspruchsgruppen zugeordnet werden: den Arbeitnehmern, der benachbarten und regionalen Bevölkerung, der Gesellschaft sowie den Konsumenten. Bei Fallstudien zur Sozialbilanz kann aus Gründen der Praktikabilität nur eine eingeschränkte Zahl von Indikatoren erfasst werden. Die entsprechende Schwerpunktsetzung ist normativ geprägt und soll dementsprechend in Abstimmung mit Stakeholdern erfolgen. Dies gilt auch für die abschließende Bewertung und die Ableitung von Optimierungsmaßnahmen.

Bei den bisher durchgeführten Sozialbilanzen hat sich gezeigt, dass die Hotspots bzw. kritischen sozialen und gesellschaftlichen Auswirkungen meist nicht in den klassischen Industrieländern, sondern in Entwicklungs- und Schwellenländern auftreten. Typische Beispiele hierfür sind die Textilproduktion in Südostasien und die Produktion elektronischer Geräte in China. Beim Nachhaltigkeitsmanagement von Unternehmen werden diese Aspekte üblicherweise im Supply-Chain-Management adressiert. Hier gibt es einen fließenden Übergang zur Produktsozialbilanz. Denn Unternehmen, die mehrere Hundert oder Tausende Produkte herstellen, analysieren ihre Vorlieferanten natürlich nicht von Produkt zu Produkt, sondern zuerst einmal unabhängig von einzelnen Produkten in einer Bewertung der wichtigsten Lieferanten. Bei der späteren Bewertung einzelner Produkte kann dann schnell erfasst werden, von wem Vorprodukte geliefert werden und wie der Vorlieferant im Supply-Chain-Management eingestuft wird.

5. Benefit-Analyse

Während bei der Ökobilanz der Nutzen eher knapp über die Nutzeinheit bzw. die funktionelle Äquivalenz erfasst und definiert wird, wird bei PROSA der Nutzen intensiv analysiert, weil er letztlich über Kauf- und Gebrauchsentscheidungen der Konsumenten entscheidet und weil eine Bewertung bei höheren sozialen oder ökologischen Risiken auch bei der Gesetzgebung produktpolitisch begründet und verantwortet werden muss. Wie oben ausgeführt war der Einbezug von Nutzenaspekten in die Produktbewertung lange Zeit umstritten. In den letzten Jahren ist aber deutlich geworden, dass der Nutzen von Produkten ein zentraler Teil der Nachhaltigkeit von Produkten ist und dass bei jeder Bewertung mögliche Risiken von Produkten gegen den Nutzen von Produkten abgewogen werden. Besonders deutlich wird dies bei der Chemikalienbewertung nach dem europäischen Chemikaliengesetz REACH: Hier dürfen Chemikalien, die auf der Liste der besonders problematischen Chemikalien eingestuft wurden („substances of very high concern") nur

---

[27] Vgl. Öko-Institut (2007), S. 20–21.

noch dann weiter vermarktet werden, wenn in einer sozioökonomischen Nutzenanalyse (!) nachgewiesen wird, dass der Nutzen für die Gesellschaft höher ist als die von der Gesellschaft zu tragenden Risiken. Dementsprechend muss bei einer Produktnachhaltigkeitsanalyse auch der Nutzen systematisch analysiert werden. Bei der Methode PROSA erfolgt dies mit der sogenannten Benefit-Analyse. Dabei werden drei unterschiedliche Nutzenkategorien analysiert: der Gebrauchsnutzen, der symbolische Nutzen und der gesellschaftliche Nutzen. Für die Analyse mit Hilfe der Konsumforschung werden jeweils Checklisten bereitgestellt, wobei diese produktspezifisch adaptiert werden müssen. Die Abb. 4 zeigt eine produktgruppenspezifische Adaptierung der Benefit-Analyse auf Telekommunikationsprodukte und -dienstleistungen[28].

Die Bewertung des Nutzens wird in unterschiedlichen Ländern und von verschiedenen Stakeholdern und Konsumenten unterschiedlich ausfallen. Dies gilt aber vergleichbar für die Bewertung der Risiken. Zusammengefasst heißt dies, dass es keine objektive Bewertung der Nachhaltigkeit von Produkten gibt, sondern nur eine normativ geprägte Bewertung. Mit der Nachhaltigkeitsanalyse werden aber der Nutzen und die Auswirkungen von Produkten oder Alternativen und mögliche Optimierungsmaßnahmen sachlich dargestellt und bieten damit eine gute Basis für unternehmerische Entscheidungen bei der Produktentwicklung, für die Kaufentscheidungen von Konsumenten (gegebenenfalls erleichtert durch entsprechende Label) und für mögliche produktpolitische Maßnahmen.

Höhe des Nutzen	Wie hoch ist der Nutzen aus gesellschaftlicher Sicht?
Gebrauchs-tauglichkeit	Hat das Produkt/der Dienst eine hohe Gebrauchstauglichkeit? (z.B. Ladegeschwindigkeit, Bild- und Tonqualität, Anzahl der Anschlüsse, ...)
Bedienbarkeit	Hat das Produkt/der Dienst eine einfache Inbetriebnahme und Bedienbarkeit etc.? (einfaches Einrichten, Installieren, Aktualisierung Betriebssoftware etc.)
Geräte-unabhängigkeit	Sind einbezogene Geräte möglichst universell und kompatibel einsetzbar? Anschlüsse normiert? Software vereinheitlicht? Nahtlose geräteunabhängige Nutzung möglich? Automatische Suche nach bestmöglichem Netzzugang?
Kundeninformation	Produktinformation ausreichend und verständlich (Gebühreninformation zu Diensten und möglichen Folgekosten, zu den Geräten, Übernahme gängiger Labels, Kennzeichnungen zu Inhaltsstoffen, Rezyklierbarkeit, Energieeffizienz, Schutzmaßnahmen, Datenschutz etc.)?
Schutzmaßnahmen	Schutzmaßnahmen (Gesundheitsschutz, Datenschutz, Jugendschutz, verantwortungsvoller Gebrauch) vorhanden, einstellbar, voreingestellt? (z.B. Maßnahmen zur Minimierung der Strahlenexposition, Warnhinweis für Handynutzung für Kinder, Warnhinweis vor Handys/Angebote mit überlauter Klingel, vor illegalem Zugriff, ethisch bedenkliche Inhalte?

---

[28] Vgl. Grießhammer et al. (2015), S. 7.

Lebenszykluskosten	Sind die Lebenszykluskosten (Anschluss, einmalig, laufende Grund-Kosten/Monat, nutzungsabhängige Kosten, Wechsel oder Betriebskosten vor Vertragsabschluss) gut ersichtlich und verständlich und für verschiedene Nutzungsmuster dargestellt?
Kostenkontrolle	Ist für den Kunden das ökonomische Risiko durch Erwerb und Betrieb akzeptabel/vernachlässigbar und ist gesichert, dass er in keine Abhängigkeit/Verschuldung gerät? Ist eine ausreichende und zeitnahe Kostenkontrolle möglich (Information, Einstellungen, automatische Benachrichtigungen)?
Barrierefreiheit	Ist es diskriminierungs- und barrierefrei nutzbar? Ist es seniorengerecht gestaltet? Und/oder sind alternative Nutzungsmöglichkeiten oder Geräte geeignet?
Datenschutz	Datenschutz und der Schutz der Privatsphäre gewährleistet? Kann über Datenfreigaben selbst und bestinformiert bestimmt werden? Besteht ein ausreichender automatisch eingestellter/einstellbarer Schutz vor Zugriff Dritter: Spam, Viren, Daten?

Tab. 1: Nutzenkriterien für Telekommunikationsprodukte und -dienstleistungen

6. Produktportfoliobewertung

In den vorstehenden Ausführungen wurde deutlich gemacht, wie die Nachhaltigkeitsanalyse und -bewertung von einzelnen Produkten erfolgen kann. Unternehmen, die Hunderte Produkte herstellen oder gar Zehntausende (wie bei großen Chemie-Unternehmen), stehen aber vor dem Problem, dass sie für die Nachhaltigkeitsbewertung der vielen Produkte und des gesamten Produktportfolios eine standardisierte Bewertung benötigen. Diese kann dann bei der Beschaffung und bei der Produktentwicklung und als Key-Performance-Indikator für die Beurteilung des Produktportfolios eingesetzt werden. Die Entwicklung solcher standardisierten Produktbewertungen steht erst am Anfang.

Ein Beispiel für eine solche Produktportfoliobewertung ist die Produktnachhaltigkeitsmatrix der Deutschen Telekom. Die Deutsche Telekom hat sich in einem zweijährigen Projekt und mit intensiver Beteiligung von Stakeholdern und Erprobungen eine standardisierte softwaregestützte Nachhaltigkeitsmatrix zur Bewertung von Telekommunikationsprodukten und -dienstleistungen erstellen lassen[29].

Die übliche Struktur einer Nachhaltigkeitsbewertung (mit den Dimensionen Nutzen, Ökologie, Ökonomie, Soziales/Gesellschaft) wurde dabei modifiziert (vgl. Abb. 5), um bereits bestehende unternehmensinterne Bilanzierungssysteme optimal einbinden zu können. Nutzenaspekte, soziale Aspekte und Kostenaspekte für die Kunden wurden in einer Kategorie „Gesellschaft" zusammengefasst. Die sozialen Aspekte in den Vorketten bzw. bei Lieferanten wurden ebenfalls in einer eigenen Kategorie erfasst, um die Produktbewertung an das bestehende Supply Chain Management anzudocken.

---

[29] Vgl. Ebenda.

Ökologie
Product Carbon Footprint
Corporate Carbon Footprint
Klimaschonendes Design
Ressourcenschutz
Schadstoffe
Strahlenexposition
E-Waste und Umweltbelastung
Reduktion von Fahrten
Material-/Gerätereduktion
Klima-Kompensation

Gesellschaft
Gesellschaftlicher Nutzen
Performanz
Benutzerfreundlichkeit
Service-Qualität
Geräteunabhängigkeit
Kundeninformation
Schutzmaßnahmen
Lebenszykluskosten
Kostenkontrolle
Barrierefreiheit

Lieferkette/Produktionsbedingungen
CR-Commitment
Selbstauskunft des Lieferanten
Lieferanteneinschätzung durch externe Quellen
Auditierung der Lieferanten
Anonymes Beschwerdesystem

Abb. 4: Struktur der Nachhaltigkeitsmatrix im Bereich Telekommunikation

Die 25 Kriterien der Grundstruktur werden in der detaillierten Matrix näher beschrieben (vgl. Abb. 4), mit mehreren Indikatoren (insgesamt 80) hinterlegt und in ihrer potenziellen Ausprägung erfasst (qualitativ ja/nein; quantitativ gleitend; quantitativ in Stufen). Die Indikatoren werden jeweils mit einem Bewertungsfaktor versehen, wobei die Bewertungsfaktoren mit den Stakeholdern diskutiert und in der Regel vom Unternehmen übernommen wurden. In der Software werden zu jedem Indikator die internen und externen Datenquellen erfasst, sowie vorgeschlagene oder bereits geprüfte Optimierungspotenziale aufgeführt.

Durch die vorgegebenen Bewertungsfaktoren ist es möglich, jedem Produkt oder jeder Produktalternative eine aggregierte dimensionslose Bewertungszahl zuzuweisen. Durch eine umsatzgewichtete Bewertung aller Produkte kann so auch eine Bewertung des gesamten Produktportfolios erfolgen und als Key-Perfomance-Indikator für die Nachhaltigkeit des gesamten Produktportfolios dienen.

Mit der neuen Möglichkeit, Produktportfolios von Unternehmen aggregiert bewerten zu können, wird eine Brücke zur Nachhaltigkeitsbewertung von Unternehmen geschlagen. Bei dieser war die Bewertung der Produkte oft nur sehr allgemein oder beschränkte sich auf ausgewählte Spitzenprodukte der Unternehmen.

Literatur

Andrews, E. S./Barthel, L. P./Benoit, C./Ciroth, A./Cucuzzella, C./Gensch, C.-O./ Hebert, J./Lesage, P./Manhart, A./Mazeau, P./Mazijn, B./Methot, A.-L./ Moberg, A./Norris, G./ Parent, J./Prakash, S./Reveret, J.-P./Spillmaeckers, S./Ugaya, C./Valdivia, S./Weidema, B.; UNEP/SETAC Life Cycle Initiative on Integration of Social Criteria in Life Cycle Assessment in Kooperation mit Öko-Institut e.V. (2009): *Guidelines for Social Life Cycle Assessment of Products.*

Enquête-Kommission Schutz des Menschen und der Umwelt des Deutschen Bundestages (Hrsg.) (1993): *Verantwortung für die Zukunft – Wege zum nachhaltigen Umgang mit Stoff- und Materialströmen*, Economica Verlag, Bonn.

Ewen, C./Ebinger, F./Gensch, C.-O./Grießhammer, R./Hochfeld, C./Wollny, V. (1997): *Sustainable Hoechst. Sustainable Development: From Guiding Principle to Industrial Tool.*

Graulich, K./Blepp, M./Brohmann, B./Brommer, E./Bürger, V./Fischer, C./Grether, S./Gröger, J./Manhart, A./Prakash, S./Quack, D./Rüdenauer, I./Stratmann, B./Zangl, S.; in Zusamenarbeit mit Maurer, S./Klag, A. und Reisch, L.; Öko-Institut e.V. in Kooperation mit BEUC and ANEC (Brussels); ICRT (London/Brussels); Copenhagen Business School (Copenhagen) (2010): *Preparatory Studies for Eco-design Requirements of EuPs (II) and on Stakeholder Representation – Lot C: Consumers' Representation.*

Graulich, K./Bunke, D./Eberle, U./Gensch, C.-O./Grießhammer, R./Möller, M./ Quack, D./ Rüdenauer, I./Strauss, V./Zangl, S. (2007): *Die Verbraucherinformationskampagne EcoTopTen – Innovationen für einen nachhaltigen Konsum.*

Grießhammer, R./Bunke, D./Gensch, C.-O. (UBA-Texte 1/1997): *Produktlinienanalyse Waschen und Waschmittel.*

Grießhammer, R./Manhart, A. (2006): *Soziale Auswirkungen der Produktion von Notebooks. Beitrag zur Entwicklung einer Produktnachhaltigkeitsanalyse (PROSA). Teilprojekt „Product Sustainability Assessment (PROSA) – Methodenentwicklung und Diffusion".*

Grießhammer, R./Benoit, C./Dreyer, L.C/Flysjö, A./Manhart, A./Mazijn, B./ Methot, A. L./ Weidema, B./Öko-Institut und Taskforce UNEP-SETAC (2006): *Feasibility Study: Integration of social aspects into LCA.*

Grießhammer, R./Buchert, M./Gensch, C./Hochfeld, C./Manhart, A. und Rüdenauer, I. (2007): *PROSA – Product Sustainability Assessment. Beschreibung der Methode.*

Grießhammer, R./Hochfeld, C. (2009): *Memorandum Product Carbon Footprint – Positionen zur Erfassung und Kommunikation des Product Carbon Footprint für die internationale Standardisierung und Harmonisierung.*

Grießhammer, R./Brunn, C./Manhart, A./Prakash, S./Schmitt, K./Zimmermann, K. (2015): *Sustainability Assessment of the Products and Services of Deutsche Telekom AG*, Freiburg, 2015.

Klöpffer, W./Grahl, B. (2009):Ökobilanz (LCA): *Ein Leitfaden für Ausbildung und Beruf.*

Manhart, A./Brommer, E./Gröger, J./Top 100 (2011): *PROSA E-Book-Reader – Entwicklung der Vergabekriterien für ein klimaschutzbezogenes Umweltzeichen. Studie im Rahmen des Projektes „Top 100 – Umweltzeichen für klimarelevante Produkte".*

Öko-Institut (Hrsg.) (1987): *Produktlinienanalyse – Bedürfnisse, Produkte und ihre Folgen.*

Öko-Institut (Hrsg.) (2007): *Leitfaden PROSA – Product Sustainability Assessment.*

Quack, D./Gröger, J./Grießhammer, R./Acker, H./Barth, R./Bleher, D./Blepp, M./ Brommer, E./Bunke, D./Fischer, C./Fritsche, U./Manhart, A./Marquardt, M./ Mottschall, M./Prakash, S./ Schleicher, T./Schmied, M./Schüler, D./Seum, S./ Stratmann, B./Zangl, S.; Öko-Institut e. V. in Kooperation mit Institut für Energie- und Umweltforschung (ifeu) GmbH; Institut für Ökologie und Politik (Ökopol) GmbH; Gesellschaft für Angewandten Umweltschutz und Sicherheit im Seeverkehr (GAUSS) mbH; lichtlEthics& Brands (2012): *Top 100 – Umweltzeichen für klimarelevante Produkte.*

Quack, D./Rüdenauer, I. (2004): *EcoTopTen Stoffstromanalyse relevanter Produktgruppen – die Energie- und Stoffströme der privaten Haushalte in Deutschland im Jahr 2001.*

Rüdenauer, I./Gensch, C.-O./Grießhammer, R./Bunke, D. (2005*): Integrated Environmental and Economic Assessment of Products and Processes: A Method for Eco-efficiency Analysis.* Journal of Industrial Ecology 9 (4), 105–116.

Rüdenauer, I. (2011): *Konzept zur Kommunikation von Lebenszykluskosten im Handel. Masterarbeit im Rahmen des Projektes „Energieeffizienter Klimaschutz bei Produkten"*, Universität Lüneburg, Centre for Sustainability Management.

Saling, P./Kicherer, A./Dittrich-Krämer, B./Wittlinger, R./Zombik, W./Schmidt, I./ Schrott, W./ Schmidt, S. (2002): *Eco-Efficiency Analysis by BASF: The method.* Int J LCA 7 (4) 2003–2218.

Saling, P. (2010): *Nachhaltigkeitsbewertungen mit Hilfe von Ökobilanzen, der Ökoeffizienz-Analyse und SEEbalance.* Chemie Ingenieur Technik, Vol. 82, Issue 9, 2010, S. 1433–1434.

Stobbe, L./Schischke, K.; in Zusammenarbeit mit Graulich, K./Gensch, C.-O./ Quack, D. und Zangl, S.; Fraunhofer Institut für Zuverlässigkeit und Mikrointegration (IZM) in Kooperation mit Öko-Institut e.V.; PE Europe; Codde; Bio Intelligence Service & Deutsche Umwelthilfe (2007a):*Preparatory studies for eco-design requirements of EuP, Lot 5: Consumer electronics (TV).*

Stobbe, L./Schischke, K.; in Zusammenarbeit mit Graulich, K./Gensch, C.-O./ Quack, D. und Zangl, S.; Fraunhofer Institut für Zuverlässigkeit und Mikrointegration (IZM) in Kooperation mit Öko-Institut e.V.; PE Europe; Codde; Bio IntelligenceService & Deutsche Umwelthilfe (2007b):*Preparatory Studies for eco-design requirements of EuP, Lot 4: Imaging equipment (copiers, faxes, printers, scanners, MFD).*

Swarr, T. E./Hunkeler, D./Kloepffer, W./Pesonen, H.-L./Ciroth, A./Brent, A. C. and Pagan, R. (2011): *Environmental Life Cycle Costing: A Code of Practice*, SETAC, Pensacola.

Vom Nachhaltigkeitskodex für Unternehmen zum Nachhaltigkeitskodex für Hochschulen – Unterschiede, Gemeinsamkeiten, Herausforderungen

Anna Katharina Liebscher und Georg Müller-Christ

1. Einleitung

Im Rahmen der Entwicklung von Bildungsinstitutionen in Richtung Nachhaltigkeit spielen Hochschulen eine entscheidende Rolle – zum einen im Bereich der Forschung und Lehre, zum anderen im Bereich des Selbst-Umsetzens. Hochschulen haben neben der Generierung von nachhaltigkeitsspezifischem Wissen auch die Verantwortung, in Forschung, Lehre, Betrieb und Transfer selbst nachhaltig(er) zu werden.[1] In den letzten Jahren sind diverse Anstrengungen unternommen worden, Standards für Nachhaltigkeitsberichterstattung zu setzen, z. B. mit dem Nachhaltigkeitskodex des Rates für Nachhaltige Entwicklung oder der Global Reporting Initiative.[2] Die bekannten Standards fokussieren auf die Nachhaltigkeitsleistung von Unternehmen, wobei sich deren Stakeholder vornehmlich für Transparenz im Hinblick auf die Anstrengungen der Unternehmen, schädliche Nebenwirkungen des Wirtschaftens auf Mensch und Natur zu minimieren, interessieren.[3]

Beim Blick auf Hochschulen scheinen der Zweck und der Gegenstand der Berichterstattung über Nachhaltigkeitsbelange nicht so einfach festzulegen zu sein. Hochschulen produzieren weder Waren noch Dienstleistungen, sie haben vielmehr einen gesellschaftlichen Auftrag zur Produktion von Erkenntnissen, Bildung und vermittelbarem Wissen. Die Stakeholder sind hier wohl hauptsächlich daran interessiert, wie die öffentlichen Einrichtungen diese Aufgabe erfüllen. Da die Finanzierung von Hochschulen in der öffentlichen Hand liegt, ist diese einerseits an den Ergebnissen der Arbeit an und in Hochschulen interessiert, zum anderen daran, wie die internen Prozesse der Autonomiesicherung ablaufen.[4]

Mit der auf freiwilliger Basis erfolgenden Berichterstattung über Nachhaltigkeitsaspekte streben sowohl wirtschaftliche als auch öffentliche Institutionen durch Offenlegung der Prozesse, die eine ökonomische, ökologische oder soziale Auswirkung haben (können), eine Legitimation ihres Handelns an.[5] Die unternehmerische

---

[1] Vgl. Fischer/Jenssen/Tappeser (2015), S. 1; Müller-Christ (2013a), S. 64.
[2] Vgl. Rat für Nachhaltige Entwicklung (2015d); Global Reporting Initiative (2013).
[3] Vgl. Global Reporting Initiative (2013), S. 3, S. 9.
[4] Vgl. Albrecht (2009), S. 29f.
[5] Vgl. Daub (2010), S. 30f.

und öffentliche respektive hochschulbezogene Nachhaltigkeitsberichterstattung folgt allerdings zumindest in einigen Punkten unterschiedlichen Berichterstattungslogiken. Das nachhaltigkeitsbezogene Engagement von Hochschulen kann hierbei aus zwei miteinander verknüpften Perspektiven betrachtet werden: Zum einen haben Hochschulen die Verantwortung, in Forschung, Lehre und Transfer einen Beitrag zur nachhaltigen Entwicklung zu leisten, zum anderen haben sie auch die Aufgabe, selbst eine nachhaltige Institution zu sein oder zu werden.

Hierbei können Hochschulen wie Unternehmen ein ressourcenorientiertes Nachhaltigkeitsverständnis zugrunde legen, das Nachhaltigkeit vor allem als Rationalität versteht, mit den materiellen und immateriellen Ressourcen sowie deren Ressourcenquellen, von denen Abhängigkeiten bestehen, so umzugehen, dass diese in ihrer Funktionsfähigkeit nicht eingeschränkt werden.[6] Hiermit wird der Fokus der Betrachtung von der Wirkungsseite (Output) auf die Ursachenseite (Input) gelenkt: Um den eigenen Bestand auf Dauer sicherzustellen, ist es unumgänglich, die Sicherung der grundsätzlichen Verfügbarkeit benötigter Ressourcen im Blick zu behalten. Das übergeordnete Nachhaltigkeitsziel ist für Unternehmen und Hochschulen gleich, nämlich nicht mehr Ressourcen zu verbrauchen als reproduziert werden können; die Logik dahinter: Sicherstellung der Ressourcenströme auf der Inputseite, um den Erhalt der eigenen Substanz sicherzustellen. In Nachhaltigkeitsberichten wird hierzu offengelegt, woher die bezogenen Ressourcen stammen, wie diese produziert wurden und welche Institutionen an der Erhaltung der Ressourcenquellen beteiligt sind.[7] Auf der Outputseite sind dann allerdings Unterschiede für die Institutionen zu erwarten: Die marktorientierte Logik führt zu Externalitäten: Finanzielle Effekte werden privatisiert, soziale und ökologische Effekte sozialisiert.[8] Stakeholder von Unternehmen interessieren sich daher wohl vor allem für Transparenz über die Maßnahmen zur Vermeidung von Nebenwirkungen. Stakeholder von Hochschulen wollen vor allem wissen, ob die Hochschulen in ihrer großen Autonomie ihrem gesellschaftlichen Auftrag gerecht geworden sind. Hochschulen werden folglich kaum die Reportingstandards verwenden können, die konkret für Unternehmen entwickelt wurden, ohne sie an ihre Erfordernisse und Besonderheiten anzupassen.[9] Die Gemeinsamkeiten und Unterschiede der Anforderungen an die Berichterstattung über Nachhaltigkeit in Unternehmen und an Hochschulen sowie die für Hochschulen entstehenden Herausforderungen sind Gegenstand dieses Beitrags. Einen ersten Überblick über Unterschiede und Gemeinsamkeiten in der Berichtslogik von Unternehmen und Hochschulen liefert die nachfolgende Abbildung.

---

[6]   Vgl. Müller-Christ (2014), S. 123.
[7]   Vgl. Müller-Christ (2014), S. 194f.; Global Reporting Initiative (2013), S. 52ff.
[8]   Vgl. Müller-Christ (2014), S. 106.
[9]   Vgl. Sassen/Dienes/Beth (2014), S. 264, S. 274; Müller-Christ/Isenmann/Dembski (2009), S. 83; Albrecht (2009), S. 3.

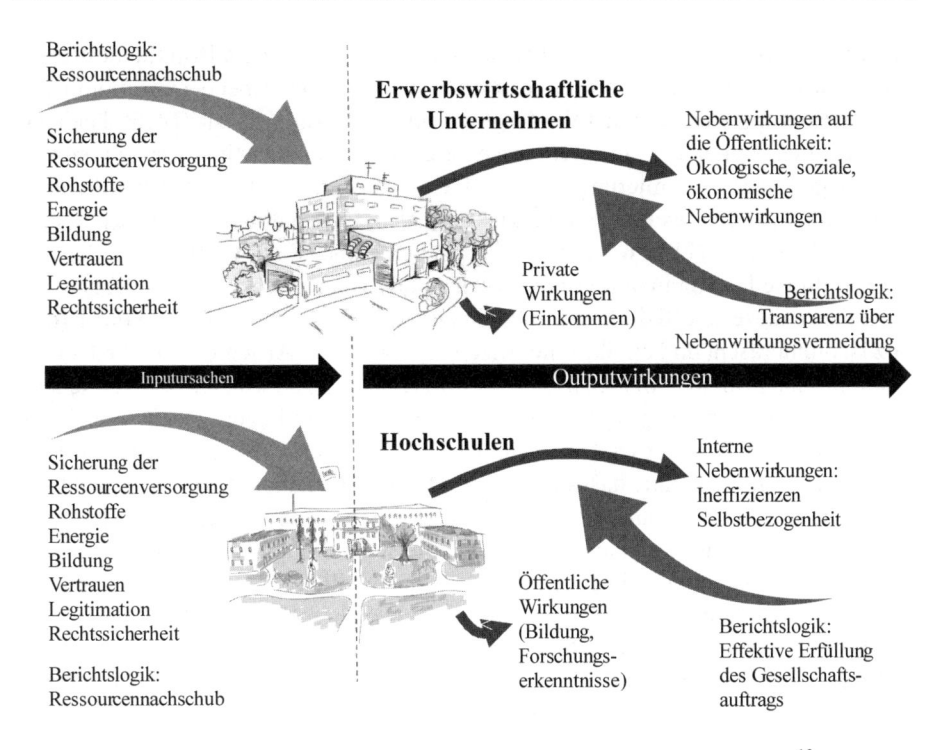

Abb. 1: Die Unterschiede in den Berichtslogiken von Unternehmen und Hochschulen.[10]

Erwerbswirtschaftliche Unternehmen
- Berichtslogik: Ressourcennachschub
- Sicherung der Ressourcenversorgung: Rohstoffe, Energie, Bildung, Vertrauen, Legitimation, Rechtssicherheit
- Private Wirkungen (Einkommen)
- Nebenwirkungen auf die Öffentlichkeit: Ökologische, soziale, ökonomische Nebenwirkungen
- Berichtslogik: Transparenz über Nebenwirkungsvermeidung
- Inputursachen → Outputwirkungen

Hochschulen
- Sicherung der Ressourcenversorgung: Rohstoffe, Energie, Bildung, Vertrauen, Legitimation, Rechtssicherheit
- Berichtslogik: Ressourcennachschub
- Öffentliche Wirkungen (Bildung, Forschungserkenntnisse)
- Interne Nebenwirkungen: Ineffizienzen, Selbstbezogenheit
- Berichtslogik: Effektive Erfüllung des Gesellschaftsauftrags

2. Das ressourcenorientierte Nachhaltigkeitsverständnis und die Bedeutung der Legitimation

Das Nachhaltigkeitsverständnis von Wissenschaft und Praxis ist inzwischen so breit gefächert, dass der Eindruck entsteht, alle Aktivitäten, für die Zeit, Geld und Aufmerksamkeit investiert werden und die nicht das unmittelbare Kerngeschäft einer Institution betreffen, werden in einem „Schleppnetz der Nachhaltigkeit" aufgefangen. In diesem Schleppnetz finden sich dann unzählige Maßnahmen und Projekte, bei deren Vielfalt eine Identifikation des Nachhaltigen schwer fällt. Gemein ist den meisten dieser Initiativen, dass sie sich mit Knappheiten beschäftigen. Die Reichweite der Bedeutung der absoluten Knappheit materieller und immaterieller Ressourcen lässt sich nicht leugnen, insbesondere wenn es um immaterielle Ressourcen geht, für die keine Faktormärkte existieren.[11] Für Institutionen stellt sich die Frage, wie sie dafür Sorge tragen können, dass sie die Ressourcen, die sie benötigen bzw. die Quellen, in denen diese entstehen, auch auf lange Sicht erhalten können.

Hierbei steht über der individuellen Betroffenheit von Institutionen die allgemeine Ressourcenknappheit, der die Gesellschaft begegnet. Mit dieser Orientierung

---

[10] Eigene Darstellung.
[11] Vgl. Müller-Christ (2014), S. 27, S. 199; Müller-Christ (2013b), S. 43.

an der inter- und intragenerationellen Gerechtigkeit, die seit dem Brundtland-Report die Entwicklungsdebatte dominiert, wird auf Institutionenebene eine moralische **Verantwortung** wieder in den Vordergrund geholt, die seit frühester Menschheit das Wirtschaften begleitet.[12] Bei einer reinen Orientierung an der Minimierung von Aufwendungen oder Maximierung von Erträgen entstehen negative Nebenwirkungen. Diese zu reduzieren, wenn nicht gar zu vermeiden, ist Ausdruck einer durch Selbstbeschränkung erreichbaren Verantwortungsübernahme. Eine Möglichkeit, der einzelinstitutionellen Herausforderung der Knappheit von Ressourcen zu begegnen, besteht darin, diese so effizient wie möglich einzusetzen. Das Prinzip der **Öko-Effizienz** ist omnipräsent und erhält seine Akzeptanz aus seiner Anschlussfähigkeit an das ökonomische Prinzip.[13] In dem möglichst effizienten Einsatz von Ressourcen scheint die Lösung für den Umgang mit knappen Ressourcen zu liegen. Doch so effizient die Rohstoffe auch eingesetzt werden, der Ressourcenbasis werden weiterhin Ressourcen entnommen, ohne dass deren Reproduktion thematisiert wird. Um nicht nur die Ressourcen so sparsam wie möglich einzusetzen, sondern sicherzustellen, dass deren Nachschub auch auf lange Sicht gewährleistet ist, ist ein Wechsel der Perspektive von Ressourcenpools, in denen Ressourcen unendlich zur Verfügung stehen, auf **Ressourcenquellen**, die sehr sensibel auf Störungen ihrer Funktionsfähigkeit reagieren können, notwendig.[14] Die Ressourcenquelle (oder materieller gesprochen: die Substanz) zu erhalten, ist ein Prinzip, dessen Gültigkeit im Hinblick auf die Kapitalsubstanz eines Unternehmens nicht in Frage zu stellen ist und das dem Leitspruch folgt, vom Ertrag und nicht von der Substanz zu leben. Am vielzitierten Beispiel der Forstwirtschaft ist dieses Prinzip der **Substanzerhaltung** auch für natürliche Ressourcen klar erkennbar: Nicht mehr Holz zu schlagen, als in der entsprechenden Periode nachwachsen kann, ist vernünftiges, nachhaltiges Verhalten. Gleiches gilt für alle anderen Arten von Ressourcen, ob materiell oder immateriell. Mit dem substanzerhaltungs- bzw. ressourcenorientierten Nachhaltigkeitsverständnis wird deutlich, dass die gesamte Breite der Ressourcen, auf die eine Institution angewiesen ist, Aufmerksamkeit erfordert, aber eben auch finanzielle Mittel und zeitliche Kapazitäten benötigt. Hiermit wird die etablierte Unterteilung von Nachhaltigkeitsaspekten in ökonomische, ökologische und soziale Belange ergänzt um eine notwendige Differenzierung von materiellen und immateriellen Ressourcen, deren Entstehung sehr unterschiedlichen Regeln unterworfen ist.[15]

Gleichwohl wohnen den drei Lesarten von Nachhaltigkeit **Öko-Effizienz, Substanzerhaltung und Verantwortung** vor allem im erwerbswirtschaftlichen Kontext Widersprüche inne. Diese tauchen in Bezug auf die Ressourcenzuteilung als Zweck-Mittel-Dilemma auf: Verfügbare Mittel können nur einem Zweck zugeordnet werden, d.h. sie können entweder für die Erwirtschaftung von Gewinnen im Sinne des

---

[12] Vgl. Müller-Christ (2013b), S. 52.
[13] Vgl. von Hauff/Kleine (2014), S. 107.
[14] Vgl. Scott (1983), S. 158.
[15] Vgl. Müller-Christ (2014), S. 118, S. 123f., S. 423ff.; Müller-Christ (2013b), S. 47; Gandenberger (2008), S. 60f., S. 73f.

Kerngeschäfts oder für den Erhalt einer Ressourcenquelle (für eine gesellschaftsorientierte Spende, eine effizienzsteigernde Innovation o. ä.) investiert werden. Aus Sicht der Entscheidungsfindung und der Art, wie die Entscheidung für die Zuweisung zu einer Nachhaltigkeitsmaßnahme begründet wird, entsteht ein **internes Legitimationsproblem**. Mit jeder Zuweisung von Mitteln zu einer Alternative erfolgt eine Nicht-Zuweisung zu einer anderen.[16] Neben der Legitimation des Nicht-Erreichten und der damit einhergehenden Trade-offs (wie nicht-maximierten Gewinnen) aufgrund von Investitionen in die Erhaltung der Ressourcenquelle besteht Legitimationsbedarf für Institutionen in Bezug auf deren grundsätzliche Ausrichtung und Tätigkeiten sowie deren Perzeption durch die Gesellschaft. Für Unternehmen wird diese **gesellschaftliche Legitimation**, oder „licence to operate", dadurch notwendig, dass Menschen die Erzielung von Gewinnen ohne die Rücksichtnahme auf Nebenwirkungen für Mensch oder Natur moralisch bedenklich finden. Mit der Gewährung der „licence to operate" stimmen Stakeholder dem Verhalten eines Unternehmens im Hinblick auf dessen Verantwortung zu. Kommunikation und Austausch mit den Stakeholdern wird zum unerlässlichen Instrument zum Beweis des eigenen verantwortlichen Handelns.[17] Mit der Formulierung nachhaltigkeitsorientierter Ziele und Maßnahmen sowie dem Offenlegen interner Prozesse zielen Institutionen in der Berichterstattung über ihr Nachhaltigkeitsengagement also insgesamt auf **interne und externe Legitimation** ab.

3. Hochschulen und Nachhaltigkeit

Das nachfolgende Konzept ist eng orientiert am ressourcenorientierten Nachhaltigkeitsgedanken und unterscheidet sich von vorhandenen Konzeptionen, die ein explizit normativeres Nachhaltigkeitsverständnis zugrunde legen (bspw. die Richtlinien der Global Reporting Initiative). Der Vorteil dieses Ansatzes wird darin gesehen, dass er der zuvor beschriebenen Grundlogik von Hochschulen eher gerecht wird und anschlussfähiger an deren interne Entscheidungsprämissen ist. Es zeigen sich dann zwei Referenzpunkte zur Implementierung von Nachhaltigkeit in Institutionen: die Nachhaltigkeitswirkungen der Tätigkeit der Institutionen und die Nachhaltigkeitsprobleme der Gesellschaft.[18] Entsprechend gilt auch für Hochschulen eine zweigeteilte Betrachtung der Nachhaltigkeitsthematik. In Forschung, Lehre und Transfer ist die Hochschule das Subjekt, das Wissen über und für Nachhaltigkeit schafft und damit einen Beitrag zur gesellschaftlichen nachhaltigen Entwicklung leistet. Als soziales Teilsystem der Gesellschaft ist eine Hochschule aber auch als Objekt von ihren eigenen Erkenntnissen betroffen: Die Ergebnisse von Forschung, Lehre und Transfer bzw. Austausch mit der Gesellschaft führen zu Veränderungen innerhalb der Hoch-

---

[16] Vgl. ausführlicher Müller-Christ (2014), S. 280f.
[17] Vgl. Suchanek/Lin-Hi (2008), S. 83–93.
[18] Vgl. Dyllick (2004), S. 88.

schule, wodurch sich im Hochschulbetrieb, im Umweltschutz, in Entscheidungsprozessen etc. Nachhaltigkeit auch innerhalb der Institution verbreitet. Damit sind Hochschulen zum einen einzelwirtschaftliche Institutionen, die nachhaltig ausgerichtet werden müssen, und zum anderen Gesellschaftsakteure, die ihren Beitrag zur nachhaltigen Entwicklung leisten.[19]

Die **Hochschule für nachhaltige Entwicklung** stellt die **externe Sichtweise** auf die Hochschule dar. Mit dem Zweck, Wissen zu schaffen (Forschung), zu vermitteln (Lehre bzw. Bildung) und in die Gesellschaft zu transferieren (Transfer) stehen der Hochschule verschiedene Möglichkeiten und Reichweiten der Implementierung von Nachhaltigkeit zur Verfügung. In der Forschung tritt neben die umweltorientierte Technikforschung eine nebenwirkungsorientierte soziale Nachhaltigkeitsforschung, in der Lehre wird die Umweltbildung bereits seit einiger Zeit durch Bildung für nachhaltige Entwicklung komplementiert. Durch das Aufbrechen klassischer disziplinärer Forschungs- und Lehrmuster, die Erweiterung von Leitbildern und nicht zuletzt die kritische Diskussion mit der Gesellschaft streben Hochschulen auch den Anforderungen einer transformativen Wissenschaft entgegen.[20]

Die **nachhaltige Hochschule** ist die Umschreibung der **internen Sichtweise**. Eine nachhaltige gesellschaftliche Entwicklung erfordert auch eine nachhaltige Entwicklung der einzelnen Akteure, auch der Hochschulen. Diese sind in der Verantwortung, ihr eigenes Handeln zu reflektieren und so auszurichten, dass Ressourcenquellen erhalten sowie schädliche Nebenwirkungen auf Natur und Gesellschaft minimiert werden. Diese Anforderung führt dazu, dass neben dem Umweltmanagement und der Konzentration auf natürliche Ressourcen auch die Organisationsentwicklung einer Hochschule und damit immaterielle Ressourcen in den Blick genommen werden müssen.[21] Auf diese Weise können die drei Dimensionen der Nachhaltigkeit in die ressourcenorientierte Betrachtung mit einbezogen werden: die Erhaltung ökonomischer Ressourcen (Leistungsfähigkeit sichern), ökologischer Ressourcen (Die Natur im Blick) und sozialer Ressourcen (Miteinander die Hochschule gestalten).[22]

Die beiden Perspektiven werden durch ein **Nachhaltigkeitsmanagement** der Hochschulen verbunden. Der Aspekt **Governance** verknüpft die beiden Treiber, die häufig für die Entwicklung von Hochschulen in Richtung Nachhaltigkeit herangezogen werden: In Top-down-Prozessen wird das Nachhaltigkeitsthema von Rektorats- oder Präsidiumsebene vorgegeben, von wo aus es in die Institution diffundiert; in Bottom-up-Prozessen ist es häufig Studierenden- oder Mitarbeiterengagement, das dazu führt, dass Nachhaltigkeit in der Hochschule ein Platz eingeräumt wird.[23] Mit der

---

[19] Vgl. Müller-Christ (2014), S. 61 f.; Müller-Christ/Isenmann/Dembski (2009), S. 85.
[20] Vgl. Müller-Christ/Isenmann/Dembski (2009), S. 87; Schneidewind/Singer-Brodowski (2013), S. 67f.
[21] Vgl. Müller-Christ/Isenmann/Dembski (2009), S. 87f. Zu den Herausforderungen der Organisationsentwicklung von Hochschulen vgl. auch Müller-Christ (2014), S. 57ff.
[22] Der Nachhaltigkeitsbericht der Universität Bremen von 2010 basiert auf dieser Unterteilung; vgl. Universität Bremen (2010).
[23] Vgl. Müller-Christ (2014), S. 57.

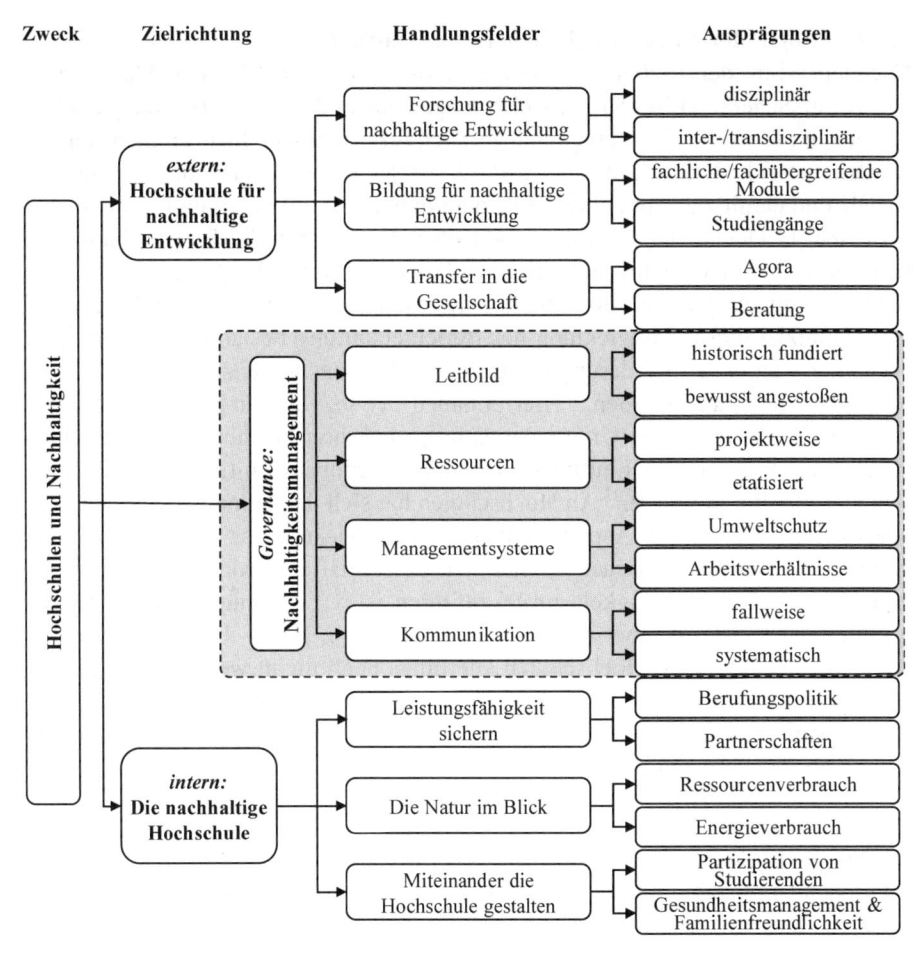

Abb. 2: Hochschulen und Nachhaltigkeit aus verschiedenen Perspektiven.[24]

Zweck	Zielrichtung	Handlungsfelder	Ausprägungen
Hochschulen und Nachhaltigkeit	**extern:** Hochschule für nachhaltige Entwicklung	Forschung für nachhaltige Entwicklung	disziplinär / inter-/transdisziplinär
		Bildung für nachhaltige Entwicklung	fachliche/fachübergreifende Module / Studiengänge
		Transfer in die Gesellschaft	Agora / Beratung
	Governance: Nachhaltigkeitsmanagement	Leitbild	historisch fundiert / bewusst angestoßen
		Ressourcen	projektweise / etatisiert
		Managementsysteme	Umweltschutz / Arbeitsverhältnisse
		Kommunikation	fallweise / systematisch
	intern: Die nachhaltige Hochschule	Leistungsfähigkeit sichern	Berufungspolitik / Partnerschaften
		Die Natur im Blick	Ressourcenverbrauch / Energieverbrauch
		Miteinander die Hochschule gestalten	Partizipation von Studierenden / Gesundheitsmanagement & Familienfreundlichkeit

Entwicklung von Leitbildern, der Zuweisung von Ressourcen zu Nachhaltigkeitsprojekten, der Einrichtung und Zertifizierung von Managementsystemen sowie der Nachhaltigkeitskommunikation kann Nachhaltigkeit von der Hochschule Bedeutung zugewiesen werden. Diese Sicht auf Nachhaltigkeit in Hochschulen ist in Abb. 2 dargestellt, wobei die Ausprägungen der oben erwähnten Handlungsfelder lediglich Beispiele dafür sind, wie die verschiedenen Bereiche mit Inhalt gefüllt werden können.[25]

---

[24] Müller-Christ (2013a), S. 65 (modifiziert).
[25] Vgl. ausführlicher Müller-Christ (2014), S. 62ff., Müller-Christ (2013a), S. 64ff. sowie Müller-Christ/Isenmann/Dembski (2009), S. 89ff.

4. Zur Logik der Nachhaltigkeitsberichterstattung

Nachdem Mitte der 1990er Jahre aufgrund der Einführung des Eco-Management and Audit Scheme (EMAS) Umweltmanagement und -berichterstattung bekannt gemacht und sowohl in Unternehmen als auch für öffentliche Institutionen etabliert wurden, hat sich ab dem Ende der 1990er Jahre der Trend herausgebildet, auch über soziale und damit zusammenhängende ökonomische Aktivitäten und Strategien zu berichten. In Deutschland wurde diese Unterteilung durch die Entwicklung eines Leitbildes einer nachhaltig zukunftsverträglichen Entwicklung im Abschlussbericht der Enquete-Kommission „Schutz des Menschen und der Umwelt" geprägt. Das Hauptziel dieser Entwicklung der Berichterstattung bestand vor allem darin, der lauter werdenden Forderung der Öffentlichkeit nach Transparenz und Glaubwürdigkeit gerecht zu werden.[26] Hierfür haben sich inzwischen Standards etabliert, an denen sich die meisten Unternehmen heute bei ihrer Nachhaltigkeitsberichterstattung orientieren. Die Leitlinien der Global Reporting Initiative (GRI) haben sich hier klar durchgesetzt.[27] An Hochschulen hat sich der Trend der Berichterstattung über nichtfinanzielle Aspekte erst langsam entwickelt, was vor allem auf einen geringeren öffentlichen Druck hinsichtlich der Schaffung von Transparenz aufgrund großer Glaubwürdigkeit zurückzuführen ist.[28] Erst jüngst nimmt die Entwicklung an Fahrt auf, über Nachhaltigkeit an und in Hochschulen zu berichten. Standards existieren für Hochschulen allerdings noch nicht, weshalb sich die Berichterstattung derzeit an den für Unternehmen existierenden Standards orientiert. Hierbei stoßen Hochschulen aber aufgrund der unterschiedlichen Berichtslogiken schnell an ihre Grenzen.

4.1 Nachhaltigkeitsberichterstattung von Unternehmen

Unternehmen nutzen die freiwillige Nachhaltigkeitsberichterstattung vor allem, um externen Anspruchsgruppen den Umgang mit ökonomischen, ökologischen und sozialen Herausforderungen zu offenbaren und um mit den internen Anspruchsgruppen einen Veränderungsprozess anzustoßen und anzutreiben, der in einer Implementierung gesellschaftlicher nachhaltigkeitsbezogener Ansprüche sowie der Erhaltung der „licence to operate" besteht.[29]

Heute orientieren sich die Unternehmen, die sich für freiwillige Nachhaltigkeitsberichterstattung entscheiden, in aller Regel an den Richtlinien der Global Reporting Initiative. Weltweit berichten mehr als 5.000 Organisationen gemäß den GRI-Standards, wobei diese Zahl voraussichtlich angesichts der ab 2016 obligaten nichtfinanziellen Berichterstattung von Unternehmen mit mehr als 500 Mitarbeitern im

---

[26] Vgl. EMAS (2011); Enquete-Kommission (1998), insb. S. 16ff.
[27] Vgl. Lackmann (2010), S. 39.
[28] Vgl. Albrecht (2009), S. 81.
[29] Vgl. BMU (2009), S. 5.

europäischen Wirtschaftsraum noch stark steigen wird.[30] Die GRI arbeitet kontinuierlich an einem global anwendbaren Leitfaden für nachhaltige Berichterstattung. Dieser steht seit dem Jahr 2013 in der vierten Aktualisierung (G4) zur Verfügung.[31] Unternehmerische Nachhaltigkeitsberichte stellen Informationen über die ökonomische, ökologische und soziale Leistung sowie das Führungsverhalten zur Verfügung. Anhand der GRI-Leitlinien soll es allen Organisationen möglich sein, gemäß GRI-Standard zu berichten. Die Berichterstattungsgrundsätze der GRI sehen im Rahmen der **Berichtsinhalte** den Einbezug von Stakeholdern, den Kontext im Rahmen einer nachhaltigen Entwicklung, die Wesentlichkeit und Vollständigkeit vor, und setzen bezüglich der **Berichtsqualität** auf Ausgewogenheit, Vergleichbarkeit, Genauigkeit, Aktualität, Klarheit und Verlässlichkeit. Im Bericht selbst wird über allgemeine und spezifische Standardangaben berichtet.[32] Im Vordergrund der Berichterstattung steht die **Stakeholder-Orientierung**.[33] Wichtig ist nicht nur, über die Erfüllung bestimmter Kriterien zu berichten, sondern auch offenzulegen, wie die Nachhaltigkeitsthematik in die Unternehmensstrategie mit aufgenommen wird. In den offenen Dialog zu treten, sämtliche Anspruchsgruppen anzusprechen und einzubeziehen, sind zentrale Anliegen der Berichterstattung über Nachhaltigkeit.[34]

Aus Sicht einer ressourcenorientierten Nachhaltigkeitsbetrachtung und einer Input- und Outputbetrachtung liegt die Berichtslogik von Unternehmen auf der **Inputseite** in der Sicherstellung des Ressourcennachschubs. Diese Seite wird von den GRI-Richtlinien derzeit kaum beachtet. Unternehmen sind auf Rohstoffe, Energie, Bildung, Legitimation und weitere Ressourcen angewiesen und sehen zunehmend nicht mehr nur die Politik in der Verantwortung, deren Nachschub sicherzustellen, sondern erkennen auch ihre eigene Verantwortung im schonenden Umgang mit Ressourcenquellen. Auf der **Outputseite** produzieren Unternehmen neben erwünschten Hauptwirkungen und privaten Wirkungen (Einkommen) negative ökonomische, ökologische und soziale Nebenwirkungen, die die Öffentlichkeit betreffen. Die Berichtslogik der GRI konzentriert sich hier auf die Schaffung von Transparenz zur Darstellung des Engagements zur Vermeidung von Nebenwirkungen und folglich zum schonenden Umgang mit der natürlichen und sozialen Umwelt.

---

[30] Vgl. Lexikon der Nachhaltigkeit (2015); Europäische Union (2014), S. 2.
[31] Vgl. Global Reporting Initiative (2013).
[32] Die *allgemeinen Standardangaben* umfassen Aussagen zu den Punkten Strategie und Analyse, Organisationsprofil, ermittelte wesentliche Aspekte und Grenzen, Einbindung von Stakeholdern, Berichtsprofil, Unternehmensführung, Ethik und Integrität. Die *spezifischen Standardangaben* betreffen den Managementansatz sowie Leistungsindikatoren aus wirtschaftlichen, ökologischen und gesellschaftlichen Kategorien; vgl. Global Reporting Initiative (2013), S. 5, S. 16–18, S. 20ff.
[33] Vgl. Lackmann (2010), S. 39.
[34] Vgl. Lackmann (2010), S. 41; BMU (2009), S. 5.

4.2 Nachhaltigkeitsberichterstattung von Hochschulen

An Hochschulen stellt sich die Herausforderung auf der **Inputseite** der Institution ähnlich dar: Auch hier wäre aus der ressourcennachschubbezogenen Berichtslogik die Sicherung des Ressourcenzuflusses über den Zeitablauf zur Erhaltung der eigenen Substanz das Ziel (vgl. Abb. 1). Auch Hochschulen benötigen Rohstoffe und Energie. Vor allem aber brauchen sie immaterielle Ressourcen wie Bildung, Vertrauen und Legitimation, da sie die materiellen Ressourcen lediglich zum Verbrauch, nicht aber zur Weiterverarbeitung benötigen, wie es bei produzierenden Unternehmen der Fall ist. Auf der **Outputseite** ergeben sich gravierende Unterschiede zur unternehmensbezogenen Perspektive. Die Erzeugung des Outputs konzentriert sich an Hochschulen vornehmlich auf die Produktion und Vermittlung von Wissen in Forschung und Lehre. Die externen ökologischen und sozialen Nebenwirkungen sind an Hochschulen vergleichsweise recht gering, die internen sind aber nicht zu vernachlässigen: Immer wieder werden Hochschulen interne Ineffizienzen und Selbstbezogenheit vorgeworfen. Hochschulen erzeugen eine öffentliche Wirkung hauptsächlich mit öffentlichen Geldern. Politik und Steuerzahler, aber auch Drittmittelgeber nicht-öffentlicher Geldern möchten wissen, wie und zu welchem Zweck die Mittel von der Hochschule eingesetzt wurden und ob sie effizient und effektiv genutzt wurden. Die zentrale Frage ist die, ob und wie sich Hochschulen ihrem gesellschaftlichen Auftrag stellen, wie sie dabei die Erwartungen der Gesellschaft erfüllen und wie sie im Zuge dessen die große Autonomie, die sie bei ihren Handlungen genießen, für einen gesellschaftlichen Beitrag einsetzen.[35]

Neben Politik und Drittmittelgebern interessieren sich aber auch weitere Gruppen für die Handlungen, Ziele, Strategien und Maßnahmen der Hochschulen im Hinblick auf eine nachhaltige Ausrichtung in Forschung und Lehre, im Betrieb und im Transfer, nicht zuletzt auch, weil durch diese **Stakeholder** die Ressourcenbasis definiert und beeinflusst wird. Beschäftigte, Studierende, die lokale Wirtschaft, Nachbarn der Hochschule – sie alle können über die zentralen Anspruchsgruppen der Geldgeber hinaus ein Interesse an der Nachhaltigkeitsleistung von Hochschulen haben. Ziele der Nachhaltigkeitsberichterstattung von Hochschulen bestehen daher in der Legitimationssicherung im Rahmen ihrer gesellschaftlichen „licence to operate", einer Verbesserung der Reputation sowie der Verbesserung der eigenen Nachhaltigkeitsleistung und sind damit sowohl auf interne als auch auf externe Information und Wirkungen ausgerichtet. Mit der Berichterstattung über ökonomische, ökologische und soziale Sachverhalte zielen Hochschulen auf die Kommunikation über ihren Beitrag zu einer nachhaltigen Entwicklung ab, womit sie sich sowohl der Öffentlichkeitsarbeit (externe Stakeholder) als auch dem Bereich des Hochschulmanagements (interne Stakeholder) zuordnen lassen.[36]

---

[35] Vgl. Sassen/Dienes/Beth (2014), S. 262; Albrecht (2009), S. 28ff.
[36] Vgl. Sassen/Dienes/Beth (2014), S. 261; Lopatta/Jaeschke (2014), S. 67; Albrecht (2009), S. 79.

Bisher erfolgt die Nachhaltigkeitsberichterstattung aufgrund fehlender etablierter Standards hauptsächlich auf **individueller Basis** ohne allgemeingültige Systeme, wodurch die Nachhaltigkeitsberichte von Hochschulen sehr unterschiedlich ausfallen.[37] Der Wunsch nach einheitlichen Berichtsstandards und die Orientierung an bereits Bestehendem führen dazu, dass zunehmend anhand der GRI-Kriterien berichtet wird bzw. für eine Analyse bestehender Nachhaltigkeitsberichte von Hochschulen GRI-Kriterien angelegt werden. Aufgrund der großen Anzahl der im GRI-Katalog verfügbaren Indikatoren (insgesamt 150 Indikatoren) ist das im Rahmen der GRI G4 eingeführte Wesentlichkeitserfordernis für Hochschulen von immenser Bedeutung, nicht zuletzt, weil viele Indikatoren für nicht-wirtschaftliche Institutionen wie Hochschulen einfach nicht passend sind.[38] Erste Vorschläge wurden bereits erarbeitet, wie die fehlende Hochschuldimension im GRI-Katalog ergänzt werden könnte: Durch die Identifikation von **hochschulspezifischen Indikatoren** sollen Kennzahlen für standardisierte und somit vergleichbare Nachhaltigkeitsberichte realisiert werden.[39] Diese lassen sich den Kategorien Curriculum & Lehre, Forschung, Gemeinwesen und Universitätsbetrieb zuordnen und entsprechen somit den Hauptbetätigungsbereichen von Hochschulen.[40]

Die Herangehensweise in der Analyse der indikatorenbezogenen Berichterstattung und der Analyse von Hochschulen nach dem oben im Abschnitt „Hochschulen und Nachhaltigkeit" vorgestellten Schema unterscheiden sich im Ziel nicht sehr stark – beide zielen auf eine Gestaltung nachhaltiger Prozesse in der Hochschule sowie einen Beitrag zu einer nachhaltigen Entwicklung der Gesellschaft ab und versuchen dies über Kategorien zu klassifizieren. Die Unterscheidung in die Betrachtung der internen und externen Sicht und die Zuordnung von Maßnahmen zu Handlungsfeldern lässt allerdings eine etwas offenere Gestaltung zu. Insbesondere wenn über immaterielle Ressourcen berichtet wird oder beispielsweise das Engagement im Rahmen von Studium und Forschung dargestellt wird, bedürfen die Informationen häufig einiger Erläuterung, und eine reine Zählung von Maßnahmen lässt noch keine Aussage über deren Reichweite oder Wirksamkeit zu. Eine Erklärung der Maßnahmen macht wiederum eine Zusammenfassung zu Indikatoren sehr schwierig. Und eine Analyse von Zielen, Maßnahmen und Strategien anhand der Vielzahl von verfügbaren Indikatoren lässt Hochschulen zudem schnell an ihre kapazitativen Grenzen stoßen, denn solange Nachhaltigkeit noch nicht institutionell in den Hochschulen verankert ist, müssen die Informationen über Nachhaltigkeitsengagement einzeln aus

---

[37] Vgl. Fischer/Jenssen/Tappeser (2015), S. 3; Lopatta/Jaeschke (2014), S. 71.
Die beiden Autoren dieses Beitrags haben bspw. die Nachhaltigkeitsberichte der Universität Bremen von 2010 und 2015 konzipiert.

[38] Vgl. Lopatta/Jaeschke (2014), S. 71f.; Sassen/Dienes/Beth (2014), S. 263f.

[39] Vergleichbarkeit wird vor dem Hintergrund einer zunehmenden Anzahl von berichterstattenden Hochschulen weltweit als ein relevanter Aspekt angesehen, der eine Systematisierung von Berichtsstandards notwendig macht; vgl. Fischer/Jenssen/Tappeser (2015), S. 12.

[40] Vgl. Lopatta/Jaeschke (2014), S. 88–90; Sassen/Dienes/Beth (2014), S. 268.

den verschiedenen „Teilen" der Hochschulen zusammengetragen werden. Da Professorenschaft, Studierendenschaft, Verwaltung etc. aber häufig sehr divergierende Vorstellungen davon haben, was nun nachhaltigkeitsbezogen ist und was nicht, ist der Anspruch einer Vollerhebung, insbesondere in Hochschulen mit knappen Kapazitäten und in sehr großen Institutionen, kaum zu erfüllen. Eine Alternative zur vollständigen Berichterstattung gemäß GRI-Standards und zur rein narrativen Darstellung des Nachhaltigkeitsengagements stellt das Bekenntnis zu einem Nachhaltigkeitskodex dar, wie ihn der Rat für Nachhaltige Entwicklung anbietet.

5. Die Rolle des Nachhaltigkeitskodex

Mit der nationalen Nachhaltigkeitsstrategie trägt die deutsche Bundesregierung dazu bei, die Ziele der Agenda 21 auf nationaler Ebene umzusetzen. Hierzu hat sie im Jahr 2001 den Rat für Nachhaltige Entwicklung berufen, der Beiträge zur Umsetzung der Nachhaltigkeitsstrategie leisten, Handlungsfelder und Projekte identifizieren und in die Öffentlichkeit tragen soll. Der Rat für Nachhaltige Entwicklung hat im Jahr 2011 mit dem Deutschen Nachhaltigkeitskodex einen Maßstab für nachhaltiges Wirtschaften vorgelegt, der im Jahr 2014 aktualisiert und komplett überarbeitet wurde. Derzeit steht der Nachhaltigkeitskodex in der aktuellen Fassung von Januar 2015 zur Verfügung.[41]

5.1 Nachhaltigkeitskodex für Unternehmen

Im Nachhaltigkeitskodex wird der Anspruch formuliert, „einerseits Unternehmen Orientierung für ihre strategische Ausrichtung und andererseits Kunden und Investoren eine wichtige Entscheidungshilfe durch mehr Transparenz und Vergleichbarkeit" zu geben.[42] Die Entwicklung des Nachhaltigkeitskodex erfolgte auf der Grundlage der Bedeutungszunahme von nachhaltiger Entwicklung bei sämtlichen Stakeholdergruppen in einem umfassenden Stakeholderdialog. In Zusammenarbeit mit Investoren, Analysten, Unternehmensvertretern, Wissenschaftlern und Experten für Corporate Governance wurde der Rahmen gesteckt, worüber Stakeholder in Bezug auf Nachhaltigkeitsbelange von Unternehmen informiert werden wollen. Bei der Entwicklung der Kriterien hat sich der Rat am UN Global Compact und der Global Reporting Initiative orientiert sowie die Key Performance Indicators for Environmental, Social and Governance Issues der EFFAS/DVFA mit einbezogen.[43] Die Berichterstattung gemäß den Anforderungen des Nachhaltigkeitskodex erfolgt freiwillig und in Form einer **Entsprechenserklärung**, die über die Homepage des Nachhaltigkeitskodex veröffentlicht wird. In der Entsprechenserklärung berichtet das Unternehmen darüber, inwiefern es den 20 Kriterien des Nachhaltigkeitskodex entspricht. Eine entscheidende Differenzierung wird hier vorgenommen in Bezug auf

---

[41] Vgl. Rat für Nachhaltige Entwicklung (2015a) und (2015b).
[42] Rat für Nachhaltige Entwicklung (2015c), S. 5.
[43] Ausführlicher Bassen (2011), S. 3–7. Vgl. außerdem EFFAS/DVFA (2010).

die Art der Entsprechung: Das Unternehmen kann entweder erklären, dass es ein Kriterium erfüllt (**comply**) oder erläutern, warum es ein Kriterium nicht erfüllt bzw. nicht berichtet (**explain**). Die Erfüllung kann dann mit passenden Indikatoren aus GRI G4 und EFFAS belegt werden, für die der Nachhaltigkeitskodex eine Auswahl mitliefert.[44]

Die Berichterstattung nach den Vorgaben des Nachhaltigkeitskodex bietet sich für Unternehmen an, die einen anderen **Anspruch an die Berichterstattung** haben als von den GRI-Standards gefordert, denn bei den Entsprechenserklärungen steht insbesondere das Bekenntnis zu Nachhaltigkeit im Vordergrund. Für viele Unternehmen sind zudem die Anforderungen der GRI zu anspruchsvoll, zu umfassend oder komplex, weshalb diese von einigen Unternehmen – oft von solchen, die über eingeschränkte Kapazitäten für die Erstellung eines Berichts verfügen – abgelehnt werden. Die Nutzung des Nachhaltigkeitskodex für das öffentliche Bekenntnis zu Nachhaltigkeit ist auch für solche Unternehmen zu empfehlen, die kein Berichtswesen etabliert haben. Zudem ist er besonders geeignet für kleine und mittlere Unternehmen.[45] Die Verfassung einer Entsprechenserklärung ist häufig auch bei solchen Unternehmen zu finden, die bereits eine ausführliche Nachhaltigkeitsberichterstattung verfasst und vorgelegt haben, da diese die Entsprechenserklärung vergleichsweise schnell erstellen können.[46] Zentral ist für die Anwendung des Nachhaltigkeitskodex der Aspekt der **Wesentlichkeit.** Dieser bezieht sich auf „steuerungsrelevante Aktivitäten im Hinblick auf soziale und ökologische Auswirkungen", wodurch Wesentlichkeit dann besteht, wenn Prozesse offengelegt werden, die „den Einblick in die tatsächlichen Auswirkungen der Geschäftstätigkeit auf Menschen und Umwelt in entscheidungsrelevantem Maße" verbessern.[47] Der Kodex ist in vier Kategorien unterteilt und besteht aus insgesamt 20 Kriterien. Die Inhalte des Kodex sind in Abb. 3 aufgeführt, die Beschreibungen der Kriterien werden später in Relation zu deren Hochschulrelevanz aufgeführt (vgl. Tab. 2, S. 188–190).

---

[44] Vgl. Rat für Nachhaltige Entwicklung (2015c), S. 7, S. 18ff. sowie (2015d).
[45] Vgl. Rat für Nachhaltige Entwicklung/Bertelsmann Stiftung (2014), S. 5; BMU (2009), S. 7.
[46] Vgl. für eine Auflistung der Entsprechenserklärungen die Datenbank des Deutschen Nachhaltigkeitskodex Rat für Nachhaltige Entwicklung (2015d).
[47] Rat für Nachhaltige Entwicklung (2015c), S. 33.

Strategie	Prozess-management	Umwelt	Gesellschaft
1. Strategische Analyse und Maßnahmen 2. Wesentlichkeit 3. Ziele 4. Tiefe der Wertschöpfungskette	5. Verantwortung 6. Regeln und Prozesse 7. Kontrolle 8. Anreizsysteme 9. Beteiligung von Anspruchsgruppen 10. Innovations- und Produktmanagement	11. Inanspruchnahme von natürlichen Ressourcen 12. Ressourcenmanagement 13. Klimarelevante Emissionen	14. Arbeitnehmerrechte 15. Chancengerechtigkeit 16. Qualifizierung 17. Menschenrechte 18. Gemeinwesen 19. Politische Einflussnahme 20. Gesetzes- und richtlinienkonformes Verhalten

Abb. 3: Die Struktur des Nachhaltigkeitskodex.[48]

5.2 Herausforderungen für einen Nachhaltigkeitskodex für Hochschulen

Wie oben erläutert, weisen die Logiken von unternehmerischer und Hochschulberichterstattung sowie die damit verbundenen Legitimationsmuster insbesondere auf der Outputseite große Unterschiede auf. Die Sicherstellung des Ressourcennachschubs auf der **Inputseite** macht sowohl für private als auch für öffentliche Institutionen einen schonenden Umgang mit Ressourcenquellen erforderlich, was einen sparsamen Einsatz und die Investition von Zeit, finanziellen Mitteln und Aufmerksamkeit in die Ressourcenquellen beinhaltet. Sowohl im Bereich der Berichterstattung als auch bei der auf dem comply-or-explain-Prinzip aufgebauten Entsprechenserklärung zum Nachhaltigkeitskodex scheint eine Anknüpfung der Berichtsinhalte auf der Inputseite für Hochschulen problemlos zu sein. Auf der **Outputseite** bestehen allerdings Unterschiede. Während Unternehmen hauptsächlich über soziale und ökologische Auswirkungen berichten, sind diese an Hochschulen in geringerem Ausmaß zu verzeichnen. Hier scheinen die Kriterien für Unternehmen nur bedingt auf Hochschulen übertragbar zu sein. Zudem ist in der Berichterstattung die Frage zu berücksichtigen, wem überhaupt berichtet wird. Beide Institutionen benötigen Legitimation von Seiten der Stakeholder – allerdings brauchen Unternehmen sie für die Legitimation ihrer Handlungen im Hinblick auf die Produktion von Haupt- und die Vermeidung von Nebenwirkungen, Hochschulen hingegen eher zur Legitimation ihrer Handlungen im Hinblick auf die Erfüllung ihres gesellschaftlichen Auftrags. Tab. 2 zeigt einen Vorschlag, wie die unterschiedlichen Anforderungen mit der Struktur des Nachhaltigkeitskodex verknüpft werden können und präsentiert mög-

---

[48] Eigene Darstellung nach: Rat für Nachhaltige Entwicklung (2015c), S. 10–15.

liche Kriterien für einen Nachhaltigkeitskodex für Hochschulen. Dass einige der Kriterien für Unternehmen hierbei wegfallen, ist in erster Linie auf die Übernahme der Anzahl der Kriterien zurückzuführen. Mit den hier formulierten Kriterien soll den Anforderungen und Herausforderungen, denen Hochschulen sich im Nachhaltigkeitskontext ausgesetzt sehen, Rechnung getragen werden. Da sich Hochschulen weniger als Unternehmen für die von ihnen verursachten Nebenwirkungen rechtfertigen, sondern vielmehr darstellen wollen, wie sie ihren gesellschaftlichen Auftrag erfüllen, wird auf das im Nachhaltigkeitskodex präferierte Verb „offenlegen" ganz bewusst verzichtet. Vielmehr stellt eine Hochschule dar, erklärt oder beschreibt ihr Engagement für eine nachhaltige gesellschaftliche Entwicklung und ihre Anstrengungen, selbst nachhaltig(er) zu werden.

Für die Kriterien, die der Verankerung von Nachhaltigkeitszielen dienen und deren Umsetzung, Realisierung und Reichweite betreffen (**Kategorie Strategie**, vgl. Abb. 3), wurde beim Nachhaltigkeitskodex eine Formulierung gewählt, die sich recht problemlos auf Hochschulen übertragen lässt. Mit den Fragen nach der strategischen Gestaltung der Nachhaltigkeitsaspekte zielen diese Kriterien auf das Management ab und weisen somit eine starke Ähnlichkeit zum Bereich **Governance** in der in Abb. 2 gezeigten zweigeteilten Betrachtung von Hochschulen auf. Die regel- und strukturorientierten Kriterien (**Kategorie Prozessmanagement**, vgl. Abb. 3) schließen hier an, wenn die Benennung von Verantwortungen sowie die Einrichtung von Monitoring- und Anreizsystemen der Umsetzung der strategischen Stoßrichtung dienen.

Die Kriterien aus den **Kategorien Umwelt und Gesellschaft** (vgl. Abb. 3) betreffen im Original des Nachhaltigkeitskodex den internen Umgang mit ökologischen und sozialen Ressourcen. Solange es um materielle Ressourcen und die Nebenwirkungen auf die Umwelt geht, können unternehmensbezogene Indikatoren und Kriterien weitgehend auf Hochschulen übertragen werden. Informationen über die Verwendung von Rohstoffen und Energien sowie den Umgang mit Emissionen werden von Hochschulen im Rahmen der Betriebskennzahlen häufig ohnehin bereits erhoben, insbesondere dann, wenn die Hochschule ein zertifiziertes Umweltmanagement betreibt. Die gesellschaftsorientierten Kriterien des Nachhaltigkeitskodex für Unternehmen entsprechen der gesellschaftlichen Forderung nach Minimierung der Nebenwirkungen auf den Menschen. In der oben diskutierten Betrachtung von Hochschulen entsprechen diese Kennzahlen weitgehend den internen Handlungsfeldern **Die Natur im Blick** und **Miteinander die Hochschule gestalten** aus Abb. 2.

Die konkrete Thematisierung der Erfüllung des gesellschaftlichen Auftrags, insbesondere im Hinblick auf die Integration von Nachhaltigkeitsthemen in Forschung und Lehre, lässt sich mit dem Nachhaltigkeitskodex bislang nicht vereinen. Die disziplinäre, inter- und transdisziplinäre Forschung über Nachhaltigkeitsthemen ist eine der Hauptaufgaben im Bereich der nachhaltigkeitsorientierten Erwartungen an Hochschulen. Bildung für nachhaltige Entwicklung ist inzwischen in der deutschen Hochschullandschaft fester Bestandteil der Inhalts- und Qualitätsdiskussionen der Wahl- und Wahlpflichtbereiche. Ein Nachhaltigkeitskodex für Hochschulen sollte

Hauptauftrag und -wirkungen von Hochschulen, nämlich die Produktion und Vermittlung von Wissen in Forschung und Lehre und damit den Beitrag zu einer gesellschaftlichen Entwicklung, unbedingt mit einbeziehen. Hochschulen werden von sich selbst und von externen Stakeholdern anhand der Qualität von Forschung und Lehre beurteilt, diese Schwerpunktsetzung sollte sich in dem Bekenntnis zu einer nachhaltigen Ausrichtung im Rahmen einer Entsprechenserklärung gemäß Nachhaltigkeitskodex, aber auch im Rahmen einer umfassenderen Nachhaltigkeitsberichterstattung gemäß GRI-Richtlinien spiegeln. Mit den in Tab. 2 vorgeschlagenen Kriterien für Hochschulen wird eine solche Entwicklung ermöglicht, wodurch eine Zuordnung der Kriterien zu den Handlungsfeldern aus Abb. 2 wie folgt vorgenommen werden kann (vgl. Tab. 1).[49]

Kriterien des Nachhaltigkeitskodex für Hochschulen		Handlungsfelder
Strategie		
1)	Strategische Analyse und Maßnahmen	Governance
2)	Wesentlichkeit	Governance
3)	Ziele	Governance
4)	Tiefe der Verankerung	Governance
Prozessmanagement		
5)	Verantwortung	Governance
6)	Regeln und Prozesse	Governance
7)	Kontrolle	Governance
8)	Anreizsysteme	Governance
9)	Beteiligung von Anspruchsgruppen	intern/Miteinander
10)	Entwicklung und Verstetigung	Governance
Umwelt		
11)	Inanspruchnahme natürlicher Ressourcen	intern/Natur im Blick
12)	Ressourcenmanagement	intern/Natur im Blick
13)	Klimarelevante Emissionen	intern/Natur im Blick
Gesellschaft & gesellschaftlicher Auftrag		
14)	Arbeitsverhältnisse	intern/Leistungsfähigkeit
15)	Chancengerechtigkeit	intern/Miteinander
16)	Nachhaltigkeit in der Lehre	extern/Bildung
17)	Nachhaltigkeit in der Forschung	extern/Forschung
18)	Gemeinwesen und Transfer	extern/Transfer
19)	Transdisziplinäre Forschung	extern/Forschung
20)	Studierendenpartizipation	intern/Miteinander

Tab. 1: Zuordnung der Kriterien des Nachhaltigkeitskodex für Hochschulen zu den Handlungsfeldern der nachhaltigkeitsorientierten Hochschule.

---

[49] Auf eine handlungsfeldspezifische Zuordnung wie bei den Kriterien 11–20 muss im Bereich der Governance verzichtet werden. Die in Abb. 2 gewählten Governance-Handlungsfelder sind stärker an einer Umsetzung orientiert, bei den Kriterien 1–10 des Nachhaltigkeitskodex stehen die Strategien im Vordergrund.

6. Ausblick

Die Diskussion um Nachhaltigkeitsberichterstattung hat in den letzten Jahren nicht nur auf Umsetzungsebene an Fahrt aufgenommen. Auch aus Sicht der Forschung ist die Entwicklung der Nachhaltigkeitsberichterstattung von Hochschulen inzwischen zu einem, auch aus empirischer Sicht, interessanten Thema geworden, was sich in diversen Publikationen zeigt, in denen Nachhaltigkeitsberichte im Hinblick auf bestimmte Kriterien oder Indikatoren untersucht worden sind. Erfreulicherweise findet diese Entwicklung auch ihren Weg zu den Institutionen, die maßgeblich die Standardisierung von Unternehmensberichterstattung über Nachhaltigkeit gestaltet haben und wird von Expertengruppen, u. a. auf Initiative des Rates für Nachhaltige Entwicklung, intensiv diskutiert. Mit ersten Ideen und Katalogen für hochschulspezifische Indikatoren als Ergänzung zum existierenden GRI-Indikatorenkatalog sowie mit einem intensiven Diskurs auf Hochschulebene über die Berichterstattung über das Nachhaltigkeitsengagement ist zu erwarten, dass in naher Zukunft Standards für Hochschulen entwickelt werden und sich etablieren können. Dieser Beitrag konnte hierzu bestätigen, dass Hochschulen im Rahmen der Nachhaltigkeitsberichterstattung das Rad nicht neu zu erfinden brauchen. Sie können in vielen Bereichen an die Indikatoren- und Kriterienkataloge, die sich über die letzten Jahre für Unternehmen etabliert haben, anknüpfen. Für die Bereiche, in denen für die Institutionen Unterschiede identifiziert werden können, wurden in dem Beitrag Vorschläge entwickelt, wie diese in einen Nachhaltigkeitskodex für Hochschulen mit aufgenommen werden können.

	Deutscher Nachhaltigkeitskodex (in der 2. komplett überarbeiteten Fassung 2015)	Kriterien für Hochschulen
Strategie	**1) Strategische Analyse und Maßnahmen** Das Unternehmen legt offen, wie es für seine wesentlichen Aktivitäten die Chancen und Risiken im Hinblick auf eine nachhaltige Entwicklung analysiert. Das Unternehmen erläutert, welche konkreten Maßnahmen es ergreift, um im Einklang mit den wesentlichen und anerkannten branchenspezifischen, nationalen und internationalen Standards zu operieren.	**1) Strategische Analyse und Maßnahmen** Die Hochschule zeigt auf, wie sie für ihre wesentlichen Aktivitäten die Chancen und Risiken im Hinblick auf eine nachhaltige Entwicklung analysiert. Die Hochschule erläutert, welche konkreten Maßnahmen sie ergreift, um im Einklang mit den nationalen und internationalen anerkannten Nachhaltigkeitsansprüchen zu operieren.
	2) Wesentlichkeit Das Unternehmen legt offen, welche Aspekte der Nachhaltigkeit einen wesentlichen Einfluss auf die Geschäftstätigkeit haben und wie es diese in der Strategie berücksichtigt und systematisch adressiert.	**2) Wesentlichkeit** Die Hochschule legt dar, welche Aspekte der Nachhaltigkeit einen wesentlichen Einfluss auf ihre Tätigkeiten haben und wie sie diese in der Strategie berücksichtigt und systematisch adressiert.
	3) Ziele Das Unternehmen legt offen, welche qualitativen und/oder quantitativen sowie zeitlich definierten Nachhaltigkeitsziele gesetzt und operationalisiert werden und wie deren Erreichungsgrad kontrolliert wird.	**3) Ziele** Die Hochschule zeigt auf, welche qualitativen und/oder quantitativen sowie zeitlich definierten Nachhaltigkeitsziele gesetzt und operationalisiert werden und wie deren Erreichungsgrad kontrolliert wird.
	4) Tiefe der Wertschöpfungskette Das Unternehmen gibt an, welche Bedeutung Aspekte der Nachhaltigkeit für die Wertschöpfung haben und bis zu welcher Tiefe seiner Wertschöpfungskette Nachhaltigkeitskriterien überprüft werden.	**4) Tiefe der Verankerung** Die Hochschule gibt an, welche Bedeutung Aspekte der Nachhaltigkeit für die Hochschule insgesamt haben und bis zu welcher Tiefe Nachhaltigkeitskriterien in Forschung, Lehre, Betrieb und Transfer integriert und überprüft werden.
Prozessmanagement	**5) Verantwortung** Die Verantwortlichkeiten in der Unternehmensführung für Nachhaltigkeit werden offengelegt.	**5) Verantwortung** Die Verantwortlichkeiten in der Hochschulleitung für Nachhaltigkeit werden erklärt.
	6) Regeln und Prozesse Das Unternehmen legt offen, wie die Nachhaltigkeitsstrategie durch Regeln und Prozesse im operativen Geschäft implementiert wird.	**6) Regeln und Prozesse** Die Hochschule beschreibt, wie die Nachhaltigkeitsstrategie durch Regeln und Prozesse in Forschung, Lehre, Betrieb und Transfer implementiert und im Rahmen eines Nachhaltigkeitsprogramms umgesetzt wird.
	7) Kontrolle Das Unternehmen legt offen, wie und welche Leistungsindikatoren zur Nachhaltigkeit in der regelmäßigen internen Planung und Kontrolle genutzt werden. Es legt dar, wie geeignete Prozesse Zuverlässigkeit, Vergleichbarkeit und Konsistenz der Daten zur internen Steuerung und externen Kommunikation sichern.	**7) Kontrolle** Die Hochschule legt dar, wie und welche Leistungsindikatoren zur Nachhaltigkeit in der regelmäßigen internen Planung und Kontrolle genutzt werden. Sie legt dar, wie geeignete Prozesse Zuverlässigkeit, Vergleichbarkeit und Konsistenz der Daten zur internen Steuerung und externen Kommunikation sichern.
	8) Anreizsysteme Das Unternehmen legt offen, wie sich die Zielvereinbarungen und Vergütungen für Führungskräfte und Mitarbeiter auch am Erreichen von Nachhaltigkeitszielen und an der langfristigen Wertschöpfung orientieren. Es wird offengelegt, inwiefern die Erreichung dieser Ziele Teil der Evaluation der obersten Führungsebene (Vorstand/ Geschäftsführung) durch das Kontrollorgan (Aufsichtsrat/Beirat) ist.	**8) Anreizsysteme** Die Hochschule zeigt auf, inwiefern sie Nachhaltigkeitsprozesse materiell und immateriell durch Zuweisung von projektweisen oder etatisierten Ressourcen sowie Legitimation und Unterstützung durch die Hochschulleitung fördert und anregt.

Vom Nachhaltigkeitskodex für Unternehmen zum Nachhaltigkeitskodex für Hochschulen

	Deutscher Nachhaltigkeitskodex (in der 2. komplett überarbeiteten Fassung 2015)	Kriterien für Hochschulen
Prozessmanagement	**9) Beteiligung von Anspruchsgruppen** Das Unternehmen legt offen, wie gesellschaftliche und wirtschaftlich relevante Anspruchsgruppen identifiziert und in den Nachhaltigkeitsprozess integriert werden. Es legt offen, ob und wie ein kontinuierlicher Dialog mit ihnen gepflegt und seine Ergebnisse in den Nachhaltigkeitsprozess integriert werden.	**9) Beteiligung von Anspruchsgruppen** Die Hochschule erklärt, wie gesellschaftliche Anspruchsgruppen identifiziert und in den Nachhaltigkeitsprozess integriert werden. Sie legt dar, ob und wie ein kontinuierlicher Dialog mit ihnen gepflegt und seine Ergebnisse in den Nachhaltigkeitsprozess integriert werden.
	10) Innovations- und Produktmanagement Das Unternehmen legt offen, wie es durch geeignete Prozesse dazu beiträgt, dass Innovationen bei Produkten und Dienstleistungen die Nachhaltigkeit bei der eigenen Ressourcennutzung und bei Nutzern verbessern. Ebenso wird für die wesentlichen Produkte und Dienstleistungen dargelegt, ob und wie deren aktuelle und zukünftige Wirkung in der Wertschöpfungskette und im Produktlebenszyklus bewertet wird.	**10) Entwicklung und Verstetigung** Die Hochschule stellt dar, wie sie durch geeignete Prozesse dazu beiträgt, dass bei Veränderungs- und Verbesserungsprozessen in allen Hochschulbereichen Aspekte der Nachhaltigkeit mitgedacht und berücksichtigt werden. Ebenso wird dargelegt, wie diese Prozesse für aktuelle und zukünftige Wirkungen verstetigt werden sollen.
Umwelt	**11) Inanspruchnahme von natürlichen Ressourcen** Das Unternehmen legt offen, in welchem Umfang natürliche Ressourcen für die Geschäftstätigkeit in Anspruch genommen werden. Infrage kommen hier Materialien sowie der Input und Output von Wasser, Boden, Abfall, Energie, Fläche, Biodiversität sowie Emissionen für den Lebenszyklus von Produkten und Dienstleistungen.	**11) Inanspruchnahme von natürlichen Ressourcen** Die Hochschule legt dar, in welchem Umfang natürliche Ressourcen in Anspruch genommen werden. Infrage kommen hier Materialien sowie der Input und Output von Wasser, Boden, Abfall, Energie, Fläche, Biodiversität sowie Emissionen, insb. für die Forschung und den Betrieb der Hochschule.
	12) Ressourcenmanagement Das Unternehmen legt offen, welche qualitativen und quantitativen Ziele es sich für seine Ressourceneffizienz, den Einsatz erneuerbarer Energien, die Steigerung der Rohstoffproduktivität und die Verringerung der Inanspruchnahme von Ökosystemdienstleistungen gesetzt hat und wie diese erfüllt wurden bzw. in Zukunft erfüllt werden sollen.	**12) Ressourcenmanagement** Die Hochschule stellt dar, welche qualitativen und quantitativen Ziele sie sich für ihre Ressourceneffizienz, den Einsatz erneuerbarer Energien, die Steigerung der Rohstoffproduktivität und die Verringerung der Inanspruchnahme von Ökosystemdienstleistungen gesetzt hat und wie diese erfüllt wurden bzw. in Zukunft erfüllt werden sollen.
	13) Klimarelevante Emissionen Das Unternehmen legt die Treibhausgas(THG)-Emissionen entsprechend dem Greenhouse Gas (GHG) Protocol oder darauf basierenden Standards offen und gibt seine selbst gesetzten Ziele zur Reduktion der Emissionen an.	**13) Klimarelevante Emissionen** Die Hochschule legt die Treibhausgas(THG)-Emissionen entsprechend dem Greenhouse Gas (GHG) Protocol oder darauf basierenden Standards dar und gibt ihre selbst gesetzten Ziele zur Reduktion der Emissionen an.

	Deutscher Nachhaltigkeitskodex (in der 2. komplett überarbeiteten Fassung 2015)	Kriterien für Hochschulen
Gesellschaft	**14) Arbeitnehmerrechte** Das Unternehmen berichtet, wie es national und international anerkannte Standards zu Arbeitnehmerrechten einhält sowie die Beteiligung der Mitarbeiterinnen und Mitarbeiter am Nachhaltigkeitsmanagement des Unternehmens fördert.	**14) Arbeitsverhältnisse** Die Hochschule berichtet von ihrer Berufungspolitik sowie davon, wie sie mit den prekären Arbeitsverhältnissen in der Institution umgeht, wobei sie insbesondere ihren Umgang mit Befristungen und Eingruppierungen darstellt.
	15) Chancengerechtigkeit Das Unternehmen legt offen, wie es national und international Prozesse implementiert und welche Ziele es hat, um Chancengerechtigkeit und Vielfalt (Diversity), Arbeitssicherheit und Gesundheitsschutz, Integration von Migranten und Menschen mit Behinderung, angemessene Bezahlung sowie Vereinbarung von Familie und Beruf zu fördern.	**15) Chancengerechtigkeit** Die Hochschule stellt dar, wie sie Prozesse implementiert und welche Ziele sie hat, um Chancengerechtigkeit und Vielfalt (Diversity), Arbeitssicherheit und Gesundheitsschutz, Integration von Migrantinnen und Migranten und Menschen mit Behinderung sowie Vereinbarung von Familie und Beruf zu fördern.
	16) Qualifizierung Das Unternehmen legt offen, welche Ziele es gesetzt und welche Maßnahmen es ergriffen hat, um die Beschäftigungsfähigkeit, d. h. die Fähigkeit zur Teilhabe an der Arbeits- und Berufswelt aller Mitarbeiterinnen und Mitarbeiter zu fördern und im Hinblick auf die demografische Entwicklung anzupassen.	**16) Nachhaltigkeit in der Lehre** Die Hochschule erklärt, wie sie Nachhaltigkeitsthemen in die Lehre integriert und welche Ziele sie verfolgt, um mit einem Fokus auf die Vermittlung und Vertiefung von Gestaltungskompetenz Nachhaltigkeitsinhalte in Studiengängen und einzelnen Modulen anzubieten.
	17) Menschenrechte Das Unternehmen legt offen, welche Maßnahmen für die Lieferkette ergriffen werden, um zu erreichen, dass Menschenrechte weltweit geachtet und Zwangs- und Kinderarbeit sowie jegliche Form der Ausbeutung verhindert werden.	**17) Nachhaltigkeit in der Forschung** Die Hochschule erläutert, in welchen Forschungsfeldern sie sich mit nachhaltiger Entwicklung beschäftigt. Darüber hinaus legt sie dar, welchen Stellenwert nachhaltigkeitsbezogene Forschung in Relation zur gesamten Forschungstätigkeit einnimmt und welchen gesellschaftlichen Beitrag die Hochschule hierdurch leistet.
	18) Gemeinwesen Das Unternehmen legt offen, wie es zum Gemeinwesen in den Regionen beiträgt, in denen es wesentliche Geschäftstätigkeiten ausübt.	**18) Gemeinwesen und Transfer in die Gesellschaft** Die Hochschule zeigt auf, wie sie zum Gemeinwesen in ihrer Region beiträgt und wie sie den Transfer sowie den Austausch mit der Gesellschaft gestaltet.
	19) Politische Einflussnahme Alle wesentlichen Eingaben bei Gesetzgebungsverfahren, alle Einträge in Lobbylisten, alle wesentlichen Zahlungen von Mitgliedsbeiträgen, alle Zuwendungen an Regierungen sowie alle Spenden an Parteien und Politiker sollen nach Ländern differenziert offengelegt werden.	**19) Transdisziplinäre Forschung und Kooperationen in der Lehre** Die Hochschule beschreibt, wie sie in der Forschung die Zusammenarbeit mit Praxispartnerinnen und -partnern in der Region sowie überregional gestaltet. Sie legt zudem dar, inwiefern sie hochschulübergreifende Angebote zur Integration von Bildungsinhalten in die Institution nutzt.
	20) Gesetzes- und richtlinienkonformes Verhalten Das Unternehmen legt offen, welche Maßnahmen, Standards, Systeme und Prozesse zur Vermeidung von rechtswidrigem Verhalten und insbesondere von Korruption existieren und wie sie geprüft werden. Es stellt dar, wie Korruption und andere Gesetzesverstöße im Unternehmen verhindert, aufgedeckt und sanktioniert werden.	**20) Studierendenpartizipation** Die Hochschule erklärt, inwiefern sie ihre Studierenden dazu ermutigt, sich in Nachhaltigkeitsbelangen der Institution zu engagieren. Sie stellt dar, wie sie engagierte Studierende bei der Etablierung von Nachhaltigkeit in und außerhalb der Institution unterstützt und welches Mitspracherecht die Studierendenschaft bei nachhaltigkeitsbezogenen Gremienentscheidungen hat.

Tab. 2: Der abgeleitete Nachhaltigkeitskodex für Hochschulen – ein erster Vorschlag.

Literatur

Albrecht, P. (2009): *Dialogorientierte Nachhaltigkeitsberichterstattung von Hochschulen. Eine Untersuchung am Beispiel der Leuphana Universität Lüneburg*, Berlin.
Bassen, A. (2011): *Deutscher Nachhaltigkeitskodex: Konzeption und erste Ergebnisse der Dialogphase*, http://www.nachhaltigkeitsrat.de/uploads/media/Deutscher_ Nachhaltigkeitskodex_Konzeption_und_erste_Ergebnisse_der_Dialogphase_20-05-2011.pdf (Abruf: 29.7.2015).
BMU: Bundesministerium für Umwelt, Naturschutz und Reaktorsicherheit (2009): *Nachhaltigkeitsberichterstattung: Empfehlungen für eine gute Unternehmenspraxis*, Berlin.
Daub, C.-H. (2010): Gesellschaftliche Legitimation durch glaubwürdige Berichterstattung, Ökologisches Wirtschaften 1/2010, S. 30–34.
Dyllick, T. (2004): *Strategisches Nachhaltigkeitsmanagement – Auseinandersetzung mit Michael Hülsmann und Entwicklung einer alternativen Perspektive*, Hülsmann, M./Müller-Christ, G./ Haasis, H.-D. (Hrsg.): Betriebswirtschaftslehre und Nachhaltigkeit. Bestandsaufnahme und Forschungsprogrammatik, Wiesbaden, S. 73–103.
EFFAS/DVFA (2010): *KPIs for ESG. A Guideline for the Integration of ESG into Financial Analysis and Corporate Valuation*, Version 3.0, European Federation of Financial Analysts Societies/Deutsche Vereinigung für Finanzanalyse und Asset Management, Frankfurt/Main.
EMAS (2011): *EMAS und nachhaltiges Wirtschaften*, http://www.emas.de//user_upload/06_ service/PDF-Dateien/UGA_Infoblatt_igkeit.pdf (Abruf: 28.7.2015).
Enquete-Kommission (1998): *Abschlußbericht der Enquete-Kommission „Schutz des Menschen und der Umwelt – Ziele und Rahmenbedingungen einer nachhaltig zukunftsverträglichen Entwicklung" – Konzept Nachhaltigkeit: Vom Leitbild zur Umsetzung*, Bundestagsdrucksache 13/11200, Bonn.
Europäische Union (2014): *Richtlinie 2014/95/EU des europäischen Parlaments und des Rates vom 22. Oktober 2014 zur Änderung der Richtlinie 2013/34/EU im Hinblick auf die Angabe nichtfinanzieller und die Diversität betreffender Informationen durch bestimmte große Unternehmen und Gruppen*, http://eur-lex.europa.eu/legal-content/DE/TXT/PDF/ ?uri=CELEX:32014L0095&from=EN (Abruf: 24.7.2015).
Fischer, D./Jenssen, S./Tappeser, V. (2015): *Getting an Empirical Hold of the Sustainable University: A Comparative Analysis of Evaluation Frameworks Across 12 Contemporary Sustainability Assessment Tools*, Assessment & Evaluation in Higher Education, DOI: 10.1080/02602938.2015.1043234.
Gandenberger, C. (2008): Nachhaltiges Ressourcenmanagement. Konzeptionelle Weiterentwicklung und Realisierungsansätze in der Bekleidungsbranche, Berlin.
Global Reporting Initiative (2013): *G4 Leitlinien zur Nachhaltigkeitsberichterstattung. Berichterstattungsgrundsätze und Standardangaben*, https://www.global.org/resourcelibrary/ German-G4-Part-One.pdf (Abruf: 24.7.2015).
Lackmann, J. (2010): *Die Auswirkungen der Nachhaltigkeitsberichterstattung auf den Kapitalmarkt – Eine empirische Analyse*, Wiesbaden.
Lexikon der Nachhaltigkeit (2015): *Global Reporting Initiative*, https://www.info/ artikel/gri_global_reporting_initiative_960.htm (Abruf: 27.8.2015).
Lopatta, K./Jaeschke, R. (2014): *Sustainability Reporting at German and Austrian Universities*, International Journal of Education Economics and Development, Jg. 5, Nr. 1, S. 66–90.
Müller-Christ, G. (2013): *Nachhaltigkeitscheck 2.0*, Deutsche UNESCO-Kommission (Hrsg.): Hochschulen für eine nachhaltige Entwicklung. Ideen zur Institutionalisierung und Implementierung, Bonn, 2013a, S. 64–67.
Müller-Christ, G. (2013): *Ambitionsniveaus eines nachhaltigen Managements*, Schäfer, H./ Krummerich, K. (Hrsg.): Handbuch Nachhaltigkeit, Wiesbaden, 2013b, S. 43–57.

Müller-Christ, G. (2014): *Nachhaltiges Management. Einführung in Ressourcenorientierung und widersprüchliche Managementrationalitäten*, 2., überarb. und erw. Aufl., Baden-Baden.

Müller-Christ, G./Isenmann, R./Dembski, N. (2009): *Nachhaltigkeitsberichterstattung von Universitäten. Strukturelle inhaltliche Überlegungen und ihre internetgestützte Umsetzung*, Baumgartner, R./Biedermann, H./Zwainz, M. (Hrsg.): *Öko-Effizienz. Konzepte, Anwendungen und Best Practices*, München und Mehring, S. 83–99.

Rat für Nachhaltige Entwicklung (2015): *Auftrag an den Rat für Nachhaltige Entwicklung*, http://www.nachhaltigkeitsrat.de/der-rat/ (Abruf: 28.7.2015), 2015a.

Rat für Nachhaltige Entwicklung (2015): *Rat legt überarbeiteten Deutschen Nachhaltigkeitskodex (DNK) vor*, http://www.nachhaltigkeitsrat.de/projekte/eigene-projekte/deutscher-nachhaltigkeitskodex/ (Abruf: 28.7.2015).

Rat für Nachhaltige Entwicklung (2015c): *Der deutsche Nachhaltigkeitskodex. Maßstab für nachhaltiges Wirtschaften*, 2., komplett überarb. Fassung, Berlin.

Rat für Nachhaltige Entwicklung (2015d): *Homepage des Deutschen Nachhaltigkeitskodex*, http://www.deutscher-nachhaltigkeitskodex.de/ (Abruf: 28.7.2015).

Rat für Nachhaltige Entwicklung/Bertelsmann Stiftung (2014): *Leitfaden zum Deutschen Nachhaltigkeitskodex: Orientierungshilfe für mittelständische Unternehmen*, Gütersloh.

Sassen, R./Dienes, D./Beth, C. (2014): *Nachhaltigkeitsberichterstattung deutscher Hochschulen*, Zeitschrift für Umweltpolitik und Umweltrecht, 37. Jg., Nr. 3, S. 258–277.

Schneidewind, U./Singer-Brodowski, M. (2013): *Transformative Wissenschaft. Klimawandel im deutschen Wissenschafts- und Hochschulsystem*, Marburg.

Scott, W. R. (1983): *The organization of environments: network, cultural, and historical elements*, Meyer, J. W./Scott, W. R. (Hrsg.): Organizational environments: ritual and rationality, Beverly Hills, S. 155–175.

Suchanek, A./Lin-Hi, N. (2008): *Die gesellschaftliche Verantwortung von Unternehmen in der Marktwirtschaft*, Heidbrink, L./Hirsch, A. (Hrsg.): Verantwortung als marktwirtschaftliches Prinzip, Frankfurt/Main, S. 69–96.

Universität Bremen (2010): *Nachhaltigkeitsbericht 2010 – außen und innen*, http://www.ums.uni-bremen.de/pdf/UniHB_NH_Bericht10_gesamt.pdf (Abruf: 28.7.2015).

von Hauff, M./Kleine, A. (2014): *Nachhaltige Entwicklung. Grundlagen und Umsetzung*, 2. Aufl. München.

Erweiterte Perspektiven

Der Biomimicry Ansatz

Arndt Pechstein

1. Einleitung

Der moderne Mensch (*Homo sapiens*) ist etwa 200.000 Jahre alt.[1] Seine Entwicklung ist untrennbar mit den Eigenschaften, Ressourcen und Grenzen seines natürlichen Umfeldes verknüpft. Jahrtausende an Evolution führten dazu, dass sich sein Körper und sein gesamtes Verhalten an die natürliche Umgebung angepasst haben. Die zunehmende Komplexität und Leistung seines Gehirnes befähigte ihn, Kulturen aufzubauen und Technologien zu entwickeln, die in Dimension und Auswirkung viele natürliche Systeme vermeintlich in den Schatten stellen.

Insbesondere die vergangenen zwei Jahrhunderte der Menschheitsgeschichte sind geprägt von einem enormen wirtschaftlichen und sozialen Fortschritt unserer – evolutionstheoretisch betrachtet – sehr jungen Spezies. Doch brachte die industrielle und technische Revolution durch eine Verschiebung der Prioritäten und Lebensgewohnheiten auch anthropogene Veränderungen mit sich, die ernstzunehmende Konsequenzen für das Gesamtsystem Erde haben. Alternative Wertschöpfungsansätze, Produktionsprozesse und Organisationsformen sind daher unabdingbar. Doch wie können wir Wirtschaftlichkeit, technologischen Fortschritt und gesellschaftliche Entwicklung mit Nachhaltigkeit verbinden? Welche Maßnahmen können Unternehmen ergreifen, um sich den Herausforderungen zu stellen und verantwortungsvoll und innovativ die Zukunft zu gestalten?

Antworten auf diese Fragen bietet die Natur. Steve Jobs bezeichnete die Verbindung von Biologie und Technik als die größte Revolution des 21. Jahrhunderts, er sprach von einer neuen Ära.[2] In der Natur sind alle Systeme und Prozesse stets nachhaltig, optimiert und auf die Umgebung abgestimmt. Was und vor allem wie können wir jedoch von der Natur lernen? **Biomimicry**, eine neue Methode, die natürliche Systeme als Inspiration und Wertemaßstab nutzt, verbindet Nachhaltigkeit mit Innovation.

---

[1] Vgl. McDougall, I. et al. (2005), S. 733–736.
[2] Vgl. Isaacson, W. (2011).

2. Biomimicry: Verbindung von Innovation und Nachhaltigkeit

Der Begriff Biomimicry stammt von den griechischen Worten „**bios**" (Leben) und „**mimesis**" (nachahmen). Im Jahr 1997 prägte die Wissenschaftsautorin Janine Benyus den Begriff Biomimicry mit der Veröffentlichung des gleichnamigen Buches[3] und katalysierte damit einen Paradigmenwechsel im Innovationsbereich sowohl kleiner und mittlerer Unternehmen als auch führender Wirtschaftskonzerne. Biomimicry, seit 2012 auch in Deutschland praktiziert, wird zunehmend zur Methode der Wahl, um unternehmerische Nachhaltigkeit zu evaluieren und neue Lösungswege zu beschreiten, die Wirtschaftlichkeit, Effizienz und Innovation mit Nachhaltigkeit verbinden.

Ausgangspunkt des Biomimicry Ansatzes ist die wissenschaftliche Grundlage, dass Organismen und biologische Systeme über 3,8 Milliarden Jahre Evolution Anpassungsmechanismen und Überlebensstrategien entwickelt haben, die unseren Systemen in vielerlei Hinsicht überlegen sind.[4] Darüber hinaus – und dies ist für Nachhaltigkeitsbetrachtungen von besonderem Interesse – liegen allen biologischen Systemen bestimmte Kriterien zu Grunde, die sich als Prinzipien auf unsere Unternehmen und Organisationen übertragen lassen. Das Produzieren im Kreislauf ohne Müll und Schadstoffe, das Zurückgreifen auf lokale Ressourcen oder Multifunktionalität sind nur einige dieser Kriterien, die man im Biomimicry als *Basisprinzipien* natürlicher Systeme bezeichnet (eine Weiterentwicklung der Life's Principles[5]) und deren Umsetzung in Unternehmen zu Resilienz und Nachhaltigkeit führen.

Im Unterschied zur Bionik, die sich auf bioinspirierte, technologische Einzellösungen beschränkt und sehr stark im akademischen Forschungssektor verankert ist, beschäftigt sich der Biomimicry Ansatz mit ganzen Systemen (Unternehmen, Wertschöpfungsketten, Prozessen, Produkten) und sucht die direkte wirtschaftliche Implementierung stets mit dem Fokus auf den Menschen (Nutzer) und die Umwelt (System). Somit zeichnet sich Biomimicry als einer der wenigen Ansätze dadurch aus, dass er Nachhaltigkeit nicht nur bewertet und implementiert, sondern diese konsequent und systemisch an disruptive Innovation koppelt.

Biomimicry basiert auf einem zweistufigen Ansatz: Zunächst werden Unternehmen in Bezug auf bestehende Strukturen, Prozesse und Produkte analysiert und damit Potenziale aufgedeckt (Analysephase). Im zweiten Schritt erfolgt durch Kreativmethoden und Abstraktionsschritte die Übertragung der Lösungsansätze biologischer Systeme auf verschiedenste Problembereiche (Innovationsphase). Diese lassen sich sektorenübergreifend anwenden. Ob Architektur, Mobilität, Energiesektor, Verpackungsindustrie oder Informationssysteme, selbst abstrakte Sachverhalte wie Organisationsstrukturen in Unternehmen oder Veränderungsprozesse am Markt (Resilienz) und sogar ganze Wertschöpfungsketten lassen sich evaluieren und neu gestalten. Dabei nimmt Biomimicry die gesamte Bandbreite biologischer Systeme

---

[3] Vgl. Benyus, J. (1997).
[4] Vgl. Mojzsis, S. J. (1996), S. 55–59.
[5] Vgl. Baumeister, D. (2014).

– von mikroskopisch kleinen Zellen bis hin zum komplexen Verhalten ganzer Ökosysteme – als Vorbild. Biomimicry verdichtet damit Jahrtausende an Evolution in einem kreativen, zielorientierten Innovationsprozess zur Verbesserung und Weiterentwicklung bestehender sowie Kreierung neuer Unternehmensstrategien. Im Rahmen dieses Buches zur Bewertung unternehmerischer Nachhaltigkeit, liegt der Schwerpunk auf der Analyse- nicht der Innovationsphase des Biomimicry Ansatzes.

3. Biomimicry zur Bewertung unternehmerischer Nachhaltigkeit

Biologische Systeme, von Zellen bis hin zu Ökosystemen, sind offene, selbstorganisierte Systeme, die in Wechselwirkung mit ihrer Umgebung und anderen Systemen stehen. Feedbackmechanismen sorgen für Anpassung, Integration und Weiterentwicklung. Über 3,8 Milliarden Jahre wurden lebende Systeme in Bezug auf Material-, Energie- und Informationsmanagement optimiert. Dieser Selektionsprozess führte zum Überleben der am besten angepassten und nachhaltigsten Systeme in den Bereichen Energie- und Wassermanagement, Eco-Material-Produktion, Informationsverarbeitung, Effizienz sowie kollektive Intelligenz. Wir Menschen sind ebenfalls ein lebendes System und unterliegen denselben planetaren Grenzen und physikalischen Gesetzmäßigkeiten wie die anderen 8,7 Millionen Arten auf unserer Erde.[6] Die im Biomimicry verwendeten Basisprinzipien natürlicher Systeme stellen daher ein Referenzsystem dar, das es Unternehmen ermöglicht, wirtschaftlichen Erfolg, Stabilität und Resilienz mit gesellschaftlicher Verantwortung zu verbinden und eine aktive Rolle bei der Gestaltung der Zukunft zu übernehmen.

Funktion statt Konvention: Ein entscheidender Unterschied zu anderen Methoden ist der Fokus des Biomimicry Ansatzes auf die Funktion. Biomimicry ist keine Kopie der Natur, sondern es analysiert die zu Grunde liegenden Funktionen natürlicher Systeme, um diese für menschliche Prozesse zu abstrahieren und nutzbar zu machen. Statt bestehende Technologien und Methoden nur marginal zu verbessern, erfolgt im Biomimicry ein konsequentes Neudenken. Die Glühbirne wurde nicht durch die Verbesserung der Kerze erfunden. Man entwickelte eine neue Qualität des Beleuchtens, nicht ein besseres Wachs. Auf die gleiche Weise hinterfragt Biomimicry bestehende Lösungen kritisch, arbeitet die eigentliche Funktion heraus und ermöglicht dadurch das Finden komplett neuer Ansätze, inspiriert durch die Natur.

Bioinspiration allein führt nicht zwangsläufig zu Nachhaltigkeit. Bioinspirierte Produkte können beispielsweise aus Materialen hergestellt werden, die nicht umweltschonend sind und deren Produktion die Anforderungen für Nachhaltigkeit nicht erfüllt. Der Klettverschluss, inspiriert von der Klette, ist ein solches Beispiel. Zum Bewerten und Einführen von Nachhaltigkeit in Unternehmen sind daher im ersten Schritt die drei Dimensionen des Biomimicry Ansatzes entscheidend:

---

[6] Vgl. Mora, C. et al. (2011).

- **Form** (z. B. Produkt selbst, Materialart)
- **Prozess** (z. B. Energie, Produktionsverfahren, Materialsynthese/-gewinnung, Transport)
- **System** (z. B. Produkteigenschaften, Wertschöpfungsketten, Zulieferer, Mitarbeiter, Nutzer, End-of-Life, Unternehmensstruktur, Kommunikationswege)

Im folgenden Abschnitt wird auf die Biomimicry Basisprinzipien und Bewertungskriterien im Detail eingegangen.

4. Biomimicry Basisprinzipien und Bewertungskriterien

Die Biomimicry Basisprinzipien leiten sich von allgemeinen Mustern natürlicher Systeme ab. Sie stellen keine quantifizierbaren Indikatoren dar, sondern sind qualitative Bewertungskriterien und Leitprinzipien zum Erreichen von Resilienz und Nachhaltigkeit. Daran gekoppelt ist ein breites Anwendungs- und Innovationspotenzial, das es ermöglicht, systemische und tiefgreifende Veränderungen zu erzielen. Da es bei systemischen Nachhaltigkeitsansätzen immer um mehrere Ziele und Kompromisse zwischen Zielen und Interessen geht, sind quantitative Indikatoren schwer etablierbar. Gewisse Attribute ließen sich im Vergleich mit natürlichen Systemen quantifizieren (z. B. Kubikmeter gereinigte Luft pro Zeiteinheit und Systemgröße).

Biomimicry Basisprinzipien

Kategorie	Systemeigenschaften
	• Selbstorganisation & Selbstassemblierung • Form angepasst an Funktion • Modularität • Multifunktionalität/ Funktionsintegration • Feedback & Homöostase (Gleichgewicht) • Anpassungsfähigkeit & Lernen • Integration von Entwicklung & Wachstum • Dezentralisierung & Resilienz • Diversität/ Diversifizierung • Symbiose & Kollaboration

Kategorie	Produkt- und Prozesseigenschaften	
Unterkategorie	Material & Energie	
	• Nicht-fossile Brennstoffe & erneuerbare Ressourcen • Materialmischung vermeiden • Materialkennzeichnung • Zerlegbarkeit (Disassembly) • Zyklische Prozesse (Müll = Rohstoff) • Recyclebare und recycelte Materialien • Biokompatible und bioabbaubare Materialien • Energieerzeugung & -speicherung • Puffersysteme	
Unterkategorie	Produkt & Produktion	Lokalität & Transport
	• Grüne Chemie • Additive Fertigung • Reparierbarkeit • Angepasste Haltbarkeit	• Lokale Verfügbarkeit • Gemeinschaftliche Ressourcenverwendung • Lokaler Export & passive Transportmechanismen • Optimierung von Volumen & Gewicht

Biomimicry Basisprinzipien | Dr. Arndt Pechstein | 2015

Abb. 1: Die Biomimicry Basisprinzipien sind von natürlichen Systemen abgeleitete generelle Designkriterien, die überall in der Biosphäre vorzufinpden sind. Die Biomimicry Basisprinzipien stellen eine umfassende Zusammenstellung naturinspirierter Nachhaltigkeitskriterien dar und sind eine Weiterentwicklung der „Patterns"[7], „Life's Principles"[8] sowie der „Biomimicry Opportunities"[9].

---

[7] Vgl. Hoagland, M./Dodson, B. (1995).
[8] Vgl. Baumeister, D. (2014).
[9] Vgl. Raskin, K. et al. (2014).

4.1 Systemeigenschaften

Systemeigenschaften beziehen sich auf jegliche Aspekte unternehmerischer Aktivitäten. Produkte und Prozesse können dadurch ebenso bewertet und verbessert werden wie Unternehmensprozesse, von internen Organisationsstrukturen, Informationsflüssen und Unternehmenskultur bis hin zu Wertschöpfungsketten und nach außen gerichteten Prozessen.

Selbstorganisation & Selbstassemblierung
- Designprinzip:
  Das System bildet sich autonom (und durch einfache Regeln) ohne zentralen Steuerpunkt aus und erreicht dadurch den optimalen Zustand. Das Ergebnis ist das Produkt der in den einzelnen Komponenten enthaltenen Informationen, welche formbestimmend sind.
- Biologisches Beispiel:
  Die einzelnen Individuen staatenbildender Insekten haben lediglich ein sehr begrenztes Repertoire an Fähigkeiten und Funktionen. Im Zusammenspiel als Insektenstaat ergeben sich jedoch Abläufe und Resultate, die die Leistungsfähigkeit der Einzelindividuen weit übersteigen und mehr als die Summe der einzelnen Teile darstellen (Emergenz). Ein Beispiel für Selbstorganisation im molekularen Bereich ist die Bildung von Zellmembranen.
- Vorteil für Unternehmen:
  Selbstorganisierende Systeme zeigen in der Regel optimale Eigenschaften in Bezug auf Skalierbarkeit und Robustheit gegenüber Störeinflüssen oder Systemveränderungen (Emergenz und Resilienz). Unternehmen profitieren von einer höheren Geschwindigkeit in der Reaktion auf Anforderungen und Veränderungen, einer Kostenreduktion durch den Wegfall von Zentralinstanzen, einer erhöhten Stabilität durch Kombination von Kompetenzen sowie einer höheren Mitarbeitermotivation und damit gesteigerter Produktivität. In technischen Prozessen kann Selbstorganisation zu Material- und Energieeffizienz sowie Emissionsreduktion führen.

Form angepasst an Funktion
- Designprinzip:
  Die Form und die Gestaltung des Systems leiten sich aus ihrem Zweck (der Funktion) ab. Einfachheit im Design und Anpassung an Veränderungen führen zu Effizienz und Robustheit.
- Biologisches Beispiel:
  Durch zufällige Veränderungen des Erbgutes (Mutationen) wurden Giraffen mit langen Hälsen in Zeiten verstärkten Wettbewerbes auf niedrigen Vegetationsebenen evolutionär bevorzugt. Der lange Hals (Form) ist eine Anpassung an die Funktion, höhere Futterquellen zu erschließen.

- Vorteil für Unternehmen:
  „Over-Design" wird verhindert (z. B. Leichtbaustrukturen). Unnötige Bestandteile werden eingespart, erforderliche Änderungen hinzugefügt. Kundenzentrierung, Ressourceneffizienz und Anpassungsfähigkeit stellen weitere Erfolge dar.

Modularität
- Designprinzip:
  Das Gesamtsystem setzt sich aus (standardisierten) Einzelbausteinen (Modulen) zusammen, die über Schnittstellen miteinander agieren. Das System ist daher leicht und nahezu beliebig erweiterbar, einzelne Module können problemlos ver- oder ausgetauscht werden. Das System bleibt trotz Änderung stabil und wachstumsfähig.
- Biologisches Beispiel:
  Organismen bestehen aus Zellen, die sich zu Geweben und schließlich Organen zusammenschließen. Ein Austausch einzelner Komponenten ist möglich, ohne die Gesamtfunktion zu beeinträchtigen. Gleichzeitig sind Wachstum und Entwicklung gewährleistet.
- Vorteil für Unternehmen:
  Modularität in Design (Software, Anlagen, Unternehmensorganisation), Produktion (Personalisierbarkeit) und Anwendung (Schnittstellen, Plug-and-Play, kundenfreundliche Upgrades) können die Kundenbindung, Robustheit, Skalierbarkeit und Ressourceneinsparung von Unternehmen erhöhen.

Multifunktionalität/Funktionsintegration
- Designprinzip:
  Mit einer möglichst geringen Anzahl an Bauteilen oder Materialien wird eine Vielzahl an Funktionen und Eigenschaften abgedeckt.
- Biologisches Beispiel:
  Die Schale des Vogeleies ist gleichzeitig wasserdicht, luftdurchlässig und stabil und dennoch kann das schlüpfende Kücken die Schale problemlos öffnen. Zudem haben die Eier vieler Vogelarten bestimmte Muster und Färbungen zur Tarnung. Die Form des Eies vereint die einfache Produktion mit größtmöglicher Stabilität und verhindert zudem das Wegrollen.
- Vorteil für Unternehmen:
  Verbesserungen im gesamten Wertschöpfungsprozess des Unternehmens (z. B. geringere Produktions- und Lagerkosten), bessere Werkstoffausnutzung, geringere Materialkosten, größerer Kundennutzen durch erhöhte Funktionalität.

Feedback & Homöostase (Gleichgewicht)
- Designprinzip:
  Rückkopplung. Die zurückgeleiteten Informationen über das Ergebnis eines oder mehrerer Schritte eines Prozesses beeinflussen frühere Prozessschritte und damit das gesamte System. Wenn zwischen zwei Teilen Feedback besteht, beeinflussen sie sich gegenseitig. Dies ermöglicht die kontinuierliche Verbesserung sowie die

Anpassung des Systems an die Bedingungen. Das Wechselspiel aus gekoppelten positiven und negativen Feedbackmechanismen dient der Aufrechterhaltung des Gleichgewichtszustandes (Homöostase).
- Biologisches Beispiel:
Die Population einer Spezies wächst durch positives Feedback (mehr Geburten führen zu einer größeren Population, wodurch es noch mehr Geburten gibt), bis sie die zum Wachstum der Art nötigen Ressourcen erschöpft hat. Ab diesem Zeitpunkt verringert sich die Populationsstärke durch negatives Feedback aus Mangel an Ressourcen.
- Vorteil für Unternehmen:
Feedbackmechanismen führen zur Entwicklung und Stabilität des Unternehmens und seiner Prozesse. Zudem erlaubt Feedback die Integration von Expertisen und Erfahrungen verschiedener Akteure und sorgt somit für höhere Mitarbeitermotivation und Transparenz. Feedback dient als Korrektiv und verkürzt Iterationsschleifen in Innovationsprozessen.

Anpassungsfähigkeit & Lernen
- Designprinzip:
Durch Flexibilität haben Systeme die Fähigkeit, sich auf veränderte Bedingungen in der Umgebung einzustellen. Intelligente Systeme sind zusätzlich zu einer gerichteten, stabilen Veränderung des Agierens in Abhängigkeit von Erfahrungen und Einsichten in der Lage (= Lernen). Neben dem Abspeichern von Informationen ist Lernen durch die Wahrnehmung der Umwelt, die Verknüpfung mit Bekanntem und das Erkennen von Regeln und Mustern gekennzeichnet.
- Biologisches Beispiel:
Schleimpilze sind einzellige Organismen, die sich unter gewissen Umständen zu vielzelligen Organisationsformen zusammenfinden und sich schließlich sogar in spezielle Fruchtkörper spezialisieren können. Höhere Organismen wie Wirbeltiere sind über endogene Anpassungsmechanismen hinaus in der Lage, durch Lernen erworbene Verhaltensmuster bewusst und proaktiv zu steuern.
- Vorteil für Unternehmen:
Agilität und Anpassungsfähigkeit in Bezug auf Marktveränderungen, Nutzerbedürfnisse und Zugang zu Ressourcen. Dynamik in Wertschöpfungsketten führt zu Unabhängigkeit und Skalierbarkeit. Anpassungsfähigkeit erlaubt den leichten Übergang zu neuen oder alternativen Technologien.

Integration von Entwicklung und Wachstum
- Designprinzip:
Ein stabiles System beschränkt sich nicht nur auf den reinen Zuwachs an Größe und/oder Anzahl, sondern hält Wachstum im Gleichgewicht mit seiner Entwicklung – der qualitativen Verbesserung, die zu höherer Komplexität, Diversifizierung und Leistungsfähigkeit führt. Bei gleichbleibendem oder sogar geringerem Ressourcenverbrauch ist damit eine Steigerung der Produktivität und Effizienz gewährleistet.

- Biologisches Beispiel:
  Bäume wachsen nicht nur in die Höhe, sondern diversifizieren sich und bilden Blätter, Blüten und Früchte. Während ein 13-jähriger Teenager durchaus bereits die Körpergröße eines Erwachsenen erreichen kann, ist er noch nicht auf dem gleichen Entwicklungsniveau.
- Vorteil für Unternehmen:
  Fortschritt auch ohne Wachstum ist möglich, Ressourcenschonung, Effizienz, Arbeits-, Ressourcen- und Kapitalproduktivität steigen.

Dezentralisierung & Resilienz
- Designprinzip:
  Statt hierarchischer Organisation und stark ausgeprägter Zentralisierung sind einzelne Funktionseinheiten untereinander mehrfach miteinander verbunden. Dadurch entstehen komplexe Netze, die mit intelligenten Kommunikationsmechanismen und Aufgabenverteilungen sehr stabile Strukturen darstellen. Selbst bei Ausfall einer oder mehrerer Verbindungen gleichzeitig ist die Stabilität des Systems gewährleistet (Resilienz).
- Biologisches Beispiel:
  Die Energieerzeugung eines Baumes ist über unzählige Blätter verteilt, die über Gefäße miteinander verbunden sind. Selbst der Verlust eines ganzen Astes gefährdet das Überleben des Baumes nicht.
- Vorteil für Unternehmen:
  Schnelle Änderung von Wettbewerbsstrategien und Reaktion auf Marktveränderungen, höherer Innovationsgrad und Flexibilität des Unternehmens, höhere Motivation und Kreativität durch mehr Eigenverantwortlichkeit, Förderung des organisationalen Lernens, größere Stabilität und Robustheit.

Diversität/Diversifizierung
- Designprinzip:
  Das System ist durch eine Vielzahl verschiedener Ausprägungsformen gekennzeichnet, die häufig miteinander in Wechselwirkung stehen. Es ist dadurch vielfältig und kann auf Änderungen der Umgebung dynamisch reagieren.
- Biologisches Beispiel:
  Durch zufällige Veränderungen des Erbgutes aufgetretene Unterschiede in Gestalt und Verhalten führten im Laufe der Evolution zu vielfältigen Anpassungsformen und gewährleisteten die Entwicklung und das Fortbestehen des Lebens.
- Vorteil für Unternehmen:
  Höherer Innovationsgrad und Kreativität des Unternehmens, Rekrutierung und Bindung einer innovativen Belegschaft und hochqualifizierter Absolventen durch verankerte Wertschätzung aller Mitarbeitenden, Stabilität und Verminderung potenzieller Abwanderung von Erfahrung, Erschließung neuer Märkte und Wettbewerbsfähigkeit, Produktivitätssteigerung, Resilienz

Symbiose & Kollaboration
- Designprinzip:
Symbiose ist die Interaktion zweier oder mehrerer Akteure, die zum beidseitigen Vorteil im Hinblick auf Erfolg, Überlebenswahrscheinlichkeit oder Umwelt führt. Beide Organismen ziehen aus der Beziehung einen Nutzen. Das Ergebnis ist eine höhere Leistungsfähigkeit als dies im Alleingang möglich wäre (Emergenz). Der größte Teil der Biomasse der Erde besteht aus symbiotischen Systemen.
- Biologisches Beispiel:
Die Bestäubung von Blüten durch Bienen (Futter bzw. Befruchtung) und der Transport von Pflanzensamen durch Tiere (Futter bzw. Verbreitung) sind Symbiosen. Der Clownfisch findet in der Seeanemone Schutz vor seinen Fressfeinden und schützt diese wiederum vor ihren Fressfeinden und reinigt die Tentakel.
- Vorteil für Unternehmen:
Unternehmen profitieren voneinander und teilen Ressourcen und Erkenntnisse. Ein Beispiel dafür ist die industrielle Symbiose in Kalundborg, Dänemark. Symbiose führt zu Ressourceneffizienz, Kostenreduktion, Abfallvermeidung und schnellerer Entwicklung. Sharing Economy, nutzerzentrierte Innovation.

4.2 Produkt- und Prozesseigenschaften

Produkt- und Prozesseigenschaften dienen der Analyse und Verbesserung von Designs, Produktklassen, Geschäftsfeldern und Unternehmensprozessen. Bei letzteren handelt es sich insbesondere um Prozesse in der Fertigung und Logistik.

Material & Energie

Nicht-fossile Brennstoffe und erneuerbare Ressourcen
- Designprinzip:
Prozesse und Designs basieren auf nicht-fossilen Brennstoffen zur Energieerzeugung und erneuerbaren Materialien.
- Biologisches Beispiel:
Pflanzen nutzen Sonnenlicht als Energiequelle zur Erzeugung organischen Materials, das wiederum die Grundlage der Nahrungskette darstellt. Umgekehrt dienen die abgebauten biologischen Materialien als Nährstoff für das Wachstum der Pflanzen.
- Vorteil für Unternehmen:
Prozesse laufen nicht Gefahr, auf Grund von Materialmangel oder steigenden Energie- und Materialpreisen langsamer oder teurer zu werden. Unabhängigkeit, Kosteneffizienz, Rückgewinnung von Materialien aus Produktkreislauf und dadurch mehr Kontaktpunkte mit Kunden.

Materialmischung vermeiden
- Designprinzip:
  Produkte sind so aufgebaut, dass einzelne Komponenten und Materialien getrennt und wieder verwertet werden können. Methoden, die eine Wiederverwendung verhindern, werden umgangen.
- Biologisches Beispiel:
  Sämtliche Materialien in natürlichen Systemen können in ihre Grundbausteine zerlegt und erneut als Baumaterial verwendet werden. Die Federn des Pfaus sind nicht durch komplizierte Materialmischungen und Pigmente bunt, sondern auf Grund einer speziellen Oberflächenstruktur des Federmaterials Keratin (Strukturfarbe). Eine Mischung verschiedener Materialien ist nicht nötig. Eine geniale Struktur erfüllt die Funktion „Farbe".
- Vorteil für Unternehmen:
  Simplizität in Konstruktion und Dekomposition, Rückgewinnung und Wiederverwertung wertvoller Ressourcen.

Materialkennzeichnung
- Designprinzip:
  Alle Materialien des Produktes sind bekannt und gekennzeichnet, so dass eine Rückgewinnung möglich ist. Standardisierte Kennzeichnung ermöglicht Wiederverwendung von Rohstoffen.
- Biologisches Beispiel:
  Für viele biologische Materialien gibt es spezifische Erkennungsmerkmale (Marker), die es Organismen oder Enzymen ermöglichen, ihre Substrate zu erkennen und gezielt abzubauen.
- Vorteil für Unternehmen:
  Rückgewinnung und Wiederverwertung wertvoller Ressourcen, Kosteneffizienz, erweiterte Wertschöpfung.

Zerlegbarkeit (Disassembly)
- Designprinzip:
  Ein System oder Produkt lässt sich in seine Einzelkomponenten/Materialien zerlegen. Die Zerlegbarkeit erlaubt die Trennung von funktionalen und defekten Komponenten sowie den weiteren Gebrauch der Rohstoffe. Funktionale Komponenten können wieder verwendet werden. Die Materialien defekter Komponenten können dem Produktionszyklus wieder zugeführt werden.
- Biologisches Beispiel:
  Proteine, Grundbausteine aller Zellen, bestehen aus einzelnen Komponenten, den Aminosäuren. Wird ein Protein nicht länger benötigt und daher abgebaut, wird es in seine Bestandteile zerlegt. Die Aminosäuren dienen als Ausgangsstoff zur Synthese neuer Proteine und werden nicht *de novo* hergestellt.
- Vorteil für Unternehmen:
  Erhebliche Einsparungen von Ausgangsmaterialien sind möglich. Zudem können Energie und Kosten für die Neuproduktion von Komponenten gespart, neue

Kanäle und Verwertungsmodelle sowie zahlreiche neue Kontaktpunkte mit Nutzern erschlossen werden.

Zyklische Prozesse (Müll = Rohstoff)
- Designprinzip:
Alle Rohstoffe verbleiben im Materialkreislauf. Müll gibt es nicht. Die Endprodukte des einen Prozesses dienen als Ausgangsstoffe für den nächsten.
- Biologisches Beispiel:
Die Nahrungskette bestehend aus Produzenten (Pflanzen), Konsumenten (Tieren, Mensch) und Destruenten/Zersetzern (Bakterien, Pilze) sorgt für einen kontinuierlichen Material- und Energiekreislauf.
- Vorteil für Unternehmen:
Erwerb kostengünstiger Ressourcen aus anderen Produktionsschritten, Weiterverarbeitung wertvoller Ressourcen, Rückgewinnung und Verwertung von Abfällen, Einsparung von Entsorgungskosten, erweiterte Wertschöpfung, Kosten- und Energieeffizienz, Kopplung von Produktentwicklung und Produktverantwortung.

Recyclebare und recycelte Materialien
- Designprinzip:
Das Design berücksichtigt die Rezyklierbarkeit der eingesetzten Rohstoffe sowie den Einsatz rezyklierter Materialien. Die Recycling-Kanäle sind energieeffizient und erlauben eine (nahezu) quantitative Rückgewinnung der Materialien ohne Qualitätsverlust.
- Biologisches Beispiel:
Wir Menschen bestehen zu 100 % aus recyceltem Material. Wir verzehren Tiere und Pflanzen und verwenden deren Baumaterialien (z. B. Aminosäuren) zum Aufbau und Erhalt unseres Körpers.
- Vorteil für Unternehmen:
Wiederverwendung von Rohstoffen, die anderenfalls neu erworben werden müssten, Rückgewinnung ist kosteneffizienter als Neuerwerb, Reduktion sozialer und ökologischer Nebeneffekte, größere Unabhängigkeit.

Biokompatible und bioabbaubare Materialien
- Designprinzip:
Die im Produkt gebundenen oder im Produktionsprozess entstehenden Materialien und Stoffe stellen keine Gefährdung für Organismen und natürliche Systeme dar und können in harmlose Komponenten zerlegt werden.
- Biologisches Beispiel:
Der überwiegende Teil biologischer Materialien ist biokompatibel. Selbst die Giftstoffe einiger Pflanzen- und Tierarten lassen sich rückstandsfrei zersetzen, ihre Komponenten wiederverwerten.

- Vorteil für Unternehmen:
Kostenreduktion durch Vermeidung von Sondermüll, verantwortungsvolle Produktion, Kundenzufriedenheit, Wettbewerbsvorteile, keine Schadstoffbelastung von Mitarbeitern und Kunden.

Energieerzeugung und -speicherung
- Designprinzip:
Das Design berücksichtigt die Integration von Energiespeicherung und -produktion (z. B. Energie-positives Haus, Lampen mit eigenen Solarzellen).
- Biologisches Beispiel:
Organismen produzieren einen Teil ihrer Energie selbst. Wir Menschen erzeugen Energie aus der Verbrennung unsere Nahrung und speichern diese in Form von Glycogen in der Leber.
- Vorteil für Unternehmen:
Funktionsintegration und Aufwertung von Produkten, höherer Kundennutzen, Wettbewerbsvorteile.

Puffersysteme
- Designprinzip:
Durch das Vorhandensein von Speicher-, Dämpfungs- und Auffangmechanismen können Überlastungen und zeitliche Verzögerungen innerhalb eines Systems abgefangen und ausgeglichen werden. Diese Resilienz ist nur in einem begrenzten Maße möglich und von der Kapazität und Dynamik des Puffers abhängig.
- Biologisches Beispiel:
Abfallende Laubblätter im Herbst können nicht direkt von Bäumen als Nährstoffe wieder verwertet werden. Sie werden von Organismen zersetzt, die Nährstoffe gehen allmählich in den Boden über. Humus dient damit als Stofflager (Puffer), das eine kontinuierliche Versorgung der Pflanzen mit Nährstoffen gewährleistet.
- Vorteil für Unternehmen:
Stabile Kreisläufe durch ressourcenschonende Langlebigkeit, Resilienz, Regenerationszyklen innerhalb funktionierender Kapazitätsgrenzen.

Produkt & Produktion

Grüne Chemie
- Designprinzip:
Produkte werden unter milden Produktionsbedingungen (geringe Temperaturen, geringe Drucke, wenige Chemikalien als Reaktionsvermittler) hergestellt. Als Lösungsmittel für Synthesen wird Wasser, keine organischen Verbindungen, verwendet. Prozesse sind enzymatisch katalysiert. Überwiegender Baustein der

Produkte sind häufige chemische Elemente (seltene Elemente nur in Spuren verwendet).
- Biologisches Beispiel:
Organismen sind zum überwiegenden Teil aus Materialien aufgebaut, die aus häufigen chemischen Elementen wie Kohlenstoff, Wasserstoff, Sauerstoff, Stickstoff, Phosphor und Schwefel bestehen. Seltene Elemente werden nur in Spuren eingesetzt. Alle biochemischen Reaktionen laufen bei Umgebungstemperatur (oder Körpertemperatur) und atmosphärischem Druck ab.
- Vorteil für Unternehmen:
Verwendung von kostengünstigen Rohstoffen, Einsparung von Entsorgungskosten, keine Schadstoffbelastung von Mitarbeitern und Kunden, Energieeffizienz.

Additive Fertigung
- Designprinzip:
Im Gegensatz zu konventionellen, abtragenden Fertigungsmethoden, bei denen überflüssiges Material subtraktiv entfernt wird, baut die additive (generative) Fertigung Bauteile schichtweise aus Werkstoffen auf. Unterschiedliche Materialien können als Ausgangsstoff verwendet werden.
- Biologisches Beispiel:
Bienen bauen ihre Waben in Abhängigkeit der Bedürfnisse schichtweise auf. Dabei konstruieren sie Strukturen, die ein Minimum an Material mit einem Maximum an Stabilität und Raumeffizienz vereinen.
- Vorteil für Unternehmen:
Weniger Materialverbrauch, neue Gestaltungsformen möglich, Wettbewerbsvorteil, Ressourcen- und Energieeffizienz, Leichtbau, Funktionsintegration (4D-Drucken), Zeitersparnis, Flexibilität, Personalisierbarkeit, kleine Serien.

Reparierbarkeit
- Designprinzip:
Das Produkt ist so aufgebaut, dass es bei Fehlfunktionen leicht repariert, seine Komponenten leicht ausgetauscht werden können. Zugleich existiert ein effizientes Reparatursystem aus Services und Ersatzteilen.
- Biologisches Beispiel:
Die Haut vieler Tiere kann nach einer Verletzung durch Heilungsprozesse wieder repariert werden. Dazu werden neue, funktionale Hautzellen eingelagert, die die Funktion der zerstörten Zellen übernehmen. Die Haut ist nach der Reparatur wieder voll funktionsfähig.
- Vorteil für Unternehmen:
Erhöhte Kundenzufriedenheit, Kundenbindung, Upgrades möglich, neue Kontaktpunkte mit Nutzern, Geschäftsmodellerweiterung, Rückführung von Ressourcen.

Angepasste Haltbarkeit
- Designprinzip:
Das Design ist so ausgelegt, dass die Funktionalität über einen angemessen langen Zeitraum gewährleistet ist und Reparaturen leicht möglich sind. Recycling erfolgt erst, wenn die Funktionalität nicht mehr gegeben ist. Gleichzeitig werden Materialien verwendet, die leicht abgebaut oder wieder verwendet werden können und damit im Kreislauf bleiben.
- Biologisches Beispiel:
Das Herz ist der Muskel mit der größten Ausdauer in unserem Körper. Ein Leben lang muss es störungsfrei funktionieren, in einzelnen Fällen bis zu 100 Jahren. Dennoch werden seine Komponenten (Zellen) permanent erneuert und seine Materialien sind leicht in den biologischen Ressourcenkreislauf zurückführbar.
- Vorteil für Unternehmen:
Unnötiger Produktionsaufwand wird verhindert, erhöhte Kundenzufriedenheit, Kundenbindung, Ressourceneffizienz.

Lokalität & Transport

Lokale Verfügbarkeit
- Designprinzip:
Produkte und Prozesse nutzen lokal verfügbare Materialien und Energiequellen.
- Biologisches Beispiel:
Sämtliche Organismen nutzen in der Regel die in einem begrenzten Areal zur Verfügung stehenden Ressourcen oder besiedeln neue Lebensräume. Ein Transport über lange Distanzen findet hingegen nicht statt.
- Vorteil für Unternehmen:
Hoher Anteil regionaler Wertschöpfungskreisläufe, Einbindung lokaler Expertise, Senkung der Transportkosten.

Gemeinschaftliche Ressourcenverwendung
- Designprinzip:
Ressourcen werden von mehreren Akteuren gemeinschaftlich genutzt und nach Bedarf und Verfügbarkeit verteilt.
- Biologisches Beispiel:
Vermittelt durch eine Symbiose aus Pilz und Wurzel (Mykorrhiza) tauschen Bäume im Wald Nährstoffe über ein weit verzweigtes Netzwerk im Boden aus. Neben der Nährstoffversorgung dient dieses System auch der Pathogenabwehr und Kommunikation.
- Vorteil für Unternehmen:
Wettbewerbsvorteile durch Synergien und Kollaboration, Teilen von Kosten für Erschließung und Unterhalt, verminderte/keine Abfallproduktion durch industrielle Symbiose (Endprodukt dient als Rohstoff für anderen), Reduktion redundanter Strukturen.

Lokaler Export und passive Transportmechanismen
- Designprinzip:
Die Verbreitung beschränkt sich überwiegend auf eine begrenzte Region. Längere Distanzen werden über Nutzung bestehender Infrastrukturen bewerkstelligt.
- Biologisches Beispiel:
Pflanzen nutzen verschiedene Strategien zur Verbreitung ihrer Samen. Während die meisten im Umkreis weniger Meter oder Kilometer bleiben, erzielen andere beträchtliche Entfernungen. Als Transportmittel werden dabei der Wind (Löwenzahn) oder Tiere (Klette-Fuchs; Haselnuss-Eichhörnchen; Beeren-Zugvögel) verwendet.
- Vorteil für Unternehmen:
Kostenreduktion durch kurze Transportwege, Bedienen lokaler Märkte, Imagevorteile, keine Zölle, Flexibilität, exakte Planbarkeit.

Optimierung von Volumen und Gewicht
- Designprinzip:
Das Produkt oder seine Verpackung sind so gebaut, dass ein Minimum an erforderlichem Volumen und Gewicht mit einem Maximum an Stabilität verknüpft sind bei voller Funktionserfüllung.
- Biologisches Beispiel:
Knochen dienen als stabile Stützstrukturen für den Körper. Dennoch müssen sie so leicht wie möglich sein. Hohlkammern und Knochenbalken bilden eine besonders stabile Struktur, die den Knochen aber nicht zu schwer werden lässt. Vogelknochen sind sogar hohl, um noch mehr Gewicht einzusparen und den Flug zu ermöglichen.
- Vorteil für Unternehmen:
Transportkostenreduktion, Materialersparnis, Energieeffizienz.

5. Vorgehen zum Verbessern von Produkten, Prozessen und Systemen

Die Biomimicry Basisprinzipien ermöglichen eine tiefgreifende Analyse unternehmerischer Prozesse und Strukturen und eröffnen neue Sichtachsen zur Einführung von Nachhaltigkeit. Es ist jedoch wichtig anzumerken, dass zur erfolgreichen Implementierung von Resilienz und Nachhaltigkeit eine weitere Komponente unabdingbar ist: Verantwortungsbewusstsein und Wertemaßstäbe. Die Biomimicry Basisprinzipien sind von natürlichen Systemen abgeleitete Strategien und Designprinzipien. In der Natur gibt es jedoch keine gerichtete, wertende oder bewusste Entwicklung. Aus diesem Grund finden sich in den Biomimicry Basisprinzipien keine wertenden Elemente wie beispielsweise explizite Indikatoren zur Bewahrung von Biodiversität oder Schaffung sozialer Bedingungen. Für menschliches Handeln ist eine ethische Komponente notwendig, die nicht explizit in den Prinzipien enthalten ist. Die Biomimicry Basisprinzipien können nur dann zu nachhaltigen Ergebnissen führen, wenn sie in der Absicht, gesellschaftlich und ökologisch Gutes zu tun, eingesetzt werden. Während beispielsweise das Prinzip Selbstorganisation auch zu militärischen Zwecken in der

Robotik missbraucht werden könnte, ist mit dem selben Prinzip eine Verbesserung der Arbeitsbedingungen in Unternehmen möglich, was zu steigender Mitarbeiterzufriedenheit, Mitbestimmung und Kreativität führt. Nur in Verbindung mit gewissen Wertemaßstäben ist eine Transformation in Richtung Nachhaltigkeit möglich.

Im Biomimicry werden daher zwei Dimensionen gegenüber gestellt – Ethos (die Werte) und Emulation (das Übertragen der Basisprinzipien auf die Lösung). Die Kombination beider führt zu Resilienz und Nachhaltigkeit menschlicher Systeme und menschlichen Handelns. Ein wichtiger Aspekt in diesem Zusammenhang ist das Begreifen systemischer Zusammenhänge. Veränderungen eines Elementes hat Auswirkungen auf das Gesamtsystem. Kreislaufwirtschaft beginnt beispielsweise nicht erst mit der Abfallwirtschaft, sondern bereits dort, wo Unternehmen Rohstoffe aus der Natur verwenden, um daraus Produkte und Dienstleistungen zu erstellen. Eine ethisch korrekte Kreislaufwirtschaft muss Produktentwicklung und unternehmerische Produktverantwortung koppeln. Wer der Natur Ressourcen entzieht, ist verantwortlich für deren Verwendung.[10]

Im Rahmen dieses Kapitels wurden die analytischen Aspekte des Biomimicry beleuchtet. Die vorgestellten Basisprinzipien dienen aber nicht ausschließlich als Analysewerkzeug, um Ansatzpunkte zur Verbesserung zu finden, sondern stellen auch gleichzeitig direkte Innovationsinstrumente dar, die es ermöglichen, neue Lösungen zu entwickeln. Der gesamte Biomimicry Innovationsprozess besteht aus mehreren definierten Prozessschritten, deren Abfolge jedoch nicht streng linear ist. Ein wesentlicher Aspekt ist das iterative Vorgehen, d.h. die verschiedenen Schritte werden teilweise mehrfach in Schleifen durchlaufen, um Feedback zu integrieren und die Lösung möglichst schnell immer weiter zu verbessern. Dabei folgt der Prozess dem Schema: Analyse – Priorisierung – Ideation – Implementierung. Um nachhaltige Lösungen zu entwickeln, erfolgt im Biomimicry zunächst das Identifizieren der funktionellen Sichtachsen innerhalb des Problemfeldes. Zur Lösungsfindung werden dann biologische Systeme in Bezug auf die definierten Funktionen analysiert. Im Anschluss erfolgt die Abstraktion und Übertragung auf menschliche Systeme. Der Biomimicry Ansatz unterscheidet sich somit von vielen anderen Methoden, da er einerseits Schwachstellen bestehender Systeme aufdecken, gleichzeitig aber auch innovative Lösungen entwickeln kann. Er hat das Potential, nicht nur einzelne Unternehmen, sondern ganze Sektoren nachhaltig zu verändern.

6. Fallbeispiel: InterfaceFLOR (Teppichfliesen)

6.1 Das Unternehmen

InterfaceFLOR ist ein Teppichfliesenhersteller in Atlanta, Georgia (USA). Seit seiner Gründung 1973 hat sich das Unternehmen nicht nur zum weltweit größten Teppichfliesenhersteller entwickelt, sondern ist auch führend im Bereich nachhaltiger

---

[10] Vgl. Schridde (2014), S. 219.

Unternehmenspraktiken. Seit 1994 steht es unter der Vision: „We will be the company that, by our deeds, shows the entire industrial world what sustainability is in all its dimensions: people, process, product, place and profits by 2020 – and, in doing so, we will become restorative through the power of our influence."[11]

6.2 Die Herausforderung

Wie verbessert man bestehende Produkte, ihre Herstellung und Services?

Normalerweise werden Teppichböden alle fünf bis zehn Jahre ausgetauscht; bei starker Nutzung wie beispielsweise in Büros, sogar häufiger. Der Austausch bringt Störungen für den Nutzer (Möbel, Nutzungseinschränkungen, Lösungsmitteldämpfe durch Klebstoffe) sowie große Mengen Abfall mit sich. Gleichzeitig ist die traditionelle Teppichindustrie Petroleum-basiert (Nylon, PVC) und verursacht ökologische Schäden durch Abfall und Emissionen sowie gesundheitliche Beeinträchtigungen (Bestandteile der Fliesenunterseite sind Karzinogene).

Während Teppichfliesen durch ihren modularen Aufbau theoretisch das Ersetzen ausschließlich verschmutzter Elemente ermöglichen, ergeben sich praktisch Probleme, die aus der Produktion stammen: Die Farben der Teppichfasern verschiedener Produktionschargen variieren mitunter stark, so dass entweder große Flächen ausgetauscht (Verschwendung) oder große Reservemengen (Überproduktion) gelagert werden müssen.

InterfaceFLOR sah in diesem kosten- und ressourcenintensiven Geschäftsmodell eine Gelegenheit zur Verbesserung und nutzte den Biomimicry Ansatz, um seine Unternehmenskultur zu revolutionieren.

6.3 Der Biomimicry Ansatz

Erfolg und Wettbewerbsvorteil von InterfaceFLOR waren kein Zufall, sondern eine strategische Entscheidung, das Geschäftsmodell grundlegend zu erneuern. Mit Hilfe des Biomimicry Ansatzes sollten zukünftig auf allen Ebenen der Wertschöpfungskette Abfälle vermieden sowie der Einsatz fossiler Rohstoffe und die Freisetzung von Schadstoffen in die Umwelt gestoppt werden. Der Firmengründer Ray Anderson wollte Interface dadurch in ein restoratives Unternehmen umwandeln, das Verantwortung für eine nachhaltige Zukunft übernimmt und ein Vorbild für andere Unternehmen ist.

---

[11] Vgl. InterfaceFLOR, LLC. [Internet]. Vgl. http://www.interfaceglobal.com/company/mission-vision.aspx.

6.4 Das Ergebnis

Kollaboration nach innen und außen (Synergie und Kollaboration)
Zunächst wurde die Vision unternehmensweit verbreitet und alle Mitarbeiter angeregt, aktiv an der Transformation mitzuwirken. Nachhaltigkeit wurde zur Firmenphilosophie, die von allen getragen wurde. Biomimicry-Experten steuerten den Kreativprozess in Teams über Abteilungsgrenzen hinweg. Diese neue Art der kollaborativen, hierarchiefreien Kreativarbeit führte zu neuen, synergistischen Ideen. Mittlerweile ist diese Art von Arbeitstreffen fester Bestandteil der Unternehmenskultur von InterfaceFLOR.

Service statt Produkt (Diversifizierung und Nutzerzentrierung)
Interface begann zunächst, sein Geschäftsmodell zu ändern. Teppichboden-Leasing und ein Service, der stets einen sauberen Boden garantiert, löste den Verkauf von Teppichböden als Produkt ab. Die meisten Nutzer wollten Teppichbeläge nicht erwerben, sondern attraktive und saubere Bodenbeläge nutzen.

Mittlerweile ist dies ein Kern des Geschäftsmodells von Interface: Bei monatlichen Inspektionen werden lediglich schadhafte Stellen ausgebessert. Die Lebensdauer unbenutzter Bereiche (Wandbereich, unter Möbeln) steigt dadurch erheblich. Nutzerseitig führt dies zu Kostenersparnissen und zur Reduktion von Beeinträchtigungen.

Zufall als Designprinzip (Modularität und Reparierbarkeit)
Um Überproduktion auf Grund unterschiedlicher Farbnuancen in aufeinander folgenden Produktionschargen zu vermeiden, entwickelte Interface eine neue Produktlinie. Inspiriert durch die natürliche, zufällige Verteilung von Mustern und Farben am Waldboden, entstand Entropy®, ein die Teppichindustrie revolutionierendes Design.[12] Dadurch, dass Fliesen verschiedener Farbnuancen bewusst gemischt und zufällig verlegt werden und dies zudem unabhängig von der Faserrichtung, können einzelne schadhafte Fliesen ausgetauscht werden, ohne auch nur eine noch funktionstüchtige Fliese wechseln zu müssen. Entropy® führt zu erheblichen Einsparungen bei Herstellung (weniger Verschnitt, keine Überproduktion), Installation (schneller und kostengünstiger) und Wartung (weniger Abfall) sowie zu einer verlängerten Produktlebenszeit. Entropy® entwickelte sich auf Grund seiner natürlichen Ästhetik und der vielfältigen Einsatzmöglichkeiten zu einer der führenden Produktlinien (40 %) des Unternehmens.

Klebstofffreies Befestigen (Grüne Chemie)
Nach dem Erfolg der Entropy® Produktlinie, setzte InterfaceFLOR den Biomimicry Ansatz zur Innovation weiterer Geschäftsbereiche ein. 2006 brachten sie TacTiles™ auf den Markt, Klebeecken zum Verbinden der Teppichfliesen. Inspiriert durch Haft-

---

[12] Vgl. InterfaceFLOR, LLC. Case Study [Internet]. http://www.interfaceglobal.com/pdfs/Biomimicry_InterfaceFLOR_Case_Study-2.aspx.

mechanismen (Adhesion) in der Natur (z. B. Gecko, Gravitation) wurde ein klebstofffreies Verbundsystem entwickelt, das nicht nur den Einsatz lösungsmittelhaltiger Klebstoffe überflüssig machte, sondern auch die Installation bzw. den Austausch erheblich erleichterte.[13]

Recyclebares Material (zyklische Prozesse und recycelte Materialien)
InterfaceFLOR unternahm weitere Schritte, um das Unternehmen nachhaltig zu machen. Während andere Hersteller versuchen, ihre aus Nylon und PVC bestehenden Teppichböden zu recyceln und dabei technologiebedingt ein Materialverlust und -downcycling stattfindet, hat Interface ein neues Polymer entwickelt, das sich komplett recyceln lässt. Solenium kann komplett in seine Grundbestandteile (Fasern und Untergrund) zerlegt und quantitativ ohne Qualitätsverlust wieder verwendet werden. Zudem ist es haltbarer als traditionelle Teppichfasern, lässt sich leichter reinigen (Reduktion von Reinigungsmitteln) und hat eine neutrale Klimabilanz.

Nach den Erfolgen hat sich InterfaceFLOR zum Ziel gesetzt, das weltweit erste wahrhaft nachhaltige Unternehmen zu sein. Langfristig strebt es danach, keinen Tropfen Öl in seiner gesamten Wertschöpfungskette zu verwenden. Mit seiner „Mission Zero" strebt es nach einem neutralen ökologischen Fußabdruck bis zum Jahr 2020.

> *„We realized that we were part of an industrial system – a take, make, waste linear system – that's literally digging up the Earth and converting it to rubbish. And of course it can't go on [and on]; the Earth is finite."*
>
> *Ray Anderson* (Gründer von InterfaceFLOR)

---

[13] Vgl. InterfaceFLOR, LLC. TacTiles® [Internet]. http://www.interfaceflor.de/webapp/wcs/stores/media/TacTiles_EU_DE.pdf.

Literatur

Baumeister, D. (2014): *Biomimicry Resource Handbook.* CreateSpace.
Benyus, J. (1997): *Biomimicry: Innovation inspired by Nature.* New York: Harper Collins.
InterfaceFLOR, LLC. [Internet]. http://www.interfaceglobal.com/company/mission-vision.aspx.
InterfaceFLOR, LLC. Case Study [Internet]. http://www.interfaceglobal.com/pdfs/Biomimicry_ InterfaceFLOR_Case_Study-2.aspx.
InterfaceFLOR, LLC. TacTiles® [Internet]. http://www.interfaceflor.de/webapp/wcs/stores/ media/TacTiles_EU_DE.pdf
Isaacson, W. (2011): *Steve Jobs.* New York: Simon & Schuster.
McDougall, I. et al. (2005): *Stratigraphic placement and age of modern humans from Kibish, Ethiopia.* Nature 433(7027), S. 733–736.
Mojzsis, S. J. (1996): *Evidence for life on Earth before 3,800 million years ago.* Nature 384 (6604), S. 55–59.
Mora, C. et al. (2011): *How many species are there on Earth and in the ocean?* PLoS Biol. 9(8).
Schridde, S. (2014): *Murks? Nein Danke!* München: Oekom Verlag. S. 219.

Die Gemeinwohl-Bilanz – Bericht und Bewertung nicht-finanzieller Informationen

Nils D. Wittke

1. Einleitung

In den letzten Jahren entstand eine Vielzahl an Nachhaltigkeits- bzw. CSR- Instrumenten, die inzwischen einen nahezu undurchschaubaren System-Dschungel darstellen. Besonders für UnternehmerInnen erschwert die zum Teil schwer nachvollziehbare Systemlandschaft den leicht verständlichen Zugang zu Nachhaltigkeits- bzw. CSR-Instrumenten.

Hinzu kommt, dass vielen Ansätzen gemein ist, dass sie nur einen geringen Berührungspunkt zu den Prozessen des Kerngeschäfts haben. Ein Prozessnutzen für das gesamte Unternehmen bzw. die Geschäftsführung ist damit schwer herzustellen.

Dieser Beitrag stellt eine Alternative vor, die Gemeinwohl-Bilanz, die sich zu einer neuen Generation von CSR-Instrumenten zählt und direkt im Kerngeschäft ansetzt. Die Gemeinwohl-Ökonomie versteht sich als ein Wirtschaftsmodell mit Zukunft mit der Gemeinwohl-Bilanz als notwendige Ergänzung zur etablierten Finanzbilanz.

2. Die Gemeinwohl-Ökonomie
2.1 Entstehung der Gemeinwohl-Ökonomie

Auf die Neuerscheinung des Buchs „Neue Werte für die Wirtschaft" von Christian Felber im Jahr 2008 meldete sich rund ein Dutzend UnternehmerInnen, die sich von der Alternative für ein neues Wirtschaftsmodell angezogen fühlten und anboten, die Grobskizze zu verfeinern und sich gemeinsam für deren Umsetzung einzusetzen. Die Gruppe entwickelte in knapp zwei Jahren das Modell der „Gemeinwohl-Ökonomie", das am 6. Oktober 2010 als Erstausgabe der Gemeinwohl-Ökonomie (Autor: Christian Felber) veröffentlicht wurde. Interessanterweise publizierte in der gleichen Woche die Bertelsmann-Stiftung eine Umfrage, der zufolge 88 % der Befragten in Deutschland und 90 % der Befragten in Österreich sich eine neue Wirtschaftsordnung wünschen.[1]

---

[1] Vgl. Felber (2014), S. 7.

Die Gemeinwohl-Ökonomie ist ein neues Wirtschaftsmodell mit Zukunft, das das Gemeinwohl als Ziel formuliert. Um die Zielerreichung messen zu können, gibt es die Gemeinwohl-Bilanz, sie ist das Messinstrument für Unternehmen bzw. Organisationen. Sie misst wirtschaftliche Tätigkeiten daran, welchen Beitrag sie zum Gemeinwohl leisten. In einem demokratischen, partizipativen und ergebnisoffenen Prozess möchte die Bewegung der Gemeinwohl-Ökonomie dieses Wirtschaftssystem etablieren.

Aktuell dominiert in der Wirtschaft die Finanzbilanz, mit der Erfolg gemessen wird. Sie misst die finanzielle Situation eines Unternehmens und schafft damit Transparenz für Fachleute wie Investoren. Eine Aussage über den Beitrag zum Gemeinwohl des Unternehmens fehlt darin. So kann sich das Ergebnis der Finanzbilanz verbessern, während gleichzeitig Lieferantenpreise gedrückt werden, MitarbeiterInnen trotz Gewinn entlassen, Steuern vermieden, Frauen diskriminiert werden oder die Umwelt ausgebeutet wird. Erkenntnisse über die Einhaltung demokratischer Verfassungswerte liefert die Finanzbilanz nicht. Die Gemeinwohl-Bilanz schließt diese Lücke und betrachtet die nicht-finanziellen Informationen und ihren Beitrag zum Gemeinwohl messbar, vergleichbar und qualitativ bewertbar.

Die Gemeinwohl-Bilanz	Die Finanzbilanz
Die Gemeinwohl-Bilanz misst unternehmerischen Erfolg anhand seines Beitrages zum Gemeinwohl, basierend auf den häufigsten Verfassungswerten demokratischer Staaten. Der Beitrag zum Gemeinwohl wird qualitativ bewertet, wodurch sich eine für jedermann verständliche Aussage über die Höhe des unternehmerischen Beitrags zum Gemeinwohl ergibt.	Die Finanzbilanz misst den unternehmerischen Erfolg anhand von Vermögen und Eigen- & Fremdkapital. Nimmt man die Gewinn- & Verlust- Rechnung hinzu, ergibt sich eine für Fachleute verständliche und umfassende Aussage über die finanzielle Situation eines Unternehmens gemessen in €.

Tab. 1: Gegenüberstellung Gemeinwohl-Bilanz und Finanzbilanz

2.2 Was ist (eigentlich) Gemeinwohl?

Um die Gemeinwohl-Bilanz und ihren Hintergrund richtig einordnen und verstehen zu können, ist die Entwicklung des Begriffs Gemeinwohl grundlegend.

Die Entwicklung und Entstehung des Begriffs lässt sich an historischen Eckpunkten aus Philosophie, Religion und Politik darstellen und begann bereits vor über 2000 Jahren.

Gemeinwohl in der Philosophie und frühen Demokratien:
Platon und Cicero gehören mit zu den Ersten, die den Begriff formulierten:

> *„Das Gemeinwohl stellt dabei die Funktion und das Ziel der politischen Gemeinschaft dar, in ihm verwirklichen sich die Bedürfnisse, die Interessen und das Glück aller Bürger durch ein tugendhaftes und gerechtes Leben."*[2]
>
> *„Das Wohl des Volkes soll oberstes Gesetz sein."*[3]

Gemeinwohl in der christlichen Sozialethik:
Im 13. Jahrhundert prägte Thomas von Aquin den Begriff **„Bonum commune est melius quam bonum unius."**[4] innerhalb der christlichen Sozialethik. Seitdem spielt es in der christlichen Soziallehre eine zentrale Rolle.

Papst Franziskus erhebt das Gemeinwohl zu einer zentralen Rolle seines Pontifikats:

> *„... der Staaten, die beauftragt sind, über den Schutz des Gemeinwohls zu wachen."*[5]

Gemeinwohl in der Politik
In vielen unterschiedlichen Ländern findet sich der Begriff Gemeinwohl bzw. dessen Bedeutung in den Verfassungen wieder. Beispielhaft hier einige Passagen:

> *„Eigentum verpflichtet. Sein Gebrauch soll zugleich dem Wohle der Allgemeinheit dienen."*[6]
>
> *„Die gesamte wirtschaftliche Tätigkeit dient dem Gemeinwohl, insbesondere der Gewährleistung eines menschenwürdigen Daseins für alle und der allmählichen Erhöhung der Lebenshaltung aller Volksschichten."*[7]
>
> *„Bayern ist ein Rechts-, Kultur- und Sozialstaat. Er dient dem Gemeinwohl."*[8]
>
> *„Die Privatinitiative in der Wirtschaft ist frei. Sie darf sich aber nicht im Gegensatz zum Nutzen der Gesellschaft oder in einer Weise, die die Sicherheit, Freiheit und menschliche Würde beeinträchtigt, betätigen. Das Gesetz legt die Wirtschaftsprogramme und geeignete Kontrollen fest, damit die öffentliche und*

---

[2] Vgl. Platon (300 v. Chr.).
[3] Vgl. Cicero (50 v. Chr.).
[4] Vgl. Felber (2014), S. 39.
[5] Vgl. Papst Franziskus (2013), S. 54.
[6] Vgl. Grundgesetz für die Bundesrepublik Deutschland (1949), Artikel 14 (2).
[7] Vgl. Verfassung des Freistaates Bayern (Fassung 1998), Artikel 151 (1).
[8] Vgl. Verfassung des Freistaates Bayern (Fassung 1998), Artikel 3 (1).

private Wirtschaftstätigkeit nach dem Allgemeinwohl ausgerichtet und abgestimmt werden kann."[9]

"... das allgemeine Wohl zu fördern und das Glück der Freiheit uns selbst und unseren Nachkommen zu bewahren, setzen und begründen diese Verfassung für die Vereinigten Staaten von Amerika."[10]

Daraus leitet die Gemeinwohl-Ökonomie ab, dass das Gemeinwohl ein Ziel vieler demokratischer Staaten ist und sich in zahlreichen Grundrechten und z.B. auch in der Menschenrechtscharta der UN wiederfindet.

"Im Herzen des Gemeinwohls ist die Demokratie, weil sie die Mitbestimmung aller Menschen ermöglicht und damit den gleichen Wert aller Menschen, die Menschenwürde, zum Ausdruck bringt."[11]

3. Die Gemeinwohl-Bilanz

Die Gemeinwohl-Bilanz ist das „Herzstück" der Gemeinwohl-Ökonomie. Sie stellt die Beziehungen zwischen Menschen und Umwelt in den Mittelpunkt des Wirtschaftens. Von Unternehmen fordert sie den Kontext ihres Wirtschaftens im Zusammenhang mit den Werten (s. 2.1.1) und den Berührungsgruppen (auch Stakeholder genannt) zu verstehen.

Die Berührungsgruppen:

A Lieferanten
B Geldgeber
C Mitarbeiter inkl. Eigentümer
D Kunden/Produkte/Dienstleistungen/Mitunternehmen
E Gesellschaftliches Umfeld (Region, Souverän, zukünftige Generationen, Zivilgesellschaft, Mitmenschen und Natur)

Dieser integrierte Stakeholder-Ansatz führt zu einer ganzheitlichen Betrachtung der gesamten Kernprozesse des Unternehmens.

Der Stakeholder-Ansatz ist ein Konzept, nach dem die Unternehmensführung nicht nur die Interessen der Anteilseigner (Shareholder), sondern aller Anspruchsgruppen, ohne deren Unterstützung das Unternehmen nicht überlebensfähig wäre, zu berücksichtigen hat.[12] Dieser umfassende Ansatz gilt als einer der aktuellsten Grundsätze der Unternehmensführung.[13]

---

[9] Vgl. Verfassung der Italienischen Republik, Artikel 41.
[10] Vgl. US-Amerikanische Verfassung (1787), Präambel.
[11] Vgl. Felber (2014), S. 10.
[12] Vgl. Gabler Wirtschaftslexikon (2015), www.wirtschaftslexikon.gabler.de/Archiv/54861/stakeholder-ansatz-v6.html.
[13] Vgl. TÜV Süd (2014), S. 2.

Für umfassendere Informationen über die Gemeinwohl-Ökonomie als politische und zivilgesellschaftliche Bewegung und Vision wird auf das Buch „Gemeinwohl-Ökonomie" von Christian Felber (vgl. Literaturverzeichnis) und die Website: www.ecogood.org verwiesen.

3.1 Methodik der Gemeinwohl-Bilanz

Die Methodik der Gemeinwohl-Bilanz gliedert sich im Wesentlichen in drei Schritte (s. 2.1.2) Berichterstellung, Bewertung inkl. Plausibilitätsprüfung und in die Veröffentlichung des Berichts inkl. der Bewertung. Unternehmen erstellen ihren Gemeinwohl-Bericht nach den vorgegebenen Indikatoren, dieser wird durch einen externen Auditor bewertet und anschließend muss der Bericht inklusive Testat veröffentlicht werden. Diese Methodik ähnelt derer der Finanzbilanz, dort übernimmt allerdings eine WirtschaftsprüferIn die Bewertung. Die Indikatoren, anhand derer das Unternehmen seine Auswirkungen bzw. Handlungen beschreiben muss, bilden den normativen Rahmen der Gemeinwohl-Bilanz. Erst dadurch wird eine qualitative Bewertung ermöglicht.

Die bewerteten Dimensionen

Die Gemeinwohl-Bilanz setzt sich aus zwei Teilen zusammen, dem Gemeinwohl-Bericht, und dem Testat (externe Bewertung). In dem Bericht beschreibt das jeweilige Unternehmen anhand von 17 Hauptindikatoren seinen Beitrag zum Gemeinwohl. Das Testat ist die qualitative Bewertung des Berichts durch einen externen Auditor. Der Bericht inklusive des Testats ergibt die Gemeinwohl-Bilanz.
Die Gemeinwohl-Bilanz bewertet die fünf Dimensionen (Werte):

1) Menschenwürde
2) Solidarität
3) Ökologische Nachhaltigkeit
4) Soziale Gerechtigkeit
5) Demokratische Mitbestimmung und Transparenz

> *„Die fünf in der Bilanz gemessenen Werte sind ... die häufigsten Verfassungswerte demokratischer Staaten: Menschenwürde, Solidarität, Gerechtigkeit, ökologische Nachhaltigkeit und Demokratie."*[14]

Je Wert und Berührungsgruppe wird bewertet, wie hoch der Beitrag zur Erfüllung des jeweiligen Wertes und damit zum Gemeinwohl ist. Die Werte bilden den Maßstab innerhalb der Bilanz und die Berührungsgruppen den ganzheitlichen Rahmen.

---

[14] Vgl. Felber (2014), S. 37.

Aktuell sind manche gemeinwohlschädigenden Verhaltensweisen rechtlich legal. Aus diesem Grund enthält die Gemeinwohl-Bilanz zusätzlich zu den Hauptindikatoren 17 Negativkriterien, die gemeinwohlschädigende Verhaltensweisen mit Minuspunkten bewertet.

Werden zum Beispiel: die Menschenrechte oder ILO-Kernarbeitsnormen verletzt, feindliche Übernahmen durchgeführt, Atomstrom erzeugt, Gewinne in Steueroasen deklariert und dadurch Steuern minimiert, Saatgut gentechnisch manipuliert oder Großkraftwerke in ökologisch sensiblen Regionen gebaut, führt das zu 100 bis 200 Minuspunkten je Negativkriterium (s. Abb. 1).

Die qualitative Bewertung des Gemeinwohl-Berichts erfolgt anhand der Bewertungskriterien durch einen ausgebildeten und zertifizierten Auditor, welche die einzelnen Aussagen analysiert und abschließend ein Testat ausstellt. Bevor der Gemeinwohl-Bericht veröffentlicht wird, muss das Testat in den Bericht integriert werden.

Die kontinuierliche Verbesserung des Audit-Prozesses wird durch ein internes Qualitätsmanagement der Gemeinwohl-Ökonomie inklusive regelmäßiger Befragungen der auditierten Unternehmen gewährleistet. Das Auditoren-Team steht darüber hinaus in ständigem organisierten Kontakt und Wissensaustausch.

Einen Überblick über die Berührungsgruppen, die Werte und die Hauptindikatoren (inkl. erreichbarer Punktzahl) der Gemeinwohl-Bilanz liefert die Gemeinwohl-Matrix[15] (Abb. 1).

---

[15] Matrixentwicklungsteam (2013), www.ecogood.org/services/downloads.

Die Gemeinwohl-Bilanz

GEMEINWOHL-MATRIX 4.1

Diese Version gilt für alle Bilanzen, die ab dem 15. März 2013 für das zurückliegende Bilanzjahr eingereicht werden.

GEMEINWOHL ÖKONOMIE – Ein Wirtschaftsmodell mit Zukunft

WERT / BERÜHRUNGSGRUPPE	Menschenwürde	Solidarität	Ökologische Nachhaltigkeit	Soziale Gerechtigkeit	Demokratische Mitbestimmung & Transparenz
A) Lieferantinnen	**A1: Ethisches Beschaffungsmanagement** Aktive Auseinandersetzung mit den Risiken zugekaufter Produkte / Dienstleistungen, Berücksichtigung sozialer und ökologischer Aspekte bei der Auswahl von Lieferantinnen und Dienstleistungsunternehmen				90
B) Geldgeberinnen	**B1: Ethisches Finanzmanagement** Berücksichtigung sozialer und ökologischer Aspekte bei der Auswahl der Finanzdienstleistungen; gemeinwohlorientierte Veranlagung und Finanzierung				30
C) MitarbeiterInnen inklusive EigentümerInnen	**C1: Arbeitsplatzqualität und Gleichstellung** mitarbeiterorientierte Organisationskultur und -strukturen, Faire Beschäftigungs- und Entgeltpolitik, Arbeitsschutz und Gesundheitsförderung einschließlich Work-Life-Balance, flexible Arbeitszeiten, Gleichstellung und Diversität 90	**C2: Gerechte Verteilung der Erwerbsarbeit** Abbau von Überstunden, Verzicht auf All-inclusive Verträge, Reduktion der Regelarbeitszeit, Beitrag zur Reduktion der Arbeitslosigkeit	**C3: Förderung ökologischen Verhaltens der MitarbeiterInnen** Aktive Förderung eines nachhaltigen Lebensstils der MitarbeiterInnen (Mobilität, Ernährung), Weiterbildung und Bewusstsein schaffende Maßnahmen, nachhaltige Organisationskultur 50	**C4: Gerechte Verteilung des Einkommens** Geringe innerbetriebliche Einkommensspreizung (netto), Einhaltung von Mindesteinkommen und Höchsteinkommen 30	**C5: Innerbetriebliche Demokratie und Transparenz** Umfassende innerbetriebliche Transparenz, Wahl der Führungskräfte durch die Mitarbeiter, konsensuale Mitbestimmung bei Grundsatz- und Rahmenentscheidungen, Übergabe Eigentum an MitarbeiterInnen. z.B. Soziokratie 60
D) KundInnen / Produkte / Dienstleistungen / Mitunternehmen	**D1: Ethische Kundenbeziehung** Ethischer Umgang mit KundInnen, Kundinnenorientierung / -mitbestimmung, mitbestimmte Produktentwicklung, hohe Servicequalität, hohe Produkttransparenz 50	**D2: Solidarität mit Mitunternehmen** Weitergabe von Information, Know-how, Arbeitskräften, Aufträgen, zinsfreien Krediten; Beteiligung an kooperativem Marketing und kooperativer Krisenbewältigung 70	**D3: Ökologische Gestaltung der Produkte und Dienstleistungen** Angebot ökologisch höherwertiger Produkte/Dienstleistungen; Bewusstsein schaffende Maßnahmen; Berücksichtigung ökologischer Aspekte bei der Kundinnenwahl 90	**D4: Soziale Gestaltung der Produkte und Dienstleistungen** Informationen/Produkten/Dienstleistungen für benachteiligte KundInnen-Gruppen, Unterstützung förderungswürdiger Marktstrukturen. 30	**D5: Erhöhung der sozialen und ökologischen Branchenstandards** Vorbildwirkung, Entwicklung von höheren Standards mit Mitbewerberinnen, Lobbying 30
E) Gesellschaftliches Umfeld: Region, Souverän, zukünftige Generationen, Zivilgesellschaft, Mitmenschen und Natur	**E1: Sinn und gesellschaftliche Wirkung der Produkte/Dienstleistungen** P/DL decken den Grundbedarf oder dienen der Entwicklung der Menschen / der Gemeinschaft/der Erde und generieren positiven Nutzen. 90	**E2: Beitrag zum Gemeinwesen** Gegenseitige Unterstützung und Kooperation durch Finanzmittel, Dienstleistungen, Produkte, Logistik, Zeit, Know-How, Wissen, Kontakte, Einfluss	**E3: Reduktion ökologischer Auswirkungen** Reduktion der Umweltauswirkungen auf ein zukunftsfähiges Niveau: Ressourcen, Energie & Klima, Emissionen, Abfälle etc. 40	**E4: Gemeinwohlorientierte Gewinnverteilung** Sinkende / keine Gewinnausschüttung an Externe, Ausschüttung an Mitarbeiter, Stärkung des Eigenkapitals, sozial-ökologische Investitionen 70	**E5: Gesellschaftliche Transparenz und Mitbestimmung** Gemeinwohl- oder Nachhaltigkeitsbericht, Mitbestimmung von regionalen und zivilgesellschaftlichen Berührungsgruppen 60
Negativ-Kriterien	Verletzung der ILO-Arbeitsnormen/ Menschenrechte -200; Menschenunwürdige Produkte, z.B. Tretminen, Atomstrom, GMO -200; Beschaffung bei / Kooperation mit Unternehmen, welche die Menschenwürde verletzen -150	Feindliche Übernahme -200; Sperrpatente -100; Dumpingpreise -200	Illegitime Umweltbelastungen -200; Verstöße gegen Umweltauflagen -100; Geplante Obsoleszenz (kurze Lebensdauer der Produkte) -200	Arbeitsrechtliches Fehlverhalten seitens des Unternehmens -200; Arbeitsplatzabbau oder Standortverlagerung bei Gewinn -150; Umgehung der Steuerpflicht -200; Keine unangemessene Verzinsung für nicht mitarbeitende Gesellschafter -100	Nichtoffenlegung aller Beteiligungen und Tochter -100; Verhinderung eines Betriebsrats -150; Nichtoffenlegung aller Finanzflüsse an Lobbies / Eintragung in das EU-Lobbyregister -200; Exzessive Einkommensspreizung -100

Detaillierte Beschreibung zu den Indikatoren finden sich im Handbuch zur Gemeinwohlbilanz auf www.gemeinwohl-oekonomie.org und im Redaktionswiki unter https://wiki.gwoe.net/display/Redaktion/Home. Rückmeldungen an die jeweiligen Redakteure sind sehr erwünscht.

Abb. 1: Gemeinwohl-Matrix Version 4.1, gültig seit 15. März 2013

Der Weg zur Gemeinwohl-Bilanz

1. Der erste Schritt ist die Erstellung des Gemeinwohl-Berichts.

Abb. 2: BERICHT

Unternehmen müssen anhand verschiedener Indikatoren ihre Auswirkungen je Berührungsgruppe und Wert beschreiben. Alle dafür notwendigen Unterlagen und Informationen sind open source über die Website der Gemeinwohl-Ökonomie unter: www.ecogood.org zu erhalten. Als Minimal-Anforderung gilt, dass zu jedem Subindikator 2–3 Sätze geschrieben werden und zu jedem Negativkriterium angegeben wird, ob es erfüllt wird oder nicht. Jeder Indikator beschreibt einen inhaltlichen oder organisatorischen Aspekt der Frage: „Wie wird der Wert X in Bezug auf die Berührungsgruppe Y gelebt?" Der Bericht kann von jedem Unternehmen eigenständig geschrieben werden.

2. Der zweite Schritt ist die Bewertung des Gemeinwohl-Berichtes.

Abb. 3: TESTAT

Die Bewertung jedes Haupt- und Subindikators erfolgt anhand des „Handbuchs zur Gemeinwohl-Bilanz".[16] Aus der Bewertung der Subindikatoren ergeben sich die Ergebnisse für die Hauptindikatoren und daraus die Gesamtbilanz. Das Testat dokumentiert im grafischen Design der Matrix (Übersicht auf einer DinA4-Seite) die extern evaluierte Punktevergabe.

Für die Auditierung gibt es aktuell zwei Möglichkeiten, die Einzel-Auditierung und die Peer-Evaluierung, bei der sich mehrere Unternehmen in einer Peer-Gruppe zusammenschließen und gemeinsam ihren jeweiligen Gemeinwohl-Bericht erstellen und evaluieren lassen.

3. Der dritte Schritt ist die Veröffentlichung des Gemeinwohl-Berichts inklusive des Testats.

Abb. 4: VERÖFFENTLICHUNG

Die Veröffentlichung des Berichts inklusive der qualitativen Bewertung schafft die notwendige gesellschaftliche Transparenz und ist verpflichtend. Den LeserInnen des Berichts verschafft das Testat den Überblick über die Gesamtbewertung des Unternehmens und über die Detail-Bewertungen je Hauptindikator. Aus dem Bericht kann detailliert nachgelesen werden, welche unternehmerischen Leistungen zu der jeweiligen Bewertung geführt haben.

---

[16] Vgl. Matrixentwicklungsteam (2015), S. 10–203.

Bericht und Bewertung

Der Gemeinwohl-Bericht bildet die Grundlage für die Bewertung. Informationen, die nicht enthalten sind, können auch nicht bewertet werden. Jeder Haupt- und Subindikator wird in vier Abstufungen bewertet: Erste Schritte (0–10 %), Fortgeschritten (11–30 %), Erfahren (31–60 %) und Vorbildlich (61–100 %) (Tab. 2). Die Prozentangaben beziehen sich darauf, zu wieviel Prozent der Indikator erfüllt wird. Zu jedem Hauptindikator gibt es eine Bewertungstabelle.

Hier beispielhaft an der Bewertungstabelle (s. Tab. 2) für den Hauptindikator A1 Ethisches Beschaffungsmanagement: „Aktive Auseinandersetzung mit den Risiken zugekaufter Produkte/Dienstleistungen (P/D), Berücksichtigung sozialer und ökologischer Aspekte bei der Auswahl von LieferantInnen und DienstleistungsnehmerInnen"[17]. Anhand dieses Hauptindikators wird im Folgenden die Bewertungslogik beispielhaft erläutert.

Sub-Indikator	Erste Schritte (0–10 %)	Fortgeschritten (11–30 %)	Erfahren (31–60 %)	Vorbildlich (61–100 %)
Regionale, ökologische und soziale Aspekte/höherwertiger Alternativen werden … berücksichtigt) (Relevanz: hoch)	… punktuell bei Produkten mit negativen sozialen und/oder ökologischen Auswirkungen (Öko-Strom)	… bei einigen wesentlichen P/D	… bei einem Großteil an wesentlichen P/D … + im Vergleich sehr geringer Verbrauch bzw. klare Reduktion bei kritischen Stoffe ohne höherwertige Alternative (siehe FAQ)	… allen wesentlichen, zugekauften P/D … + innovative Lösungen zur Vermeidung kritischer Stoffe ohne höherwertige Alternative
Aktive Auseinandersetzung mit den Auswirkungen zugekaufter P/D und Prozesse zur Sicherstellung sowie Ausmaß und Form der Nachweisführung (Relevanz: mittel)	Interne Auseinandersetzung durch aktives Einholen von Informationen zu der Thematik Integration sozialer und ökologischer Aspekte in das Vertragswesen (Code of Conduct/Ethik-Kodex)	Internes Audit bei Risiken und wichtigsten Lieferanten Schulungen (Seminare, Workshops, Zeitbudgets für ExpertInnengespräche) aller Mitarbeiter im Einkaufsprozess	Regelmäßige Evaluierung sozialer/ökologischer Auswirkungen und Alternativen Sicherstellung durch unabhängiges Audit (z.B.: nach soz./ökol. Gütesiegeln zertifizierte P/D, Kooperation mit NGOs)	Multi-Stakeholder-Initiative (z.B.: mit Marktpartnern, NGOs etc.) hinsichtlich sozialer und ökologischer Aspekte
Strukturelle Rahmenbedingungen zur fairen Preisbildung (Relevanz: niedrig)	Verzicht auf rein preisgetriebene Beschaffungsprozesse (u.a. Auktionen, Ausschreibungs-verfahren) Kein vom Einkaufspreis abhängiges Bonussystem für Einkäufer	Langfristige, kooperative Beziehung werden wechselnden, kostenorientierten vorgezogen	Evaluierung des Verhaltens der Einkäufer durch regelmäßige Mitarbeitergespräche mit Fokus auf die Herausforderungen, die sich durch eine ethische Beschaffung ergeben	Innovative Strukturen im Beschaffungswesen (z.B.: Partizipation an Alternativwährungskonzepten, ökonomische Ansätze der Solidarischen Landwirtschaft etc.)

Tab. 2: Bewertungstabelle A1 Ethisches Beschaffungsmanagement[18]

---

[17] Vgl. Matrixentwicklungsteam (2015), S. 21–31
[18] Vgl. Matrixentwicklungsteam (2015), S. 23.

Die maximal erreichbaren 90 Punkte sind nach Relevanz gewichtet auf die Subindikatoren verteilt. Die Gewichtung legt die maximale Punktzahl je Subindikator fest und damit den Anteil des Subindikators am Hauptindikator (s. Tab. 3 und Abb. 5).

Subindikator[19]	Relevanz (Gewichtung)
A1.1 Regionale, ökologische und soziale Aspekte/ höherwertige Alternativen werden … berücksichtigt (Relevanz: Hoch)	A1.1 45 Punkte = 50% A1.2 30 Punkte = 33% A1.3 15 Punkte = 17%
A1.2 Aktive Auseinandersetzung mit den Auswirkungen zugekaufter P/D und Prozesse zur Sicherstellung sowie Ausmaß und Form der Nachweisführung (Relevanz: Mittel)	
A1.3 Strukturelle Rahmenbedingungen zur fairen Preisbildung (Relevanz: Niedrig)	Relevanz/Gewichtung Subindikatoren

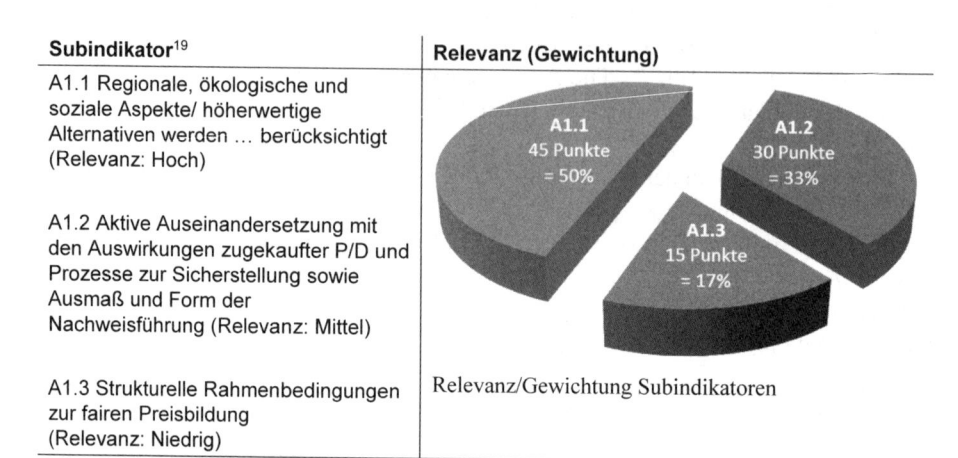

Tab. 3: Die Gewichtung der drei Subindikatoren Ethischen Beschaffungsmanagements

Die Relevanz der einzelnen Indikatoren folgt der Perspektive aus Sicht des Gemeinwohls. Danach erhalten jene Indikatoren die höchste Relevanz, welche die größten Auswirkungen auf das Gemeinwohl haben. Anhand des Beispiels A1 ist dies der Subindikator A1.1. Er betrachtet die tatsächliche Interaktion zwischen Unternehmen und Lieferanten (den existierenden Einkauf) und welche öko-sozialen Anforderungen dabei eingehalten werden.

Im Vergleich dazu hinterfragt der Subindikator A1.2 die Ermittlung der ökosozialen Auswirkungen durch die eingekauften Produkte und Dienstleistungen. Die Ermittlung ist eine notwendige Grundlage für einen gezielt gemeinwohlorientierten Einkauf. Die Auswirkungen der reinen Ermittlung auf das Gemeinwohl sind allerdings geringer als der tatsächliche Einkauf, deshalb ist A1.2 in seiner Relevanz auf Mittel eingestuft.

Der Subindikator A1.3 bewertet die strukturellen Rahmenbedingungen für eine faire Preisbildung. Dieser Subindikator ist in seiner Relevanz auf Niedrig gewichtet.

Im Rahmen der Bewertung haben die AuditorInnen unter besonderen Bedingungen die Möglichkeit, die Gewichtung innerhalb eines Hauptindikators zu verändern. Im Handbuch zur Gemeinwohl-Bilanz ist beschrieben, unter welchen Bedingungen sich andere Gewichtungen ergeben, zum Beispiel:[20]

---

[19] Vgl. Matrixentwicklungsteam (2015), S. 23.
[20] Vgl. Matrixentwicklungsteam (2015), S. 23.

Marktmacht: Mit zunehmender Marktmacht (korreliert oftmals mit Unternehmensgröße) steigt die Bedeutung der fairen Preisbildung, da dies mit einem stärkeren Einfluss auf die Gestaltung des Prozesses einhergeht.
Unternehmensgröße: Mit zunehmender Größe des Unternehmens steigt der Anspruch an Institutionalisierung und Qualität des Managements.
Regionale Risiken: Ökologische Aspekte sind tendenziell von höherer Bedeutung. Je höher der Bezug aus Ländern/Branchen mit niedrigen sozialen Standards ist, desto stärker sind soziale Aspekte zu gewichten.

Insgesamt können bei den Hauptindikatoren 1.000 (Positiv-)Punkte erreicht werden. Bei den Negativkriterien können 2.850 (Negativ-)Punkte erreicht werden (s. Abb. 1 Gemeinwohl-Matrix). Das Gesamtergebnis ergibt sich aus der Gesamtpunktzahl (aus Positiv-Punkten abzüglich der Negativ-Punkte).

4. Wesentlichkeit und Weiterentwicklung der Gemeinwohl-Bilanz

4.1 Wesentlichkeit der Gemeinwohl-Bilanz

Das besondere an der Gemeinwohl-Bilanz ist die normative Perspektive aus Sicht des Gemeinwohl-Begriffs. Jeder Bericht muss zu allen Indikatoren Auskunft über die unternehmerischen Auswirkungen geben. Es gelten größen- und branchenübergreifend die gleichen Indikatoren. Lediglich bei den Einzel-Personen-Unternehmen (EPU) gibt es einige Indikatoren, die als nicht zutreffend gekennzeichnet werden. Beispielhaft für auf EPUs nicht zutreffende Indikatoren seien hier zwei erwähnt: „C4 Gerechte Einkommensverteilung" und der Indikator „C5 Innerbetriebliche Demokratie und Transparenz". Die Ausnahmen sind im EPU-Leitfaden[21] beschrieben.

Der in Tradition von Philosophie, Religion und Staatsrecht entstandene und sich aus den fünf häufigsten Verfassungswerten demokratischer Staaten zusammensetzende Begriff des Gemeinwohls ist die Basis für die Wesentlichkeit. Der Gemeinwohl-Bericht schafft Transparenz darüber, wie sehr das jeweilige Unternehmen bzw. Organisation die (gesellschaftlichen) Verfassungswerte leben. Anders ausgedrückt zeigt er auf, welchen Nutzen Unternehmen/Organisationen für Menschen und Umwelt liefern.

Damit gibt der Gemeinwohl-Bericht eine Außenperspektive wieder. Im Vergleich mit anderen Nachhaltigkeits-Berichtsstandards ist das ein wesentlicher Unterschied (s. Tab. 4).

---

[21] Vgl. Matrixentwicklungsteam (2015), S. 1–3.

Kriterium	Gemeinwohl-Bericht	Nachhaltigkeits-Bericht nach GRI
Perspektive	(Außen-)Perspektive: Welchen Beitrag leistet das Unternehmen zum Gemeinwohl	(Innen-)Perspektive: Welches sind wesentliche Schwerpunkte des Unternehmens
Indikatoren	Vorgegeben	Wählbar, aus Indikatorliste
Wesentlichkeit	Vorgegeben durch die fünf Verfassungswerte	Durch Wesentlichkeitsanalyse aus Sicht des Unternehmens mit Stakeholdern ermittelbar
Auditierung	Verpflichtend	Freiwillig
Bewertung	Qualitativ, nach Erfüllungsgrad der Indikatoren und Negativkriterien; Deutung, ob große oder geringe Leistung anhand der Punktzahl im Testat erkennbar	Quantitativ, nach Anzahl der beschriebenen Indikatoren; Deutung, ob große oder geringe Leistung, muss durch Vergleich mit anderen Unternehmen selbst ermittelt werden
Zielgruppe/Leser	Verständlich für die Allgemeinheit (gesamte Gesellschaft)	Hauptsächlich verständlich für Fachleute, Analysten

Tab. 4: Vergleich Gemeinwohl-Bericht/Nachhaltigkeits-Bericht nach GRI

4.2 Weiterentwicklung der Gemeinwohl-Bilanz

Dem Begriff des Gemeinwohls bzw. der Werte und Indikatoren kommt an dieser Stelle eine entscheidende und zentrale Rolle zu. Das Matrix-Entwicklungsteam der Gemeinwohl-Ökonomie Bewegung entwickelt die Indikatoren kontinuierlich weiter und bezieht dabei alle Berührungsgruppen mit ein. Über die Website wird auch öffentlich aufgerufen, sich an der Entwicklung zu beteiligen (https://www.ecogood.org/gemeinwohl-bilanz/was-ist-die-gw-bilanz/weiterentwicklung). Dadurch wird ein weitreichender partizipativer Prozess zur Weiterentwicklung gewährleistet. Je Indikator ist ein Ansprechpartner benannt, der die Eingänge in den weiteren Entwicklungsprozess aufnimmt.

Vision der Weiterentwicklung: In Zukunft soll durch einen demokratisch gewählten Wirtschaftskonvent aus der Vorarbeit zur Gemeinwohl-Bilanz ein Gesetz formuliert werden. Dieses soll dann vom demokratischen Souverän abgestimmt und bei Annahme in der Verfassung verankert werden. Die Inhalte der Gemeinwohl-Bilanz bleiben dabei jederzeit bearbeitbar und anpassbar. Initiieren und beschließen würde das jedoch stets der Souverän.[22]

5. Kompatibilität mit anderen Systemen

Nach aktuellem Stand erfüllt die Gemeinwohl-Bilanz voraussichtlich die Anforderungen der EU-Direktive (2014/95/EU) zur Offenlegung nicht-finanzieller Informationen. Sie funktioniert als Unternehmensanalyse-, Unternehmensmess- und Organisationsentwicklungs-Instrument. Klassische Managementsysteme, wie z.B. das Qualitätsmanagement nach ISO 9001/2015 oder Umweltmanagement nach ISO

---

[22] Vgl. Felber (2014), S. 40.

14001/2015 (zur Zeit der Erstellung dieses Textes sind beide 2015-Versionen der ISO Normen noch als Draft vorhanden), können eine gute Ergänzung für die Umsetzung der Gemeinwohl-Ökonomie darstellen.

Auch Nachhaltigkeitsberichte nach GRI-Standard werden direkt in der Gemeinwohl-Bilanz berücksichtigt. So können die quantitativen KPIs (Schlüsselindikatoren) eines GRI-Berichtes und ein damit zusammenhängendes Monitoring eine gute Grundlage für die qualitative Bewertung bilden. Nachhaltigkeitsberichte nach dem GRI-Standard werden innerhalb der Gemeinwohl-Bilanz bereits jetzt unter dem Indikator „E 5.1 Transparenz" je nach GRI Level (C bis A + Sector Supplement) positiv bewertet.

Die Anforderungen des DNK[23] (Deutscher Nachhaltigkeitskodex) und des UN Global Compact[24] sind ebenfalls weitreichend durch eine Gemeinwohl-Bilanz mit abgedeckt.

6. Praxiserfahrungen

Als Gemeinwohl-Berater und -Auditor habe ich in den letzten Jahren zahlreiche Entwicklungen und Rückmeldungen von Unternehmen/UnternehmerInnen erlebt. Hier möchte ich einen Überblick darüber geben, welchen Nutzen und welche Wirkungen die aktive Anwendung der Gemeinwohl-Bilanz für die Unternehmen hervorgebracht hat.

Insgesamt lassen sie sich in vier Themenbereiche gliedern:

- Ganzheitliches Unternehmensführungskonzept
- Organisationsentwicklungs-Tool
- Innen-Wahrnehmung
- Außen-Wahrnehmung

Für viele GeschäftsführerInnen ist der ganzheitliche Ansatz der Gemeinwohl-Bilanz ein sehr wichtiger Faktor. Die Perspektive aus Sicht der Berührungsgruppen auf das Unternehmen verschafft einen umfassenderen Überblick und deckt nicht selten „blinde Flecken" auf. Die Einbindung von MitarbeiterInnen während der Berichterstellung fördert die Motivation und Identifikation mit dem Unternehmen. Bereits durch die Aufdeckung „blinder Flecken" und die Förderung der Motivation und Identifikation entsteht ein zusätzlicher Prozessnutzen für das Unternehmen. Viele der MitarbeiterInnen werden dabei zum ersten Mal intensiv in einen Unternehmensprozess einbezogen und es kommen Themen auf die Agenda, die bis dahin nicht besprochen wurden. Diese intensive persönliche Einbindung in unternehmerische Gedanken, Analysen und Entscheidungsprozesse führt zur Steigerung der MitarbeiterInnenmotivation und -identifikation mit dem Unternehmen. Die interne Kommunikation des Gemeinwohl-Berichts vermittelt den Mitarbeitern ein klareres Bild über „ihr" Unternehmen.

---

[23] Vgl. Rat für Nachhaltige Entwicklung (2015), www.deutscher-nachhaltigkeitskodex.de.
[24] Vgl. United Nations (2015), www.unglobalcompact.org.

Die Ausrichtung auf die Berührungsgruppen zusammen mit der Bewertung durch die AuditorInnen bildet die qualitative Basis für einen kontinuierlichen Verbesserungsprozess. Ab diesem Punkt wird die Gemeinwohl-Bilanz gerne als Organisationsentwicklungs-Tool genutzt. Die Geschäftsführung bekommt damit direkt die Fäden für das weitere Handeln und das nachhaltige Wirtschaften in die Hand. Für die Geschäftsführung wird Nachhaltigkeit dadurch direkt steuerbar. Die Gemeinwohl-Bilanz wird gerne als fester Bestandteil eines ganzheitlichen Unternehmensführungs-Konzepts integriert.

Einigen Unternehmen haben die Gemeinwohl-Bilanzierung und die kontinuierliche Verbesserung auch bei der Auszeichnung durch Great Place To Work[25] geholfen.

Der hohe Grad an Transparenz der Gemeinwohl-Bilanz führt zu einer deutlicheren Außenwahrnehmung. Durch diese besonders hohe Transparenz werden die Unternehmen besonders von KundInnen und LieferantInnen vertrauensvoller wahrgenommen. Es entsteht eine emotionalere Bindung zum Unternehmen.

Die Auswahlverfahren für neue Mitarbeiter haben sich bei vielen Unternehmen signifikant vereinfacht. Die entscheidende Vereinfachung entsteht dabei durch eine höhere Passgenauigkeit der BewerberInnen zum Unternehmen. Die Gemeinwohl-Bilanz liefert, auf Grund der Werte(-Haltung), BewerberInnen tiefe Einblicke in die Unternehmensidentität. Die Menschen, die sich nach Erstellung einer Bilanz bewerben, können sich meistens voll und ganz mit dem Unternehmen bzw. den Unternehmenswerten identifizieren. Dadurch wird sowohl der Auswahlprozess als auch die folgende Einarbeitungszeit deutlich vereinfacht und verkürzt. In einigen Unternehmen hat es dazu geführt, dass sie keine Stellenausschreibungen mehr veröffentlichen müssen, da sie aus den hochqualifizierten und passgenauen Initiativbewerbungen fast alle Stellen adäquat besetzen können. In Filialunternehmen kommt es inzwischen vor, dass BewerberInnen sich gezielt bei einer bestimmten Filiale aufgrund der Gemeinwohl-Bilanz bewerben.

Verschiedene bilanzierte Unternehmen melden bis zu 10 % mehr Neukunden aufgrund der Gemeinwohl-Bilanzierung.

Nach den Beschreibungen aus persönlicher Erfahrung möchte ich hier noch einige Unternehmen mit ihren Aussagen direkt zu Wort kommen lassen. Die Zitate sind dem Flyer „Die Gemeinwohl-Bilanz"[26] entnommen worden:

„Wir nutzen den Bericht im Kontakt zu Lieferanten, Kunden und Mitarbeitern. Das schafft eine neue, persönlichere Kommunikationsebene in den Gesprächen."
Florian Gerull, Ökofrost GmbH Berlin

„Wir können mit der Gemeinwohl-Bilanz schwarz auf weiß belegen, dass wir ein gutes Beschäftigungsklima haben."
Markus Elbs, Kirchner Konstruktionen, Weingarten

---

[25] Vgl. Great Place to Work® Institute (2015), www.greatplacetowork.net.
[26] Vgl. Zentrale Koordinierungsstelle (2015), S. 1–9.

„Bei der Gewinnung neuer Mitarbeiter und Auszubildender hat unser Engagement für die Gemeinwohl-Ökonomie eine hohe Bedeutung."

Christine Miedl, Sparda Bank München

„Von allen Nachhaltigkeitsinstrumenten war die Gemeinwohl-Bilanz am besten dazu geeignet, unseren Beitrag zum Gemeinwohl festzustellen und Optimierungsmaßnahmen abzuleiten."

Änder Schanck, Oikopolis-Gruppe Luxemburg

„Wir werden immer öfter von Kunden angesprochen, die von unserer Unternehmensphilosophie begeistert sind. Dadurch erzielen wir einen überdurchschnittlichen Neukundengewinn."

Uwe Treiber, Sonnendruck GmbH Wiesloch

Abschließen möchte ich den Beitrag über die Gemeinwohl-Bilanz mit einem zukunftsweisenden Zitat von Paul Polman, der vermutlich die Gemeinwohl-Ökonomie und die Gemeinwohl-Bilanz nicht kennt:

„You will not be judged anymore only by the top line or bottom line results in your company. You will increasingly be judged by the contributions that you will make to society."[27]

Paul Polman, CEO Unilever, 2013

---

[27] Vgl. Polman (2013), S. 33.

Literatur

Bayerische Verfassung (1946): *Artikel 151 (1)*.
Bayerische Verfassung (1946): *Artikel 3 (1)*.
Cicero, M. T. (50 v. Chr.): *De Legibus*, III, 3, 8.
DNK (Deutscher Nachhaltigkeitskodex): *www.deutscher-nachhaltigkeitskodex.de*, Rat für Nachhaltige Entwicklung der deutschen Bundesregierung.
Felber, C. (2014): *Die Gemeinwohl-Ökonomie*, Deuticke im Paul Zsolnay Verlag Wien 3. Auflage S. 7–40.
Great Place to Work® (2015): *Auszeichnung „Beste Arbeitgeber"*, international tätiges Forschungs- und Beratungsinstitut, www.greatplacetowork.net.
Grundgesetz für die Bundesrepublik Deutschland (1949): *Grundrechte Art. 14 (2)*.
Italienische Verfassung (1947): *Artikel 41*.
Matrix-Entwicklungsteam (2013): *Gemeinwohl-Matrix 4.1*, www.ecogood.org/services/downloads.
Matrix-Entwicklungsteam (2015): *Handbuch zur Gemeinwohl-Bilanz Version 4.1 (Creative Commons) Stand 01. April 2015*, www.ecogood.org/services/downloads, S. 10–203.
Matrix-Entwicklungsteam (2015): *EPU-Leitfaden*, www.ecogood.org/services/downloads, S. 1–3.
Papst Franziskus (2013): *Apostolisches Schreiben Evangelii Gaudium, Libreria Editrice Vaticana*, 2. Kapitel 56, S. 54.
Platon (300 v. Chr.): *Politeia*.
Polman, P. (2013): *The UN Global Compact-Accenture CEO Study on Sustainabili-ty,* Hayward et al.: https://www.unglobalcompact.org/library/451, S. 33.
Rat für nachhaltige Entwicklung (2015): *Deutscher Nachhaltigkeitskodex*, www.deutscher-nachhaltigkeitskodex.de/de/dnk/der-dnk-standard.html.
Springer Gabler Verlag: *Gabler Wirtschaftslexikon*, http://wirtschaftslexikon.gabler.de/Archiv/54861/stakeholder-ansatz-v6.html, (Zugriff: 03.07.2015).
TÜV Süd (2014): *Factsheet Information zur ISO Revision 9001:2015 Entwurf ISO/DIS 9001:2015*, S. 2.
United Nations (2015): *Global Compact*, www.unglobalcompact.org.
US-Amerikanische Verfassung (1787): Präambel.
Zentrale Koordinierungsstelle für interessierte Unternehmen (2015) (unternehmen@gemeinwohl-oekonomie.org): *Flyer „Die Gemeinwohl-Bilanz"*, S. 6–7.

Systemaufstellungen als innovatives Instrument unternehmerischer Nachhaltigkeitsbewertung

Anja Grothe und Georg Müller-Christ

1. Hinführung zum Thema

In der Alltagssprache würden wir die Frage folgendermaßen stellen: Wie steht ein Unternehmen zur Nachhaltigkeit oder wie stehen einzelne Akteure und Akteurinnen des Unternehmens zur Nachhaltigkeit? Was wir mehr oder weniger unbewusst dreidimensional fragen, müssen wir in der herkömmlichen Nachhaltigkeitsbewertung auf zweidimensionale Antworten reduzieren. Wir entwickeln Indikatoren, also Messeinheiten, die transportieren sollen, welches Verhältnis ein Unternehmen zur Nachhaltigkeit hat. Die dreidimensionale Frage, wie ein Unternehmen zur Nachhaltigkeit steht, geht dabei verloren und wird aufgelöst in zahlreiche messbare Indikatoren. Dieser Prozess ist so ähnlich wie die Erstellung eines Blutbildes beim Arzt: Das mehr oder weniger vorhandene Wohlbefinden des Patienten wird aufgelöst in zahlreiche Messwerte, aus denen der Arzt dann wieder Rückschlüsse auf das Wohlbefinden des Patienten oder auf Ursachen für Krankheit schließt. Während es beim Blutbild erfahrungsgestützte Sollwerte für die einzelnen Parameter des Blutbildes gibt, die einen Soll-Ist-Vergleich ermöglichen, fehlt diese in der Nachhaltigkeitsbewertung. Unternehmen können zahlreiche Nachhaltigkeitsindikatoren messen, sie können aber selten zur Bewertung dieser Messgrößen auf Sollwerte zurückgreifen. So ist es zumeist sehr schwierig, aus den angebotenen Messwerten zu schließen, welche Bedeutung Nachhaltigkeit in diesem Unternehmen hat. Es geht den Außenstehenden oder den Stakeholdern eines Unternehmens wie den Neurolog/innen, die trotz intensiver Analysen des Gehirns von außen niemals einen Gedanken, ein Gefühl oder eine Haltung finden können.

Wie kann man jenseits der gemessenen Daten die innere Haltung eines Unternehmens zur Nachhaltigkeit feststellen? Während messbare Daten die Außenseite des Unternehmens analysieren und abbilden, muss die Innenseite der Haltung zur Nachhaltigkeit bislang interpretiert werden. Diese Art qualitativer Motivforschung ist bislang ein schwieriges Thema in Wissenschaft und Praxis.

In diesem Beitrag werden wir eine neue Art von Systemanalyse vorstellen, die mit Bildern arbeitet und Rückschlüsse auf die Haltung von Unternehmen zur Nachhaltigkeit ermöglicht. Unternehmen werden mithilfe der Raumsprache visualisiert, indem Menschen für relevante Elemente des Systems im Raum aufgestellt werden.

Diese dreidimensionalen Bilder einer Systemaufstellung haben sich bislang als sehr robust hinsichtlich ihrer Abbildungsgüte des Unternehmens erwiesen und zugleich intensive Anschlusskommunikation ermöglicht: Über Raumbilder können die Beteiligten immer wieder neue Hypothesen entwickeln und diskutieren, ohne zuerst eine zweidimensionale text- oder sprachenbasierte Ausgangssituation herzustellen.

Systemaufstellungen im Kontext eines nachhaltigen Managements sind noch eine völlig neue Methode.[1] Wir greifen in diesem Beitrag unsere ersten Erfahrungen auf, die wir als ausgebildete/r Systemaufsteller/in gemacht haben, und schildern eine Aufstellung auf der Mikro-Ebene über die individuelle Haltung eines Geschäftsführers zur Nachhaltigkeit. Eine andere Art von Aufstellung macht auf der Meso-Ebene deutlich, wie man mithilfe von Systemaufstellungen zwei Unternehmen einer Branche hinsichtlich ihrer Haltungen zur Nachhaltigkeit visualisieren und interpretieren kann.

Dieser Beitrag ist für alle diejenigen Leser interessant, die auf der Suche nach alternativen Methoden der Systemanalyse sind und die bereit sind, aus intuitiven Verfahren der Systemabbildung eigene Erkenntnisse und Interpretationen entstehen zu lassen.

2. Herausforderungen in der Nachhaltigkeitsbewertung

Unternehmerische Nachhaltigkeitsbewertung zeigte bislang Bewertungsmethoden auf, die je nach Unternehmensgröße, Ziel, Anspruch, Systemgrenze, Prozessebene, Breite und Tiefe des Nachhaltigkeitsverständnisses angewendet werden können. Große Unternehmen müssen zunehmend über ihre Nachhaltigkeitsleistung berichten. Das machen einige auch freiwillig und nicht marktgetrieben, weil sie erkannt haben, dass das zum Business einfach dazu gehört. Andere machen es marktgetrieben, da das die Stakeholder so erwarten. Wenn Unternehmen berichten, heißt das, dass sie nach bestimmten Indikatoren ihre Nachhaltigkeitsleistung erfassen und damit auch bewerten. KMU machen das auch schon zum Teil und berichten nach innen oder nur nach außen über ihre Nachhaltigkeitsleistung. Je nach strategischer Relevanz und Einordnung verhalten sich die Unternehmen proaktiv bis reaktiv mit ihrer Nachhaltigkeitsbewertung, weil sie entweder zu dem „Nachhaltigkeitspionieren" gehören und das praktisch ihren Markenwert bestimmt, oder sie machen „ein wenig" mit, da auch hier unterschiedliche Stakeholdergruppen dies erwarten. Sind wir also auf dem richtigen Weg in puncto Nachhaltigkeit?

HiPP, Miele, dm Drogeriemarkt, Alete, Milupa, Toyota, Bärenmarke, Coppenrath & Wiese, BMW und Audi sind die zehn Unternehmen, die aus Sicht der deutschen Verbraucher aktuell am nachhaltigsten agieren. Das ist das Ergebnis einer repräsentativen Studie, die von Facit Research seit 2011 jährlich zeigt, welchen Einfluss Nachhaltigkeit und Corporate Responsibility auf das Image von Unternehmen,

---

[1] Vgl. Gminder (2006)/Müller-Christ (2015)/Müller-Christ/G./Liebscher, A. K./Hußmann, G. (2015).

die Kaufbereitschaft sowie die Kundenbindung haben. Fünf Jahre repräsentative Erhebungen zeigen deutlich, dass Nachhaltigkeit nicht nur ein Megathema in der Gesellschaft ist, sondern für das Unternehmensimage weiterhin eine wichtige Rolle spielt. Neben den Dimensionen Qualität der Leistung, Werte, Attraktivität, wirtschaftlicher Erfolg und Führung ist Nachhaltigkeit eine relevante Treibkraft.[2]

Im aktuellen „EIRIS Country Sustainability Rating" wurden insgesamt 91 Staaten im Hinblick auf ihre Nachhaltigkeitsleistungen untersucht. Die am besten platzierten Staaten Schweden, Österreich und Finnland zeichnen sich durch überdurchschnittliche Leistungen in allen drei Untersuchungsbereichen: Umwelt, Soziales und Governance aus. Deutschland belegt unverändert gegenüber 2014 den fünften Platz.[3] Aber was bedeutet dies? Fest steht, dass viele Unternehmen begonnen haben, sich mit dem Thema Nachhaltigkeit auseinanderzusetzen. Trotzdem sind viele Nachhaltigkeitsherausforderungen weiter ungelöst. So zeigt der Indikatorenbericht der Bundesregierung, dass Deutschland viele Nachhaltigkeitsziele nicht erreicht.[4]

Wissenschaft und Praxis diskutieren seit Jahren darüber, wie außerökonomische Ziele im Unternehmen verankert werden können. Denn obwohl Nachhaltigkeit in der Mitte der Gesellschaft angekommen sein soll, wie diese Erhebungen oben belegen, nimmt der weltweite Verbrauch materieller und immaterieller Ressourcen immer noch zu oder pendelt sich auf einem hohen Niveau ein, welches die Tragfähigkeit der Erde bei weitem überfordert.[5]

Neben dem Wachstumspostulat liegt ein weiterer Grund darin, dass die Anforderungen einer nachhaltigeren Wirtschaftsweise die Dilemmata deutlicher werden lassen, die im erwerbswirtschaftlichen Prinzip angelegt sind: Legale Externalitäten fördern den Gewinn, auf den immer mehr Druck ausgeübt wird, wodurch wiederum neue Externalitäten entstehen. Aber wie kann man dieses Spannungsfeld sichtbarer machen, in seiner Essenz transdisziplinär erforschen und Führungskräften wie Studierenden konstruktive Bewältigungsformen vermitteln?[6] Wie kann man feststellen, wie ein Unternehmen sich in diesem Spannungsfeld positioniert und welche Haltung es zur Bewältigung dieser Spannung hat?

Ist also Nachhaltigkeit wirklich eine neue Entscheidungsprämisse, die neben anderen Entscheidungsprämissen wie Effizienz und Verantwortung für Unternehmen gleichberechtigt ernst genommen wird? Oder ist es nicht eher immer noch so, dass Nachhaltigkeit sich nicht einmal über die vorauseilende Codierung des Problems in der Kosten- und Ertragssprache von Unternehmen als anschlussfähig erweist? Die oft rein rhetorischen Antworten der Unternehmen können die Ansprüche für eine

---

[2] http://www.serviceplan-corporate-reputation.com/de/News 12.06.2015, 8:47.
[3] http://www.eiris.org/asset-managers/products-services/country-bonds/ (18.8.2015).
[4] Vgl. Statistisches Bundesamt, Indikatorenbericht 2014, Nachhaltige Entwicklung in Deutschland.
[5] http://www.denkwerkzukunft.de/index.php/aktivitaeten/index/Entwicklung-Nachhaltigkeit/ 18.8.2015).
[6] Vgl. Müller-Christ (2014).

nachhaltigere Wirtschaftsweise an der Oberfläche verbal zwar abfangen (siehe Befragungsergebnisse oben), aber die Kernprozesse der Wertschöpfung bleiben davon unverändert. Was ist die eigentliche Bestimmung bzw. die Essenz der Organisation und kann es aus Sicht der Entscheidungsträger/innen überhaupt zu einem „Prämissengerangel" führen, wenn Nachhaltigkeit tatsächlich so eine wichtige Rolle im Unternehmen einnehmen würde?[7]

Mit diesen kritischen Fragen sei erlaubt, den Blick auf ein systemisches Herangehen an das Thema „Bewertung unternehmerischer Nachhaltigkeit" als Ergänzung zu den eher rational-analytischen aufgeführten Bewertungsmodellen zu lenken. Die Methode der Systemaufstellung kann die oben gestellten Fragen sichtbar im jeweiligen Kontext verdeutlichen. Die in einer Systemaufstellung verwendete Raumsprache ist anschlussfähig an die qualitative Sozialforschung, produziert komplexe, transdisziplinäre Hypothesen im Entdeckungszusammenhang über ein innovatives nachhaltiges Management und vermittelt Systemkompetenz an Führungskräfte und Studierende.

Die beiden Autoren gehen seit einigen Jahren gezielt der Frage nach, wie man noch auf einem anderen Wege die Relevanz von Nachhaltigkeit für ein Unternehmen „bewertbar" oder auch sichtbar machen kann, und befassen sich – auch aus diesem Grund – mit der Methode der Systemaufstellung. Die Methode der Systemaufstellung ist ein mittlerweile anerkanntes Instrument der Organisationsentwicklung,[8] um aus systemischer Perspektive erste Antworten auf die Frage zu geben, wo Nachhaltigkeit und Ressourcenorientierung im Unternehmen „tatsächlich" und jenseits der nach außen bekundeten Lippenbekenntnisse steht. Damit kann die Methode auch Antworten zu den Leitfragen des Buches geben, nämlich:

– ob und wie unternehmerische Nachhaltigkeit bewertet werden kann und
– ob durch die Selbstbewertung der Nachhaltigkeitsperformance ein diesbezüglich stetiger Verbesserungsprozess davon eingeleitet werden kann?

3. Systemaufstellungen im Überblick

Aus der Sicht der Systemaufstellung müsste die Antwort auf die o.g. Fragen lauten: Zunächst ist es wichtig, den Platz oder die „Stellung", den die Nachhaltigkeit im Unternehmen einnimmt, zu erkennen. Auch das kann unter dem Stichwort „Selbstbewertung" aus systemischer Sicht von hoher Relevanz sein. Zunächst soll aber erläutert werden, was unter systemischer Forschung und Systemaufstellung verstanden wird.

---

[7] Vgl. Müller-Christ (2014), S. 359ff.
[8] Vgl. Horn/Brick (2010).

Systemaufstellungen liefern handlungsnahe Darstellungen von Wirkungszusammenhängen in lebenden Systemen.[9] Sparrer und Kibéd beschreiben die Möglichkeit von Menschen, Systeme zu simulieren, mit dem Begriff der „repräsentierenden Wahrnehmung".[10] Die Systemaufstellung gehört zu den sog. szenischen Verfahren: Konkrete Ereignisse werden in Raum und Zeit abgebildet, wodurch eine Art „laufendes" Bild entsteht, durch das man Rückschlüsse auf die Dynamiken ziehen kann, die einem bestimmten Ereignis innewohnen. Um komplexe Situationen fundiert zu erfassen, muss man neben dem expliziten Wissen auch das implizite Wissen beobachten: eine Art Wissen, das vorhanden ist, aber der bewussten Reflexion nicht unbedingt zugänglich ist und in Organisationen auch als informelles Wissen im Kontext der Erfassung von Unternehmenskultur beschrieben wird. Das explizite Wissen wird oft mit jenem Teil des Eisbergs verglichen, der sich dem Betrachter bietet, wo wir wissen, dass der weitaus größere Teil des Eisbergs unterhalb der Wasseroberfläche liegt. Die klassisch betriebswirtschaftlichen Informationssysteme greifen beim Erfassen des impliziten Wissens einfach zu kurz. Damit bilden sie oft nur einen kleinen Teil von dem ab, was eine Situation in all ihren Aspekten ausmacht. Die Systemaufstellung ist durch ihre ressourcen- und lösungsorientierte Art des Vorgehens dazu geeignet, schnell und recht unkonventionell Sachverhalte abzubilden, die sonst nicht ohne weiteres zugänglich wären. Indem mit Hilfe von Stellvertreter/innen Aspekte einer komplexen Situation im Raum dargestellt werden, kann es in doppelter Hinsicht zur Klärung kommen, da zum einen die Situation visualisiert wird oder auch „in Szene" gesetzt wird und zum anderen sukzessiv kreative Lösungsoptionen herausgearbeitet werden, die Antworten auf komplexe Fragen geben können.[11] Dabei geht es nie um die Darstellung von absoluten Werten, sondern vielmehr von Unterschiedsbildung im Sinne von Veränderung in Richtung Lösung. Das durch die Aufstellung entstandene Bild ist eher die Externalisierung eines inneren Bildes[12] der Unternehmensmitarbeiter, Führungskräfte oder Studenten, je nach der Situation, in der die Methode zum Wirken kommt.

Im Folgenden beschreiben wir zwei verschiedene Aufstellungen und auch Aufstellungsformate.

---

[9] Vgl. Rosselet (2010), S. 21.
[10] Vgl. Daimler (2008), S. 20; Sparrer (2004); Sparrer/Kibéd (2008).
[11] Vgl. Rosselet/Senoner (2010), S. 19ff.
[12] Vgl. Daimler (2008), S. 22.

4. Anwendungsbeispiele für Nachhaltigkeitsanalysen durch Systemaufstellungen

4.1 Beispiel 1: Wo steht Nachhaltigkeit wirklich für den Geschäftsführer?

Ein Teilnehmer des berufsbegleitenden Masterstudiengangs „Nachhaltigkeits- und Qualitätsmanagement",[13] sollte dem Vorstand seines Unternehmens darstellen, wie er sich die Aufgabe in seiner zukünftigen Position als Nachhaltigkeitsbeauftragter vorstellt und wie er insgesamt das Thema Nachhaltigkeit im Unternehmen nach der Beendigung seines Masterstudiengangs stärken würde. Der Student brachte dieses Thema in die Veranstaltung „Prozessmoderation und systemisches Coaching" als Fragestellung ein und war damit einverstanden, dass wir nicht seine Folien dazu gemeinsam verbessert haben, sondern die Fragestellung durch eine Systemaufstellung visualisieren. Als Wunsch äußerte der Student, dass er sich damit „bestens" für das Vorstandsgespräch auf künftige Lösungen vorbereiten wollte.

Die anderen Studenten der Gruppe waren ebenfalls mit dem Vorgehen einverstanden und standen als Stellvertreter zur Verfügung. Die Aufstellung wurde von Prof. Grothe geleitet.

Der Student wählte als erstes die Stellvertreter für die Personen: Chef (Vorstand), Betriebsleiter, sich selber und den Kunden aus. Diese wurden als erstes und nacheinander von ihm in den Raum gestellt. Als letztes bat Grothe ihn für das Thema Nachhaltigkeit einen Stellvertreter zu benennen und diesen dann intuitiv in das System zu stellen. Das Ergebnis davon gibt die 1. Abbildung wieder. Sie zeigt das Wunschbild des Studenten und Mitarbeiters des Betriebes an, wie es exemplarisch für viele meiner (Grothe) Studenten steht, die diesen Studiengang berufsbegleitend studieren. Im Aufstellungskontext stellt dieses Bild den Ist-Zustand aus der Sicht des Klienten (Studenten) dar und ist noch keine Lösung. Nach dem Stellen der Stellvertreter fragt nun die Leitung die einzelnen Stellvertreter nach ihren wahrgenommenen Empfindungen und auch danach, ob dieses sich verändert hat (besser? schlechter? gleich?), nachdem die Nachhaltigkeit in die Mitte des Systems gestellt wurde.

---

[13] Der Studiengang Nachhaltigkeits- und Qualitätsmanagement wird von Prof. Dr. Anja Grothe an der Hochschule für Wirtschaft und Recht in der Berlin als berufsbegleitender Masterstudiengang angeboten. Zum Teil bezahlen die Unternehmen ihren Mitarbeitern die Teilnahmegebühr des Studiengangs, auch mit der Absicht, diese auf eine bestimmte neue Aufgabe im Unternehmen qualifizieren und vorbereiten zu lassen.

Abb. 1: Systembild I: Positionierung der Stellvertreter

Die 2. Abbildung gibt die Reaktionen der Stellvertreter wieder. Keiner fühlte sich an seinem Platz wohl. Das zeigte, dass der Student sich ein „falsches" Bild von der „Wirklichkeit" gemacht hatte.

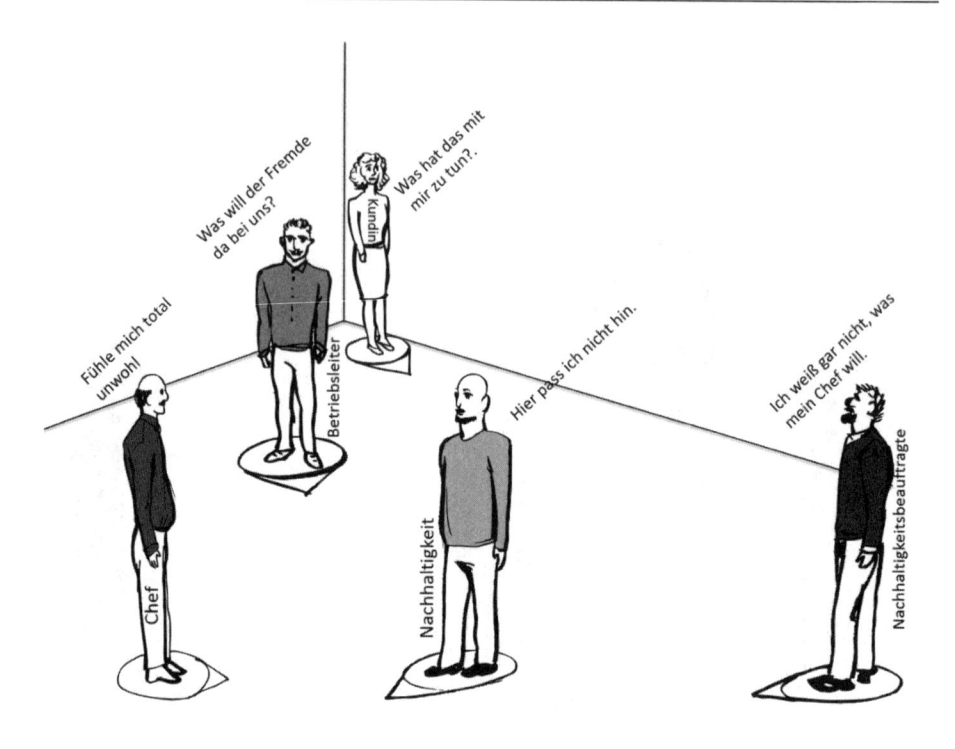

Abb. 2.: Systembild II: Befragung der Stellvertreter

Nach ca. 30 Minuten und verschiedenen unterschiedlichen Stellungen kam es zum Endpunkt, an dem jeder Stellvertrer sich wohl gefühlt und damit auch seinen Platz im System gefunden hat. Die Abbildung 3 zeigt das letzte Bild der Aufstellung.

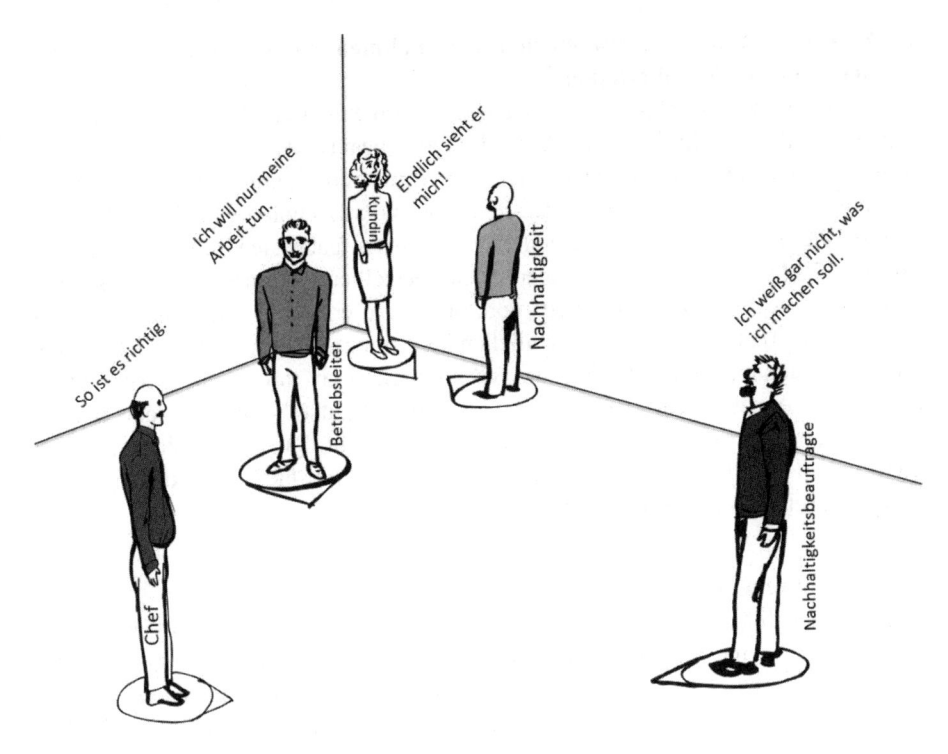

Abb. 3: Systembild III: Positionierung der Stellvertreter im letzten Bild

Dem Studenten gefiel die Lösung nicht, da er die Nachhaltigkeit an einem anderen Platz im Unternehmen sehen wollte. Dennoch bereitete er seinen Vortrag für die Vorstandsklausur nun mit dieser neuen Erkenntnis vor. Das Ergebnis war, dass der Vorstand es genau so wollte. Nachhaltigkeit sollte keinen zentralen Platz einnehmen und sollte nur für den Kunden wirklich sichtbar sein. Nach innen sollte sich nicht viel ändern, nur gerade so viel, wie nötig war. Die Beauftragung zur Nachhaltigkeitsbeauftragten war noch gar nicht abgesprochen und eher ein „Arbeitstitel". Der Student bekam viel Lob für seinen Vortrag, aber nun wollte er den Job nicht mehr.

Dieses Beispiel gab es so in Abwandlungen in einer Reihe von Aufstellungen, die Grothe im Rahmen des Studiengangs zu ähnlichen Fragestellungen macht, auch um die Stärke und Schwäche von Nachhaltigkeit im Unternehmen zu bewerten.

Dem Studenten gefiel das Ergebnis zunächst nicht, das explizite Wissen war ein anderes gewesen. Das implizite Wissen hatte es aber schon längst geahnt und so konnte er sehr viel genauer sich mit der Vorstellung auseinandersetzen: Will er diese Aufgabe dennoch übernehmen und das Ergebnis annehmen oder gleich aus dem Betrieb gehen und sich eine andere Aufgabe suchen.

4.2 Beispiel 2: Wie positionieren sich Unternehmen in den Spannungsfeldern betrieblicher Nachhaltigkeit?

Die eingangs beschriebene Frage, wie ein Unternehmen zur Nachhaltigkeit steht, wurde in den nachfolgenden Aufstellungen beantwortet. Die beschriebenen Aufstellungen wurden im Rahmen einer Lehrveranstaltung zum Thema Nachhaltiges Ressourcenmanagement im Studiengang Wirtschaftspsychologie an der Universität Bremen durchgeführt. Die Studierenden hatten die Aufgabe, sich im Vorfeld intensiv mit den Nachhaltigkeitsinformationen der aufgestellten Unternehmen zu beschäftigen und eine Art Nachhaltigkeitsmonitoring zu erstellen. Sie haben folglich Informationen interpretiert und anschließend ein summarisches Bild gezeichnet, wie die Unternehmen sich dem Thema Nachhaltigkeit in ihrer Selbstbeschreibung zuwenden. Anschließend wurde mit einer Systemaufstellung nach der inneren Haltung der Unternehmen zur Nachhaltigkeit geforscht. Die Namen der Unternehmen waren in den Aufstellungen bekannt, sie sind hier aus Rücksicht auf Fehlinterpretationen anonymisiert.

Der theoretische Analyserahmen

Das herkömmliche Handeln von Unternehmen in einer sozialen Marktwirtschaft ist darauf ausgerichtet, im Rahmen der vorhandenen Konkurrenzbeziehungen auf den Märkten zu bestehen und gleichzeitig einen angemessenen Gewinn zu erzielen. Die Diskussionen um eine nachhaltigere Entwicklung von Wirtschaft und Gesellschaft bleiben bei diesen beiden Bezugspunkten bestehen und werden ergänzt um die Anforderungen nach mehr Kooperation zwischen den Unternehmen und mehr Nachhaltigkeit.

Nachhaltigkeit wird hier konzipiert als ökonomische Rationalität der Substanzerhaltung. Unternehmen können nur dauerhaft wirtschaften, wenn alle notwendigen materiellen und immateriellen Ressourcen beständig zufließen. Die Ressourcenquellen stellen die Substanz der Wirtschaft dar. Der zweite Aspekt der Nachhaltigkeit, der viel diskutiert wird, ist der der Vermeidung von ökologischen, ökonomischen und sozialen Nebenwirkungen des betrieblichen Produktionsprozesses jenseits der gesetzlichen Regelungen (fast alle gesetzlichen Regeln im Wirtschaftskontext sind Nebenwirkungsreduzierungs- oder -vermeidungsregeln).

Die Erhaltung der Substanz wie auch die Vermeidung oder Reduzierung von Nebenwirkungen kosten Geld. Diese Restitutions- und Vermeidungskosten reduzieren die kurzfristigen Gewinne, auch wenn sie mittel- bis langfristig einen wichtigen Nutzen stiften können. Nachhaltigkeit und Gewinn werden daher als Spannungsfeld definiert: Jede Einheit mehr Nachhaltigkeit reduziert den Gewinn um eine Einheit und jede Einheit Gewinn oder Effizienz mehr kann eine Einheit Nachhaltigkeit kosten (Externalisierungsproblematik). Unternehmen brauchen aber beides: Effizienz und Nachhaltigkeit und müssen sich daher in diesem Dilemma immer wieder positionieren.[14]

---

[14] Vgl. Müller-Christ (2014).

In einer Marktwirtschaft ist Konkurrenz oder Wettbewerb die treibende Kraft für Innovationen. Unternehmen versuchen immer wieder, einen Unterschied in den Produkten oder Dienstleistungen gegenüber denjenigen ihrer Konkurrenten herzustellen, der einen Verkaufsvorteil bietet. Konkurrenz führt zugleich zu mehr Qualität wie auch zu mehr Externalitäten, weil der Preis einer der sichtbarsten Unterschiede ist, der zwischen Produkten und Dienstleistungen gemacht werden kann.

Der Ruf nach Kooperation wird aus verschiedenen Gründen immer lauter. Eine der gängigen Vorstellungen ist, dass Kooperation eine gegensätzliche Haltung zum Streben nach Eigennutz und Gewinn ist und eine natürliche, evolutionäre Haltung der Menschen ist. Zum anderen ist kaum ein Unternehmen in der Lage, seine Ressourcenlage und die Reduzierung von Nebenwirkungen alleine durchzuführen. Die Wertschöpfungsketten sind mittlerweile so lang und unübersichtlich geworden, dass Unternehmen nur noch kooperativ die komplexen Probleme einer nachhaltigeren Wirtschaftsweise lösen können. Konkurrenz und Kooperation sind beide überlebenswichtig für Unternehmen, schließen sich aber wechselseitig aus: Jede Einheit mehr Kooperation reduziert die Handlungsautonomie für konkurrierendes Verhalten und jede Einheit Konkurrenz mehr reduziert die Möglichkeit für ein abgestimmtes Verhalten. Konkurrenz versus Kooperation ist das zweite grundlegende Spannungsfeld, in dem sich jedes Unternehmen in einer marktwirtschaftlich verfassten Wirtschaftsordnung immer wieder neu positionieren muss.

In allen nachfolgenden Aufstellungen suchen sich die Stellvertreter/innen eine Position im Spannungsraum. Sie wissen nicht, welches Element sie repräsentieren und sie wissen auch nicht, welche Pole wo stehen. Das Spannungsfeld selbst ist den Stellvertreter/innen bekannt. Die Stellvertreter/innen der Pole wissen ebenfalls nicht, welches Element sie repräsentieren. In solchen verdeckten Systemaufstellungen verlassen sich die Stellvertreter/innen allein auf ihre respräsentierende Wahrnehmung.

Der Nachhaltigkeitsvergleich zweier Textilunternehmen
In der Aufstellung werden zwei Textilhändler verglichen. Der eine ist ein Fast-Fashion-Retailer mit Angeboten im Billigbereich, der andere ein Bio-Natur-Kleidungshändler im oberen Preissegment. Der Fast-Fashion-Retailer positioniert sich auf der Achse von Gewinn und Kooperation, aber deutlich näher am Gewinn. Der Bio-Natur-Kleidungshändler sucht sich seinen Platz etwas mehr im Zentrum des Spannungsraums auf der Achse von Nachhaltigkeit und Konkurrenz

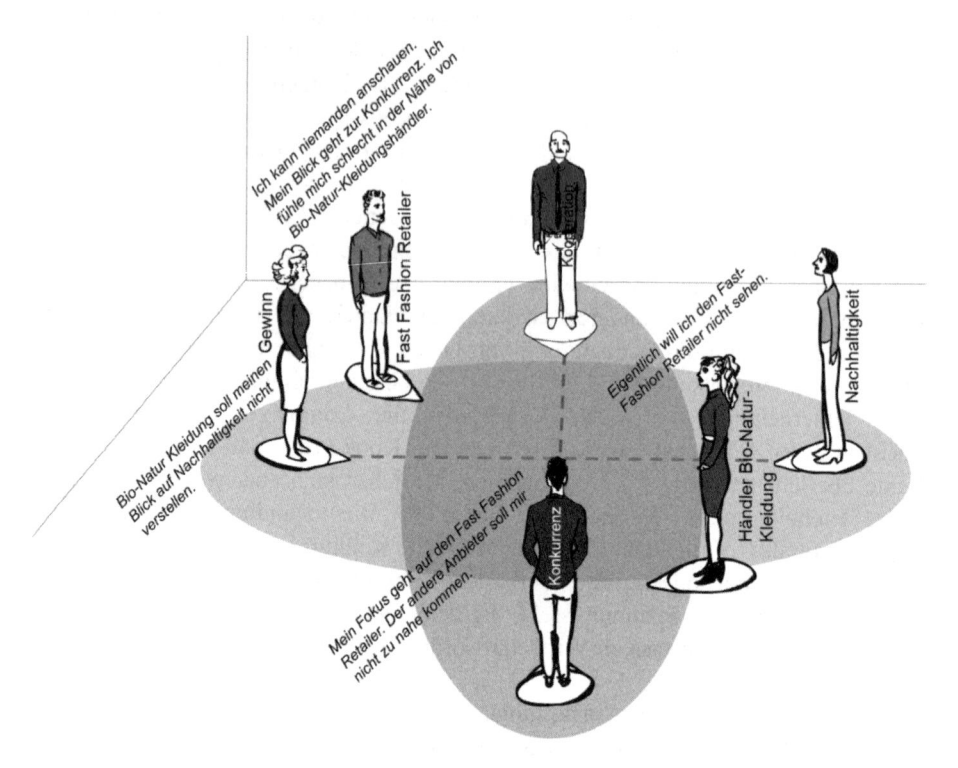

Abb. 4: Der Nachhaltigkeitsvergleich zweier Textilunternehmen in einer Systemaufstellung

Die nur durch repräsentierende Wahrnehmung gefundenen Plätze im Spannungsraum sind sehr plausibel. Als Interpretation bietet sich an, dass die beiden Händler jeweils bei dem Pol stehen, dessen Anforderung sie gut im Griff haben und auf den Pol schauen, der für sie eine Herausforderung darstellt. Der Fast-Fashion-Retailer ist auf Gewinn ausgerichtet und muss Nachhaltigkeit als Nebenbedingung beachten; der Bio-Natur-Kleidungshändler definiert seine Identität über Nachhaltigkeit und muss zugleich Gewinne machen. Er steht deshalb auch etwas weiter im Spannungsfeld.

Die beiden Unternehmen ziehen einen Teil ihrer Identität aus der Existenz des jeweiligen anderen. Der Fast-Fashion-Retailer weist auf ein schlechtes Gewissen hin, der Bio-Kleidungshändler fühlt sich klein, aber überlegen. Die Achse von Konkurrenz und Kooperation hat für die Analyse der Nachhaltigkeitspositionierung der beiden Unternehmen wenig Bedeutung.

Das Bild gibt wieder, dass ein Fast-Fashion-Retailer in seiner Eigenlogik seine natürliche Position beim Gewinn hat und damit erst einmal weit weg von Nachhaltigkeit steht. Wie man in der Realität auch beobachten kann, ist der Blick gleichwohl aus der Ferne auf Nachhaltigkeit gerichtet: Das Unternehmen weiß, dass es sich zu diesem Thema verhalten muss. Es geht allerdings noch nicht in das

Spannungsfeld von Nachhaltigkeit und Gewinn. Der Bio-Kleidungshändler steht indes schon tiefer im Spannungsfeld, erwartungsgemäß betritt er das Spannungsfeld von der Seite der Nachhaltigkeit aus.

Der Nachhaltigkeitsvergleich zweier Großmolkereien
In der Aufstellung werden zwei Molkereien verglichen. Die eine ist eine größere Genossenschaft, die in den letzten Jahren durch Zusammenschluss kleinerer Unternehmen entstanden ist; die andere ist ein bekanntes Familienunternehmen in mittlerer Größe.

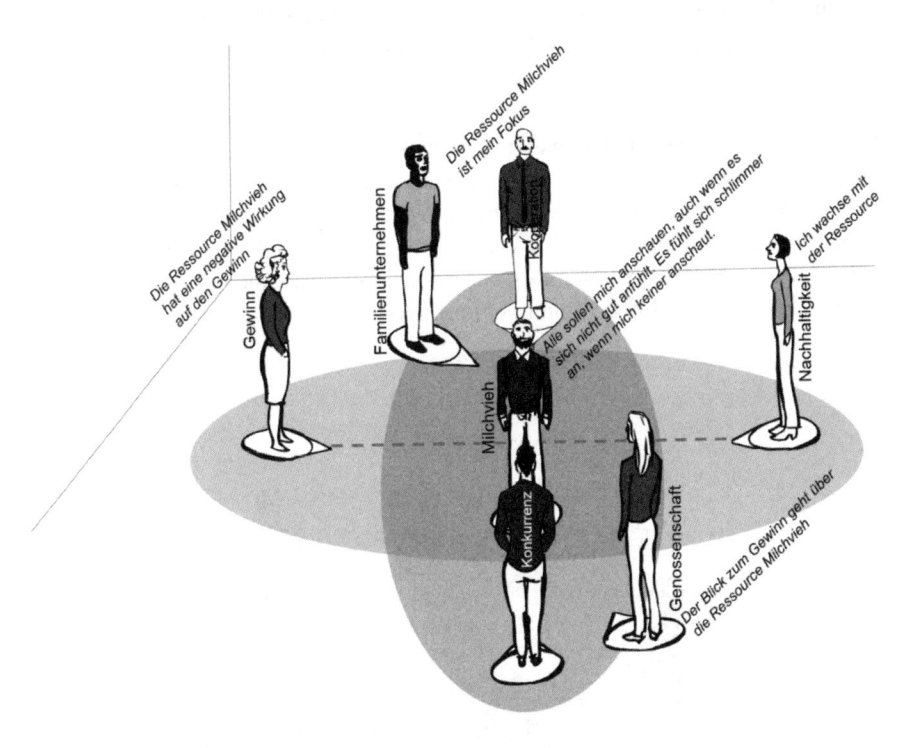

Abb. 5: Die Nachhaltigkeitspositionierung zweier Großmolkereien

In dieser Aufstellung finden die Positionierungsprozesse auf der Achse von Kooperation und Konkurrenz statt. Die Genossenschaft wählt als stimmigsten Platz den Ort direkt neben der Konkurrenz, das Familienunternehmen bei der Kooperation. Eine mögliche Interpretation dieser Positionierung basiert auf dem Wissen um die aktuellen Probleme der Unternehmen: Die Genossenschaft ist gerade gegründet, um der Konkurrenz auf dem Markt besser begegnen zu können; das Familienunternehmen baut neue Kooperationsbeziehungen zu Landwirten auf.

Im Gegensatz zur vorherigen Aufstellung wird in diesem Bild nun die Positionierung der wichtigsten Ressource von Großmolkereien mit aufgestellt. Die wichtigste Ressourcen für die Molkereien ist das Milchvieh. Der Stellvertreter sucht sich verdeckt seinen Platz und äußert eine sehr ambivalente Wahrnehmung. Der Stellvertreter nimmt wahr, dass die Tiere zu mehr Produktivität gezüchtet werden, gleichzeitig aber auch die Funktionsweise der Tiere immer besser bekannt ist. Beide Molkereien sind ganz auf ihre wichtigste Ressource fokussiert. Eine entscheidende Interpretation des Bildes weist auf die Positionierung der beiden unterschiedlichen Rechtsformen hin: Man könnte verallgemeinern, dass Genossenschaften aufgrund ihrer rechtlich besonderen Mitbestimmung aller Genossen eher aus der Perspektive der Nachhaltigkeit heraus handeln als Familienunternehmen: Diesen geht es letztlich um die Sicherung des langfristigen Unternehmenseinkommen.

Der Nachhaltigkeitsvergleich zweier Lebensmittelkonzerne

In der Aufstellung werden zwei amerikanische Lebensmittelkonzerne verglichen. Nur Konzern 2 bietet auch Kaffee an, beide Konzerne haben eine große Sparte der Schokoladenverarbeitung und sind auf Kakao angewiesen. In dieser Aufstellung werden ebenfalls die beiden zentralen Ressourcen der Konzerne mit aufgestellt: Rohkaffee und Kakaobohnen. Hinzu kommt der prototypische Kunde als zentrales Element.

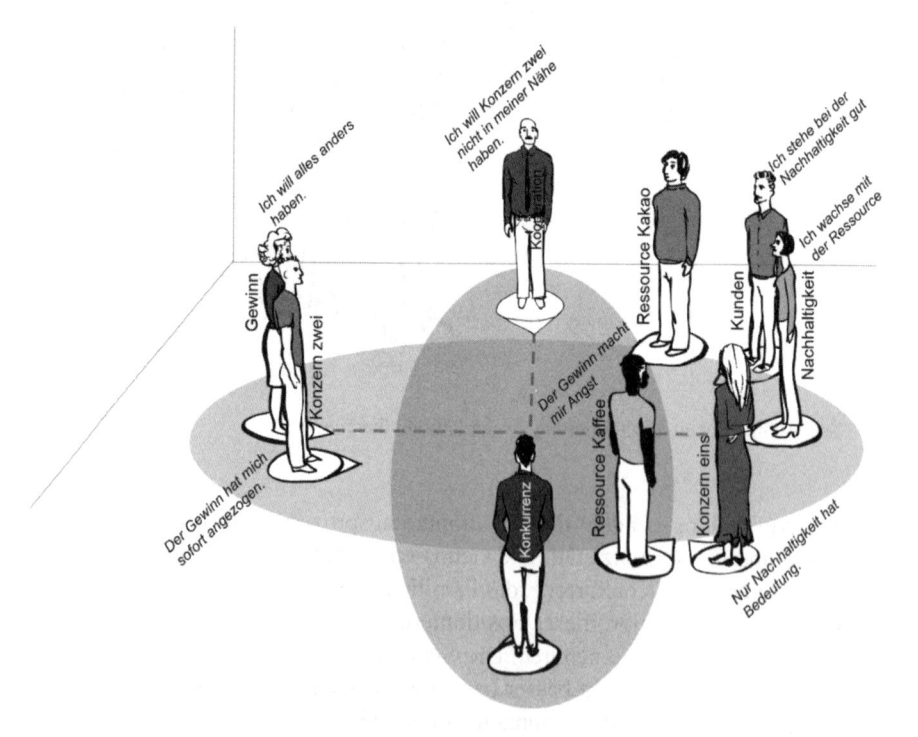

Abb. 6: Der Nachhaltigkeitsvergleich zweier Lebensmittelkonzerne

Die beiden Konzerne haben sich diametral positioniert und repräsentieren damit Haltungen, die sich bereits aus den Vorarbeiten der Studierenden ergeben haben. Während die meisten Elemente im engen Feld um Nachhaltigkeit stehen und damit verdeutlichen, wo gerade die Konzentration ist, steht Konzern zwei weit weg von diesem Geschehen. Obwohl beide Konzerne hauptsächlich Markenanbieter sind, scheinen beide ihre Marken aus unterschiedlichen Perspektiven zu betrachten: der zweite eher gewinnorientiert, der erste aus der Nachhaltigkeitsperspektive. Konzern zwei hat gerade eine weltweite Restrukturierung durchgemacht, um nach Gewinneinbußen in verschiedenen Ländern nun mit verbesserten Strukturen die Märkte neu zu erschließen. Nachhaltigkeit spielt dabei keine Rolle.

5. Fazit

Was ist der Gewinn solcher Systemaufstellungen? Während Nachhaltigkeitsbewertungen in Daten und Texten immer linear gelesen werden müssen, erzeugt der dreidimensionale Raum auf einen Blick ein umfassendes Abbild der Realität. Auch Beobachter/innen, die an der Wirklichkeit der repräsentierenden Wahrnehmung zweifeln, erkennen in den Bildern meist Teilwahrheiten, die sehr aufschlussreich sind. Bislang haben alle Unternehmensvertreter/innen, die Aufstellungen über ihr Unternehmen mitgemacht haben, den Nützlichkeitsgrad und die Abbildungsgüte der Aufstellung auf einer Skala von 1–10 mit 8–9 bewertet. Dies liegt daran, dass in Aufstellungen in hoher Raum-Zeit-Verdichtung Elemente zueinander in Beziehung gesetzt werden können, die im Alltag niemals visuell in Erscheinung treten: Menschen, Unternehmen, Abteilungen oder Institutionen mit nicht-menschlichen Entitäten wie Prinzipien, Strategien, Geschichte, Erwartungen usw.

Systemaufstellungen können ein begleitendes Element sein, um Grundannahmen über Nachhaltigkeit sichtbar zu machen oder auch um Stakeholder-Dialoge zu simulieren. Die für Nachhaltigkeitsberichte geforderte Wesentlichkeitsanalyse ließe sich durch Aufstellungen in einer wesentlich kürzeren Zeit mit einem viel geringeren Aufwand durchführen als über die üblichen Stakeholder-Dialoge. Erste Erfahrungen hierzu liegen vor.

Literatur

Daimler, R. (2008): *Basics der Systemischen Strukturaufstellungen.* Kösel-Verlag. München.
EIRIS (2015) *EIRIS Country Sustainability Ratings.* http://www.eiris.org/asset-mana gers/products-services/country-bonds/ (Abgerufen: 18.8.2015).
Gminder, C. U. (2006): *Nachhaltigkeitsstrategien systemisch umsetzen.* Wiesbaden: Deutscher Universitaetsverlag/GWV Fachverlag GmbH.
Gödderz, K. (2014): *Sehr hoher sozio-ökohnomischer Entwicklungsstand und ökologische Nachhaltigkeit bisher unvereinbar.* http://www.denkwerkzukunft.de/index.php/aktivitaeten/index/Entwicklung-Nachhaltigkeit (Abgerufen: 18.08.2015).
Horn, K. P./Brick, R. (2010): *Das verborgene Netzwerk der Macht. Systemische Aufstellung in Unternehmen und Organisationen.* Gabal-Verlag. 4. Auflage. Offenbach.
Müller-Christ, G./Liebscher, A. K./Hußmann, G. (2015): *Nachhaltigkeit lernen durch Systemaufstellungen.* In: Hollstein, B./Tänzer, S./Thumfart, A. (Hrsg.): Schlüsselelemente einer nachhaltigen Entwicklung: Haltungen, Bildung, Netzwerke. In: Zeitschrift für Wirtschafts- und Unternehmensethik, zfwu, 16/1 (2015), S. 29–51.
Müller-Christ, G. (2015*): Systemisches Visualisieren, Strukturbilder und FoL-A-Lab: Über die Weiterentwicklung der Aufstellungsmethode im Kontext der universitären Managementforschung und -lehre.* In: Praxis der Systemaufstellung, Heft 2/2015, S. 25–39.
Müller-Christ, G. (2014): *Nachhaltiges Management. Einführung in die Ressourcenorientierung und widersprüchliche Managementrationalitäten.* 2. überarbeitete und erweiterte Auflage. Baden Baden.
Rosselet, C./Senoner, G. (2010): *Management macht Sinn. Organisationsaufstellungen in Managementkontexten.* Carl Auer Verlag. Heidelberg.
Serviceplan (2015): *Fünf Jahre SIS: Nachhaltigkeit bleibt Megathema.* http://www.serviceplan-corporate-reputation.com/de/ (Abgerufen 06.10.2015).
Sparrer, I. (2004): *Wunder, Lösung und System.* Carl Auer Verlag. 3. Auflage. München.
Varga von Kibéd, M. (2008): *Repräsentierende Wahrnehmung,* in: Daimler, R.: Basics der Systemischen Strukturaufstellungen. Kösel-Verlag. München.

Autorenverzeichnis

Ankele, Dipl. Bio. Kathrin studierte Biologie an der Universität Konstanz. Sie leitete das Forschungsfeld Ökologische Unternehmenspolitik am Institut für ökologische Wirtschaftsforschung (IÖW) und war danach als Senior Managerin Corporate Responsibility bei Vodafone Deutschland und später bei SUSTAINUM – Institut für zukunftsfähiges Wirtschaften in Berlin tätig. Anschließend fungierte sie beim WWF Deutschland als Leiterin der strategischen Partnerschaft für Nachhaltigkeit zwischen WWF und EDEKA. Parallel arbeitet sie seit 2013 bei SUSTAINUM Consulting in Berlin als Senior Consultant. Darüber hinaus ist sie als Lehrbeauftragte für die Universität St. Gallen tätig und lehrte an der Hochschule für Wirtschaft und Recht und der Freien Universität Berlin.

Diekmann, Verena studierte an der Fachhochschule Münster Oecotrophologie im Bachelorstudium und im Masterstudiengang Nachhaltige Dienstleistungs- und Ernährungswirtschaft. Seit Anfang 2013 ist sie wissenschaftliche Mitarbeiterin am Zentrum für Nachhaltige Unternehmensführung (ZNU) mit den Schwerpunkten Produktnachhaltigkeit, Risiko- bzw. Hotspot-Analysen, Nachhaltigkeit in Lieferketten und Stakeholderdialoge.

Eckstein, Prof. Dr. Stefan ist seit 2009 Inhaber des Lehrstuhls für Allg. Betriebswirtschaftslehre insb. Management am Betriebswirtschaftlichen Institut Gummersbach der Technischen Hochschule Köln. Nach der Promotion an der Universität zu Köln war er für Oracle und MIS in leitender Funktion tätig. Danach übernahm er eine Beratungsgesellschaft, führte diese acht Jahre lang und verkaufte das Unternehmen 2010, um sein Wissen und seine Erfahrungen an der TH Köln weiterzugeben.

Engelmann, Dipl.-Soz. Tobias ist Projektleiter beim Faktor 10 – Institut für nachhaltiges Wirtschaften gGmbH und Consultant bei der Trifolium – Beratungsgesellschaft mbH. Arbeitsschwerpunkte: Managementsysteme und Instrumente nachhaltigen Wirtschaftens (darunter Selbstbewertungsinstrumente), Nachhaltigkeitsberichterstattung, angewandte Netzwerkforschung/strategische Allianzen und ihr Management, organisationales Lernen, Ressourceneffizienz im Zusammenhang mit Innovationsfähigkeit und demografischem Wandel.

Geßner, Dr. Christian hat Volkswirtschaftslehre in Münster und Heidelberg studiert und im Fach Betriebswirtschaftslehre zum Thema „Unternehmerische Nachhaltigkeitsstrategien" in Hohenheim promoviert. Er ist gemeinsam mit Dr. Axel Kölle Gründer und Leiter des ZNU – Zentrum für Nachhaltige Unternehmensführung. Das ZNU ist ein anwendungsorientiertes Forschungsinstitut in der Fakultät für Wirtschaftswissenschaft der Universität Witten/Herdecke. Das ZNU hat u. a. den ZNU-Nachhaltigkeits Check, die universitäre Qualifizierung Nachhaltigkeitsmanager Food und gemeinsam mit dem TÜV Rheinland den ZNU Standard Nachhaltiger Wirtschaften Food entwickelt.

Grießhammer, Prof. Dr. Rainer (1953) ist Diplomchemiker, Mitglied der Geschäftsführung des Öko-Instituts e.V. und Professor an der Universität Freiburg für Nachhaltige Produkte. Arbeitsschwerpunkte sind Transformationen zur Nachhaltigkeit und Nachhaltiger Konsum. 2010 erhielt er den Deutschen Umweltpreis der Deutschen Bundesstiftung Umwelt. Er ist Mitglied im Kuratorium der Stiftung Warentest, war Mitglied im Wissenschaftlichen Beirat der Bundesregierung Globale Umweltveränderungen sowie in der Enquete-Kommission des Deutschen Bundestags. Er ist Bestsellerautor, ist im Öko-Institut für die Methodenentwicklung PROSA – Product Sustainability Assessment verantwortlich und hat die große Produktinformations-Plattform gegründet.

Grothe, Prof. Dr. Anja ist seit 1993 Professorin für Umweltmanagement und seit 2009 für Nachhaltigkeitsmanagement an der Hochschule für Wirtschaft und Recht. Sie hat die Studiengänge Wirtschaftsingenieurwesen Umwelt und Nachhaltigkeit sowie den Masterstudiengang Nachhaltigkeit und Qualitätsmanagement verantwortlich aufgebaut und wurde dafür schon 1997 mit dem BAUM Umweltpreis geehrt. Sie ist Mitgründerin des Instituts für Nachhaltigkeit (INa) in der HWR und von SUSTAINUM Consulting, in dem Forschungs- und Beratungsprojekte zur unternehmerischen Nachhaltigkeit durchgeführt werden. Ihre Forschungsschwerpunkte umfassen die Bewertung unternehmerischer Nachhaltigkeit, partizipative Prozessgestaltung im Rahmen von Leitbild und Strategieprozessen und Bildung für Nachhaltige Entwicklung.

Johnson, Matthew ist wissenschaftlicher Mitarbeiter am Centre for Sustainability Management (CSM) an der Leuphana Universität Lüneburg. Sein Forschungsschwerpunkt liegt im Bereich Nachhaltigkeitsmanagement, insbesondere Umweltmanagementsysteme und Wissensmanagement in kleinen und mittleren Unternehmen (KMU). Seine Dissertation befasst sich mit der Eignung und Verbreitung verschiedener Methoden des Nachhaltigkeitsmanagements in KMU. Vor seinem Eintritt in das CSM-Team arbeitete er fünf Jahre als internationaler Marketing- und Produktmanager bei einem deutschen Medizintechnikhersteller.

Kaldschmidt, Dr. Susanne ist seit 1996 selbstständige Beraterin, Trainerin, Moderatorin und Coach. Bereits seit Anfang der Beratungstätigkeit ist sie als Assessorin und Trainerin des EFQM Excellence Models sowie in den Bereichen Qualität, Umwelt und Nachhaltigkeit aktiv. Als Mitgründerin des Sustainable Excellence Teams, hat sie bei den bisherigen Reviews des EFQM-Modells mitgewirkt. Des Weiteren ist sie seit 2004 als Lehrbeauftragte der Hochschule München im Rahmen des Zertifikats- und Master-Programms „Interkulturelle Kommunikation und Kooperation" tätig. Ein weiterer Schwerpunkt ist das Nachhaltigkeitsmanagement.

Kölle, Dr. Axel hat in Münster und Heidelberg Wirtschaftsgeographie studiert und im Fach Wirtschaftswissenschaften zum Thema „Nachhaltiges Risikomanagement" in Witten promoviert. Er ist gemeinsam mit Dr. Christian Geßner Gründer und Leiter des ZNU – Zentrum für Nachhaltige Unternehmensführung. Das ZNU bietet etwa fünfzig Partnerunternehmen zahlreiche Veranstaltungen zum Erfahrungsaustausch sowie für alle Unternehmen der Branche die Weiterbildung zum Nachhaltigkeitsmanager Food und jährliche Zukunftskonferenzen.

Liebscher, Dr. Anna Katharina ist seit 2013 als Post-Doc an der Universität Bremen, Fachgebiet Nachhaltiges Management tätig. Ihre derzeitigen Forschungs- und Arbeitsschwerpunkte liegen in den Bereichen der kooperativen Ressourcensicherung, des nachhaltigen und systemischen Managements, der BNE an Hochschulen sowie der Nachhaltigkeitsberichterstattung.

Ludemann, Kesta studierte Oecotrophologie an der Universität Bonn mit dem Schwerpunkt Qualitätsmanagement in der Ernährungsindustrie. Sie sammelte in den folgenden acht Jahren Berufserfahrung im Bereich Qualitätssicherung, Vertrieb und Auditpraxis in einem renommierten, international tätigen Handelshaus. Seit 2012 ist sie wissenschaftliche Mitarbeiterin des ZNU mit dem Schwerpunkt ZNU-Standard und koordiniert hierbei die Qualitätssicherung und Weiterentwicklung.

Merten, Dipl.-Ing. Thomas ist Gründer, Inhaber und Geschäftsführer der seit 1996 existierenden Trifolium – Beratungsgesellschaft mbH. Er ist Experte für die Entwicklung und Anwendung maßgeschneiderter Instrumente nachhaltigen Wirtschaftens in Unternehmen und Organisationen unterschiedlichster Größe und Ausrichtung.
Er hat zwanzig Jahre berufliche Erfahrung in diversen Projekten und Beratungsaufträgen – mit den aktuellen Schwerpunkten: Nachhaltigkeitsbewertung/Selbstbewertungsinstrumente; Nachhaltigkeitsmanagement; Nachhaltigkeitsstrategie, Nachhaltigkeitsberichterstattung – sowie demografiefeste Personalpolitik und Ressourceneffizienz.

Müller-Christ, Prof. Dr. Georg ist seit 2001 Inhaber der Professur für BWL, insb. Nachhaltiges Management an der Universität Bremen. Seine Forschungs- und Arbeitsschwerpunkte konzentrieren sich auf Nachhaltiges Management, Sustainable Leadership, Systemisches Management und seit einiger Zeit auch auf die Arbeit mit der Methode der Systemaufstellungen.

Ochs, Andreas ist nach dem Studium der Wirtschaftswissenschaften an der Universität Duisburg zunächst als Business-Intelligence-Berater in einer Unternehmensberatung tätig. Seit 2011 arbeitet er selbstständig mit dem Schwerpunkt auf der Einführung von Corporate Performance Management-Systemen. Aktuelles Projekt ist die praxisnahe Integration von Nachhaltigkeitsaspekten in das Corporate Performance Management im Rahmen einer Dissertation.

Pechstein, Dr. Arndt ist promovierter Neurowissenschaftler/Biochemiker, Innovationsberater, zertifizierter Biomimicry Specialist und Design Thinking Coach. Gründer der Innovationsagentur phi360, Direktor des Biomimicry Germany Think-Tanks sowie Mitbegründer und Vorstandsmitglied der European Biomimicry Alliance. Als Sparringspartner für Unternehmen, Organisationen und Regierungen führt und moderiert er die Ideen- und Strategieentwicklung mit Schwerpunkt auf Innovation, Wissenstransfer, Nachhaltigkeit und Resilienz. Für seine Arbeit und Projekte erhielt er den „Ernst-Reuter Preis", den deutschen Innovationspreis „Land der Ideen 2014/15" sowie den Nachhaltigkeitspreis „Werkstatt N".

Prieß, Rasmus ist Diplom Wirtschaftsingenieur und Senior Researcher am Öko-Institut. Er arbeitet und berät zu Fragen der standardisierten Bewertung und Vergleichbarkeit der Klima- und Umweltverträglichkeit von Unternehmen, Produkten und Wertschöpfungsketten. Leitfragen seiner Arbeit sind „Was ist relevant?" und „Wie kann die Relevanz von Maßnahmen begründet und nachvollziehbar dargestellt werden?"

Rohn, Dipl.-Ing. Holger ist Geschäftsführer des Faktor 10 – Instituts für nachhaltiges Wirtschaften gGmbH und der Trifolium – Beratungsgesellschaft mbH sowie Projektkoordinator (freier Mitarbeiter) in der Forschungsgruppe Nachhaltiges Produzieren und Konsumieren am Wuppertal Institut. Arbeitsschwerpunkte: Ressourcen- und Nachhaltigkeitsmanagement, Instrumente nachhaltigen Wirtschaftens, Ressourceneffizienz- und Nachhaltigkeitsbewertung (Wertschöpfungsketten, Produkte und Unternehmen), Selbstbewertungsinstrumente für Unternehmen, Stoffstromanalysen, MIPS/Material Footprint, Berufliche Bildung für Nachhaltigkeit, zukunftsfähige Organisationsentwicklung.

Rübbelke-Alo, Mirjam studierte Wirtschaftswissenschaft an der Universität Witten/Herdecke (B.A., M.A.) und der Universität Lund (M.Sc.) mit den Schwerpunkten Nachhaltiges Wirtschaften, internationale Wirtschaft, Personal, Wissen und Wandel. Seit 2011 ist sie wissenschaftliche Mitarbeiterin am ZNU und seit 2015 Stellvertreterin der ZNU-Leitung. Im Fokus ihrer Arbeit stehe die Themenfelder Nachhaltigkeitsmessung und -kommunikation sowie nachhaltiges Personalmanagement und Wandlungsprozesse.

Schäfer, Dr. Florian studierte Agrarwissenschaften mit dem Schwerpunkt Pflanzenbau an der Universität Bonn. Während seiner Zeit bei einer weltweit führenden Zertifizierungsgesellschaft promovierte er 2013 im Bereich Product Carbon Footprint bei Obst und Gemüse. Seit 2013 ist er als wissenschaftlicher Mitarbeiter am ZNU, im Speziellen für das Schnittstellenmanagement und die Organisation rund um den ZNU-Standard sowie die Internationalisierung verantwortlich.

Schaltegger, Prof. Dr. Stefan ist Professor für Nachhaltigkeitsmanagement und Leiter des Centre for Sustainability Management an der Leuphana Universität Lüneburg sowie des MBA Sustainability Management, dem weltweit ersten MBA Studiengang zu Nachhaltigkeitsmanagement. Stefan Schaltegger ist Ko-Leiter des Sustainability Leadership Forums, eines Arbeits- und Capacity Building-Kreises aus Unternehmen, die sich im Nachhaltigkeitsmanagement stark engagieren. Er hat über 430 Veröffentlichungen und über 90 internationale Fachzeitschriftenartikel im Bereich des unternehmerischen Nachhaltigkeitsmanagements verfasst.

Schank, Dr. Christoph wirkt gegenwärtig als Verwalter der Professur für Wirtschaft und Ethik: Social Business an der Universität Vechta und als Senior Research Fellow am Institut für Wirtschaftsethik der Universität St. Gallen. Von 2006 bis 2010 war er in der Unternehmens- und Politikberatung beschäftigt. Dazu begleitend promovierte er 2010 an der Universität Flensburg am Lehrstuhl für Internationale und institutionelle Ökonomik. Christoph Schank ist an den Universitäten St. Gallen und Lüneburg in der Managementweiterbildung aktiv und publiziert in den Forschungsfeldern Corporate Social Responsibility, Corporate Citizenship und sozioökonomische Bildung.

Seipel, Nils H. studiert Umweltmanagement an der Justus-Liebig-Universität Gießen und ist studentischer Mitarbeiter beim Faktor 10 – Institut für nachhaltiges Wirtschaften gGmbH. Seine derzeitigen Arbeitsschwerpunkte sind: Nachhaltigkeitsberichterstattung im Kontext strategischer Allianzen, Nachhaltigkeits-Selbstbewertung von KMU, nachhaltige Außer-Haus-Gastronomie.

Teller, Dr. Matthias hat sein Studium der Verfahrenstechnik an der RWTH Aachen mit der Promotion auf dem Gebiet der Thermodynamik abgeschlossen. Seit 1980 Forschungstätigkeiten und Projektmanagement im Bereich regenerativer Energietechnik und danach Aufbau und Leitung einer Abteilung für Planung und Bau umwelttechnischer Industrieanlagen bei einem international tätigen Generalunternehmen. Seit 1995 Tätigkeiten auf den Gebieten der Innovation durch Nachhaltigkeit, Pilotprojekte zu Energieeffizienz und der Nutzung erneuerbarer Energien, Studien zu Smart Cities, nachhaltige Wertschöpfungsketten, Klimaschutz durch transformative Stadtentwicklung. Im Zuge dessen Mitarbeit bei Forschungsvorhaben, Netzwerkentwicklungen und der Erprobung innovativer Konsultationsprozesse für Nachhaltigkeitsstrategien. Mitinhaber der SUSTAINUM Consulting, Mitglied des Kuratoriums der Heilhaus-Stiftung Ursa Paul.

Wittke, Dipl. Ing. Nils ist Gründer und Inhaber von nw|consulting, einer in Berlin ansässigen Unternehmensberatung, die sich auf die Beratung zu nachhaltigem Wirtschaften – für Unternehmen, Menschen und Umwelt– spezialisiert hat. Er ist zertifizierter Auditor und Berater für die Gemeinwohl-Ökonomie und offizieller Schulungspartner des Deutschen Nachhaltigkeits Kodex. Vor der Gründung von nw|consulting war er sieben Jahre als Umweltkoordinator für das Umweltmanagement von IKEA Deutschland verantwortlich und übernahm anschließend für mehr als drei Jahre Verantwortung in der Geschäftsleitung des Einrichtungshauses Halle/Leipzig. Nils Wittke studierte nach einer Ausbildung zum Landschaftsgärtner und anschließender mehrjähriger Gesellen-Tätigkeit an der Universität Rostock mit dem Abschluss Dipl.-Ing. Landeskultur und Umweltschutz.

Stichwortverzeichnis

A
ADMIRe 11, 85
Analysewerkzeug 211
Anspruchsgruppen 16ff., 178
anwendungsorientierte Ansätze 121
Aufstellungsformate 199

B
Balanced Scorecard 28, 31, 41
Benefit-Analyse 163, 164
Bewertung des Gemeinwohl-Berichts 222
Bewertungsinhalte 22
Bildung für nachhaltige Entwicklung 176, 185
Biodiversität 213
Biomimicry 13, 195
Bionik 13, 196

C
Corporate Performance Management (CPM) 10, 27, 29
Corporate Sustainability Performance Management 29

D
Deutscher Nachhaltigkeitskodex (DNK) 12, 35

E
EFQM 80
EFQM Excellence Modell 10, 57ff., 65, 75
EFQM Kriterien 63
EMAS 33, 51, 178
European Excellence Awards 59

G
Gemeinwohl 13, 33, 217
Gemeinwohl-Bericht 221, 228

Gemeinwohl-Bilanz 13, 218, 228
Global Reporting Initiative 16, 30, 32, 34, 150
Global Reporting Initiative (GRI) 16f., 24, 25, 178
Governance 4, 11
GRI-Leitfaden 34f.
Grundkonzepte der Excellence 59, 61

H
Hochschule für nachhaltige Entwicklung 176
immaterielle Ressourcen 180

I
Indikatoren 3, 35, 46, 181
Innovation 13, 147, 196
Innovationsgrad 203
Innovationsprozess 197, 211

K
KIM 11f.
KMU 10f., 80, 126, 139
Kollaboration 204, 213
kollektive Intelligenz 197
Kommunikationsmechanismen 203
Komplexitätsmodellierung 37
Kosteneffizien 205
Kreativmethoden 196
Kreislaufwirtschaft 211
Kriterienmodell 58f., 63f.
Kultur der Nachhaltigkeit 64f.
Kundennutzen 201

L
Lebenszykluskosten 160
Legitimitätsanspruch 18
licence to operate 175

M
Managementmodell 10, 75
Modularität 201, 213

N
Nachhaltiges Wirtschaften 1ff., 11, 123, 131
Nachhaltigkeit 1, 10, 13f., 121
Nachhaltigkeitsbericht 74, 151
Nachhaltigkeitsleistung 10, 12, 29f., 35, 152
Nachhaltigkeitsmanagement 11, 44, 47, 139, 141, 176
Nachhaltigkeitsmanagement-Software 140
Nachhaltigkeitsvergleich 207
Naturkapital 29
natürliche Systeme 13, 195, 206
Negativkriterien 221

O
Ökobilanz 33, 34, 151, 158, 163
Öko-Effizienz 174
ökologischer Fußabdruck 214

P
Produkt-Nachhaltigkeitsanalyse 12, 158
Produktportfoliobewertung 165
PROSA 12, 158f.

R
RADAR 85
RADAR-Logik 59f., 68, 69, 70, 72
Rat für Nachhaltige Entwicklung 182
Reproduktion von Ressourcen 1
Resilienz 196, 203

S
Sachkapital 29, 36
SAFE 10, 82
Selbstbewertung 2ff., 10, 71, 72, 80, 128
Selbst-Check Handwerk 84
Selbstorganisation 200
selbstorganisierte Systeme 197

Servicequalität 200
Sharing Economy 204
Sozialbilanz 161
Sozialkapital 29
Stakeholder 79
Stakeholder-Analyse 71
Stakeholder-Ansatz 220
Strategie-Check 71, 75
Substanzerhaltung 174
Sustainability Balanced Scorecard 10
Sustainable Excellence 90
Sustainable Excellence Ansatz 10, 57
Sustainable Excellence Group 58
Sustainable Excellence Team 58
Systemanalyse 195
Systemaufstellungen 13, 196, 199
Systemeigenschaften 200

U
Umweltbilanzen 33
Umweltmanagementsysteme 32
Unternehmensanalyse 228
Unternehmenskultur 4, 38f., 50, 200
Unternehmensmessinstrument 228
unternehmerische Nachhaltigkeit 22
unternehmerische Nachhaltigkeit 1
unternehmerische Nachhaltigkeitsbewertung 12, 196

V
Validität standardisierter Bewertungsverfahren 17
Veränderungsprozesse 196
Vision 212

W
Werteorientierung 60
Wertschöpfungskette 2, 62, 66, 139, 196, 212
Wesentlichkeit 183, 227

Trainingsplan für Spitzenkräfte

Wer in Führung geht, wird zum Gejagten – was im Sport zählt, gilt immer öfter auch im Management: So finden sich die meisten Führungskräfte mittlerweile in nahezu athletischen Mehrkämpfen wieder, längst wird nicht mehr nur „entschieden und delegiert". Die Kommunikation soll laufen, Prozesse müssen gesteuert, Projekte umgesetzt, permanent soll Verbesserungspotenzial aufgespürt werden. Und unter steigendem Zeit-, Veränderungs- und Erfolgsdruck muss man sich am Ende auch selbst noch managen.

Was Führungskräfte heute leisten

Dieses anschauliche Buch wirft einen ganzheitlichen Blick auf die vielseitigen **Facetten und Aufgabenbereiche moderner Führung**. Für die acht wesentlichen „Disziplinen" bietet Norbert J. Heigl eine so fachkundige wie anregende Lektüre.

- ▶ Führungspsychologie
- ▶ Führungskommunikation
- ▶ Zeit- und Selbstmanagement
- ▶ Changemanagement
- ▶ Projektmanagement
- ▶ Prozessmanagement
- ▶ Konfliktmanagement
- ▶ Innovationsmanagement

Acht Disziplinen ganzheitlicher Führung
Menschen, Ideen, Projekte und Prozesse bewegen

Von **Dr. Norbert J. Heigl**

2014, 285 Seiten, mit zahlreichen Abbildungen und Tabellen, € (D) 39,95
ISBN 978-3-503-15658-0

Weitere Informationen:
www.ESV.info/15658

ESV ERICH SCHMIDT VERLAG

Auf Wissen vertrauen

Erich Schmidt Verlag GmbH & Co. KG · Genthiner Str. 30 G · 10785 Berlin
Tel. (030) 25 00 85-265 · Fax (030) 25 00 85-275 · ESV@ESVmedien.de · www.ESV.info

Erfolgsfaktor Nachhaltigkeit

Vor dem Hintergrund aktueller gesellschaftlicher Fragen wie Globalisierung, Klimawandel und Finanzkrise wird vermehrt auch grundsätzliche Kritik an der Wertschöpfung von Unternehmen laut. Um Glaubwürdigkeit und Vertrauen in verantwortungsvolles Unternehmenshandeln zurückzugewinnen, sind nachhaltige Geschäftsmodelle notwendig.

Der Arbeitskreis „Nachhaltige Unternehmensführung" der Schmalenbach-Gesellschaft für Betriebswirtschaft e.V. bietet Ihnen prägnante und praxisorientierte Grundsätze für das wirksame Einbinden der Nachhaltigkeit in betriebliche Entscheidungsprozesse.

Erfahren Sie in dieser 2. Auflage des viel beachteten Buchs, wie sich eine nachhaltige Führungskultur überzeugend als unternehmerisches Erfolgsprinzip beweist – sowohl in kapitalmarktorientierten als auch in familiengeführten, mittelständischen und öffentlichen Unternehmen.

Grundsätze nachhaltiger Unternehmensführung
Erfolg durch verantwortungsvolles Management

Herausgegeben von **Prof. Dr. Edeltraud Günther** und **Rudolf X. Ruter**

Im Namen des Arbeitskreises Nachhaltige Unternehmensführung (AKNU) der Schmalenbach-Gesellschaft für Betriebswirtschaft e.V.

2., neu bearbeitete Auflage 2015, XXXVI, 270 Seiten, mit zahlreichen Abbildungen, € (D) 39,95
ISBN 978-3-503-16315-1

Weitere Informationen:
www.ESV.info/16315

ESV ERICH SCHMIDT VERLAG
Auf Wissen vertrauen

Erich Schmidt Verlag GmbH & Co. KG · Genthiner Str. 30 G · 10785 Berlin
Tel. (030) 25 00 85-265 · Fax (030) 25 00 85-275 · ESV@ESVmedien.de · www.ESV.info